KB270326

소설로 만나는 **중세 이야기**

소설로 만나는 중세 이야기

권터 벤텔레 지음 | 박미화 옮김

살림Friends

　나의 학창 시절, 한여름 오후 역사 수업 시간이었다. 교실엔 파리가 날아다녔다. 선생님은 칠판에 '서임권 투쟁, 카노사의 굴욕, 하인리히 4세의 황권'이라고 쓰셨다. 그러더니 벽에 앉은 파리를 죽였다.

　친구들은 역사 시간이 가장 따분하다고 했지만, 책벌레인 나는 역사를 무척 좋아했다. 내게 역사는 인간의 이야기였고 인간이 만들어 간 모험 이야기였다. 모험(adventure)이라는 말은 아벤투이레(aventuire)라는, '사건'을 의미하는 라틴 어에서 유래했다. 선생님이 칠판에 카노사의 굴욕과 관련된 역사적 정보를 기록하는 동안 나는 머릿속으로 하인리히 4세가 눈 내린 알프스 산맥을 넘는 모습을 상상했다. 그렇다. 내게 역사란 인간의 모험을 기록한 것이었다. 연도나 원인, 결과처럼 딱딱한 정보는 중요하지 않았다.

　다시 말하지만 역사란 인간의 이야기다. 즉 인간의 축적된 경험을 기록한 것이 역사다. 그러나 그것이 전부는 아니다. 역사를 제대로 이해하려면 역사적 사실, 즉 연도와 배경, 원인과 결과도 알아야 한다.

　우리는 지나간 역사를 현재화할 수 없다. 우리에게 역사는 이미 지나간 과거며 멀고 낯선 것이기 때문이다. 하지만 역사는 현재에 침투해 영향력을 미치기도 한다. 우리가 역사를 배워야 하는 것도 이런 이유 때문이다.

　그렇다면 우리는 지나간 역사를 어떻게 경험할 수 있을까? 경험이라는 것은 세계, 즉 주변 환경에 의해 결정된다. 따라서 건축, 유물, 문서와 같은 역사적 유산은 우리를 과거로 되돌려 놓을 수 있다.

인간의 감정은 이성과는 달리 수백 년이 지나도 크게 변하지 않는다. 그렇기 때문에 현재를 사는 우리는 과거 상황에 자신을 대입해 당시의 상황을 '느낄' 수 있다. 책을 읽는 동안 우리는 역사적 영웅에 자신을 이입해 과거로 돌아가 볼 수 있다.

역사는 진실을 기록해야 한다. 진실하지 않은 역사는 그릇된 사고와 선입견을 형성하기 때문이다. 그러나 안타깝게도 역사는 왜곡되기도 한다. 예를 들어 8세기에 완성된 유명한 '파더보른 서사시'는 그 저자에 의해 인물과 사건이 과장되었다고 보인다. 이 책의 제1장 '파더보른의 신'의 내용도 당시의 사건을 정확하게 재구성한 것은 아니다. 그것은 평범한 호위병의 시점을 상상하여 당시의 사건을 재현한 것임을 간과해서는 안 된다.

공식적인 문헌뿐만 아니라 오랫동안 전승된 전설이나 일화 역시 역사적 사실을 밝히는 데 중요한 역할을 한다. 이 책에서도 전설과 일화를 통해 역사를 조명해 보려 했다. 문학 작품 역시 당시 상황을 이해하는 데 큰 도움을 준다. 이 책에서 700년이 넘은 '헬름브레히트'라는 작품을 소개한 것도 그런 이유에서다.

이 책에 등장하는 여러 이야기와 함께 즐거운 역사 여행을 하기 바란다.

귄터 벤텔레

차 례

저자 서문   4

연대표   8

제1장 | 파더보른의 신   15

제2장 | 눈밭 위의 발자국   35

제3장 | 묵시록의 기사들   63

제4장 | 파문   97

제5장 | 겨울 경작지   131

제6장 | 강가에서 맞이한 최후   163

제7장 | 황녀 이레네   175

제8장 | 작은 기적   209

제9장 | 패배한 승리　221

제10장 | 헬름브레히트　237

제11장 | 바깥세상에서 온 편지　271

제12장 | 나뭇가지로 만든 관(冠)　311

제13장 | 대관식　327

제14장 | 험난한 길, 비아 말라　349

제15장 | 독 우물　391

[연 대 표]

카롤링거 왕조의 혈통도.

카롤루스 대제.
샤를마뉴 혹은 카를 1세라고도 부른다. 로마 제국 이후 최초로 거의 모든 서유럽 국가들을 정치적·종교적으로 통일했다.

오토 왕족들의 관계도.

오토 1세.
국가의 통일에 힘을 기울였으며, 교회 세력을 교묘히 이용하면서 왕권을 강화했다. 마자르 족을 정복하고 이탈리아 원정에 성공하면서 신성 로마 제국의 황제로 추대되었다. 오토 왕조의 문예 부흥을 이끌었다.

955년 | 아우크스부르크의 레히펠트에서 오토 1세가 마자르 족 정복.

1024~1125년 | 잘리어 왕조.

잘리어 왕조의 시조인 콘라트 2세.

1066년 | 헤이스팅스 전투. 윌리엄 1세가 잉글랜드 왕국 수립.

잉글랜드 왕국을 수립한 윌리엄 1세.

1077년 | 하인리히 4세의 카노사 굴욕.

카노사 성에 도착한 하인리히 4세.
하인리히 4세는 교황 그레고리우스 7세와 주교 서임권을 둘러싸고 오랫동안 싸우다가 결국 파문당하고, 카노사 성 밖의 눈밭에서 교황에게 선처를 빌었다. 이 사건을 '카노사 굴욕'이라 한다.

1099년 | 제1차 십자군 원정. 예루살렘 정복.

예루살렘을 공격하는 십자군.

1122년 | 하인리히 5세, 보름스 협약으로 서임권 문제 해결.

하인리히 4세와 하인리히 5세 (오른쪽).

프리드리히 1세.
'붉은 수염'이라는 뜻의 '바르바로사'로 불렸다. 1155년 황제 즉위 후에 우선 치안 확립에 힘썼고, 이어 6차에 걸친 대규모 이탈리아 원정을 감행했다. 무예가 뛰어나고 예리한 웅변술을 갖추었으며 인재 등용에도 탁월했다. 1190년 제3차 십자군 원정 중 강을 건너다 익사했다.

하인리히 6세.
프리드리히 1세의 아들로서 독일 왕위를 계승하고, 아버지의 정치적 계획에 따라 시칠리아 국왕의 딸 콘스탄체와 결혼했다. 그 결혼으로 인해 시칠리아 왕위도 겸직하게 되었다. 1191년 신성 로마 제국의 황제로 즉위했다. 슈타우펜 왕조의 세계 제국 계획의 정점을 이룬 유능한 군주였으나 젊은 나이에 말라리아에 걸려 사망했다.

콘스탄티노플을 함락하는 십자군.

이레네 황녀와 필리프 왕.

엘리자베스 폰 튀링겐.
헝가리 국왕의 딸로 태어난 엘리자베스는 14세가 되던 해에 튀링겐 영주의 둘째 아들인 루트비히 4세와 결혼했다. 그녀는 가난하고 병든 사람들을 위하여 직접 음식을 나르고 옷을 지어 주기도 했는데, 귀족 신분이 그런 일을 한다는 것은 당시 전대미문의 사건이었다. 그녀는 사후에 교황 그레고리우스 9세에 의해 성인으로 시성되었다.

프리드리히 2세.
슈타우펜 왕조 최후의 신성 로마 제국의 황제이다. 7~8개 국어에 능통하였으며 학예를 보호하고 후원한 것으로 유명하다. 한편 정치적인 반대파와 전쟁 포로들에 대해서는 살인도 망설이지 않는 냉혹한 황제였다.

샤를 앙주.
카를로 1세라고도 불린다. 시칠리아에서 슈타우펜 왕조의 콘라딘과 만프레디를 몰아내고 자신의 앙주 왕조를 세운 프랑스 출신의 시칠리아 왕이다. 프랑스 왕 루이 9세의 동생으로 1266년부터 시칠리아 섬과 이탈리아 반도 본토의 나폴리 일대를 지배했다. 그는 시칠리아의 수도를 팔레르모에서 나폴리로 옮기고 프랑스 관리들을 등용했는데, 이로 인해 시칠리아 인들의 불만을 샀다. 결국 1282년 '시칠리아 만종 사건'으로 시칠리아 섬에서 쫓겨나고, 반격을 준비하다가 사망한다.

말 위에 탄 콘라딘.
콘라트 4세의 아들. 1267년 이탈리아로 원정을 나가 샤를 앙주로부터 시칠리아를 되찾으려 했으나 실패했다. 결국 1268년에 이탈리아에서 체포된 그는 교회와 국왕에 대한 반역죄로 사형을 선고받고 장터에서 여러 사람이 지켜보는 가운데 참수 당했다.

루돌프 1세.

합스부르크 가문 최초의 독일 왕. 그가 즉위하면서 대공위 시대도 막을 내렸다. 처음에 스위스의 소영주 중 한 사람이었으나, 대공위 시대의 혼란을 틈타 영토를 확장하고 힘을 길러 독일 왕으로 선출되었다. 오스트리아를 본령으로 삼으면서 합스부르크 가문의 영지를 확대하는 정책에 정력을 쏟았다.

알브레히트 1세.

루돌프 1세의 맏아들. 루돌프 1세가 죽은 뒤, 선제후들은 합스부르크 가문이 독일 왕위를 세습하는 것을 막기로 결정하고 나사우의 아돌프를 독일 왕으로 선출함으로써 알브레히트를 저지했다. 그러나 알브레히트는 선제후들과의 동맹을 이용해 아돌프를 폐위시키고 결국 독일 왕이 된다.

아비뇽 교황청.

로마 가톨릭의 교황청의 자리가 로마에서 프랑스 아비뇽으로 옮겨져 1309년부터 1377년까지 머무른 일을 말한다. 1305년 교황으로 선출된 클레멘스 5세 교황이 프랑스 왕의 강력한 간섭으로 인해 로마 교황청으로 들어가지 못하고 프랑스에 체류하게 된 것이 아비뇽 유수의 시작이다.

피사 대성당에 있는 하인리히 7세의 대리석 묘.

루트비히 4세.
1328년에 신성 로마 제국의 황제로 즉위. 교황으로부터 파문당한 후로는 교황에 반대하는 정책으로 일관하고 노골적인 영토 확대 정책을 추진했다. 교황의 대관식을 거치지 않아도 황제가 된다는 원칙을 수립했다.

토겐부르크 성서에 실린 흑사병 환자의 모습.

산 채로 화형당하는 유대 인들.
흑사병의 정확한 원인을 몰랐던 14세기 당시, 사람들은 유대 인들이 샘이나 우물에 독을 타서 흑사병을 퍼뜨린다는 소문을 만들었고, 그 결과 대규모의 유대 인 학살이 발생했다. 당시 수많은 유대 인들이 이유도 모른 채 생매장되거나 타 죽었다.

제1장

파더보른의 신

8세기에 카롤루스 대제는 프랑크 왕국을 세웠다. 왕국의 수립과 함께 카롤루스 대제는 서유럽에서 주도권을 장악했고 정복한 지역을 기독교화했다. 799년에는 작센 족마저 카롤루스 대제의 손에 넘어갔다. 카롤루스 대제는 정복한 민족들을 합동 세례를 받게 하거나 수도원으로 보냈으며 심지어 죽이기까지 했다. 종교를 무기 삼아 카롤루스 대제는 자신의 권력을 굳혀 나갔다. 소수 민족들이 토속 신앙을 믿는 것은 법으로 강하게 금지되었으나 많은 사람이 비밀리에 자신들의 토속 신들을 섬겼다. 작센 족을 정복함으로써 카롤루스 대제는 중부 유럽 전 지역을 손안에 넣었다. 북으로는 엘베 강, 남으로는 로마까지 모든 소수 민족과 부족은 그의 지배를 받았다. 카롤루스 대제는 방대한 영토와 권력을 얻었지만 동로마 제국(비잔틴 제국)의 황제와 대립을 피할 수 없었다. 누가 진정한 지배자가 될 것인가? 이때 로마에서, 그리고 로마와 작센 지방의 경계 도시인 파더보른 근처의 산과 숲에서 이상한 일이 벌어졌다.

우리 일행은 부하 몇 명의 호위를 받으며 라인 강에 도착한 낯선 남자를 왕의 궁전이 있는 파더보른까지 데리고 오라는 명령을 받았다. 낯선 남자는 무슨 끔찍한 일을 겪은 것이 분명했다. 그의 얼굴에는 아직 아물지 않은 상처가 있었다. 그의 부하들이 우리 일행이 있는 곳으로 남자를 데리고 왔을 때 얼굴에 난 상처가 바로 눈에 들어왔다. 그 남자의 신분을 정확히 알지 못했지만 부하들의 공손한 태도를 봐서는 다른 나라의 왕일 수도 있었다. 목숨을 바쳐서라도 지키라는 지시를 내린 것을 보면 그 사람은 카롤루스 대제에게 특별히 총애를 받는 사람인 듯했다.

내가 호위해야 할 사람이 누구인지 궁금해하는 것은 당연한 일 아닌가?

낯선 사람은 양쪽 눈가에 상처가 나 있었다. 왼쪽에는 눈 윗부분부터 비스듬히 칼자국이 나 있었는데 누군가 주저하면서 공격을 한 것 같았다. 오른쪽 눈가부터 뺨까지는 여러 차례 칼에 긁힌 상처가 보였다.

입술 왼쪽에도 깊게 베인 상처가 있었고 턱에도 두 군데 상처가 있었다. 그뿐만 아니라 혀에도 상처를 입어서 프랑크 말을 하는지 작센 말을 하는지 전혀 알아들을 수 없었다. 우리 일행 중 누군가가 그 사람이 라틴 어로 말했다고 가르쳐 주었다.

숲을 헤치며 가다가 곰 발자국 같은 흔적을 발견하고 일행에게 알렸다. 내가 보기엔 새끼 곰 두 마리를 데리고 있는 암곰의 흔적 같았다. 어쩌면 스라소니나 사슴 발자국인지도 몰랐다.

낯선 사람의 얼굴 상처를 자세히 살펴보니 남자 서너 명이 한꺼번에 공격한 것이 분명했다. 한 사람이 칼을 갖고 덤비고 다른 사람들은 낯선 남자가 움직이지 못하게 꽉 붙잡고 있었을 것이다. 치명적인 상처가 없는 것을 보면 습격자들이 일을 급하게 해치우려고 했거나 실랑이를 벌인 것이다. 그리고 공격당하는 사람은 본능적으로 몸을 피하려 했을 것이다.

여러 군데 칼자국이 보이긴 했지만 목숨을 노린 것 같지는 않았다. 죽이려 했으면 목이나 가슴을 찔렀을 텐데 상처는 얼굴에만 나 있었다. 낯선 남자가 씻을 때 보니 윗몸에는 아무런 상처도 없었다. 여러 가지 정황을 살펴볼 때 그 사람은 습격을 받은 것이 틀림없었다.

하지만 무엇 때문에 습격당했을까? 한참을 생각해 봐도 감이 잡히지 않았다. 누군가 눈을 찌르고 혀를 자르려 한 것 같은데, 도대체 왜 그랬을까?

눈만 멀게 해도 충분한데 무엇 때문에 혀까지 자르려 했을까? 차라리 목숨을 끊는 편이 간단하지 않았을까? 목숨을 끊지 못한 이유가 있었을 것이다. 눈이 멀고 혀가 잘려 말을 못 하면 죽은 목숨이나 마찬가지 아닌가?

계획이 실패로 돌아갔으니 그들은 습격 계획을 다시 세울지도 모른다. 생각만 해도 소름이 돋았다. 나는 은 망치를 꼭 가지고 다녀야겠다고 생각했다. 은 망치는 작센 족의 천둥신 '도너'의 부적인데 그것을 몸에 지니면 위험에서 보호된다고 했다. 작센이 카롤루스 대제에게 정복당한 뒤 우리가 섬기던 도너 신은 프랑크 사람들이 믿는 예수 그리스도라는 신에게 힘을 빼앗겨 버렸다. 그래도 낯선 사람이 당한 일에 비하면 도너 신을 잃어버린 일은 아무것도 아니었다.

도대체 낯선 사람의 정체는 무엇일까? 그 사람과 그를 호위하고 온 부하들에게서는 무언가 고귀하고 위엄 있는 분위기가 풍겼다. 직접 물어볼까 했지만 대답해 주지 않을 게 뻔했다.

게다가 물어본다고 해도 그들은 라틴 어를 사용하기 때문에 알아듣지도 못할 것이다. 낯선 사람이 신분이 높은 사람이라면 왜 자신이 거느리는 호위군을 이끌고 오지 않았을까? 그리고 카롤루스 대제는 왜 우리에게 비밀 임무를 지시했을까?

그 사람은 장막에 싸인 인물이었다.

나는 이전에 몇 차례 파더보른에 가 본 적 있기 때문에 라인 강까지 가는 길을 잘 알았다. 그리고 지금은 중무장한 군사 서른 명과 함께 있으니 안심할 수 있었다. 우리 일행은 나만 빼고 모두 프랑크 족이다. 그들은 프랑크 족에게 정복당한 보잘것없는 작센 족에게는 말도 잘 걸지 않았다. 그렇다. 작센 족 출신인 나는 아무 힘도 없는 존재였다.

나는 도너 신의 부적인 은 망치를 다른 사람 눈에 띄지 않게 품속에 지니고 다녔다. 들키기라도 한다면 큰일이었다. 카롤루스 대제가 토속 신앙과 관련된 것은 모두 금지했기 때문이다.

카롤루스 대제는 따지고 보면 우리의 왕이 아니다. 나는 작센 족이고 카롤루스 대제는 프랑크 족이니 말이다. 작센에는 왕이 없었다. 다만 전쟁이 일어나면 신들이 우리 민족을 위해 일할 백작을 뽑았다. 족장들이 여러 사람의 이름이 새겨진 나무토막을 원 안에 던지면 신들이 누가 전쟁을 이끌지 선택했다. 전쟁 때 외에는 작센 족에게 왕 같은 지배자는 필요 없었다.

카롤루스 대제가 작센을 정복한 것을 보면 프랑크 족이 섬기는 신이 작센 족이 섬기는 신보다 힘이 센 것이 분명했다. 그렇다 해도 작센 신들이 힘을 완전히 잃었거나 존재하지 않는 것은 아니었다. 작센 신 가운데 가장 힘이 센 도너 신은 아직도 천둥을 일으켜 자신의 존재를 알리고 있지 않은가? 나는 얼마 전에 보리수나무에 번개가 내리쳐 나무가 산산조각 난 것을 보았다. 도너 신이 없다면 번개가 내리칠 리 없었다. 도너 신뿐만 아니라 내가 어릴 때부터 모신 다른 신들도 아직 건재한 것이 틀림없었다. 그렇지 않다면 해마다 소나 말, 돼지 같은 가축들이 때가 되면 새끼를 낳는 섭리를 어떻게 설명하겠는가? 그뿐인가? 해마다 봄이면 꽃이 피고 가을이면 낙엽이 지지 않는가? 신들이 없다면 어떻게 짐승들과 식물들이 자연의 섭리에 따라 살아갈 수 있겠는가?

나는 새로운 신이 혼자서 세상 모든 일을 돌볼 수는 없을 거라고 생각했다. 다른 신들에게 일을 분담하는 것이 훨씬 현명하다는 것쯤은 새로운 신도 알 것이다. 아마도 새로운 신은 최고 명령권을 쥐고 중요한 일은 스스로 결정하겠지만 작센의 토속 신들에게도 신의 임무를 내릴 것이었다.

카롤루스 대제는 그가 믿는 신처럼 유럽의 모든 부족을 다스릴 수 있는 최고 명령권을 쥐고 있었다. 북쪽의 작센 족부터 이탈리아의 롬바르드 족까지 정복했으니 말이다. 카롤루스 대제는 반대 세력을 모두 물리치고, 정복한 지역에 '가우'라는 행정 구역을 설치했다. 그리고 각 가우에 백작을 두어 명령을 수행하게 했으며 연락원을 통해 각지의 소식을 전해 들었다. 그의 명령을 거스른 자는 하나도 빠짐없이 알러 강가에 있는 베르덴이라는 도시에서 처형당했다. 17년 전에는 그곳에서 4,500명이 교수형을 당해, 알러 강이 죽은 이들의 피로 빨갛게 물들 정도였다고 한다. 하지만 나는 그 말을 믿지 않았다. 4,500명이나 되는 사람들이 어떻게 저항도 하지 않고 한꺼번에 죽을 수 있단 말인가?

작센 족의 지도자들은 프랑크 족에 대한 반감을 높이고 카롤루스 대제에 저항하는 세력을 키우려고 일부러 사망자의 숫자를 부풀려 이야기했을 것이다. 그들은 아직도 진정한 강자가 누구인지 인정하지 못하고 있었다. 하지만 나는 지금 상황에서 카롤루스 대제에게 맞설 사람은 아무도 없다는 사실을 잘 알고 있었다. 내가 대제를 위해 일하는 이유도 그 때문이다. 강자 편에 서면 좋은 점이 많다는 것을 나는 일찌감치 깨달았다.

지금은 프랑크 족이 유럽의 패권을 쥐고 있다. 도너 신의 참나무를 쓰러뜨린 것도 그들이었다. 프랑크 족은 이미 10년 전에 작센 족의 신성한 기둥인 '이르민술'을 무너뜨렸다. 이르민술은 작센 족이 섬기는 신들이 머무는 신성한 장소였다. 그들은 프랑크 족의 신에게 왕좌를 넘겨주고 말았지만 아직도 비를 내리기도 하고 천둥을 보내며 자연을 다스렸다.

작센 족의 신들은 죽은 사람을 깨우고 장님의 눈을 뜨게 하거나 걷지 못하는 사람을 다시 걷게 하지는 못했다. 물을 포도주로 변하게 하는 기적을 행할 수도 없었다. 프랑크 족의 신부들은 이런 기적을 행할 수 있는 것은 그들이 섬기는 신뿐이라고 했다. 그렇기 때문에 프랑크 족의 신이 가장 강하고 다른 신들은 그의 말을 따라야 한다고 했다.

사람은 자신이 패배한 순간이 언제인지 깨달아야 한다.

작센 족의 상황은 매우 위험했다. 우리는 프랑크 족과 벌어진 전투에서 승리를 거두기 위해 안간힘을 썼다. 작센 군은 라인 강까지 진격해 카롤루스 대제를 끌어내리려 했으나 실패로 돌아가고 말았다. 프랑크 군에게 패배한 작센의 비두킨트 공작은 자리에서 물러날 수밖에 없었다. 그 뒤 비두킨트 공작은 세례를 받고 프랑크 족의 신에게 무릎을 꿇었다. 물론 작센의

카롤루스 대제.

신들에 의해 선출된 백작이 새로운 신을 받아들이기란 쉽지 않았을 것이다. 하지만 그가 보인 행동에서 비두킨트 공작이 얼마나 영리한 사람인지 알 수 있었다. 카롤루스 대제는 비두킨트 공작을 완전히 무너뜨리긴 했으나 저항할 수 있을 만큼의 힘은 남겨 주었다. 물론 그 힘은 예전만 못했지만 여전히 위엄이 있었다. 공작은 이제 프랑크 족이 믿는 새로운 신, 즉 예수 그리스도를 섬겼다. 비두킨트 공작은 작센 족의 보탄 신의 자손이었다. 그의 이름도 보탄의 아들이라는 뜻이었다.

패배하고도 아직 권력을 잃지 않은 비두킨트 공작처럼 우리 작센의 신들도 힘을 잃지 않았을 것이다. 그래서 나는 작센 족의 부적인 은 망치를 항상 몸에 지녔다.

프랑크 족의 왕은 아주 엄했다. 부족들이 예전에 섬기던 신들에게 제사를 지내다가 들키거나 성물이나 성화가 발각되면 엄한 벌로 다스렸다. 카롤루스 대제는 옛 종교를 믿는 자들을 모조리 남쪽으로 이주시켰다. 그 바람에 작센 지역의 인구가 감소했다. 남쪽에는 기독교인들만, 그러니까 프랑크 인들만 살기 때문에 아무도 반란을 꾀하지 못했다.

카롤루스 대제는 종교 정책뿐 아니라 정치적인 면에서도 수완이 좋은 사람이었다. 그는 작센 족의 힘과 능력을 프랑크 왕국을 위해 이용할 줄 알았다. 나처럼 적대 관계에 있던 작센 족 출신들을 중요한 임무를 띤 특수 부대에 배치하기도 했다. 카롤루스 대제의 이러한 결정은 아주 용기 있는 것이었다. 어쨌든 나는 2년 전부터 카롤루스 대제를 위해 일하고 있고 아무런 불만도 없다.

나는 국왕으로 카롤루스 대제 한 분만 모시지만 종교적으로는 여러 신을 모셨다. 큰일을 다스리는 가장 위대하고 힘이 있는 예수 그리스도와 소소한 일들을 책임지는 작센 족의 신들을 한꺼번에 믿었다.

어쩌면 카롤루스 대제는 언젠가 나를 백작으로 임명할지도 모른다. 하지만 나는 우리 호위 부대에서 가장 어렸다.

그래도 왕은 나에게 다른 부대원들과 함께 라인 강에서 낯선 사람과 그의 부하들을 왕의 궁전이 있는 파더보른까지 호위하라는 명령을 내렸다. 물론 고귀하신 왕이 일개 호위병들에게 직접 명령하지는 않았다. 중요한 직책을 맡은 왕실 관리를 통해 우리에게 뜻을 전달했다. 나는 카롤루스 대제를 가까이에서 본 적이 한 번도 없었다.

우리는 다른 사람 눈을 피해 말을 타고 오라는 약간은 비밀스러운 임무를 받았다. 우리가 모셔야 할 낯선 사람은 왕에게 아주 중요한 사람이라고 했다. 원래대로라면 화려하고 영광스러운 행렬의 인도를 받아야 할 사람이었다.

하지만 그런 절차를 생략한 것을 보면 아직도 그는 위험에 처해 있는 것이었다. 목숨이 위태로울 정도로 말이다.

카롤루스 대제는 자신에게 중요한 인물이 위험에 처한 사실에 몹시 화가 나 우리에게 비밀스러운 임무를 내렸지만, 바꾸어 생각하면 우리가 임무를 성공적으로 수행하면 틀림없이 큰 상이 내려질 것이다. 카롤루스 대제가 넉넉한 사람이라는 것은 누구나 아는 사실이었다.

내일 우리 일행은 파더보른으로 향할 것이다. 그 말은 내일이 적들에게는 그들이 노리는 사람을 공격할 마지막 기회라는 뜻인 동시에, 우리에게는 위험이 두 배가 된다는 뜻이었다.

비가 내리는 이른 여름날 저녁이었다. 며칠 전부터 비가 그치지 않고 내린 탓에 숲은 물기를 가득 머금었다. 나는 거친 말안장에 올라탔다. 다른 일행도 낯선 사람도 마찬가지였다.

"어이, 자네! 우리가 머물 곳까지 먼저 가서 일행이 곧 도착한다고 알리게."

물론 나한테 한 말이었다. 위험한 일은 전부 내 차지였다. 내가 작센 출신이어서 사람들은 나를 무시했다. 낯선 사람과 우리 일행이 머물 수도원에 가서 일행이 곧 도착할 거라고 알리자 그곳 사람들은 누가 오는지 바로 알아차렸다. 그러고는 마치 카롤루스 대제를 맞을 준비라도 하듯 분주하게 움직이기 시작했다. 나만 낯선 사람의 정체를 모르고 있었다. 다른 호위병에게 물어봐도 그저 모른다고 고개를 저을 뿐이었다.

나는 숲 속에 난 길을 잘 알기는 했지만 울창한 숲에서 길을 잃지 않으려면 정신을 바짝 차려야 했다. 나를 지켜 줄 은 망치 부적에 의지하며 조심스레 숲길을 지나갔다. 프랑크 족이 섬기는 신인 예수 그리스도가 작센 지역의 길을 알 리 없었기 때문이다.

한참을 가니 울창한 나무숲 뒤에 빗물을 머금은 잔디밭 위로 우뚝 솟은 건물들이 보였다. 짙은 안개 사이로 넓게 펼쳐진 건물 안마당이 보이기 시작했다.

낯선 사람과 그의 부하들은 가장 큰 건물에 머물 것이다. 호위병은 따뜻한 건물 안에서 잠을 잘 수 없다. 비가 와서 축축하고 쌀쌀한 바깥에서 밤을 지새워야 했다. 그래도 프랑크 출신 호위병들은 근처 창고에서 잠을 자겠지만 작센 인인 나는 밤새 혼자서 건물 주위를 순찰해야 한다. 운이 좋으면 다른 호위병이 투덜거리며 교대를 해 줄 수도 있지만.

산등성이는 어두컴컴했다. 그때 내 뒤 숲 속에서 말발굽 소리가 들렸다. 나는 말고삐를 잡아채 멈춰 서서 귀를 기울였다. 말발굽 소리가 틀림없었다. 장사꾼들인가? 연락병인가? 아니면 반란을 꾸미는 작센 인들인가? 나는 숨이 멎는 것 같았다. 프랑크 족 지역에서 작센 사람들은 더는 소란을 피우지 않을 것이다. 그렇다면 다른 사람들 눈을 피하려는 이방인들일 가능성이 높았다. 장사꾼들은 외진 숲길을 이용하지 않을 테고 연락병이라면 혼자일 텐데 숲 속에서 들리는 말발굽 소리는 여러 마리의 것이었다. 대체 누가 이 시간에 깊은 숲 속을 지나간단 말인가?

나는 그저 이방인들이 조용히 지나가기만을 도너 신에게 빌며 말고삐를 천천히 돌려 조심스레 일행이 있는 곳으로 향했다. 하지만 그들이 나를 발견한다면 냅다 말고삐를 잡아채 바닥으로 내동댕이칠지도 몰랐다.

그때였다. 이방인들이 무슨 소리를 들은 눈치였다.

나는 옆구리에 찬 검을 움켜잡고 방패를 집어 들었다. 투구를 눌러쓰고 날아드는 화살을 피하며 작센 족의 주신인 보탄 신에게 도와달라고 빌었다. 다행히 숲은 울창한 나무가 빽빽했고 어두운 밤이어서 이방인들은 나를 보지 못했다.

나는 숨을 죽이고 숲 속에서 들리는 소리에 귀를 기울였다. 이방인들은 내 소리를 듣지 못하고 가던 길을 계속 갔다. 나는 그들이 우리가 호위하는 낯선 사람을 공격하려고 이 밤중에 숲 속을 달려온 것이 틀림없다고 생각했다. 그들은 분명 우리가 머무는 건물 뒤편 언덕에서 몸을 숨기고 공격하기 유리한 자리를 잡고 있다가 우리가 낯선 사람을 데리고 나타나면 화살을 쏘아 대리라. 그리고 우리 일행이 당황해 뿔뿔이 흩어진 사이에 낯선 사람을 덮치겠지. 우리가 칼을 제대로 뽑아 보기도 전에 그들은 낯선 사람을 처치하고 순식간에 사라질 계획일 것이다. 내 경험에 비추어 보면 이방인들은 그런 계획을 세웠을 것이 분명했다.

일행이 있는 곳에 도착한 나는 대장에게 즉시 이 사실을 알렸다. 컴컴한 밤이었지만 내 이야기를 듣는 대장의 눈빛이 반짝이는 것을 느낄 수 있었다.

"잘했어. 아주 잘했어."

대장은 내 어깨에 손을 올리며 말했다.

작전 회의를 마치고 우리 일행은 밤길을 헤치며 말을 달렸다. 계획을 변경해 하룻밤을 묵기로 한 곳에 들르지 않고 밤새 파더보른을 향해 나아갔다. 나는 아직도 낯선 사람이 누구인지 알지 못했다.

동이 터도 비는 멈추지 않았다. 조금 있으니 멀리 파더보른 계곡이 보였다. 파더보른을 프랑크 왕국의 수도인 아헨과 비교하는 것은 일반 백성의 마구간과 왕의 마구간을 비교하는 것과 같았다. 하늘에 어두운 구름이 걷힌 곳이 군데군데 있었지만 산마루에는 아직 짙은 안개가 끼어 있었다. 비가 멈출 기미는 보이지 않았다.

저쪽에서 말을 탄 무리가 우리 쪽으로 다가왔다. 그들은 하나같이 값비싼 옷을 입고 있었다. 비가 오는데도 모피와 고급 천으로 만든 화려한 외투를 걸친 모습이었다. 그들이 타고 온 군마 역시 적갈색, 고동색, 회색빛이 나는 최고급 말들이었다. 나는 그렇게 멋진 말들은 본 적이 없었다. 차림새나 타고 온 말을 보면 지체 높은 사람이라는 것을 눈치챌 수 있었다.

무리의 맨 끝에는 눈에 띄게 화려한 복장을 한 사람이 가장 좋은 말을 타고 있었다. 그 사람은 값비싼 벨벳과 비단, 모피로 만든 외투를 걸치고 있었다. 나는 호기심에 말을 타고 그에게 다가갔지만 호위병 서너 명이 그의 주위를 둘러싸고 있었기 때문에 말을 걸 수는 없었다.

그 사람은 덩치가 크고 뚱뚱한 편이었고 콧수염이 입 언저리까지 자라 있었다. 또한 목소리가 우렁차고 맑았다. 생김새와는 다른 목소리였다.

그런데 이게 웬일인가? 이 남자가 말에서 내리더니 우리가 데려온 남자에게 고개를 숙여 인사하는 게 아닌가? 그러고는 낯선 사람이 타고 있는 말의 고삐를 잡아당겨 몇 걸음 나아갔다. 그러자 다른 일행들은 재빨리 그에게 자리를 내주더니 몸을 깊이 숙여 인사했다. 그 순간 나는 그가 누구인지 알아차렸다. 그 사람은 바로 카롤루스 대제였다. 카롤루스 대제가 몸소 낯선 사람을 만나러 행차한 것이다.

카롤루스 대제가 자신의 손으로 직접 말고삐를 잡아 주는 것을 나는 두 눈으로 똑똑히 봤다. 도대체 그 낯선 사람은 누구란 말인가?

왕에게 그런 대우를 받을 정도라면 혹시 프랑크 족이 섬긴다는 예수 그리스도일까? 잠시 그렇게 생각해 보기도 했지만 얼굴에 상처가 난 걸 보면 신일 수는 없었다. 신의 얼굴에 어떻게 상처가 날 수 있겠는가? 그리스도는 십자가에 못 박혀 죽었으나 부활했다고 했다. 예수 그리스도는 죽은 뒤 다시 살아날 정도로 위대하다고 프랑크 사람들이 말했다. 그리스도도 상처가 있었지만 그것은 십자가에 못 박혔을 때 양 손바닥과 발에 생겼고 얼굴에는 상처가 없다고 들었다. 우리가 데려온 사람이 예수 그리스도일 리는 없었다.

우리 일행은 말을 타고 계곡을 내려가 파더보른 시내로 향했다. 왕과 낯선 사람이 앞장섰다.

기와지붕과 너른 안마당이 있는 넓은 건물이 보이자 어디선가 훅 하고 바람이 불었다. 그곳은 카롤루스 대제가 사는 팔츠였다. 팔츠는 왕의 궁전이라는 뜻이다.

궁전 앞에 도착하자 왕은 말에서 내려 손수 낯선 사람이 탄 말의 고삐를 끌고 궁전 앞마당으로 갔다. 말에서 내릴 때까지 낯선 사람도 말고삐를 놓지 않았다.

나는 궁중 예절을 알진 못했지만 왕이 직접 말고삐를 잡아 줄 정도로 지체 높은 사람은 없을 거라고 생각했다. 한 왕국을 이끄는 왕이 손수 시중을 들 정도로 신분이 높은 사람은 누구일까?

궁전으로 들어서자 남녀노소 할 것 없이 대제에게 고개 숙여 인사했다.

우리 호위병들도 궁전 앞마당에 들어가 말에서 내려 큰 원을 그리고 멀뚱히 서 있었다. 나는 다른 사람들이 눈치채지 못하게 오랫동안 말을 타 묵직해진 팔다리를 뻗어 보았다.

왕의 호위병들이 칼을 뽑아 방패를 두드리자 우리 일행도 똑같이 따라 했다. 나는 그들이 왜 그러는지 영문을 알 수 없었다. 왕을 위해 방패를 두드리는 것일까, 아니면 낯선 사람을 환영하기 위한 것일까? 방패를 두드리는 것은 원래 왕을 경배하는 의식이었다.

궁전 창가에 사람들이 가득했다.

방패를 두드리는 의식이 끝나자 낯선 사람도 말에서 내려왔다. 그때도 역시 카롤루스 대제가 그의 손을 잡고 부축해 주었다.

우리는 모두 궁전 안으로 들어가 옥좌가 놓인 넓은 방으로 갔다. 그곳은 왕의 공식 알현실이었다. 나는 이전에도 몇 번 파더보른에 왔었지만 왕궁을 본 적은 없었다. 왕의 알현실에 들어오다니 꿈만 같았다. 알현실 벽은 아름다운 색깔의 벽지와 그림으로 장식되었고 바닥에는 반들반들 윤이 나는 돌이 깔려 있었다. 바닥이 마치 호수처럼 내 모습을 비추었다. 높은 천장은 튼튼한 나무 들보가 받치고 있었다. 호위대는 알현실 뒤쪽에 자리를 잡았다.

왕과 함께 온 사람들은 옥좌 주변에 서 있었다. 왕이 옥좌에 앉자 그 가운데 한 사람이 왕의 망토를 바로잡아 주었다. 그 전에 낯선 사람은 옥좌 앞에 따로 마련된 의자에 앉았다. 다른 사람들은 옥좌를 밝히는 횃불 주변에 반원을 그리며 서 있었다.

왕이 서 있는데 손님이 먼저 앉다니! 나는 그 광경이 놀랍기만 했다.

왕이 자리를 잡자 손님이 다시 일어나 가죽 주머니에서 조그만 물건을 꺼냈다. 십자가였다.

나는 이전에도 십자가를 본 적이 있었다. 그것은 기독교의 상징이었다. 황금으로 만든 십자가가 횃불에 반짝였다.

십자가를 보고 왕도 자리에서 일어났다. 낯선 사람은 주교인가?

그럴 리 없다. 이 세상에 왕이 직접 말고삐를 잡아 주고 말안장에서 내려오는 것을 도와줄 만한 주교는 없었다. 카롤루스 대제는 자신이 주교를 임명하고 마음에 들지 않으면 면책하기도 한다고 들었다.

낯선 사람이 십자가를 공중에 들어 올리자 왕을 비롯해 알현실 안에 있는 모든 사람이 무릎을 꿇었다. 멀뚱히 서 있는 내 모습을 보고 옆 사람이 나를 꿇어앉혔다. 낯선 사람은 새로운 신을 뜻하는 십자가를 우리 위에서 흔들었다.

그날 저녁 비로소 나의 궁금증이 풀렸다. 궁정 말을 관리하는 사람과 우연히 이야기를 하게 되었을 때 낯선 사람이 누구냐고 살짝 물어봤다.

"멍청한 사람! 자넨 눈이 멀었나?"

그 사람이 말했다.

“카롤루스 대제보다 높은 사람이 대체 누구란 말입니까?”

“카롤루스 대제보다 높은 사람은 없지.”

“뭐라고요?”

나는 도대체 무슨 말인지 알 수가 없었다.

“카롤루스 대제보다 높은 사람은 신뿐이지.”

“그렇다면 얼굴에 상처가 난 그 낯선 사람이 예수 그리스도란 말이에요?”

나는 조심스럽게 물었다.

“멍청한 친구 좀 보게. 그분은 신의 대리자라네. 그러니까 인간 세계에서 신을 대리하는 분이지. 그분이 바로 교황님일세.”

이 말을 듣고 나는 놀라 자빠질 뻔했다.

교황이 파더보른에 오다니! 이렇게 외진 곳까지 무슨 일일까? 교황은 로마에 있는 교황의 궁전에 산다고 했는데……. 로마가 어디 있는지는 잘 몰랐지만 아주 먼 데 있다는 것은 알고 있었다.

그럼 내가 교황을 호위했단 말인가! 레오 3세를?

프랑크 사람들한테 교황에 대해 이런저런 이야기를 들었다. 어떤 사람들은 로마에 가서 직접 교황을 본 적 있다고 했다. 그런데 그 사람들이 본 것은 레오 3세가 아니라 전임 교황이었다. 전임 교황이 죽고 나서 레오 3세가 새로운 교황으로 선출되었다.

잠깐, 교황은 신의 대리자라고 했는데 어떻게 죽을 수 있지?

게다가 신의 대리자가 어떻게 얼굴에 상처를 입을 수 있단 말인가?

그날 저녁 사람들은 교황의 얼굴에 난 상처에 대해 수군거렸다. 레오 3세는 로마에 적들이 있다고 했다. 적들은 자기가 교황이 되려고 레오 3세

로마의 적들에게 피납되어 혀를 잘린 교황 레오 3세.

를 노린다고 했다. 그들에게 습격 당한 레오 3세는 이 세상에서 가장 힘 있는 사람의 보호를 받아야겠다고 결심했다. 그 사람이 바로 카롤루스 대제였다.

얼굴의 상처는 어쩌다 생겼을까? 레오 3세의 적들은 교황의 눈을 찌르고 혀를 자르려고 했다. 죽이려 한 것은 아니었다. 그자들도 신이 두려웠을 것이다. 자신들이 노리는 것은 신의 대리자인 교황이 아닌가?

다행히 눈에 상처를 입긴 했지만 신이 도왔는지 교황은 시력을 잃지는 않았고 혀가 잘리긴 했지만 말을 못 할 정도는 아니라고 했다.

나는 용기를 내어 호위대 대장에게 내가 숲 속에서 들은 말발굽 소리가 교황을 노린 사람들인 것 같다고 말했다. 대장은 처음엔 나를 무시하려고 하더니 잠시 뒤 생각에 깊이 잠겨 조용히 말했다.

"정말 다행이었어. 자네가 제때 그들의 말발굽 소리를 알아채고 나한테 알려 주어서."

이렇게 말하며 대장은 내 어깨에 손을 올렸다.

"교황의 눈을 찌르려 한 사람들은 악당 패거리였어. 그자들은 한 사람도 빠짐없이 체포되어 이곳으로 끌려왔네. 왕의 심판을 받고 모든 죄를 자백했다더군. 만약 그자들이 숲 속에서 교황을 습격하는 데 성공했다면 카롤루스 대제는 새로운 교황을 뽑으실 수밖에 없었을 거야. 그랬다면 카롤루스 대제는 교황에게 약속받은 것을 얻지 못하셨을 거네."

"카롤루스 대제는 그자들을 모두 처형하실까요?"

"아니, 그러지 않으실 것이네. 그러기엔 로마에 있는 그들의 배후 세력이 너무 강하지. 카롤루스 대제도 더는 적대 세력을 자극하진 못하실 걸세."

"카롤루스 대제는 그들을 두려워하시나요?"

나는 약간 실망해서 물었다.

"하하하! 그럴 리가 있나. 그게 바로 정치라는 걸세."

대장이 웃으며 말했다.

"교황이 카롤루스 대제에게 약속한 것이 있다니, 무엇을 해 준다는 말이죠?"

나는 긴장된 목소리로 물었다.

"그건 말해 줄 수 없네."

대장이 이렇게 말하며 이제 가 보라고 손짓했다. 교황을 호위한 나에게 감히 말이다.

다음 해, 그러니까 800년에 우리 호위대는 로마까지 카롤루스 대제를 호위했다. 길고 힘든 여정이었지만 이야깃거리가 많은 여행이었다. 로마에 도착하자 교황은 카롤루스 대제에게 적들에게서 구해 주어서 고맙다고 답례를 했다. 그리고 그해 성탄절에 카롤루스 대제의 대관식이 거행되었다.

카롤루스 대제와 레오 3세는 카롤루스 대제의 대관식에 관한 약속을 했을 것이다. 대장이 나에게 말하지 않은 비밀도 아마 그것일 것이다. 어쩌면 대장은 자기는 중요한 비밀을 안다고 자랑하고 싶어서 일부러 그 얘기

교황 레오 3세 앞에서 황제의 관을 쓰는 카롤루스 대제.

를 해 주지 않았을지도 모른다.

나도 대관식에 참석했다. 사람들은 황제의 관을 쓴 카롤루스 대제를 향해 환호했다.

카롤루스 대제는 우리 호위대에게 교황을 파더보른까지 무사히 모시고 와서 고맙다는 말을 전했다. 카롤루스 대제가 나에게 직접 다가와 특별히 치하의 말을 전했을 땐 바닥에 주저앉을 뻔했다. 대제가 내린 포상은 내 기대를 넘어설 정도로 푸짐했다. 나는 대제에게서 금과 말, 그리고 토지를 하사받았다.

교황이 파더보른으로 피신했을 때 그를 보호해 준 것은 분명 그리스도일 것이다. 교황은 그리스도의 대리자가 아닌가? 그래도 나는 품 안에 은망치를 지니고 있었기 때문에 도너 신이 나를 도와주었다고 생각한다. 도너 신이 밤중에 비가 내리는 숲 속에서 내 귀를 열어 주었고 바른 결정을 할 수 있게 해 준 것이다. 나는 도너 신 덕분에 교황도 무사할 수 있었다고 믿는다.

물론 나는 마음속에 품은 생각을 카롤루스 대제에게 말하지 않았다. 말해 버리면 상으로 내린 것을 도로 빼앗을 테니 말이다.

제2장

눈밭 위의 발자국

역사에서 중요한 인물의 삶에 관한 전설이나 신화, 일화 들은 객관적인 역사 문헌이라고 보기 어렵다. 그 속에 서술된 내용은 실제와 다르기 때문이다.

그러나 역사를 공부할 때 이러한 것들을 가볍게 여겨서는 안 된다. 전설이나 신화, 일화는 실제 사실을 바탕으로 역사 속 실존 인물들에 대한 이야기를 전한다. 전설이나 신화, 일화는 인물들이 살던 당시의 생활과 밀접한 관계가 있지만 실제 역사와는 다른 색깔을 입힌 이야기들이다. 전설과 신화가 발생하는 이유는 여러 가지다. 선전, 선동의 목적으로 일부러 꾸며 낸 것일 수도 있고 의식적으로 과장한 것일 수도 있다. 이러한 사실을 염두에 두고 전설이나 신화를 바라본다면 그것이 발생한 당시의 시대상에 관한 중요한 정보로 이용할 수 있을 것이다.

카롤루스 대제의 일생에 관한 신화나 일화는 아주 많지만 지금부터 소개할 이야기는 수세기 전부터 전해 내려왔을 뿐만 아니라 카롤루스 대제라는 인물을 비교적 객관적인 시각으로 바라보고 있다. 이 일화는 카롤루스 대제와 그의 자녀들에 관한 것인데 지금까지 밝혀진 역사적 사실을 보면 실제 있었을 법한 내용이다.

이 이야기 속에 등장하는 인물들은 실존 인물들이다. 그 가운데 아인하르트 또는 에긴하르트라 불리는 사람은 카롤루스 대제의 측근이었으며 역사 편찬가이기도 했다. 카롤루스 대제에 관해 우리가 아는 사실도 에긴하르트가 지은 『비타 카롤리 마그니(Vita Caroli Magni)』라는 전기에서 유래한다. 그리고 에긴하르트는 에마 또는 이마로 불린 여자와 혼인했는데 전설에 따르면 카롤루스 대제의 딸이라 하나 실제로 카롤루스 대제에게는 그런 이름의 딸이 없었다.

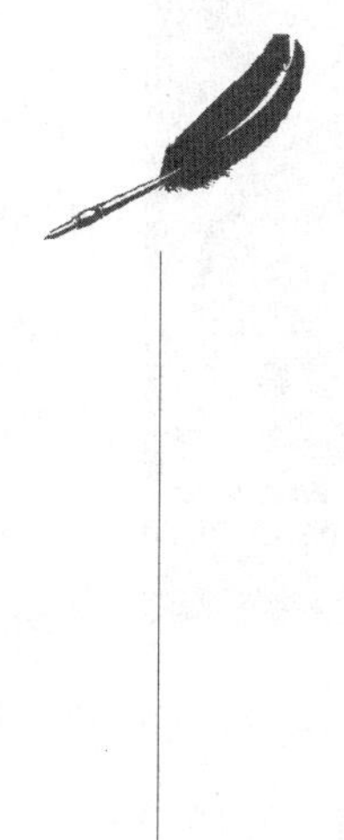

카롤루스 대제는 유독 가족을 소중히 여겼다고 알려져 있다. 특히 딸들을 너무 아낀 나머지 한 명도 시집보내려 하지 않았다. 왕족들 사이에 흔하던 정략혼인조차 원치 않았다.

정략혼인으로 권력 있는 집안과 관계를 맺으면 카롤루스 대제에게도 여러 가지로 이익이었을 것이다. 그런데도 카롤루스 대제는 딸들을 다른 남자의 손에 넘겨주려 하지 않았다. 질투심 때문에 딸들 곁에 다른 남자가 가까이 오지 못하게 무척 신경을 썼다고 한다.

그러나 일은 벌어지고 말았다.

카롤루스 대제와 아주 가까운 측근 가운데 에긴하르트라는 사람이 있었는데 그는 황제의 서기이자 믿을 만한 조언자였을 뿐만 아니라 건축가이기도 했다. 그가 어떻게 생겼는지 확실히 전하지는 않지만 어떤 이들은

에긴하르트는 역사 편찬가이자
황제의 비밀 서기관이었다.

젊고 잘생겼다고 하고, 또 어떤 이들은 나이도 꽤 있고 생김새도 그리 뛰어나지 못했다고 전한다. 어쨌든 카롤루스 대제와 긴밀한 관계였다는 사실만은 분명했다. 그렇지 않았으면 어떻게 그가 카롤루스 대제의 외교 실무를 도울 수 있었겠는가? 에긴하르트는 학식이 매우 풍부한 사람이었다. 그는 위대한 학자인 앨퀸의 제자였고 스승의 뒤를 이어 아헨에 있는 프랑크 왕국 궁정 학교 교장 자리에 올랐다.

어떤 사람들은 에긴하르트가 매우 영리하며 사람들과 이야기 나누기를 좋아했고 승마 솜씨도 훌륭했을 뿐 아니라 용감한 전사이자 뛰어난 사냥꾼이었다고 했다. 또 어떤 사람들은 에긴하르트가 음악에도 소질이 있어 노래도 잘하고 여러 악기를 잘 다루며 춤 솜씨도 훌륭하다고 했다. 어떤 이들은 그가 아름다운 머릿결과 푸른 눈을 지녔다고 했고 다른 이들은 검은 눈을 지녔다고 했다.

에긴하르트의 외모에 대해 여러 이야기가 전해 오지만 공통적인 것은 그가 뚱뚱하지는 않았다는 것이다.

그보다 중요한 것은 에긴하르트와 이마의 이야기다. 이마는 카롤루스 대제의 막내딸이었는데 에긴하르트와 깊은 사랑에 빠졌다고 한다.

에긴하르트가 빠진 식사 시간은 이마에게 전혀 즐겁지 않았다. 그저 식탁에 멍하니 앉아 접시에 담긴 음식을 떠먹을 뿐이었다. 그런 모습을 본 카롤루스 대제와 언니 오빠 들이 어디 아프냐고 물어보자 기어드는 소리로 이마는 여자들 일이라고 대답했다. 카롤루스 대제는 아무런 말도 하지 않았고 언니들은 한숨을 내쉬었다. 오빠들도 잠자코 있을 수밖에 없었다.

사랑하는 사람과 한 식탁에서 식사하는 일은 이마에게 행복한 일이기도 했고 슬픈 일이기도 했다. 카롤루스 대제와 중요한 대화를 나누기 위해 에긴하르트가 함께 식사를 할 때면 이마는 수줍은 눈길을 보냈다. 에긴하르트 역시 식탁 반대편에 앉아 있는 이마를 다른 사람이 눈치채지 않게 조심스레 훔쳐보았다. 하지만 그의 시선은 식탁 위에 올려놓은 이마의 손에 멈추고 말았다. 얼굴을 보다가 눈이 마주치기라도 하면 큰일이었기 때문이다. 두 사람이 서로 눈빛을 교환하며 침묵의 대화를 나눈 적은 거의 없었다. 어쩌다 눈이 마주치기라도 하면 수줍어하며 금방 눈길을 다른 곳으로 돌렸다.

에긴하르트와 눈이 마주칠 때마다 이마의 얼굴이 붉어지는 것을 알아차린 사람은 다행히 아무도 없었다. 이마 황녀에 대해서는 알려진 바가 없다. 황녀의 머리가 검은색이었는지 금발이었는지 아니면 갈색이었는지도 알 수 없고 체격이 좋았는지 늘씬했는지도 알지 못한다. 황녀가 밝은 성격이었는지 진지한 성격이었는지도 전하는 바가 없다. 이 이야기에서 알 수 있는 것은 황녀의 키가 작지 않았다는 것이다. 지금부터 펼쳐지는 내용을 보면 그 이유를 알 수 있다.

확실한 것은 이마가 황녀였다는 사실이다. 황녀들은 대부분 외모가 아름다웠으니 이마 황녀도 예뻤으리라 짐작할 뿐이다. 어쩌면 우리가 상상하는 것보다 훨씬 아름다운 황녀였을지도 모른다. 이마는 그냥 평범한 황녀가 아닌 위대한 카롤루스 대제의 딸이 아닌가?

이마 황녀의 외모에 대한 이야기는 여기서 접고 에긴하르트와의 사랑 이야기로 돌아가자. 사랑이라는 감정은 오랫동안 숨길 수 있는 것이 아니다. 사랑에 빠진 사람은 다른 사람들에게 그 감정을 들키게 마련이다. 이마 황녀와 에긴하르트가 서로의 마음을 숨기려 애를 써도 눈치가 빠른 사람이라면 식사 시간에 두 사람이 수줍은 눈빛을 교환하는 것을 알아차릴 수 있었다. 함께 식탁에 앉아 있을 때면 에긴하르트와 이마 황녀는 접시들 사이로 비밀스러운 눈빛을 주고받았다.

안타깝게도 두 사람의 사랑은 금지된 것이었다. 그것도 일반적으로 말하는 금지된 사랑이 아니라 황제의 딸과 그 신하 사이의 사랑이었다. 그러니 이들의 사랑은 당연히 용납될 수 없었다. 카롤루스 대제가 에긴하르트를 높이 사긴 했어도 황녀와의 사랑이 이루어지는 것은 불가능했다.

딸들 가운데 외모가 가장 뛰어난 막내딸을 바라볼 때마다 카롤루스 대제의 근심은 커져만 갔다.

이마 황녀가 아직 어렸을 때 식사 자리에서 언니들의 혼인 이야기가 오가면 어린 황녀는 얼굴을 붉히며 킥킥대고 웃었다. 그러나 이제 황녀는 혼인 이야기가 나오면 웃지도 얼굴을 붉히지도 않았다. 황제 역시 황녀들의 혼인에 민감했다. 황제는 혼인 이야기가 나올 때마다 황녀들을 시집보낼 만한 적당한 신분과 인품을 가진 이가 없다고 말했다. 그러면서 황제는 만족스러운 웃음을 지었다. 그도 그럴 것이 카롤루스 대제에게 필적할 만한 왕가의 자손은 흔치 않았다.

그러니 황제가 이마 황녀와 에긴하르트의 비밀스러운 사랑을 알아 버린다면 그는 틀림없이 마음 아파할 것이었다.

황녀들이 다른 지역으로 여행을 갈 때면 에긴하르트와 이마 황녀에게 서너 마디 말을 주고받을 기회가 생기기도 했다. 하지만 다른 하인들이나 언니들에게 의심받기 전에 잠시 동안만 허락된 순간이었다.

손에 꼽을 만큼이었지만 에긴하르트가 이마 황녀의 손을 잡아 본 적도 있었다. 그럴 때마다 황녀는 두 눈을 초롱초롱 반짝였고 두 사람의 손에는 전류가 흘렀다. 그러나 그 시간은 두 사람이 서로의 감정을 교감할 찰나의 순간일 뿐이었다. 우연히 두 사람이 부딪치면 이마 황녀는 에긴하르트의 외투나 부드러운 윗옷이 몸에 닿는 것을 느꼈다. 두 사람은 그런 순간들의 기억을 안고 살았다.

에긴하르트의 마음을 알아챈 사람들은 그에게 "당신 미쳤군요! 매를 버는 짓이에요."라고 말했다. 어떤 사람은 "스스로 무덤을 파는군. 조심하지 않으면 황제에게 들키고 말 거요."라고 주의를 주었다. "당신 스승은 그 훌륭한 앨퀸이 아닌가요? 당신은 그분한테 뭘 배운 거요? 인생에서 지켜야 할 세 가지가 있어요. 신에 대한 믿음, 이성을 잃지 않는 것, 그리고 주군에 대한 충성이지요."라고 말하는 사람도 있었다. 에긴하르트는 자신이 이 세 가지 모두를 어기고 있다는 것을 깨달았다.

그는 황녀를 만날 때 그저 신하로서 예의를 갖추어 대하리라고 굳게 결심했다. 더는 개인적인 감정을 키우지 않기로 했다. 하지만 황녀가 그를 보는 눈빛은 그가 황녀를 보는 눈빛과 똑같았다.

에긴하르트는 이마 황녀와 자리를 한번 만들어 이성적인 대화를 나누어야겠다고 생각했다. 그렇지만 언제 황녀와 단둘이 만날 수 있단 말인가? 그는 지금까지 한 번도 황녀와 단둘이 있어 본 적이 없었다.

"황녀를 위해서라도 난 책임감 있게 행동해야 해."

에긴하르트는 황녀를 위해서뿐만 아니라 자기 삶을 위해서라도 책임감 있는 행동을 해야 했다. 그는 이성적으로 행동하기로 결심했다.

"난 황녀보다 나이도 많고 더 성숙하다는 사실을 잊으면 안 돼."

에긴하르트는 제후 회의를 하다가 혼잣말을 했다.

"거기다 황녀는 여자고 나보다 약한 사람이야. 내가 강해져야 해! 황녀가 어리석게 모든 사실을 털어놓지 못하게 막아야 해. 황녀를 불행에 빠뜨릴 순 없어!"

카롤루스 대제가 무서운 사람이라는 걸 모르는 사람은 없었다. 황제가 아직 아무것도 눈치채지 못한 게 천만다행이었다. 하지만 얼마나 오래 그들의 감정을 숨길 수 있을까? 카롤루스 대제가 이마 황녀와 에긴하르트의 사이를 알면 황녀는 수도원에 보내질 것이 분명했다. 에긴하르트의 운명도 아무도 장담할 수 없었다. 황녀에 대한 감정을 정리하는 일 외에는 다른 방도가 없었다.

하지만 황녀를 보면 굳은 결심은 물거품이 되어 버렸다. 에긴하르트는 그저 황녀를 멍하니 바라보았다. 그리고 황녀를 지켜야 한다고 생각했다. 진정으로 황녀를 보호할 방법은 황녀의 얼굴을 바라보며 사랑이 듬뿍 담긴 눈빛을 보내지 않는 것이었다. 그것보다 더 확실한 방법은 아예 황녀를 피하는 것이었다.

에긴하르트는 의무감이 투철한 사람이었다. 황제의 신하로서 그는 황녀를 보호할 의무가 있었으며 그 자신을 보호할 의무도 있었다.

"황녀를 보호해야 할 내가 황녀에게 위험이 되다니 말도 안 돼."

"이 꼬인 끈을 자를 수만 있다면! 알렉산드로스 대왕이 고르디우스의 매듭을 단칼에 자른 것처럼 할 수만 있다면 얼마나 좋을까?"

에긴하르트는 한숨을 내쉬며 생각했다.

"그러나 나에게 그 일을 행하기란 얼마나 어려운 일인지! 알렉산드로스는 왕이었지만 나는 일개 신하이지 않은가?"

이것이 가장 심각한 문제였다.

황제의 궁에 있는 큰 홀을 지나칠 때면 긴 복도를 지나가는 에긴하르트의 발걸음은 천근만근이었다. 사랑하는 사람 때문에 근심과 걱정에 사로잡혀 고민하는 남자의 모습 자체였다. 그래도 황제에게는 웃는 얼굴로 대해야 했다. 황제야말로 넘을 수 없는 가장 큰 산이었다. 에긴하르트는 밤에 잠을 잘 수도 없었고 마치 병이 난 사람처럼 보였다. 다른 사람과 대화를 나눌 때도 자기도 모르게 깊은 한숨을 내쉬었다. 그럴 때마다 가슴이 찢어지는 것 같았다. 황제도 그런 에긴하르트의 모습이 신경 쓰였는지 의심스러운 눈으로 바라보았다.

이마 황녀도 괴롭긴 마찬가지였다. 그래도 황녀의 한숨은 다른 사람들의 걱정을 피할 수 있었고 황제 앞에서는 한숨을 쉬지 않았다. 혹시 자기도 모르게 긴 한숨이 나오면 여자들 문제라고 둘러댔다.

추운 겨울이었다. 그해는 유난히 혹독한 추위가 찾아왔다. 황제의 궁에 사는 사람들은 서로 몸을 맞대고 지냈다. 궁에 벽난로가 있는 방이 얼마 없었기 때문이다. 궁 안은 살을 에는 듯 추웠다. 하인들이 벽난로에 불을 지펴 놓아도 그 온기는 멀리 가지 못했다. 나무 창틀이 달린 커다란 창문 틈으로 얼음같이 차가운 바람이 새어 들어왔다. 밤나무 장작이 활활 타는 데도 양동이에 물을 담아 창문 아래 두면 얼음이 얼 정도로 추웠다.

에긴하르트는 자신의 결심을 실행에 옮기기로 결심했다. 실행에 옮긴 다는 말은 이마 황녀와 이야기를 나누고 이성적으로 행동하도록 설득하겠다는 뜻이었다. 그는 사랑하는 사람에게 진심을 털어놓을 작정이었다.

두 사람은 지금까지 채 백 마디도 나누지 못했다. 그저 서로 사랑하는 눈빛만 주고받았을 뿐이었다. 사랑은 많은 말이 필요치 않은 법이다. 그렇다고는 해도 에긴하르트와 이마 황녀에게는 다른 연인들처럼 단둘이 시간을 보내며 서로를 알아 갈 기회가 없었다.

황제의 딸과 단둘이 있는 것은 상상도 못 할 일이었다. 에긴하르트가 결심한 대로 서로의 감정이 더 깊어 가기 전에 마음을 정리해야 했다. 물론 이마 황녀는 그의 결정을 탐탁지 않게 생각할 것이 분명했다.

카롤루스 대제의 가장 아름다운 딸과 단둘이 있을 생각을 하니 에긴하르트의 심장이 거세게 뛰었다. 이런 상상을 하면 에긴하르트는 황녀와 헤어져야 한다는 사실을 까맣게 잊어버렸다. 황녀와 둘이 있을 생각만 해도 행복하기 그지없었다. 하지만 황녀를 만난다는 것은 헤어짐을 뜻했다.

점심 식사를 마치고 방으로 돌아가는 복도에서 황제의 딸을 본 순간 에긴하르트는 가슴이 무너지는 동시에 행복감에 휩싸였다.

"잠깐만, 멈추세요."

그는 황녀를 처음 대하는 사람처럼 말했다. 그리고 가까이 가서 조용히 속삭였다.

"이마 황녀님, 황녀님과 단둘이 할 이야기가 있습니다."

에긴하르트의 말을 듣고 황녀는 새빨개진 얼굴로 고개를 끄덕였다.

"심각한 일이에요."

황녀의 붉어진 얼굴을 보고 에긴하르트는 황녀가 오해하지 않게 재빨리 말했다.

그러나 그 말을 듣고 황녀는 얼굴을 한층 붉히며 에긴하르트를 품 안으로 거세게 끌어당겼다.

길게 설명할 시간이 없었다. 궁 안에는 하인들과 관리들, 황녀의 언니 오빠 들도 있었고 황제도 살고 있었다. 누군가 지나가다가 둘의 모습을 보기라도 하면 큰일이었다.

"그럼 언제 만날까요?"

이렇게 물으며 에긴하르트는 이제까지 겪어 보지 못한 행복을 느꼈다.

"오늘 밤, 폐하가 주무실 때 제 방으로 오세요."

에긴하르트를 바라보는 황녀의 눈빛은 어두침침한 황제 궁의 복도를 밝히는 촛불처럼 반짝거렸다.

그 말을 남기고 황녀는 사라졌다.

어두운 복도에 홀로 남은 에긴하르트는 자기가 무엇을 생각하는지 무엇을 느끼는지 알 수 없었다. 그저 넋을 잃은 채 멍하니 서 있었다. 에긴하르트의 마음은 활활 타오르는 불길처럼 기쁨으로 넘쳐흘렀다.

황녀는 "폐하가 주무실 때"라고 말했다. 그 말은 이 세상에서 가장 자연스러운 말처럼 들렸다. 아니, 그보다는 황녀가 오래전부터 에긴하르트가 말을 걸어 주기를 기다렸다는 것처럼 들렸다. 에긴하르트는 과연 황녀와 이성적인 대화를 나눌 수 있을까 걱정이 앞섰다.

그가 세운 계획은 어떻게 될까? 황녀가 에긴하르트에게 다가온다면 그의 결심은 물거품이 될지도 모른다. 정원에 나가 둘이서 조용히 대화를 나눈다면? 그건 말도 안 된다.

"이렇게 추운 겨울에 정원에 나간다니 정신 차려. 그리고 황제의 딸과 단둘이 정원에 나간다는 건 있을 수도 없는 일이야."

황녀와 만날 약속을 한 뒤 에긴하르트는 상상의 날개를 접을 수 없었다. 밖에는 비가 내렸다.

황녀의 방에 갈 생각만 하면 에긴하르트는 주체할 수 없는 기쁨에 휩싸였다. 하지만 기쁨에 빠져 있을 수만은 없었다. 그것은 황녀와 에긴하르트 두 사람 모두에게 위험한 행동이었다.

황녀와 약속한 시간이 점점 다가왔다. 에긴하르트는 황녀의 방으로 가는 길을 잘 알고 있었다. 눈을 감고 황제 궁의 건물 위치를 떠올려 보았다. 그의 방에서 나와 궁정 뜰을 가로질러 반대편에 있는 황제 집무실 건물로 가면 된다. 그 건물 안에 황자와 황녀들의 거처가 실에 꿴 진주처럼 나란히 놓여 있었다. 실수로 다른 황녀나 황자의 방에 들어가는 것만 조심하면 되었다.

비가 와서 궁정 뜰은 젖어 있었다. 에긴하르트의 방이 있는 건물에서 황녀의 방이 있는 건물까지는 백 걸음도 되지 않았다. 2층에 있는 황제의 방에서는 궁정 뜰이 한눈에 내다보였다. 심지어 에긴하르트는 황제의 침실 바로 밑을 지나야 했다. 어쩌면 에긴하르트가 한밤중에 궁정 뜰을 가로질러 막내딸 방으로 가는 것을 황제가 볼지도 몰랐다.

에긴하르트가 뜰 안을 지나갈 때 비바람이 심하게 몰아쳤다. 사방은 무덤 속처럼 깜깜했다. 황제가 우연히 창밖을 내다본다 해도 이렇게 어두운 밤에 사람을 알아보기란 불가능했다. 에긴하르트는 반대편 건물 벽을 조심스레 더듬었다. 심장이 터질 듯이 거칠게 뛰었다.

이마 황녀도 불을 끄고 누웠다. 황녀의 방을 훈훈하게 덥혀 주는 화로에 담긴 숯만이 희미한 불빛을 비출 뿐이었다.

황녀의 심장도 두근거리긴 마찬가지였다. 황제의 딸이 일개 서기를 만난다니! 그것도 한밤중에 자기 방에서! 상상도 못 할 일이었다.

에긴하르트에 대한 황녀의 마음은 한편으론 달콤하기 그지없었지만 다른 한편으론 쓰디쓴 아픔이었다. 에긴하르트는 황녀보다 나이가 훨씬 많았지만 황녀에게 그의 얼굴은 사랑스럽고 보호 본능을 자극했다. 게다가 그는 현명하고 성숙했으며 개방적이고 믿을 수 있는 사람이었다. 그는 순수함 자체였다.

하지만 황녀의 아버지는 어떤가? 황제는 다른 사람이 어디서 무얼 계획하는지 다 파악하고 있었다. 황제의 손아귀를 벗어나 무슨 일을 꾸미기란 불가능했다. 이마 황녀의 아버지는 언니들에게 짝을 찾아 주겠다고 약속하고는 아직도 혼인 상대를 찾아 주지 않았다. 로트루트, 베르타, 기젤라 황녀는 황제의 약속을 마냥 기다리다가 혼인 적령기를 훌쩍 넘겨 버렸다.

이마 황녀는 아침에 눈을 뜨면 에긴하르트의 얼굴을 가장 먼저 떠올렸다. 온몸을 흐르는 혈관 속에 에긴하르트가 함께 숨 쉬고 있었다. 궁정 안을 지나가는 하인들의 발소리를 들을 때마다 에긴하르트가 떠올랐다. 심장이 뛸 때마다 황녀는 에긴하르트를 느낄 수 있었다. 황녀는 에긴하르트 품에 안긴 상상을 했으며 밤에 잠자리에 들면 '포근한 베개가 에긴하르트의 따뜻한 팔이었으면.' 하고 바랐다.

그러나 황녀도 에긴하르트도 현실을 직시해야 했다. 에긴하르트의 굳은 결심은 황녀를 볼 때면 눈 녹듯 무너져 내렸다. 너무나 사랑스러워 황녀에 대한 사랑의 감정을 숨길 수 없었다. 그녀가 살짝 미소 지을 때면 에긴하르트는 어찌할 바를 몰랐다.

황녀는 오래전부터 에긴하르트가 말을 걸어 주기만 손꼽아 기다렸다. 그냥 일상적인 대화가 아닌 연인들의 대화를 하고 싶었다. 그런데 그가 만나자고 했으니 황녀는 펄쩍 뛸 정도로 기뻤다. 그 말을 듣는 순간 심장이 멈추는 것만 같았다. 마음 같아서는 그 자리에서 에긴하르트를 꼭 안고 키스를 퍼붓고 싶었다. 황녀는 아직 키스를 해 본 적이 없었다. 그도 그럴 것이 황녀는 유럽에서 가장 막강한 황제의 딸이 아닌가! 제정신이 아니지 않고서야 누가 황제의 딸에게 감히 키스를 할 수 있겠는가?

그렇다면 에긴하르트는? 황제의 딸과 사랑에 빠진 에긴하르트는 도대체 어떻게 된 것인가? 황녀는 그에게 황제가 잠든 사이에 자기 방으로 오라고 했다. 정말 믿기지 않는 일이 벌어진 것이다.

에긴하르트를 기다리며 황녀는 한숨을 내쉬었다.

'아버지는 왜 하필이면 황제란 말인가? 아버지가 농부나 사냥꾼이었다면 얼마나 좋았을까? 그렇다면 이렇게 고민하지 않아도 되련만.'

황녀는 턱을 앞으로 길게 빼며 생각했다. 황녀의 아버지가 황제라는 것은 부정할 수 없는 현실이었다.

두 사람의 미래를 생각하면 이성적으로 행동해야 했다. 그러나 사랑하는 마음은 이성으로 누를 수 없었다. 서로에 대한 마음은 시간이 지나면 지날수록 깊어만 갔다. 에긴하르트가 이성적인 사람이라곤 하지만 그도 남자였다.

황녀는 두 사람을 위해 무언가 해야 한다고 생각했다. 황녀는 남자들이 무얼 바라는지 알고 있었다. 황녀도 더는 어린아이가 아니었다. 하지만 황녀가 에긴하르트를 자기 방으로 부른 이유는 육체적인 관계를 맺기 위해서가 아니었다. 어쩌면 에긴하르트는 그것을 바랄지도 모르지만 황녀는 우선 단둘이 이야기를 해야 한다고 생각했다. 무슨 일이 있어도 그 이상 선을 넘어서는 안 된다고 다짐했다. 상대방을 알기 위해서는 많은 이야기를 나누어야 했다. 다른 사람에게 방해받지 않고 두 사람이 조용히 대화를 나눌 시간이 필요했다. 그런 시간은 모두가 잠든 한밤중밖에 없었다. 황녀는 에긴하르트를 한밤중에 부른 것은 정말 잘한 일이라고 생각했다.

어두운 방 안에 누워 황녀는 살포시 미소를 지었다. 자신이 에긴하르트가 원하는 것을 해 줄 수 없을지는 모르지만 둘이서만 시간을 보낸다는 것은 두 사람에게 약이 될 것이 틀림없었다. 황녀도 에긴하르트만큼이나 이성적인 사람이었다. 둘이서 이야기를 나누면 분명히 현명한 결론을 내릴 수 있으리라 믿었다.

황녀의 심장이 거세게 뛰었다.

그리고 조용히 방문을 두드리는 소리가 들렸다.

에긴하르트는 무척 수줍어하며 방 안으로 들어왔다. 황녀는 나무 바닥이 삐걱대는 소리, 문고리가 잠기는 소리에 귀를 기울였다. 에긴하르트는 조용히 황녀에게 다가왔다. 에긴하르트는 황녀의 손이 떨리는 것을 느꼈고, 황녀는 에긴하르트의 손과 웃옷이 젖은 것을 느낄 수 있었다. 바깥에는 여전히 비가 내리고 있었다.

에긴하르트는 황녀를 품에 안았다. 황녀는 몸을 떨며 무거운 숨을 내쉬었다. 숯불이 내는 희미한 불빛으로 그는 황녀의 몸매를 알아볼 수 있었다. 아름다운 여자의 몸이었다. 황녀의 손은 부드러운 양털처럼 따뜻하고 고왔다.

황녀는 에긴하르트의 몸에서 풍기는 냄새를 맡았다. 그것은 황녀를 유혹하는 남자의 향기였다. 그리고 그의 몸의 떨림이 느껴졌다.

에긴하르트 역시 품 안에 안긴 황녀의 떨림, 엉덩이와 가슴을 몸으로 느낄 수 있었다. 길고 곱실거리는 황녀의 머리카락이 얼굴을 간질였다. 황녀가 입은 잠옷 아래로 그녀의 몸이 느껴졌다. 아름다운 여자의 몸이었다. 에긴하르트는 아직 여자의 몸을 경험한 적이 없었다. 황녀의 풍만한 가슴이 그의 가슴을 지그시 눌렀다. 낯설지만 기분 좋은 떨림이었다.

에긴하르트는 더욱 힘을 주어 황녀를 끌어안았다. 잠시 동안 두 사람은 서로의 체온을 느꼈다. 먼저 몸을 푼 것은 황녀였다. 황녀는 에긴하르트의 품에서 나와 화로에 담긴 숯을 꼬챙이로 뒤집었다. 그러자 숯불이 활활 타올라 방 안이 밝아졌다. 그리고 황녀는 촛불을 켰다. 이성을 찾으려면 불빛을 밝혀야 했다.

황녀는 의자에 앉아 깊고 무거운 한숨을 내쉬었다.

에긴하르트는 촛불에 비친 젊고 아름다운 여인의 모습을 바라보았다.

황녀는 흔들거리는 불빛에 비친 건장한 체격의 남자를 바라보았다. 두 사람은 대화를 나누면 이성을 찾을 수 있으리라 생각했다.

두 사람은 이미 서로의 품에 안겨 상대방의 몸을 느꼈다. 이제 서로 이야기를 할 차례였다. 황녀와 에긴하르트는 길고 긴 대화를 나누었다. 서로의 감정을 자세히 이야기하며 두 사람은 서로를 알아 갔다. 지금까지 남모르게 숨긴 서로의 감정을 발견하는 것은 실로 아름다운 일이었다. 두 사람은 끊임없이 키스를 나누었고 이야기도 끝없이 이어 갔다. 두 사람이 느끼는 행복감은 말로 표현할 수 없는 것이었다.

이성은 잠시 접어 두기로 했다. 이성은 때가 되면 돌아오게 마련이라고 생각했다. 날이 밝으려면 아직 멀었다. 밖에는 비가 내렸고 황녀의 방 안은 온기로 가득했다. 이성적인 대화는 다음 기회에도 얼마든지 나눌 수 있었다. 겨울밤은 길고 길었다.

촛불이 모두 타들어 가자 비로소 두 사람은 서로의 품에서 떨어졌다. 혹시 다른 사람들이 깨지는 않을까 마음을 졸이며 조용히 방문을 열었다. 궁정 복도는 찬 공기로 가득했다. 이마 황녀는 다시 한 번 에긴하르트를 힘껏 끌어안았다.

그러고는 두 사람은 아쉬운 작별을 나누었다. 그들은 다른 사람에게 들키지 않고 행복한 시간을 보냈다. 황녀는 다시 침대에 누웠다. 이렇게 행복한 적은 처음이었다.

그때였다. 누군가 황녀의 방문을 두드리는 게 아닌가?

에긴하르트가 돌아온 것이다.

"큰일 났어요, 황녀님."

그가 조용히 속삭였다.

큰일이 나다니, 아무도 본 사람이 없는데 무슨 말인지 황녀는 영문을 알 수 없었다.

"밖을 한번 내다보세요."

에긴하르트가 말했다.

"밖을요? 어디를 보라는 거예요?"

"여기요."

잠긴 목소리로 에긴하르트가 속삭였다. 그는 조심스레 창가로 가 덧문을 열었다. 그러자 얼음처럼 차가운 바람이 안으로 불면서 방 안이 갑자기 환해졌다. 창밖에는 새하얀 눈이 수북이 쌓여 있었고 겨울 하늘에 별이 반짝이고 있었다.

황녀와 에긴하르트가 행복한 시간을 보내는 사이 바깥세상이 바뀌어 버린 것이다. 두 사람은 아무 말 없이 눈으로 뒤덮인 궁정 뜰을 내다보았다. 에긴하르트는 궁정 뜰을 지나가야 했다. 황제 궁 안의 모든 건물이 눈에 반사되어 뚜렷하게 보였다. 황제가 잠들어 있을 우측 건물도 분명히 볼 수 있었다. 그 건물 비스듬히 궁정 뜰 뒤쪽으로 행정동이 연결되어 있었다. 에긴하르트가 잠들어 있어야 할 방은 그 건물 안에 있었다. 왼쪽으로는 궁정 창고가 보였다.

별이 반짝이는 하늘 아래 창고 건물 뒤로 웅장한 '아울라 레지아'가 우뚝 솟아 있었다. 아울라 레지아는 황제의 옥좌가 마련된 황제의 공공 알현실이었다. 다른 건물들보다 높고 흰 지붕으로 덮인 아울라 레지아는 황제의 법이 공포되는 장소이자 황제의 권력을 상징하는 곳이었다. 황제가 잉겔하임에 머물 때는 그곳이 프랑크 왕국의 중심이었다.

"밤이 돼서 기온이 떨어지니까 내리던 비가 눈이 된 거예요. 황녀님, 이제 전 어떻게 해야 할까요? 눈이 쌓인 궁정 뜰을 지나가야 하는데 큰일입니다."

황녀는 에긴하르트가 벌벌 떠는 걸 알아차렸다.

"눈 위를 지나가면 발자국이 남으니 사람들이 제가 황녀님 방에서 나와 제 방으로 돌아간 걸 금방 알아챌 거예요. 이를 어쩌면 좋지요? 빠져나갈 구멍이 없어요."

"다시 눈이 내리면 발자국이 가려질 거예요. 그러니 너무 걱정 마세요."

황녀도 당황해하며 말했다.

"황녀님, 하늘을 올려다보세요. 저렇게 별이 반짝이는데 눈이 다시 올 리 없어요."

에긴하르트의 손은 얼음장같이 차가웠다.

"눈이 내릴지도 몰라요. 방금 전까지만 해도 눈이 내렸잖아요."

"황녀님, 다시 눈이 내릴 리가 없다니까요."

에긴하르트의 말이 옳았다. 그는 학자였으니 황녀보다 아는 게 많았다. 두 사람은 어찌할 바를 몰랐다.

그 순간 에긴하르트의 머릿속에는 카롤루스 대제의 명령으로 작센 족 4,500여 명이 학살된 베르덴 심판 장면이 스쳐 지나갔다.

한편 이마 황녀의 머릿속에는 아버지가 잔혹하게 수도원에 감금해 버린 바이에른 주의 타실로 백작이 떠올랐다.

얼음처럼 차가운 겨울밤, 두 사람은 겁에 질려 벌벌 떨며 멍하니 서 있었다. 황녀는 걱정으로 가득한 표정으로 입술을 만지작거렸다. 에긴하르트는 슬픈 눈빛으로 달빛만 바라보았다. 두 사람은 무슨 일이 있어도 위기를 넘길 방법을 찾아야 했다. 지금까지 모든 일이 잘된 것처럼 분명히 위기를 모면할 기발한 방법이 떠오르리라. 여기서 일을 망칠 수는 없었다.

이마 황녀는 생각했다.

'나는 황제의 딸이 아닌가? 이 상황에서 황제의 딸이 아니면 누가 에긴하르트를 도울 수 있단 말인가?'

황녀는 에긴하르트가 깊은 한숨을 내쉬는 소리를 들었다. 굴뚝에서 연기가 솟듯 그의 입김이 차가운 공기 사이로 뿜어져 나왔다.

"좋은 생각이 떠올랐어요."

황녀가 두 눈을 반짝이며 말했다.

"너무나 간단한 방법인데 생각을 못 했네요."

황녀는 킥킥거리며 말했다.

"무슨 방법인데요?"

"제가 당신을 업고 가면 되죠. 그럼 당신 발자국이 남을 리 없잖아요? 이렇게 간단한 방법이 있는데 괜히 벌벌 떨었어요."

에긴하르트는 황녀의 말을 듣고 잠시 생각에 잠겼다.

"궁정 뜰을 지나서요? 그럼 황녀님이 오간 발자국이 두 줄로 남을 텐데 어떻게 하시려고요?"

"돌아올 때 제 발자국을 그대로 밟고 오면 되죠. 그렇게 하면 아무한테도 들킬 리 없어요."

황녀는 행복한 미소를 지었다.

"좋은 방법이에요. 그런데 황녀님, 저를 업으실 수 있겠어요?"

에긴하르트가 황녀를 품에 안으며 말했다.

"내가 당신을, 그러니까 황제의 딸이 신하를 업다니 재밌네요. 걱정 말아요."

이렇게 말하며 황녀는 외투를 걸쳤다. 막상 등에 에긴하르트를 업자 그는 생각보다 훨씬 무거웠다. 황녀는 몇 번이나 발에 외투가 걸려 넘어질 뻔했다. 그래도 황녀는 잘 버텼다. 등에 업은 에긴하르트가 무겁긴 했지만 황녀는 행복했다. 사랑하는 사람을 위해 자신을 희생하는 것은 짐이 아니었으므로. 맨발이었지만 황녀는 발이 시린 줄도 몰랐다.

다시 방으로 돌아왔을 때 황녀는 눈 위에 남긴 자신의 발자국을 자랑스럽게 바라보았다. 다른 사람들은 황녀가 아침 일찍 주방에 갔다 왔다고 생각할 테고 더는 깊이 파고들려 하지 않을 것이 분명했다.

한 가지 확실한 것은 다음에 두 사람이 만나면 몸이 아닌 말로 이성적인 대화를 나누어야 한다는 점이었다.

카롤루스 대제가 잠을 설친 것은 아마 날씨 탓이었을 것이다. 한참 동안 내리던 비는 어느새 눈으로 변했다. 눈이 내리면 황제는 허리와 다리의 통증이 심해졌다.

추운 겨울밤, 늙은 황제는 잠을 이루지 못하고 창가에 서서 궁정 뜰을 내다보았다. 한참 동안 창가에 서서 하늘의 별과 땅에 소복이 쌓인 눈을 번갈아 바라보았다.

그때였다. 누군가 궁정 뜰을 가로질러 가는 것이 보였다. 이렇게 추운 날 누가 새벽부터 일을 한단 말인가? 그것도 이렇게 눈이 많이 내린 날에.

달빛이 눈에 반사되어 반짝였다. 황제는 두 눈을 크게 뜨고 궁정 뜰을 지나가는 사람을 바라보았다. 남자 두 사람인 것 같은데 이상하게도 한 사람이 등에 업혀 있었다.

"무엇 때문에 한 사람을 등에 업었지? 그리고 이렇게 이른 새벽부터 어디로 가려는 걸까?"

황제는 고개를 갸우뚱했다. 자세히 보니 등에 업힌 사람은 황제가 아끼는 에긴하르트였다.

"꼭두새벽에 다른 사람 등에 업혀 어딜 간단 말인가? 대체 무슨 일이지?"

잠시 뒤 황제는 궁정 뜰을 가로질러 돌아오는 황녀의 모습을 보았다. 그는 할 말을 잃고 창가에 우두커니 서 있었다.

황제는 화가 치밀어 주먹을 불끈 쥐고 성난 황소처럼 방 안을 서성였다. 이어 황제는 하인에게 큰 소리로 옷과 제관(帝冠)을 준비하라고 명령했다. 그리고 황제 궁에 머물던 제후들과 관료들을 깨워 아울라 레지아로 집합시키라고 했다. 아직 날도 밝기 전이었다.

자기 방으로 돌아가 구름 위를 걷는 듯 행복에 젖어 있던 에긴하르트는 침대에 등이 닿자마자 잠이 들었다. 그런데 이상한 꿈을 꾸었다. 꿈에서 검고 커다란 독수리가 나타나더니 그의 머리를 쪼기 시작했다. 독수리는 그의 목숨이 끊어질 때까지 멈추지 않았다. 에긴하르트는 깜짝 놀라 잠에서 깼다.

그는 꿈이 무얼 의미하는지 금방 알아차렸다. 어젯밤 일이 떠오르자 갑자기 눈앞이 캄캄해졌다. 그렇다. 그는 어젯밤 황제의 딸을 몰래 만나 함께 시간을 보냈다.

옷을 입은 채 잠들었던 에긴하르트는 황녀가 자기를 업고 한밤중에 눈 쌓인 궁정 뜰을 지나온 일들이 생생하게 떠올랐다. 꿈만 같은 일이 벌어진 것이다. 그는 황녀와 함께 나눈 따뜻함을 떠올렸다.

그러나 에긴하르트의 방문 밖에는 중무장한 보초가 서 있었다. 보초는 밖으로 나가려는 에긴하르트를 창으로 가로막았다. 뭐라 물어보기도 전에 보초는 "폐하의 명령입니다!"라고 말했다.

이마 황녀는 그렇게 달콤하게 잠을 잔 적이 없었다. 잠에서 깨어난 황녀는 덧문을 열고 밖을 내다보았다. 여전히 날씨는 추웠고 세상은 온통 얼음으로 뒤덮여 있었다. 그리고 궁정 뜰에는 발자국이 수없이 많이 나 있었다.

황녀도 자신이 에긴하르트처럼 외투를 입은 채 잠든 것을 알고 미소 지었다. 그리고 노래를 흥얼거리며 방문을 열었다. 그런데 이게 웬일인가? 황녀의 방 앞에 중무장한 보초가 서 있었다! 보초는 마찬가지로 "폐하의 명령입니다!"라고 말했다.

"이게 무슨 무엄한 짓이오. 나는 폐하께 가려던 중인데 이게 무슨 짓이오!"

찬 공기가 가득 찬 아울라 레지아에는 이른 새벽부터 제후들이 모여 있었다. 백발의 황제는 심기가 몹시 불편해 보였다. 두 눈은 잠을 제대로 못 자서 부어 있었지만 분노로 이글거렸다. 턱수염 아래 깊게 파인 입가의 주름이 유난히 두드러져 보였다. 황제는 쓰디쓴 표정을 짓고 있었다.

작센 족을 물리쳤을 뿐 아니라 북해부터 로마까지 그리고 에스파냐마저 정복한 통치자인 카롤루스 대제는 두려움을 몰랐다. 그는 적을 단숨에 제거해 버리는 엄한 통치자였다.

황제와 마찬가지로 아울라 레지아에 앉아 있는 재판관들도 심각한 표정으로 알현실 벽에 그려진 벽화를 바라보았다. 넓은 알현실은 얼음장처럼 차가운 공기와 정적에 휩싸여 있었다.

고소장을 낭독하는 황제의 목소리는 단호했다. 왕국의 법은 단순 명료하고 엄격했다. 재판관들이 잠시 상의를 한 뒤 판결을 내렸다. 재판 결과는 쉽게 짐작할 수 있었다.

에긴하르트는 교수형에 처해진 작센 족 4,500명과 같은 운명에 놓였다. 호위병 두 명에 의해 알현실로 끌려왔을 때 분노에 찬 황제의 눈빛을 보고 바로 알아챘다.

그는 이미 돌아갈 수 없는 강을 건너고 말았다. 이성이건 감성이건 이젠 아무 소용이 없었다. 어제와는 180도 다른 상황이었다.

모든 게 끝나 버렸다. 그는 죽은 목숨이었다. 한때는 황제의 충성스러운 서기이자 고문이던 자신에게 명예로운 죽음을 내려 주기만 바랄 뿐이었다. 고문이나 교수형만은 피하고 싶었다.

이마 황녀는 하얗게 질려 호위병들에게 끌려온 에긴하르트를 보자 가슴이 찢어질 듯 아팠다. 어젯밤만 해도 그를 등에 업고 맨발로 눈길을 걸어갔는데, 그런 사람이 이제는 벌을 받고 있었다.

에긴하르트는 충분히 오랜 시간 동안 황제의 고문관이자 서기로 일했다. 황제가 그에게 어떤 처벌을 내리는 것이 좋겠느냐고 자문을 구했다면 그 자신도 사형에 처하라고 대답했으리라. 황제의 딸을 유혹한 사람에게 사형 말고 어떤 처벌을 할 수 있겠는가? 그리고 유혹에 빠진 황녀는 수도원에 감금되리라.

판결문이 낭독되었다.

"서기관 에긴하르트는 사형에 처한다! 이마 황녀는 수도원에 감금될 것이다!"

황제는 옥좌에 앉아 어느 누구에게도 눈길을 주지 않았다.

이마 황녀와 에긴하르트는 서로 아무 말도 나눌 수 없었다. 그리고 각각 알현실 밖으로 끌려 나갔다. 에긴하르트의 귓가에 윙윙거리는 소리가 맴돌았다. 곧 죽는다는 생각에 몸이 떨려 왔지만 현실을 받아들여야 했다. 어제까지만 해도 에긴하르트와 죽음은 아무런 상관이 없었다. 죽는다는 것은 그저 남의 일이라 생각했는데 이렇게 갑자기 죽음이 찾아오리라고는 상상도 못 했다.

황제의 알현실이 새삼 넓게 느껴졌다. 방 안에 울려 퍼지는 발소리는 마치 죽음의 행진곡 같았다.

이마 황녀와 에긴하르트가 알현실 입구에 도착했을 때 황제의 발소리와 함께 목소리가 들려왔다.

"저 둘을 가운데로 데려오너라!"

황제가 이렇게 말하며 옥좌로 발걸음을 옮기자 신하들도 그 뒤를 따랐다. 신하들은 황제의 옥좌와 죄인들 주위로 동그랗게 앉았다.

한참 동안 침묵이 흘렀다. 재판관들도 말없이 황제를 바라보았다. 황제는 심각한 표정으로 앞을 바라보았고 죄인 두 사람은 고개를 숙이고 바닥만 응시했다.

"나는 황제다."

카롤루스 대제가 차갑고 엄한 목소리로 말문을 열었다. 그러고는 아무 말도 하지 않았다.

관료들과 제후들은 황제가 무슨 말을 할지 기대하는 눈빛으로 고개를 끄덕였다.

"한 나라의 황제는 그 나라의 법이다. 법은 엄격하고 황제인 나 역시 엄격하다."

황제의 비밀 서기관이던 에긴하르트도 고개를 끄덕였다. 황제의 말은 황제 정권을 잘 설명하고 있었다. 황제 정권에 대해 좀 더 훌륭하게 표현할 수 있을진 몰라도 그보다 더 간단명료하게 설명할 순 없었다.

황제는 다시 입을 다물고 무슨 말을 해야 할지 생각했다.

"우리는 오늘 역사 속에서 좀처럼 일어나기 어려운 사건을 접했다."

한참을 생각하더니 카롤루스 대제가 말을 이었다.

'이미 판결이 내렸는데 폐하는 대체 무슨 말씀을 하시려는 것일까?'

에긴하르트는 생각했다. 이미 모든 게 끝났는데 상황이 이보다 더 어떻게 나빠질 수 있을까? 언제 어디서 처형당할지는 모르지만 이미 사형 판결이 내린 마당에 무슨 할 말이 더 남았단 말인가? 에긴하르트는 초조해하며 황제의 다음 말을 기다렸다.

"황제인 나는 이번 사건을 법으로 다스릴 수만은 없다. 황제이기 이전에 나는 사랑하는 딸의 아버지이기 때문이다. 국가의 법을 대표하는 황제로서 죄인에게 엄격해야겠지만 아버지로서까지 엄격해야 할 필요가 있겠는가? 경애하는 관료들과 재판관들이여, 내 딸의 사랑 문제에 대해서는 자네들의 도움이 필요 없을 것 같네."

카롤루스 대제는 관료들과 재판관들을 바라보며 말했다.

"내 딸의 행복에 관해서라면 황제이기에 앞서 한 딸아이의 아비로서 행동해야 하는 것 아닌가? 아니면 그대들은 내가 법으로 딸의 행복을 판단하는 것이 옳다고 생각하는가?"

황제가 이렇게 말하자 알현실에는 깊은 침묵이 감돌았다.

"법이라는 것은 이 세상의 인간을 다스리기 위해 때로는 비인간적일 수밖에 없다. 그렇다 해도 법은 법이다. 황제가 곧 법이라고는 하나 내가 비인간적인 아버지가 되어야 한다는 말은 아니지 않은가? 비인간적인 아버지를 아버지라 할 수 있겠는가?"

황제는 말없이 이마 황녀와 에긴하르트를 바라보다가 입을 열었다.

"나는 그렇게 생각하지 않네. 황제는 법이지만 그렇다고 아버지가 되지 말라는 법은 없지 않겠는가?"

황제는 이마 황녀를 바라보며 말했다.

"내 사랑하는 막내딸, 너는 에긴하르트를 사랑하느냐?"

그러자 황녀는 울음을 터뜨렸다.

"에긴하르트, 내 충성스러운 서기관이자 외교관이며 황제 학교 교장이며 위대한 앨퀸의 제자여, 자네는 내 딸을 사랑하는가?"

"폐하……."

에긴하르트는 깊숙이 고개를 숙였다.

"너희가 진심으로 사랑한다면 평생토록 함께하라."

카롤루스 대제는 이렇게 말하며 미소 지었다.

이 일화는 동화일 뿐이다. 그저 동화에 지나지 않는다.

묵시록의 기사들

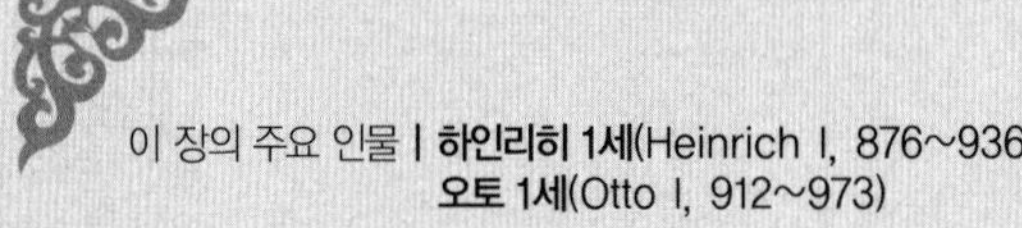 

9세기 말, 카롤루스 대제의 뒤를 이은 프랑크 왕국의 왕들은 거대한 왕국을 통솔할 능력이 부족했다. 그들은 왕국을 통합할 만한 강한 권력을 유지하지 못했다. 카롤루스 대제 이후 어느 누구도 중부 유럽이 분열되는 것을 막을 힘이 없었고 동요와 소란이 끊이지 않았다. 북쪽에서는 바이킹이 해안 지역 주민들을 정복하고 강을 타고 진격해 내륙을 침범했다. 그들은 도시들과 수도원들을 파괴하고 약탈을 일삼았다. 그들의 약탈 행위는 그 어떤 방법으로도 잠재울 수 없었다. 게다가 남동쪽에서는 칼과 불로 무장한 마자르 족의 기마 부대가 프랑크 왕국을 공격했다. 마자르 족의 기마 부대는 몰락과 파괴를 의미했다. 그들이 휩쓸고 지나간 곳은 재만 남았다. 간신히 살아남은 사람들은 그저 무릎을 꿇고 신에게 용서를 구하는 일밖에 아무것도 할 수 없었다.

이런 난국에서 작센의 공작이던 하인리히 1세가 왕으로 선출되었다. 하인리히 1세는 외적의 침입에 대비해 성을 축조하고 기마병으로 구성된 특수 전투 부대를 양성했다. 그 결과 하인리히 1세는 운스트루트 강변에 있는 리아데에서 프랑크 왕국으로 진격하는 마자르 족의 주력 부대를 저지하는 데 성공했지만 평화는 잠시뿐, 마자르 족은 공격을 재개했다. 그들의 공격은 더욱 잔인해졌다. 하인리히 1세의 아들 오토 1세는 프랑크 왕국에서 마자르 족을 몰아내고 왕국 내 반란 세력을 진압해 권력을 강화하려고 했다.

정세가 불안하면 유혈 사태가 따르게 마련이다. 오토 1세의 동생 하인리히는 반란을 일으켜 형을 물리치고 왕좌에 오르려 했으나 오토 1세의 강력한 진압으로 무산되고 말았다. 결국 형제는 서로 화해하고 하인리히는 바이에른 주의 공작 작위를 받았다. 한편 바이에른의 베르톨트 공은 공작 자리를 하인리히에게 빼앗길 수밖에 없었다. 베르톨트 공 역시 순순히 자리를 내놓을 리 없었다. 결국 바이에른 공작 자리를 놓고 분쟁이 일어났다.

왕국 내부에서 권력 다툼이 벌어지는 사이 마자르 족은 잔인한 침략과 약탈을 멈추지 않았다. 그들은 아우크스부르크 앞까지 공격해 들어왔다. 마자르 족의 기마 부대를 저지하지 못하면 독일 왕국 전체가 그들의 손에 넘어갈지도 모르는 상황이었다. 이러한 위기일발의 사태를 노린 사람이 있었으니 그는 바로 베르톨트 폰 라이젠부르크였다. 그는 폐위된 전 바이에른 공작 베르톨트와 같은 집안 출신이었다. 그는 아우크스부르크를 점령한 마자르 족에게 사신을 보내 왕의 군대가 곧 진격할 것이라고 경고했다.

나는 왕국의 배신자인가? 모든 것이 내가 생각한 것과는 많이 달랐다.

말을 타고 가면서 이른 새벽 안개가 드리워진 아우크스부르크를 상상해 보았다. 나무가 울창한 언덕을 배경으로 높이 솟은 탑이 보이는 도시 아우크스부르크를 말이다. 그러나 나는 아우크스부르크에서 지금 어떤 일이 벌어지는지 짐작할 수 있었다. 아직은 활시위가 팽팽히 당겨지는 소리나 화살이 날아다니는 소리는 들리지 않았다. 부상당해 고통받는 사람들의 신음과 화살을 맞은 사람들의 외마디 비명은 들리지 않지만 아우크스부르크가 피로 물들었다는 것은 익히 들어 알고 있었다.

8월의 아침, 날이 서서히 뜨거워지고 있었고 주위에 정막이 감돌았다. 새 한 마리 쥐 새끼 한 마리 보이지 않았다. 대머리독수리 몇 마리만 밀밭 주변을 맴돌고 있었다. 사람 소리는 들리지 않았다.

오토 1세.

예상과 달리 너무나 고요해 불안했다.

오토 1세는 왕국 전체를 공포로 몰아넣은 외적의 침략 행위를 종식하고자 했다. 왕은 기마병을 소집하기 위해 사신을 보냈다. 잔혹하기 이를 데 없는 마자르 족을 물리치려면 되도록 많은 기마병이 필요했다. 그리하여 슈바벤, 프랑켄, 작센, 보헤미아, 로렌, 바이에른 지방의 기마병이 한데 모였다.

수없이 많은 군사가 죽음을 각오하고 나섰다. 하지만 나는 알고 있었다. 외적의 침입은 끝이 없으리란 것을. 왕은 착각하고 있었다. 신이 보낸 약탈자에 맞서 싸운다는 것은 아무런 의미도 없었다. 세상은 멸망하고 말 것이다. 세상의 종말이 오면 전지전능한 신께서는 구름 사이로 모습을 드러내시리라.

외적과 맞서 싸우느니 신의 강림을 준비하는 편이 현명했다. 지중해 지역에서 유럽으로 건너온 순례자들은 신앙심이 두터운 신자들 이야기를 전했다. 경건한 신자들은 무너져 내린 이교도 사원 대리석 기둥 위에 앉아 신의 영원한 영광을 기다리며 밤낮 가리지 않고 추위와 더위를 견디며 허기와 갈증을 참아 냈다. 그들은 하늘에서 별 하나가 떨어져 반짝거리며 사라지는 것을 보고 깜짝 놀랐다고 한다.

소아시아 해안 지방에서도 경건한 신자들이 토로스 산맥이나 카프카스 산맥의 꼭대기 혹은 절벽에 올라 기도를 드리며 신의 강림을 기다렸다. 성서에 적힌 대로 신은 순간적으로 반짝이는 번개처럼 하늘에서 강림해 선한 자들을 구원하시고 악한 자들을 벌하신다.

그러므로 신의 강림을 처음으로 목격하는 사람들은 가장 행복한 자들이다. 그들은 육신의 배고픔과 영혼의 갈증을 느끼지 않는다.

아우크스부르크 부근에 도착하자 공포에 떠는 사람들이 하나 둘씩 보이기 시작했다. 그들은 쫓기는 닭처럼 식량과 재물을 챙겨 정신없이 어디론가 달려갔다. 모두 자신들의 목숨과 재물을 구하려고 필사적으로 도망쳤다.

나는 죽음 따위는 두렵지 않았다. 다만 진정한 삶을 원했을 뿐이다. 나에게 진정한 삶이란 신께 구원받은 영원한 삶이었다. 나는 "삶은 죽음이요, 죽음은 삶이다."라는 주님의 말씀이 무슨 뜻인지 이해하고 있었다.

죽음을 부르는 악마가 찾아온다 해도 나는 두렵지 않았다. 그러나 아우크스부르크로 한 걸음 한 걸음 다가갈 때마다 두려움이 나를 억눌렀다.

'나를 기다리는 것이 도대체 무엇이란 말인가? 단숨에 목숨이 끊어지는 것? 아니면 천천히 고통받으며 죽어 가는 것? 명예와 명성? 나의 운명은 어떻게 될까?'

나의 스승은 빌리브로트였다. 그분은 로르슈 수도원 학교 선생이었다. 로르슈 수도원은 카롤루스 대제의 영광이 깃든 곳이었다. 그러나 세속적인 영광은 순간에 지나지 않았다. 나는 세속적인 영광은 주님의 심판이 내리는 최후의 순간에는 아무런 의미도 갖지 못한다는 것을 잘 알았다.

빌리브로트 선생님은 세속적인 영광을 위해서는 피의 희생이 따른다고 말씀하셨다. 그러나 사람들은 순간적인 명예와 권세에 눈이 멀어 중요한 것을 보지 못한다고 가르치셨다.

북해 연안에서는 이미 백 년 전부터 외적의 침입이 시작되었다. 약탈자들은 배를 타고 내려와 내륙 지방을 침략했다. 외적의 배는 길고 폭이 좁았는데 마치 살아 움직이는 생물처럼 민첩하게 움직였다. 뱃머리와 꼬리에는 용머리 장식이 달려 있었다. 배 위에는 둥근 방패로 무장한 궁수들이 타고 있었다. 건장한 군사들이 노를 저었고, 전사들은 단단한 나무로 만든 긴 활을 가지고 있었다. 그들이 사용하는 화살은 그 어떤 화살보다 적중률이 뛰어났다. 빌리브로트 선생님이 외적의 화살을 보여 주신 적이 있다. 그들의 화살은 정교하게 다듬어졌고 가벼워 보이지만 크고 묵직했다. 그리고 화살의 끝은 깊이 파여 있었다.

벽을 쌓고 웅덩이를 파 놓아도 그들을 막을 수는 없었다. 외적들은 강지류를 타고 내려와 교활한 미소를 지으며 수도원과 궁전에 불을 지르고 강에서 가까운 도시들을 무참히 파괴했다. 파리, 쾰른, 코블렌츠, 마인츠 같은 대도시들도 외적의 침입을 피할 수 없었다. 북에서 내려온 이 침입자들은 노르만 족이라 불리기도 했고 바이킹이라 불리기도 했다.

그들은 노예, 금은보석, 말과 가축 들을 약탈해 갔다. 그들이 지나간 자리는 불로 휩싸였고 눈물과 파괴, 재만 남았다. 그들은 사람들을 공포와 불안에 떨게 했으며 도시를 피로 물들였다.

노르만 족이 처음으로 아우크스부르크를 침입했을 때 나는 겨우 열일곱 살이었다. 나는 그들을 직접 본 적은 없었다. 그러나 그들이 남기고 간 공포는 상상할 수 있었다. 이번에는 노르만 족 대신 마자르 족이 침입해 왔고 그들은 노르만 족 못지않게 잔인했다.

추운 겨울의 나라에서 온 노르만 족은 힘으로는 물리칠 수 없는 강적이 었다. 몇 번이고 그들을 물리치려 애써 봤지만 소용없었다. 하지만 다른 방법으로 그들을 매수할 수 있었다. 카롤루스 대제의 아들 루트비히 1세 는 앵글로 족과 작센 족이 살던 가난한 해안 지역을 노르만 족에게 넘겨주 고 더는 침입하지 않기만 바랐다.

돈을 주어 노르만 족을 달래기도 했고 여자들을 보내기도 했다. 노르만 족의 우두머리들은 아름다운 귀족 여자들을 차지했다. 처음에는 무력으로 귀족의 딸들을 차지했지만 나중에는 딸을 주는 대신 침략하지 않겠다는 약속을 했다. 한마디로 독일 귀족들은 딸을 앞세워 노르만 족과 협상을 했 다. 노르만 족은 이탈리아의 시칠리아 섬까지 세력을 확장해 시칠리아 왕 국을 세우고 그들의 흉악한 지도자를 왕이라 불렀다. 결국 노르만 족은 다 시 돌아와 북해에 있는 헤데뷔라는 도시에서 그들이 예전에 맞서 싸운 적 들을 상대로 무역 활동을 펼쳤다.

노르만 족의 횡포가 잠잠해지자 이제 고통은 끝났다고 생각했다. 그러 나 신께서 내린 두 번째 시련이 닥쳤다. 세상의 종말은 끝나지 않았다.

암흑의 나라에서 긴 배를 타고 쳐들어온 노르만 족이 여름에도 검은 그 림자를 드리우며 프랑크 왕국을 얼음같이 차가운 죽음의 동굴로 만들어 버렸다면, 마자르 족은 태양이 떠오르는 동방의 나라에서 왔다.

마자르 족은 노르만 족보다 훨씬 잔인했다.

마자르 족은 작지만 날쌘 말을 타고 진격해 왔다. 나도 마자르 족을 본 적이 있다. 어느 겨울날 마자르 족 군사들이 수도원으로 찾아와 금을 내놓으라고 했다. 그들은 작지만 다부졌고 짧은 턱수염을 길렀다. 얼굴은 넓은 편이었고 대머리에다 추운 날씨 때문인지 피부가 거칠었다. 그들은 짐승처럼 소리를 질러 댔다. 사람들이 말한 대로 그들은 악마와 같았다. 우리는 금을 내주는 대신 목숨을 건질 수 있었다.

빌리브로트 선생님은 마자르 족을 '묵시록의 기사'라고 불렀다. 세상의 종말이 다가오는 순간 죽음과 파괴를 몰고 오는 묵시록의 기사들이라고 말이다. 그들 역시 하느님께서 보낸 전령이었다. 묵시록의 기사들은 이 세상의 종말을 고하기 위해 선택된 자들이었다. 빌리브로트 선생님은 종말의 순간이 가까워졌다고 말씀하셨다.

노르만 족과 마찬가지로 마자르 족의 주된 무기는 활과 화살이었다.

노르만 족이 긴 활을 사용했다면 마자르 족은 아주 짧은 활을 썼다. 노르만 족은 배를 타고 왔지만 마자르 족은 대부분 기마병들이었다. 말에 탄 채 달리며 활을 쏘려면 활이 짧은 편이 훨씬 유리했다. 그들의 활은 짧지만 보통 활보다 두 배는 멀리 화살을 보냈다. 마자르 족의 활은 나무로 만든 것이 아니었다. 탄성을 높이기 위해 나무와 동물 뼈를 겹겹으로 붙여 만들었다. 그들의 화살이 멀리 나가는 이유도 그 때문이었다. 마자르 족이 사용하는 화살은 생김새는 뭉툭했지만 적중률이 뛰어났다. 힘차게 달리는 말 위에서 쏴도 표적에 제대로 꽂혔다.

화살촉은 마름모 모양이었고 양쪽에 날카로운 날이 세워져 있었다. 마자르 족 기마병들은 길고 굽은 장검과 단검도 지니고 있었다. 그들의 칼

역시 살인적인 무기였다. 마자르 족은 그 칼로 단숨에 사람들의 목을 베었다. 가장 끔찍한 무기는 날이 삼각형으로 선 긴 도끼였다. 그 도끼 앞에서 창과 방패는 무용지물이었다.

마자르 족은 순식간에 쳐들어와 물을 빨아들이는 스펀지처럼 왕국을 야금야금 삼켜 버렸다. 다뉴브 강에서 시작해 라인 강을 타

'새사냥꾼 왕'이라는 별명을 가진 하인리히 1세.

고 올라와 약탈과 파괴를 일삼았고 동쪽으로는 하르츠 지방까지 침입했다. 그들의 침략 행위는 멈출 줄 몰랐다. 마자르 족은 금은보석, 철, 옷, 무기, 어린아이, 남자아이, 여자아이 할 것 없이 닥치는 대로 약탈해 갔고 남녀 가리지 않고 눈에 띄는 대로 마구 죽였다. 그들은 심지어 남자들의 심장을 먹었다. 피가 흐르는 심장을 날것으로 먹는 것은 마자르 족 전사에게는 용맹의 상징이라고 했다.

하인리히 1세는 리아데에서 마자르 족을 물리쳤다. 그러나 빌리브로트 선생님은 그 소식을 듣고 기뻐하시지 않았다. 리아데의 승리는 허상에 지나지 않는다고 말씀하시며 묵시록의 기사들은 또다시 찾아올 거라고 하셨다.

나도 그들을 물리칠 수 없을 것이라는 사실을 알고 있었다.

나는 마자르 족에게 점령된 아우크스부르크로 파견되었다. 적진의 한

가운데로 보내진 것이다.

선생님과 나는 수도원에서 화살을 맞고 잔디밭에 쓰러진 남자를 본 적이 있다. 그 사람은 오토 1세의 비밀문서를 가지고 우리 수도원으로 온 사신이었다.

그는 창백한 얼굴로 아무 말도 하지 못했다. 그의 눈은 빛을 잃어 갔고 손가락과 혀가 점점 굳어졌다. 그는 땅속에 묻혀 1년이 지나면 뼈만 남을 것이다. 얼마나 허무한 일인가! 그때 나는 나쁜 생각이 들었다. 부활이란 존재하지 않으며 영원한 생명은 없다고 생각했다.

그날 저녁 빌리브로트 선생님은 종이에 원을 그리시고는 선을 따라 수많은 구멍을 내셨다.

나는 선생님이 그것으로 무얼 하시려는지 도무지 알 수 없었다. 원을 그리신 이유는 대체 무엇이며 그 위에 구멍은 왜 내셨는지 알 수 없었다. 원은 누구든 공중에 손가락으로 그릴 수 있을 정도로 간단한 것인데 그게 어떻단 말인가?

"내가 말하려는 것은 아주 간단하다. 원은 일정한 점에서 같은 거리에 있는 수많은 점의 집합이란다. 그걸 우린 원이라고 부르지."

선생님의 말씀을 듣고 보니 정말 간단했다. 사람들은 간단한 사실을 쉽게 발견해 내지 못했다. 나도 원이라는 이름에 대해 생각해 본 적이 없었다. 한 점에서 시작된 점들의 집합이라……

나는 사람들의 말을 통해 무언가를 배우고 알아 간다.

"자네는 훌륭한 학생이네."

선생님은 이렇게 말씀하시며 자리에서 일어나셨다. 그리고 원이 그려진 종이를 불 속에 던져 버리셨다.

"자, 이제 원은 어디로 사라졌을까?"

"불에 타 버렸죠."

이번에는 간단한 질문이어서 기뻐하며 대답했다.

"선생님이 그리신 원은 불에 타서 사라져 버렸어요."

"불에 타 버렸다고 원의 존재가 사라지는 것일까?"

나는 잠시 생각해 본 뒤 대답했다.

"선생님이 다시 원을 그리시면 돼요."

"다시 원을 그릴 수 있다고 어떻게 장담하느냐?"

선생님이 되물으셨다.

"선생님이 말씀하셨잖아요. 원은 일정한 점에서 같은 거리에 있는 점들의 집합이라고."

"이제 알겠니? 죽음이라는 것도 원을 그리는 일처럼 간단한 것이란다."

빌리브로트 선생님은 미소를 지으시며 말씀하셨다.

"원을 그리는 원리를 아는 한 우리는 언제든지 다시 원을 그릴 수 있다. 원을 그리지 않더라도 원이라는 이름이 가진 의미를 알지. 비록 원 그림이 사라진다 해도 원의 본질이 사라지는 것은 아니란다."

선생님의 말씀을 듣고 나는 놀랄 따름이었다.

"그렇다면 신은 어떨까? 신이 묵시록의 기사들을 만드신 이상 파괴와 죽음을 몰고 오는 기사들이 모습을 감춘다 해도 완전히 사라지는 것은 아니란다. 너와 나도 마찬가지로 신이 만드신 피조물이다. 신께서 우리 이름을 아시는 한 죽음이란 언젠가 찾아오는 법이다. 원이나 묵시록의 기사들과 마찬가지로 죽는다고 해도 우리 존재가 완전히 사라지는 것은 아니란다."

"선생님 말씀대로라면 신께서는 저희에게 영원한 생명을 주신 거네요."

다음 날 선생님은 신이 세상을 창조하는 그림을 보여 주셨다. 신께서 둥근 원을 그려 세상을 만드는 그림이었다. 선생님은 설명을 덧붙이셨다.

"어떤 원이 더 중요하다고 생각하느냐? 신께서 만드신 파괴되지 않는 원이 더 중요하니, 아니면 내가 불태운 원이 더 중요하니?"

빌리브로트 선생님은 어려운 내용을 간단히 설명해 주셨다.

선생님은 이미 오래전에 돌아가셨다. 하지만 나는 선생님이 진정으로 돌아가신 게 아니라는 것을 안다. 선생님의 설명을 듣고 나는 선생님이 어디서 오셨는지 깨달았다. 삶은 죽음이고 죽음은 삶이다. 신께서 우리의 이름을 아시는 한 죽음 뒤에 새 생명을 얻는다는 사실을 깨달았다.

돌아가신 선생님께서는 나에게 여자를 경계하라고 말씀하셨다. 남자들은 여자들보다 동물적 본능이 강하다고 말씀하시며 그 본능을 다스릴 줄 알아야 한다고 하셨다. 남자들의 이 본능은 동물들과 마찬가지로 종족을 번식하기 위해 쓰인다. 여자들은 미모로 남자들을 유혹하기도 하고 남자들에게 유혹당하기도 한다.

빌리브로트 선생님은 이런 것이 굳이 나쁜 것은 아니라고 하셨다. 그러나 인간은 동물적 본능을 다스릴 능력이 있다고 하셨다. 예를 들면 수사들이나 신부들처럼 육체적 욕구를 저버리고 사는 사람들이 있다. 신부들은 육체적 관계를 맺고 후손을 볼 필요가 없는 영혼의 혼인이 더 값지다고 여졌다.

이 모든 사실을 깨달은 뒤 나는 세상이 멸망한다면 종족 번식이 아무런 가치가 없다고 생각했다. 그리고 묵시록의 기사들에 대항해 싸우는 것도 아무 의미가 없다고 느꼈다. 그들은 세상의 종말을 알리러 온 사람들이었다. 그것이야말로 그 자신들조차 아직 깨닫지 못한 진정한 사명이었다.

하지만 나는 알고 있었다. 묵시록의 기사들이 보여 준 끔찍한 종말은 신의 강림을 의미한다는 것을. 오토 1세는 마자르 족을 정복하지 못할 것이다. 오토뿐만 아니라 아무도 그들을 막을 수 없다. 하인리히 1세가 리아데에서 그들을 정복한 것은 그리 오래가지 못할 것이다. 이 세상에서 오래가는 것은 아무것도 없다. 선생님께서 그린 원이 쉽게 불에 타 없어졌듯…….

그러나 신께서 부르는 이름은 영원할 것이다.

아우크스부르크에 가까워질수록 불타 버린 궁전의 수가 늘어 갔다. 궁전과 귀족들의 저택은 모조리 타 없어지고 검게 그을린 나무 기둥만 앙상하게 남아 있었다. 그런 광경을 지켜보자 두려움이 커졌다. 불타 버린 집의 벽이 길가로 무너져 있기도 했고, 매캐한 연기를 뿜는 불구덩이를 지나쳐 가야 하기도 했다.

이런 혼란 속에서 고통스러워하는 사람들이 있었다. 그들은 적들의 방향에서 다가오는 나를 의심스러운 눈으로 바라보았다. 어떤 이들은 나를 가로막고 서서 내 말고삐를 잡아당기기도 하고 소리를 지르기도 했다. 어떤 이들은 나에게 경고를 하려 했다.

하지만 그들이 내게 무슨 이야기를 해 줄 수 있는가? 나는 그들의 말에 귀 기울이지 않고 서둘러 길을 재촉했다.

목적지에 도착하자 방패와 무기로 무장한 기마 부대가 보였다. 아우크 스부르크의 울리히 주교는 마자르 족이 도시를 공격했을 때 성체를 모신 성배를 들고 기도를 드렸다고 한다. 주교의 군대가 적들이 도시의 성벽을 뚫고 진격하는 것을 막아 보려 했으나 허사였다.

주교는 왜 신의 뜻을 깨닫지 못할까?

남아 있는 주교의 군대는 오토 1세가 보낸 군사들과 합세했다. 아우크 스부르크는 큰 도시였기 때문에 마자르 족은 도시 전체를 포위하지는 못 했다. 그래서 왕과 주교의 군대는 마자르 족 진영을 뚫고 도시로 들어올 수 있었다. 그런데 왕의 군대와 주교의 군대가 찾는 왕은 어디에 있단 말 인가?

나는 왕이 어디에 머무는지 알고 있었다. 왕의 군대는 내가 그 사실을 안다는 것을 알 까닭이 없었다. 그들은 내가 사절인 것은 알았지만 누가 보냈는지는 몰랐다. 더구나 수사 옷을 입고 있었기에 아무도 나를 의심하 지 않았다.

왕과 주교의 군대는 말을 타고 이곳저곳 헤매며 왕을 찾았다. 난리 통을 피해 피난을 떠나는 사람들의 무리가 공포에 떨고 있었다. 그들의 재산은 약탈당했거나 불타 없어졌다. 비명을 지르며 내 앞을 가로막는 사람들에 게 당신들을 위해 중요한 일을 하러 가야 하니 비키라고 소리칠 때마다 나 는 양심의 가책을 느꼈다.

거짓말이었기 때문이다. 그러나 세상의 종말이 다가오는데 거짓말을 한들 무슨 문제란 말인가?

그들의 시각에서 보면 나는 배신자였다.

너무 시끄러워 그들이 무슨 말을 하는지 제대로 알아들을 수 없었다. 하지만 그들이 오토 1세라고 외치는 소리는 들을 수 있었다. 왕의 이름은 나에게 큰 의미가 없었다.

그들의 말을 정확히 듣진 못했지만 오토 왕은 어디 있냐고, 왕이 오긴 하냐고 외치는 것쯤은 짐작할 수 있었다.

북적대는 사람들을 헤치며 말을 타고 가기란 쉬운 일이 아니었다. 내가 말고삐를 세게 잡아당기자 말은 주저하기 시작했다. 그리고 입에서 거품을 내뿜었다. 좀 더 힘을 주어 말고삐를 단단히 잡아당겨야 했다.

피난민들을 향해 단검을 뽑아 드는 것이 좋을까? 나는 순간 생각했다. 그러나 그것은 좋은 생각이 아니었다. 나 자신을 위해서가 아니라 나에게 명령을 내린 분에게 해가 되는 일이었다.

땅바닥에는 아직 영글지도 않은 곡식 더미가 소복이 쌓여 있었다. 올해는 곡식을 한 톨도 거두어들일 수 없을 것이다. 이제 곧 아우크스부르크뿐만 아니라 이 세상 어느 곳에서도 밀 한 톨 구경할 수 없을 것이다. 밭에서 자라던 곡식은 모조리 잘려 나갔고 연기만 자욱했다.

나는 베르톨트 폰 라이젠부르크를 떠올렸다. 나에게 명령을 내린 사람이 바로 베르톨트 폰 라이젠부르크였다. 그가 나를 궁으로 불러 명령을 전달했을 때 나는 너무 놀라 뒤로 넘어질 뻔했다. 라이젠부르크는 나에게 아우크스부르크로 가서 마자르 족에게 오토 1세가 이끄는 군대의 진로를 알려 주라고 했다. 그리고 왕의 군대의 규모와 자신이 아는 그 군대의 진격 계획을 폭로하라고 명령했다.

그럴 순 없었다. 그의 명령을 듣고 나는 완강히 거부했다.

그러나 라이젠부르크는 나에게 생각할 시간을 주었다. 심지어 내 어깨를 잡고 얼굴을 가까이 대며 잘 생각해 보라고 설득까지 했다. 나는 그의 말에 귀를 기울이지 않았다.

그 순간 어디선가 돌아가신 빌리브로트 선생님의 목소리가 들려 왔다. 그제야 나는 점점 안정을 찾을 수 있었다. 그리고 결심했다. 그렇다. 세상의 종말이 찾아와야 신께서 강림하신다. 신의 강림을 위해 나는 라이젠부르크의 부탁을 받아들이기로 했다. 그래야만 종말을 앞당길 수 있다고 확신했다.

나는 라이젠부르크와는 다른 이유로 오토 왕의 계획을 마자르 족에게 알리기로 결심했다. 라이젠부르크는 오토 1세를 치고 바이에른의 공작이 될 계획이었다. 왕의 계획을 알리면 마자르 족이 왕의 군대를 물리칠 수 있을 테니 말이다.

그렇다고 해도 세속적인 권력은 오래가지 못한다는 것을 나는 잘 알았다. 왕과 백작들이 쥔 권세는 곧 무너지고 말 것이다. 마자르 족이 됐든 또 다른 적이 나타나든 그들은 무너질 것이다. 마자르 족을 물리쳐도 신께서 다른 사람들을 보내실 테니까.

승리와 패배, 권세와 영광은 종말이 오면 아무 의미도 없어진다.

그런데 마자르 족 군대 진영에 도착했을 무렵 이상한 일이 벌어졌다.

불에 타 무너지기 직전인 교회를 피해 길을 돌아가려고 말고삐를 잡아 당기는 순간 교회 천장을 지탱하던 나무 기둥이 무너져 내렸다. 머리 위로 불덩이가 쏟아져 내렸고 순식간에 불길과 연기에 휩싸였다. 그리고 앞을 볼 수 없을 정도로 깜깜해졌다. 나는 이러다 연기에 질식해 죽는 게 아닌가 싶었다. 내가 타고 있던 말도 제멋대로 날뛰기 시작했다.

그때였다. 눈앞에 불길을 피해 도망가는 사람들의 비명이 들렸다. 저마다 짐 보따리와 상자를 들고 있었다. 그들은 연기를 뚫고 말을 타고 달려오는 나를 보고 옆으로 피했다.

피난민이었다. 내가 마자르 족이 아닌 걸 알아채고 그들 중 키 큰 남자 한 명이 내 곁으로 다가오며 물었다.

"오토 왕이 도착했나요?"

나는 그 남자는 쳐다보지도 않았다. 그 남자 뒤에 여자들도 서 있었지만 신경 쓰지 않았다. 그런데 이상한 일이 벌어졌다.

여자들 무리 속에 한 소녀가 있었다. 나는 그 소녀에게서 눈을 뗄 수가 없었다. 낯선 남자가 나에게 말을 걸 때도 내 시선은 그 소녀에게 고정되었다. 그녀의 행동은 난리 통 속에서도 어딘지 모르게 엄숙한 분위기를 풍겼다. 내게로 다가오는 그녀의 발걸음은 마치 교회의 축제 행렬에 참가한 사람의 걸음걸이처럼 보였다.

소녀는 아름다웠다. 나는 주먹을 불끈 쥐고 나 자신을 다스려 보려 했다. 하지만 그녀는 형용할 수 없이 아름다웠다.

소녀는 허름하기 짝이 없는 누더기를 걸치고 있었다. 허름한 옷과는 대조적으로 그녀의 곱고 반짝이는 살결이 도드라져 보였다. 그렇게 고운 살결은 난생처음 봤다.

더 가면 마자르 족이 있다며 길을 돌리는 게 좋겠다고 말하는 남자의 말은 귀에 들어오지도 않았다.

소녀는 연기 때문에 눈을 뜨지 못했다. 나는 길고 짙은 소녀의 속눈썹을 바라보았다. 머리에 얹은 짐을 받친 소녀의 가늘고 긴 팔과 손가락을 쳐다봤다. 머리에 쓴 검은 천 아래로 아름답게 굽이치는 금발 머리칼이 보였다. 그녀는 순수함의 극치였다.

그러다 나는 소녀와 눈이 마주쳤다.

낯선 남자가 이상한 눈빛으로 쳐다보는 걸 알고 어쩔 수 없이 소녀에게서 눈을 돌려 남자를 봤다. 나는 남자에게 충고해 줘서 고맙다고 말하고 말을 돌려 갈 길을 갔다. 뒤를 돌아보자 낯선 남자가 화난 얼굴로 나를 부르는 소리가 들렸다.

그 남자가 화를 내건 말건 상관없었다. 난 오직 소녀 생각뿐이었다.

마자르 족에게 잡힌다면 소녀에게 무슨 일이 일어날지 뻔했다. 짐승처럼 달려들어 소녀를 겁탈하리라.

그 생각이 뇌리에서 사라지지 않았다. 심장이 거칠게 뛰기 시작했다. 소녀에게 그런 일이 생긴다면 내 가슴은 고통으로 찢어질 것이다. 눈앞에 소녀의 얼굴이 아른거렸다. 나는 내 품에 안긴 소녀의 모습을 상상했다. 소녀를 보호하기 위해 나는 죽어선 안 된다고 생각했다.

도대체 내게 무슨 일이 벌어진 걸까?

나는 길게 한숨을 내쉬었다. 마자르 족에게 왕의 계획을 누설한다면 소녀를 더 큰 위험에 빠뜨리게 된다. 죽음이 위협한다 해도 두렵지 않다고 말씀하신 선생님의 말씀을 떠올리며 나는 마음을 다잡았다.

그러나 소녀가 죽게 둘 수는 없었다.

살아남는 것은 내게 큰 의미가 없었다. 하지만 소녀를 본 뒤로는 살아남아 그녀와 다시 만나고 싶다는 욕심이 생겼다. 인간이라면 누구나 좋아하는 사람을 다시 만나고 싶어 하는 법이다.

나의 감정은 내가 생각한 것 이상이었다. 갑자기 내 안에서 이상한 힘이 솟구쳤다. 나도 모르게 나는 가던 길을 뒤로하고 소녀를 향해 달려가고 있었다.

소녀의 모습이 눈앞에서 사라지지 않았다. 가녀린 몸매, 머리에 얹은 짐을 받친 고운 손가락, 밝게 빛나던 머리카락, 길고 짙은 속눈썹이며 걸음걸이가 눈앞에 아른거렸다.

소녀를 생각하자 말로 표현할 수 없는 달콤한 행복감에 빠졌다. 그녀에 대한 나의 감정은 바닥을 알 수 없는 바다처럼 깊어만 갔다. 나도 나 자신을 알 수가 없었다. 그저 내 앞에서 겁에 질려 떨고 있던 소녀만 떠올랐다.

아우크스부르크는 평원 지대에 있었다. 숲과 들판, 습지가 반복되는 곳이었다. 그 사이에 지금은 불타 사라진 귀족들의 저택이 흩어져 있었다. 남은 건 숯덩이가 되어 버린 건물의 잔해뿐이었다.

아우크스부르크 가까이 흐르는 레히 강에 다다르자 황새풀로 뒤덮인 습지대가 펼쳐졌다. 게다가 무덤들이 나뭇가지처럼 즐비하게 늘어서 있어 말을 어디로 돌려야 할지 몰랐다. 나는 몇 번이나 검은 물웅덩이에 빠졌다. 늪에 빠지기도 했지만 간신히 빠져나올 수 있었다.

습지대를 지나자 나는 말을 재촉해 달리기 시작했다.

소녀의 이름은 무엇일까?

신은 그녀의 이름을 알고 계시리라. 신께서 그녀에게 이름을 주셨을 테니 분명히 이름이 있을 것이다. 이 세상에 이름이 없는 사람은 없으니까.

내가 탄 말은 지쳐 갔다. 근육을 과도하게 쓴 탓인지 말은 땀에 젖어 있었다. 말이 머리를 앞뒤로 흔들어 대는 걸 보고 말을 부드럽게 쓰다듬으며 옆구리를 토닥거려 주었다. 그러자 말이 울음소리를 냈다.

나는 소녀의 손을 잡고, 소녀의 목소리를 듣고, 나를 바라보며 미소 짓는 소녀의 얼굴을 보고 싶었다. 나는 여자의 몸은커녕 옷자락도 잡아 본 적이 없었다. 생각해 보니 어릴 때 차갑고 나무처럼 거친 할머니의 손을 잡아 본 기억이 났다. 할머니 손을 잡은 것을 빼면 한 번도 여자 몸을 만져 본 적이 없었다. 어머니는 내가 아주 어릴 때 돌아가셨고 여자 형제도 없었다. 수도원에서 수사들 손에 자랐기 때문에 나는 여자를 접할 기회가 없었다.

소녀를 향한 열망이 맹수처럼 나를 엄습해 왔다. 소녀의 볼이 닿는 상상만 해도, 그녀의 미소 짓는 얼굴을 떠올리기만 해도 말할 수 없이 달콤한 행복에 빠졌다. 그런 느낌은 난생처음이었다. 소녀가 몸을 돌려 나를 바라보았고 머리에는 파란 수건을 쓰고 있었다. 그리고 오랫동안 나를 향해 손을 흔들어 주었다. 연기 속에 파란 그림자를 드리우면서……. 정신을 차려 보니 그건 나의 착각이었다. 착각인 줄 알면서도 나는 소녀에 대한 상상을 멈출 수 없었다.

소녀가 내게 손을 내밀자 나는 부드럽고 따뜻한 손길을 느꼈다. 그 부드러운 손을 놓을 수가 없었다. 그러자 소녀는 내 손을 가볍게 누르며 나와 입맞춤하고 싶다고 말했다. 소녀는 분명히 그렇게 말했다.

살아야 한다! 살아야 한다! 소녀도 나도 살아남아 다시 만나야 한다! 반드시 소녀를 찾아야 한다!

정신없이 말을 달려 아우크스부르크로 향하는데 어디선가 종달새 소리가 들렸다.

8월에 종달새 소리가 들리다니?

잠시 뒤 그 소리의 정체를 알게 되었다. 내가 들은 것은 화살이 날아오는 소리였다. 화살이 바람을 가르며 내가 탄 말 바로 앞에 비스듬히 꽂혔다. 그러더니 수풀 속에서 가죽옷을 입고 수염이 덥수룩한 남자들이 모습을 드러냈다. 그들의 넓적한 얼굴은 가죽옷 색깔처럼 갈색빛이 돌았다.

그들은 나에게 활을 겨누었지만 한편으론 나를 기다렸다는 듯한 표정을 지었다.

나는 "요 반."이라고 말했다. 라이젠부르크가 가르쳐 준 암호였다. 아우크스부르크로 오는 길에 잊지 않으려고 몇 번이고 되뇐 말이었다. '요 반'은 헝가리 어로 '좋다'는 뜻이었다.

암호를 듣고 마자르 족 군사들은 나를 그들의 대장인 호르차 불크수에게 데려갔다.

고함이 들리고 연기가 자욱했다. 마자르 족 군사 한 무리가 쏜살같이 말을 타고 달려오자 다른 군사들이 박수를 치며 함성을 질러 댔다. 그들은 대머리에 콧수염을 길렀고, 턱수염을 길게 기른 이들도 있었다. 마자르 족 군사들은 적을 공격할 때 사용하는 무기는 제대로 갖추었지만 자신들의 몸을 보호하는 도구는 허술하기 짝이 없었다. 그들은 가죽옷과 털모자를 썼을 뿐 갑옷이나 철제 투구를 착용한 군사는 아무도 없었다. 마자르 족의 투창만으로는 적의 공격을 피하기 힘들었다. 특히 사다리를 타고 적군의 성벽을 오를 때는 투창도 화살도 아무런 도움이 되지 않았다. 마자르 족의 도끼와 칼도 높은 성벽을 넘어야 할 때는 성능을 발휘하기 힘들다.

왠지 나에게 마자르 족 군사들은 너무 익어 가지에서 떨어진 열매처럼 보였다.

일반 군사와는 대조적으로 호르차 불크수는 화려한 옷을 입고 금과 은으로 장식된 투구를 쓰고 있었다. 칼집에도 금장식이 달려 있었고 가죽과 금실로 정교하게 짠 허리띠를 맸으며 바람에 가볍게 휘날리는 비단 외투를 걸쳤다. 불크수의 얼굴은 다른 군사들처럼 검고 넓적했다. 투구 아래로 길게 기른 검은 머리가 어깨까지 내려왔고 입가의 주름은 아래로 처져 있었다. 그가 나를 데려온 기마병들과 이야기하는 동안 나는 두근거리는 심장을 진정하며 불크수의 얼굴을 바라보았다.

그는 기마병들과 이야기하면서 단 한 번도 나에게 눈길을 주지 않았다.

나는 겁에 질려 우두커니 서 있었다. 불크수가 마자르 군사의 지도자였기 때문이 아니라 그가 일곱 개의 봉인을 열어 세상의 종말을 알리는 묵시록의 기사였기 때문이다. 아마도 그는 자기가 신이 보낸 기사라는 사실을 알지 못할 것이다.

불크수가 나에게 손을 내밀더니 자기 얼굴로 가져갔다. 순간 나를 한 대 치는 줄 알았지만 그것은 입맞춤하라는 신호였다. 나는 그의 손에 입을 맞추었다. 그런 다음 일단 라이젠부르크가 왕의 계획을 폭로하려는 이유를 설명하려 했다. 하지만 불크수는 내 설명 따위는 들으려 하지 않았다.

나는 통역병에게 라이젠부르크에게 들은 대로 오토 1세가 이끄는 군대의 진로와 규모, 전투 계획을 전달했다.

내 말을 듣고 난 뒤 호르차 불크수는 베르톨트 폰 라이젠부르크가 어디에 머무는지, 그가 지지하는 사람은 누구고 그가 반대하는 민족의 지도자는 누군지 꼬치꼬치 캐물었다.

그의 질문에 나는 아는 대로 대답했다. 내 답을 듣고 나서야 불크수는 처음으로 나를 똑바로 쳐다봤다. 그러더니 아무렇지도 않게 "저자를 묶어라."라고 명령하고는 어디론가 사라졌다.

심장이 터질 것만 같았고 온몸이 떨리기 시작했다. 나는 아무것도 할 수 없었다. 이렇게 죽는구나 생각하니 손에 식은땀이 흘렀다. 되돌릴 수 없는 길을 오고 만 것이다.

나는 죽음을 두려워하지 않았다. 하지만 소녀를 만나고 난 지금은 죽는 것이 두려웠다.

검은 구름 사이로 죽음의 그림자가 비쳤다. 누런 얼굴의 마자르 족 군사들은 내 말고삐를 잡아당겼다. 나는 그들 사이로 나를 노려보는 죽음의 얼굴을 볼 수 있었다. 나는 말 위에 힘없이 앉아 죽음을 맞으러 가야 했다.

마자르 군사는 휘파람을 불어 신호를 보내더니 나를 말에서 끌어내렸다. 그리고 내 팔을 등 뒤로 힘껏 잡아당겨 가죽끈으로 묶었다. 그들은 무언가 찾는가 싶더니 내 등을 거세게 밀어 나를 바닥에 쓰러뜨렸다. 나는 바닥에 얼굴을 파묻고 다른 군사 한 명이 가죽 허리띠를 푸는 모습을 바라보았다. 그것으로 나를 때리려는 것 같았다. 그때였다. 갑자기 말발굽 소리가 들려오더니 군사들이 웅성거리기 시작했다. 멀리서 나팔 소리가 들리자 마자르 기마병들이 사라졌다. 왕의 군대를 향해 진격을 시작한 것이다.

막사에 남은 군사 두 명은 말을 타고 달려가는 군사들과 나를 당황한 눈빛으로 번갈아 쳐다보며 소리를 질러 댔다.

그들 중 한 명이 내 다리를 힘껏 잡아당기더니 발목을 가죽끈으로 꽁꽁 묶었다. 그리고 이미 등 뒤로 묶인 손과 다리를 연결해서 묶기 시작했다. 내 몸은 활처럼 휘었다. 온몸에 통증이 느껴졌다. 그들은 내게 발길질을 한 번 하더니 어디론가 사라졌다.

나를 매달 나무를 찾으러 갔으리라.

조금 있으니 개미들이 몸을 타고 올라왔다. 파리와 모기 들이 달려들어 숨 쉬기조차 힘들었고 팔다리가 저려 왔다. 온몸에 통증이 느껴졌다.

참기 힘든 고통을 참으며 바닥에 쓰러져 있는 동안 아우크스부르크에서는 끔찍한 전투가 벌어지고 있었다.

나는 어떻게 되는 것일까?

마자르 족은 아우크스부르크 성문과 다리에 군사 몇 명만 남겨 두고 레히 강변으로 진격해 오는 왕의 군사를 향해 달려갔다. 그들은 내가 준 정보 덕에 왕의 군대가 어디로 오는지 파악하고 있었다. 그들은 고함을 지르며 거세게 진격했다.

마자르 군 지휘관들은 내게서 정보를 듣고 서둘러 전술을 짜냈다. 마자르 군이 왕의 군대와 대격하기 바로 직전에 신호를 보내 군사 대부분을 동쪽으로 보낼 계획이었다. 그렇게 해서 오토 1세가 이끄는 군대가 마자르 군이 겁을 내고 도망간다고 착각하게 만든 다음, 다뉴브 강의 지류인 파르 강에 숨어 있다가 왕의 군대가 지나갈 때 일제히 공격을 퍼붓는 것이다. 얼마 되지 않는 마자르 기마병들이 레히 강변에 도착했을 때 적의 부대가 그곳을 지나가고 있었다. 마자르 군사들은 모조리 왕의 군사들에 의해 목숨을 잃었다.

마자르 군사들은 갑자기 동쪽으로 진로를 돌려 아우크스부르크에서 3킬로미터쯤 떨어진 파르 강변 언덕에 몸을 숨겼고, 왕의 군대가 그곳을 지나갈 때 외곽을 공격했다. 예상치 못한 공격에 왕의 군사들은 동요했고 이 틈을 노려 마자르 군사들은 적의 행렬의 중심을 공격했다.

부상자들의 비명, 공격하는 사람들과 공격당하는 사람들의 고함이 끊이지 않았다. 마자르 족과 오토 1세 군대 사이의 전투는 그 어떤 전쟁보다 참혹했다. 허공을 가르는 화살들로 하늘이 검게 변했고, 적의 화살을 피하려 방패로 몸을 가린 사람이 적의 위치를 파악하려고 방패를 거두면 영락없이 화살에 맞아 목숨을 잃었다. 왕의 군대는 행렬 배치 순서대로 적의 화살을 맞고 쓰러졌다. 마자르 족의 거센 공격을 받자 왕의 군사들 가운데는 무기를 버린 자들도 많았다.

세상의 종말이 시작된 것이다.

오토 1세의 군이 약세에 몰렸을 때 왕의 사위인 콘라트 공이 프랑크 군사를 이끌고 레히 강에 당도했다. 프랑크 군은 왕군의 외곽을 공격하는 마자르 족 군사를 습격했다. 프랑크 군의 맹렬한 공격으로 마자르 군은 힘을 잃었다. 이 전투에서 콘라트 공은 전사했다.

왕은 아우크스부르크 북쪽에서 진격했다. 왕이 이끄는 군대 역시 마자르 군을 포위하려 애썼다. 왕군과 마자르 군은 전투를 벌이며 레히 강을 따라 남하하여 아우크스부르크 시내로 접근해 왔다.

마자르 족의 주력 부대는 셋으로 나뉘어 레히 강을 건너 왕의 군대를 후방에서 습격하려 했다. 그러나 레히 강과 파르 강 주변에 이미 슈바벤, 프랑켄, 바이에른에서 온 군사들이 철벽 수비를 하고 있었기 때문에 마자르 부대는 강을 건널 수 없었다.

레히 강과 파르 강 주변에서 충격전이 펼쳐졌다. 양쪽 군사들은 정면으로 맞서 싸웠다. 왕군이 소지한 창과 검이 마자르 족의 화살, 투창, 도끼보다 우세했다. 마자르 족의 활은 단거리 전투에서는 효력을 발휘하지 못했다. 활을 충분히 잡아당길 시간도 공간도 없었기 때문이다. 활을 당기는 순간 적이 칼을 들고 덤벼들어 목을 베어 버렸다. 그뿐만 아니라 마자르 족 군사들은 단검으로 적을 찌르기도 전에 적의 긴 창에 찔려 죽었다. 게다가 얇은 가죽옷만 입었기 때문에 적의 무기에 무방비 상태로 노출되어 있었다. 가죽옷은 가벼워서 말을 타고 전투를 벌일 때는 유리하지만 일대일 전투에서는 아주 불리했다. 반면 왕군은 투구와 갑옷으로 든든히 무장하고 있어 마자르 족이 휘두르는 도끼와 화살을 막을 수 있었다.

'군첸레'라는 언덕 아래 레히 강 오른쪽으로 오토 1세가 이끄는 왕군이 배치되어 있었다. 이곳에서 마자르 족의 운명이 결정되었다. 전투가 극에 달하자 오토 1세는 그리스도가 못 박힌 십자가에서 빼낸 못이 달린 성스러운 창을 들고 공격했다고 했다. 그 성스러운 창이 천하무적의 힘을 발휘했다고 사람들은 말했다. 마자르 족과의 전투에서 영광스러운 승리를 장식한 오토 1세는 명예와 권세를 얻었다.

955년 8월 10일 성 라우렌티우스 축일, 파르 강과 레히 강 주변에 펼쳐진 레히펠트라는 벌판에서 벌어진 일이었다.

마자르 족은 왕군에게 쫓겨 남부 독일 이자르까지 후퇴했으나 결국 추방당하거나 왕군의 손에 남김없이 사라지고 말았다.

나는 다음 날이 되어서야 레히펠트 전투 이야기를 들을 수 있었다. 전투가 벌어지는 동안 꽁꽁 묶여 있었기 때문이다. 아우크스부르크 성벽에서 얼마 떨어지지 않은 곳에 있는 마자르 군 진영에서 나는 두 손 두 발이 묶인 채 홀로 남겨져 있었다. 풀로 덮인 축축한 땅바닥에 꼼짝도 못하고 엎드려 있었다.

팔다리가 묶인 상태로 오랫동안 엎드려 있는 것은 정말 끔찍했다. 개미 떼가 살을 물어뜯었고 모기가 달려들었다. 나는 얼굴을 있는 대로 찌푸리며 안간힘을 써서 모기와 개미를 쫓아 보려 했지만 소용없는 짓이었다. 목이 너무 말라서 몸을 앞뒤로 움직여 웅덩이에 고인 물을 마셔 보려 했지만 뜻대로 되지 않았다. 등이 활처럼 휘어 통증이 이만저만이 아니었다. 돌 모서리로 가죽끈을 끊어 보려 했으나 끊어질 리 없었다. 팔다리가 마비되는 듯해 손가락 발가락을 움직여 보았다. 하지만 피가 통하기는커녕 고통만 심해졌다.

꼼짝없이 묶여 있는 동안 나는 마자르 족이 왕의 군대를 습격해 물리쳤을 거라고 생각했다. 틀림없이 왕군은 마자르 족의 기습 공격에 제대로 힘도 써 보지 못하고 패배했으리라 믿었다. 또한 그것이야말로 내가 위험을 무릅쓰고 비밀 정보를 누설한 주된 목적이었다. 마자르 족은 날쌘 메뚜기처럼 달려들어 프랑크 왕국을 삼켜 버릴 것이다. 나는 그들이 신의 명령을 받고 세상을 멸망시키기 위해 파견된 묵시록의 기사들이 틀림없다고 생각했다. 하지만 마자르 족도 베르톨트 폰 라이젠부르크도 지금 벌어지는 일이 세상의 종말을 알리는 신호탄이라는 사실을 깨닫지 못하고 있었다. 이 세상에 신이 강림하시기 위해 전쟁은 계속될 것이고 결국 세상은 멸망할 것이다.

이런 믿음에도 나는 눈앞에 닥친 고통 때문에 괴로워했다.

이렇게 죽음을 맞고 싶지는 않았다. 아무런 희망도 없이 이렇게 비참하게 생을 마감할 순 없었다. 참 희한하게 참을 수 없는 고통 속에서도 내 머릿속은 소녀 생각으로 가득했다. 지금쯤 소녀는 어디에 있을까? 어쩌면 무릎을 꿇고 왕의 군대가 승리할 수 있게 도와달라고 신께 기도를 드리고 있을지도 몰랐다. 그런 생각을 하니 마음이 아파 왔다. 내가 왕을 배신했기 때문이다.

누군가 나를 발견하고 풀어 준다 해도 앞으로 닥칠 운명을 생각하니 답답했다. 퉁퉁 부어오른 손목과 발목을 바라보며 조금이라도 움직여 보려 했지만 꼼짝달싹할 수 없었다. 내가 타고 온 말도 마자르 족이 끌고 가 버렸다.

너무 무서워서 눈물이 났다. 기도를 해 보려 했지만 집중할 수 없었다. 지금껏 기도에 집중하지 못한 적은 한 번도 없는데 아무리 노력해도 기도를 드릴 수가 없었다. 불안해서 미칠 것 같았다. 내가 너무 큰 죄를 지었나? 내가 신을 위해 행한 이 모든 일이 결국 옳지 않았단 말인가? 나는 그저 신의 뜻을 이루려고 라이젠부르크의 부탁을 수락했을 뿐이었다. 과연 신의 뜻대로 마자르 족이 왕군을 물리쳤을까? 이제 세상의 종말이 찾아와 신께서 강림하시는 걸까? 나는 신의 뜻에 의심을 품은 적이 단 한 번도 없었다. 그러나 지금은 모든 게 불확실해 보였다. 그 순간 나는 혹시 악마가 찾아와 나의 경건한 신앙심을 시험하는 것은 아닌가 하는 생각을 했다.

정신을 바짝 차리고 조그만 소리에도 귀를 기울였다. 마자르 족은 왕군을 물리쳤을까? 그들이 다시 돌아와 나를 풀어 줄까? 생각이 꼬리에 꼬리를 물었다.

이렇게 죽는구나 싶었다. 죽음을 받아들이려면 지금까지 지은 모든 죄를 뉘우치고 위령 기도를 드려야 했다. 그러나 입 밖으로 한마디도 나오지 않았고 온몸이 덜덜 떨리기 시작했다. 소녀 생각에 정신이 흐트러졌다. 그녀가 나를 유혹한 것일까?

나는 진심으로 소녀를 구하고 싶었다. 소녀만 구할 수 있다면 배고픔과 갈증 따윈 아무것도 아니었다. 그러나 시간이 지날수록 눈앞에서 아른거리던 소녀의 얼굴이 점점 잊혀 갔다. 그녀의 얼굴을 떠올리려 애써 봤지만 바람에 흩날리는 모래처럼 소녀의 얼굴은 점점 사라졌다. 그래도 소녀 생각만 하면 설레는 마음은 여전히 진정되지 않았다.

어디선가 "이겼다! 우리가 승리했다!"라고 외치는 소리가 들렸다. 그리고 기마병들이 멀리서 말을 타고 달려오는 모습이 보였다. 그들은 방패와 창 그리고 긴 칼로 무장하고 있었다. 내가 본 것은 마자르 족이 아니라 왕군이었다. 오토 1세가 이끄는 군대가 마자르 족을 물리친 것이다.

오토 1세의 봉랍.

어떻게 그런 일이 일어날 수 있지? 어떻게 신이 보낸 기사들을 물리칠 수 있었단 말인가? 그렇다면 세상은 멸망하지 않는 것인가?

기마병들이 나를 발견하고는 밧줄을 풀어 주었다. 그리고 내가 로마 교회를 위해 희생한 순교자라도 되는 듯 대우해 주었다. 나를 발견한 이들은 슈바벤에서 온 기마병들이었다. 내가 제대로 걷지 못하는 것을 보고 그들은 나를 업고 자신들의 대장에게 데려갔다. 오랫동안 묶여 있은 탓에 내 손과 발은 완전히 마비 상태였고 팔다리와 얼굴은 모기와 개미에 물려 퉁퉁 부어 있었다. 한 시간 정도 지나자 서서히 감각이 돌아왔다.

슈바벤 기마병들은 내가 오토 1세를 배반한 반역자이라는 사실을 알 턱이 없었다. 수사 복장이니 그저 수도원에서 보낸 사환으로만 여겼을 것이다. 전쟁 시에 수사가 사환 노릇을 하는 것은 흔한 일이었다.

나는 피난민이 득실거리는 수도원에 살았다. 그곳에서 사환 노릇을 하는 젊은 수사에게 눈길을 주는 이는 아무도 없었다. 나를 풀어 준 슈바벤 기마병들도 젊은 수사 한 명 따위는 금방 잊을 것이다.

어디서 들었는지 왕군은 베르톨트 폰 라이젠부르크가 오토 1세를 배반한 사실을 알게 되었다. 라이젠부르크가 체포됐다는 소식을 들었을 때 나는 온몸이 경직되는 듯했다. 만약 라이젠부르크를 도운 것이 발각된다면 내 운명은 어떻게 될까? 천만다행으로 아무도 나를 찾아오지 않았다.

마자르 족을 성공적으로 물리친 뒤 오토 1세의 명성은 하늘 높은 줄 모르고 치솟았다. 오토 1세는 제국의 아버지라 칭송받았고 926년에는 교황에게서 황제의 관을 받았다.

레히펠트 전투가 끝나고 며칠이 지나자 나는 다시 예전처럼 걸을 수 있었고 얼굴도 본래 상태로 돌아왔다. 그리고 마자르 족 군사를 이끌던 지도자 세 명이 아우크스부르크로 끌려왔다. 그 가운데는 호르차 불크수도 있었다. 그들은 아우크스부르크 성벽 근처에서 교수형에 처해졌다. 나도 구경꾼들 틈에 끼어 그들이 처형되는 모습을 지켜보았다.

마자르 족 지도자 세 명이 교수대로 끌려갈 때 나는 그들과 아주 가까운데 서 있었다. 호르차 불크수는 내 바로 앞을 지나갔다. 교수대로 끌려가는 불크수의 옷은 갈기갈기 찢겨 있었고 머리를 장식하고 있던 화려한 투구도 어디론가 사라져 버렸다. 그는 하얗게 질린 얼굴로 무거운 발걸음을 옮겼다. 눈가의 상처와 긴 수염 때문에 얼굴이 무척 거칠어 보였다. 한때 마자르 족 기마병을 호령한 호르차 불크수는 일개 도둑과 마찬가지로 교수형에 처해졌다. 그런데 나는 그런 사람을 신이 보낸 기사라 여겼으니 한심하기 짝이 없었다.

불크수가 내 옆을 지나갈 때 나는 조심스레 몸을 옆으로 피했다. 하지만 그는 내 얼굴을 보고 내가 누군지 금세 알아챘다. 그는 조국을 배신한 나의 얼굴을 똑똑히 기억하는 눈치였다. 아우크스부르크에서 내가 라이젠부르크를 도와 불크수에게 왕의 계획을 전달했다는 사실을 아는 사람은 그와 나 둘뿐이었다. 그렇게 생각하자 숨이 멎는 것 같았다. 불크수는 걸음을 잠시 멈추고 내 얼굴을 보더니 눈썹을 치켰다. 그러자 형 집행인이 그를 잡아끌었다. 불크수는 입가에 살짝 미소를 지으며 나에게 무슨 말을 하려는 눈치였지만 결국 아무 말도 하지 않고 교수대를 향해 걸어갔다.

불크수는 남의 물건이나 훔치는 한낱 도둑과는 비교할 수 없는 인격을 지닌 사람이라는 느낌이 들었다. 그는 왜 나를 고발하지 않았을까? 내가 왕을 배신한 진정한 이유는 모른다 해도 배신했다는 사실은 잘 알면서 말이다. 만약 그가 고발했다면 나는 즉각 교수형에 처해졌을 것이다. 나는 불크수가 왜 나를 고발하지 않았는지 그 이유를 알 수 없었다.

마자르 족 기마병은 내가 생각한 묵시록의 기사가 아니었다. 빌리브로트 선생님이 잘못 생각하셨다. 나는 진정 왕국을 배신한 것이었을까? 선생님이 살아 계셨다면 내가 라이젠부르크의 부탁을 받아들여 아우크스부르크로 가는 것을 승낙하셨을까?

내가 믿은 것과 달리 세상은 멸망하지 않았고 앞으로도 멸망하지 않을 것이다.

오랫동안 굳게 지킨 믿음이 깨지긴 했지만 마음은 편했다. 내 사고방식과 생활도 많이 바뀌었다. 예전에는 수도원에 들어가 수사가 되는 것이 내 운명이라 생각했지만 지금은 수사가 되는 게 옳은지 잘 모르겠다.

베르톨트 폰 라이젠부르크에게 찾아간다는 것은 생각할 수도 없는 일이었다. 그렇다고 수사가 되고 싶다는 확신도 없었다.

나는 글을 쓰고 읽을 줄 알았고 셈도 잘했다. 그러니 굶진 않을 것이다.

소녀는 어떻게 되었을까? 나는 그녀를 머릿속에서 지울 수 없었다. 몇 년이 지나도록 거의 매일 소녀 생각을 했다. 언젠가는 소녀를 찾을 수 있으리라 믿었지만 결국 다시 만날 수 없었다.

다른 소녀들이나 아기를 업고 있거나 모유를 먹이는 엄마들을 바라보면서 내가 잘못된 생각을 하고 있었다는 것을 깨달았다. 예전에 나는 남녀는 유별해야 하며 여자를 멀리하는 것이 최고의 덕이라 믿었다.

죽음에 대한 생각도 달라졌다. 이제 나에게는 죽음보다 삶이 더 중요하다. 전쟁 때 우연히 만난 소녀의 목숨이 걱정되었기 때문이 아니라 내 목숨이 소중하다는 것을 깨달았기 때문이다.

가끔, 아주 가끔 소녀의 모습이 떠오르기도 했다. 아주 짧은 순간이었지만 그 시간은 나에게 매우 소중했다. 하지만 소녀의 모습은 연기처럼 금방 사라졌다. 그녀는 나에게 귀중한 스승 같은 존재였다. 언젠가 다른 여자를 만나 다시 한 번 그런 달콤한 기분에 빠져 보고 싶다.

나는 소녀의 이름도 모른다. 하지만 신께서는 틀림없이 그녀의 이름을 알고 계시리라.

제4장

파문

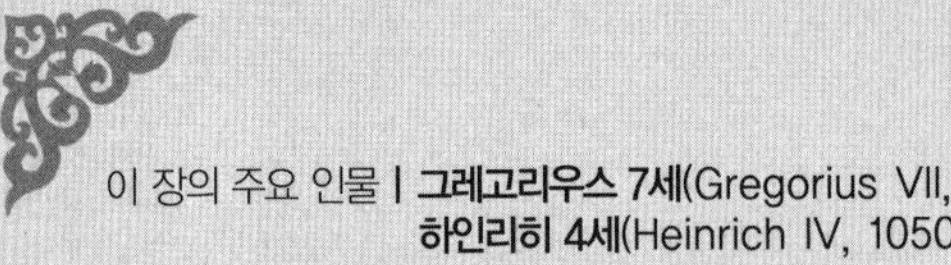

레히펠트에서 마자르 족을 물리친 오토 1세는 신성 로마 제국의 황제가 되었다. 그러나 그의 권력은 불안정했고 앞으로 누가 황제가 될지는 불분명했다.

강한 권력을 행사하던 여러 부족의 대공들과 카롤루스 대제 때부터 세습제로 이어져 내려온 백작 집안을 비롯한 지방 제후들은 황제가 막강한 권력을 누리는 것을 반기지 않았다. 황제는 그런 지방 제후들을 믿을 수가 없었다. 각 지방에 뿌리를 내린 귀족들은 끊임없이 중앙 권력에 반기를 들어 황권을 약화했기 때문이다.

오토 1세와 그의 후손들은 주교 서임권을 차지하고 교회령을 토대로 황권을 강화하고 지방 귀족들을 견제하려 했다. 제후와 비슷한 역할을 한 주교들이 세상을 떠나면 황제는 자신에게 충성하는 사람을 주교로 임명했다. 이런 방식으로 신성 로마 제국의 황제들은 황권을 굳혀 나갔다. 황제 서임권을 통해 정치적 권력을 얻은 주교들은 성직자의 본분을 저버리고 전쟁을 벌이기도 했다.

주교가 제후를 겸하면서 교회의 세속화가 가속화되었고 결국 11세기에 클뤼니 수도원에서 기독교의 폐단을 근본적으로 바꾸려는 개혁 운동이 일어났다. 또한 주교 서임권을 교황에게 되돌려 교회가 정치권력과 결탁하는 것을 막으려 했다. 교회 개혁 운동을 지도한 교황 그레고리우스 7세는 교회의 권력을 되찾으려 했지만 교회의 세속적인 권력을 요구한 것은 아니었다.

종교 개혁 운동이 일어날 당시 신성 로마 제국의 황제는 잘리어 왕조의 제3대 국왕 하인리히 4세였다. 그는 일찍 아버지를 여의고 어린 나이에 권력 다툼에 휘말렸다. 하인리히 4세는 황위에 즉위한 뒤 약해진 황권을 강화하려고 노력했다. 하인리히 4세의 권력은 오토 1세 이후의 황제들과 마찬가지로 성직자 서임권에 기반을 두고 있었다.

성직자 임명을 둘러싼 황제와 교황 간의 서임권 다툼은 1076년에 극에 달했다. 하인리히 4세가 교황 그레고리우스 7세를 폐위하겠다고 나서자 그레고리우스 7세는 하인리히 4세를 파문했다. 파문은 모든 교회의 성사에서 제외됨을 의미했다. 또한 죽기 전에 파문이 해제되지 않으면 지옥에 떨어지는 영원한 저주를 받는 가장 엄중한 벌이었다. 따라서 파문당한 사람은 수단을 가리지 않고 사면을 받으려 했다. 하인리히 4세와 그레고리우스 7세 사이의 분쟁은 과연 해결될 수 있었을까?

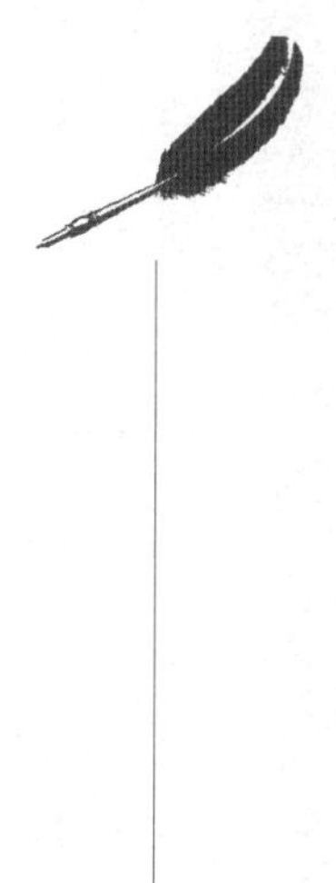

  1076년 11월, 하인리히 4세가 통치하던 신성 로마 제국에 살을 에는 강추위가 불어 닥쳤다. 독일 서남부의 항구 도시 슈파이어에는 라인 강의 지류가 흘렀는데 추운 날씨 때문에 강이 꽁꽁 얼어붙었다.

  하인리히 4세는 그해 겨울 슈파이어로 왔다. 황제가 슈파이어로 거처를 옮긴 이유는 무엇이었을까? 자기 발로 황궁을 버리고 온 것일까? 교황이 황제를 파문했기 때문에 어쩔 수 없이 온 것일까? 아니면 지방 제후들이 그를 끌어내린 것일까?

  하인리히 4세의 외모는 마르고 길쭉한 인상을 주었다. 황제는 생각에 깊이 잠겨 아직 건설 중인 슈파이어 대성당으로 걸어갔다. 대성당 건설 현장에는 커다란 기둥만 우뚝 서 있었다.

  '벌써 11월 11일이군. 오늘이 내 스물여섯 번째 생일이네. 오늘을 기점

교황 그레고리우스 7세와 서임권을 두고 충돌하다 파문당했던 하인리히 4세.

으로 신하들과 맺은 모든 계약을 잃는다고 했지. 나를 위해 일하던 하인들도 오늘부터 자기들이 원하면 일을 그만둘 수 있다고 했는데……. 그래도 그들은 새 주인을 찾을 수 있을 거야.'

하인리히 4세는 이런저런 생각을 하며 성당 건설 부지를 돌아보았다.

'교황은 나를 파문하면서 1년 동안 생각할 시간을 준다고 했지. 1년 안에 나는 십자가 앞에 무릎을 꿇고 교황에게 용서를 빌 것인지 결정해야 해. 그러지 않으면 사면을 받을 수 없겠지.'

새로 건설 중인 대성당의 기둥과 외벽은 하늘 높이 우뚝 솟아 있었다. 주변에는 아직 다듬어지지 않은 돌덩이들이 흩어져 있었다. 날씨가 추워져서 더는 공사를 할 수 없었다. 봄이 되어 공사를 재개하면 여기저기서 돌을 다듬는 끌과 정 소리가 들릴 것이다. 새로 짓는 성당 지하에는 하인리히 4세의 할아버지 콘라트 2세가 석관 속에 잠들어 있었고 그 옆에는 아버지 하인리히 3세의 관이 놓여 있었다. 아버지가 세상을 떠났을 때 하인리히 4세는 겨우 네 살이었다. 사람들은 네 살짜리 어린아이에게 무릎을 꿇으며 황제라고 불렀다.

어린 하인리히는 형식적인 황제였을 뿐 그를 진정한 황제라 생각하는 사람은 아무도 없었다. 심지어 쾰른의 대주교 아노는 어린 하인리히를 유괴하기도 했다. 아노를 중심으로 몇몇 귀족은 황권을 무너뜨릴 목적으로 황제와 그의 어머니를 납치하려 했다. 그들은 하인리히와 어머니 아그네스가 라인 강변에 있는 장크트 수이트베르츠 베르트 섬에서 여름을 보내는 틈을 노렸다.

당시 하인리히는 열한 살이었다. 아노 주교는 새로 만든 멋진 배를 보여 주겠다며 하인리히를 강가로 데려갔다. 그리고 어린 하인리히만 배에 태워 보내고 그의 어머니와 하인들은 강가에 남겨 두었다. 홀로 남은 하인리히는 배 가장자리에 서서, 멀리서 소리치는 어머니를 바라보다 그만 강물에 빠지고 말았다. 발버둥을 치며 강에서 헤엄쳐 나가 보려 했지만 어린 소년이 헤엄쳐 가기에는 라인 강의 물살이 너무 거셌다. 하인리히는 물살에 휩쓸려 점점 깊이 빠져 들어갔다. 조금만 힘을 내면 배까지 헤엄쳐 갈 수 있을 듯했다. 그러나 조금 지나니 배도, 강가에 서 있던 어머니 모습도 보이지 않았다. 폐 속으로 점점 더 물이 들어가 숨이 막혔다. 그때였다. 어디선가 구원의 손길이 다가와 하인리히를 강물에서 끌어 올렸다. 물에 빠진 어린 하인리히를 구해 준 것은 에크베르트 폰 브라운슈바이크 공작이었다.

하인리히 4세는 대성당 건설 부지에 흩어진 돌덩이들을 바라보다가 다시 바닥을 내려다보았다. 언젠가 그도 슈파이어 성당 지하에 묻힐 것이다. 그러기 전에 대성당을 완성해야 했다. 슈파이어 대성당은 알프스 이북에서 가장 규모가 큰 성당이 될 것이다. 회색빛 구름이 가득한 겨울 하늘 아래로 성당 아치가 현기증이 날 정도로 높이 솟아 있었다. 하인리히는 아치를 바라보며 곧 완성될 성당의 모습을 상상해 보았다.

하인리히 4세는 쇠사슬 갑옷을 입고 투구와 창으로 무장한 호위병들의 보호를 받았다. 그들은 황제와 일정한 거리를 두고 근엄하게 서 있었다. 한참 동안 아무 말 없이 산책하던 하인리히는 갑자기 호위병 한 명에게 말을 걸었다.

"자네는 어디 출신인가?"

그는 근위병들의 얼굴을 거의 다 아는데 그자는 처음 보는 얼굴이었다.

"슈바벤 출신입니다, 폐하."

하인리히 4세의 질문에 근위병이 쉰 목소리로 짧게 대답했다.

'저자도 분명 먹고살려고 근위병이 되었겠지. 마음에서 충성심이 우러나와 나를 보호하는 게 아닐 거야.'

하인리히는 갑자기 의심이 들었다. 어릴 때부터 모진 경험을 많이 해서 그는 의심이 많았다. 하지만 교황에게 파문당한 뒤부터는 의심보다는 두려움이 더 컸다. 죽을 때까지 파문을 풀지 못하고 지옥에 떨어지는 것은 아닐까 하는 두려움 때문에 괴로운 나날을 보내야 했다.

'교황은 파문이라는 끔찍한 방법으로 나에게 대항하고 있어. 파문당한 나를 따르는 이들은 자동적으로 벌을 받게 되지. 그 누가 영원히 지옥에 떨어질 줄 알면서도 충성을 하겠는가.'

하인리히 4세는 다시 생각에 잠겼다.

그때였다. 슈바벤 출신이라던 근위병이 황제에게 성큼성큼 다가왔다. 황제는 아무런 무기도 갖고 있지 않았다. 혹시 근위병이 자신을 공격하려는 것은 아닐까 싶어 하인리히는 뒷걸음질을 쳤다.

근위병은 황제가 놀라는 기색에도 아랑곳하지 않고 가까이 다가왔다.

"폐하, 아치에 금이 갔습니다."

'지금 저자가 무슨 말을 하는 거지? 어디에 금이 갔다는 말이야? 혹시 내가 이끄는 제국에 금이 가기 시작했다는 말을 하고 싶은 건가? 우리 신성 로마 제국이 건물에 금이 가 무너져 버리듯 그렇게 무너지리란 말을 하고 싶은 건가? 도대체 무슨 속셈이지?'

"폐하, 아치에 금이 간 것이 분명히 보입니다."

그자가 다시 한 번 말하자마자 다른 근위병들이 다가와 그를 잡아끌었다.

'감히 근위병 주제에 황제가 묻지도 않은 말을 지껄이다니.'

하인리히는 이렇게 생각하면서도 근위병의 속셈을 알고 싶었다.

"그를 놓아주어라. 대체 어디에 금이 갔다는 말이냐? 뜬금없이 나한테 와서 묻지도 않은 말을 하는 이유가 무엇이냐?"

"저기, 저 꼭대기에 금이 간 게 보입니다."

근위병은 손가락으로 아치가 교차된 부분을 가리키며 말했다.

황제는 근위병이 가리킨 곳을 올려다보았지만 금이 간 부분은 보이지 않았다.

"어디 금이 갔다는 말이냐? 내 눈에는 아무것도 보이지 않는다. 감히 어느 안전이라고 쓸데없는 말을 지껄이는 게냐?"

하인리히는 신성 로마 제국의 상징이 될 건물에 금이 가서는 안 되며 그럴 리도 없다고 생각했다.

하지만 근위병은 물러서지 않고 황제의 눈치를 살폈다. 황제는 다시 한

번 근위병이 가리킨 아치 쪽으로 다가갔다. 그 근위병이 아무것도 모르는 뜨내기가 아닐지도 모른다는 생각이 들었다. 다른 사람들은 하인리히를 인간이기 이전에 황제로 대했지만 어쩌면 그 근위병은 하인리히를 황제로만 생각하지 않을지도 모른다고 느꼈다.

하인리히가 얼굴을 뚫어지게 쳐다봐도 근위병은 눈썹 하나 까딱하지 않았다.

"폐하, 제 말을 믿으십시오. 저는 건축에 대해 잘 압니다."

근위병의 말을 듣고 하인리히는 어떻게 해야 할지 망설였다. 그를 벌해야 할지 아니면 그의 말을 믿어야 할지 확신이 서지 않았다.

"금이 간 곳을 메우지 않으면 건물이 무너지고 맙니다. 폐하, 제 말을 믿어 주십시오."

'용기가 가상하군. 황제인 나에게 저런 말을 내뱉다니. 신성 로마 제국의 상징인 대성당이 무너질지도 모른다고! 어쩌면 저자의 말이 맞는지도 모르지.'

하인리히는 이렇게 생각하며 근위병에게 가까이 다가가려 했다. 하지만 왠지 망설여졌다. 어릴 적 아노 대주교에게 유괴당한 뒤 사람들은 그에게 신하에게 가까이 접근하면 안 된다고 말했다. 아랫사람에게 가까이 가면 무슨 일을 당할지 모른다고 경고했다.

"네 말은 충분히 알아들었으니 그만해라."

말은 이렇게 했지만 황제는 호기심이 생겼다.

"건축에 대해 잘 안다고 했지? 어디서 배웠느냐?"

"제 아버지가 석공이어서 아버지가 일하는 곳에 자주……."

근위병은 목소리에 한 치의 떨림도 없이 황제의 질문에 답했다.

"그만!"

하인리히는 갑자기 근위병의 말을 끊더니 조금 뒤 근위병에게 다시 "네 아비는 어디 사느냐?"라고 물었다.

"돌아가셨습니다."

"그럼, 생전에는 어디에서 살았느냐?"

"슈바벤에서 살았습니다."

'내가 왜 하찮은 근위병과 이렇게 오래 이야기를 하고 있지?'

하인리히는 속으로 이렇게 생각했지만 끓어오르는 호기심을 참을 수 없었다.

"너는 왜 석공이 되지 않았느냐?"

"저 대신 형이 아버지 뒤를 이어 석공이 되었습니다."

"네 형은 슈바벤에 살겠구나. 형과는 사이가 좋으냐?"

황제의 질문을 듣고 근위병은 고개를 숙이기만 했다.

"네 형이 석공이라면 그는 왜 이곳에서 일하지 않지?"

"폐하!"

근위병은 대답하기를 망설였다.

"파문당했느냐?"

근위병은 조용히 고개만 끄덕였다.

"그럼 너도 파문당했느냐?"

"저는 폐하를 모실 뿐입니다. 그렇지 않다면 제가 이곳에 있을 이유가 없지요."

'그런 대답은 누구나 할 수 있지. 그런 사람들 가운데는 배신자도 많고. 그런데 저자는 내가 파문당한 줄 알면서도 나를 위해 일한다는 말이지? 지옥에 떨어질지도 모르는데.'

"너는 두렵지 않으냐?"

"두렵습니다, 폐하."

근위병은 잠시 주저하더니 솔직히 대답했다.

"그런데도 나를 위해 일하겠다는 말이냐?"

근위병에게 이렇게 묻긴 했으나 하인리히 역시 지옥에 떨어지는 것이 두려웠다.

"폐하, 파문이 풀릴 수 있게 제가 폐하를 도와드리겠습니다."

근위병은 작지만 힘 있는 목소리로 말했다.

'뭐라고? 내가 사면될 수 있게 돕겠다고? 저자가 날 어떻게 돕겠다는 말인가?'

"폐하. 다시 한 번 잘 살펴보십시오. 두 군데에 금이 가 있습니다. 하나는 아치가 둥글게 내려오기 시작하는 부분에 나 있고 다른 하나는 아치 바깥쪽부터 시작해서 기둥과 만나는 지점까지 내려와 있습니다."

근위병이 금간 곳을 손가락으로 가리키며 큰 소리로 말했다.

'아치가 갈라지는 곳과 아치 바깥쪽이라……. 자기 집안 사정을 숨기지 않고 말하는 걸 보니 믿을 만한 자일지도 몰라. 거짓말을 하지 않는 자라…….'

"보이십니까, 폐하?"

근위병이 황제에게 아주 가까이 다가오자 다른 군사들이 칼을 뽑아 들고 달려와 그를 떼어 놓았다.

하인리히는 군사들에게 눈짓으로 멈추라고 신호를 보냈다. 심장 뛰는 소리가 들릴 정도로 근위병은 황제에게 가까이 다가왔다. 웬만한 측근이 아니면 황제에게 그 정도로 가까이 접근할 수 없었다. 하인리히는 두 눈을 가늘게 뜨고 근위병이 가리킨 곳을 올려다보았다. 자세히 살펴보니 근위 병 말대로 두 군데 금이 가 있었다. 모세 혈관처럼 얇은 선이 지그재그 모양으로 기둥과 아치 벽을 타고 내려와 있었다.

"만든 지 얼마 되지 않아 건물에 금이 가다니!"

근위병은 황제의 말에 아무런 대꾸도 하지 않았다.

황제는 그에게 떨어지라는 눈짓을 보냈다.

그러더니 다시 그를 불렀다.

"네 형을 다시 본다면 너는 무슨 말을 하고 싶으냐?"

"폐하, 제가 형을 다시 만날 일은 없을 겁니다."

이렇게 말하고 근위병은 황제에게서 멀리 떨어졌다.

"벽을 수리하게!"

하인리히 4세는 그날 저녁 벽난로 앞에 앉아 슈파이어의 주교 뤼디거 후츠만에게 명령했다. 후츠만 주교는 하인리히 4세가 1년 전 슈파이어 주 교로 임명한 인물이었다. 그러나 그도 지금은 교황에게 파문당한 상태였 다. 황제는 자기 앞에 앉아 있는 후츠만 주교를 바라보며 생각했다.

'나를 섬긴 대가로 주교가 교황에게 파문을 당하다니.'

"파문을 해제해야 합니다, 폐하."

하인리히 4세의 여동생 마틸데를 유괴하고 그녀와 혼인했던 루돌프 폰 라인펠트.

난로의 불길 때문인지 주교는 얼굴이 빨갛게 달아올라 말했다.

"폐하, 무슨 일이 있어도 폐하께 내려진 파문을 해제해야 합니다."

"그러니까 자네 말은 금간 곳을 메워야 한다, 그 말인가? 그래, 자네 말이 맞네. 그러지 않으면 사람들은 하나같이 내 앙숙인 루돌프 폰 라인펠트 편이 되겠지."

하인리히 4세는 이렇게 말하고는 무언가 골똘히 생각에 잠겼다.

"내게 주어진 시간은 1년이네. 분명 교황은 자기가 나서서 파문을 해제하진 않을 거야. 루돌프 폰 라인펠트는 배신자야!"

하인리히 4세는 루돌프 폰 라인펠트가 열한 살짜리 여동생 마틸데를 수도원에서 유괴한 일을 떠올렸다. 그리고 2년 뒤 라인펠트는 어린 마틸데와 혼인했으나 다음 해 마틸데는 세상을 떠났다.

"루돌프 공은 내가 파문에서 풀리길 원치 않는다네. 그는 내 어머니에게서 슈바벤 공작령을 하사받았으면서도 만족하지 못하고 황위를 넘보고 있어. 그는 내가 파문에서 풀려나지 못하고 슈파이어에 발이 묶이길 원한다네."

"파문을 푸십시오, 폐하."

주교가 고집스럽게 말했다.

"자네도 알다시피 나는 교황에게 그를 폐위한다는 서신을 보낸 적이 있다네. 그는 자신을 교황 그레고리우스 7세라고 일컫지만 나한테는 그저 못된 수사 힐데브란트일 뿐이네."

하인리히는 흥분했는지 목소리가 점점 커졌다.

"제가 이렇게 말씀드려도 될지는 모르겠으나, 교황은 폐하를 폐위한 사람입니다."

주교는 황제에게 시선을 고정하며 말했다.

"내가 먼저 교황을 폐위했어."

"폐하, 우리는 지금 술래잡기 놀이를 하는 게 아닙니다. 누가 먼저 폐위했느냐는 중요하지 않습니다."

"자네 지금 뭐라고 했나? 그러면 자네도 나를 버리고 교황에게 가면 되겠구먼. 그럼 죽어서 천국으로 갈 테니."

"제 말이 무례했다면 용서하십시오. 누가 황제고 누가 교황이고, 또 누가 누구를 폐위할 권한이 있는지는 말로 결정할 문제가 아니지요."

주교는 이성을 잃지 않고 침착하게 말을 이었다.

"저는 유대 인을 슈파이어로 불러들여 상업이 번창하게 할 생각입니다. 그렇게 되면 더 많은 세금을 거둘 수 있지요. 슈파이어 대성당을 계속 지으려면 돈이 많이 필요할 테니까요. 상업이 번창하면 도시도 활기를 띨 테고 여러모로 우리 슈파이어에 도움이 됩니다. 저는 유대 인들에게 서신을 보내 슈파이어로 와서 혼인해 살면서 도시를 번창시키라고 할 겁니다. 그리고 그들에게 몇 가지 권리를 줄 생각입니다. 어떤 이들은 제 생각을 탐탁지 않게 여기겠지요. 유대 인이 우리 도시에서 장사를 하면 경쟁 상대가 생기는 것이니까요. 그래도 저는 유대 인들이 슈파이어에 살게 할 겁니다."

"슈파이어에서 힘 있는 사람은 자네지 상인들이 아니니 자네 뜻대로 할 수 있을 걸세."

황제는 이렇게 말하며 고개를 끄덕였다. 하지만 속으로는 주교가 힘없는 황제를 비웃는 게 아닌가 하고 생각했다.

"폐하는 틀림없이 교황보다 더 큰 권력을 누리실 것입니다. 지금 상황에서 힘이 우세한 것은 교황입니다만 그자는 눈앞에 보이는 이점에 눈이 멀게 될 것입니다."

"군대를 소집해 전쟁을 일으키란 말인가?"

"군대라니요, 아닙니다, 폐하. 송구스러운 말씀입니다만 지옥에 떨어질지도 모르는 위험을 무릅쓰고 파문당한 황제를 위해 목숨을 내놓을 자가 어디 있겠습니까?"

"그렇다면 도대체 자네는 무슨 생각을 하는 건가?"

하인리히는 주교가 무슨 생각인지 도무지 알 수가 없었다.

"지금으로서는 방법이 없어."

"폐하, 해결 방법이 분명히 있을 것입니다."

12월의 춥고 깜깜한 밤에 말을 탄 사람들 한 무리가 주교의 성을 나와 슈파이어 성문을 열고 남쪽으로 향했다. 눈이 내려 길은 얼어 있었다. 그들은 입을 꼭 다문 채 묵묵히 말을 타고 나아갔다. 두꺼운 옷을 입었지만 매서운 겨울바람이 살갗을 파고들었다.

슈파이어 성당 건축 부지에서 하인리히 4세에게 아치에 금이 갔다고 말한 근위병의 이름은 루이트하르트였다. 루이트하르트가 짚 더미로 만든 잠자리에 누웠을 때였다. 갑자기 근위 부대장이 들어와 출동하라고 명령했다.

"출동이라고요? 이 밤중에 어디로 출동한단 말입니까?"

"아무것도 묻지 말게. 황제 폐하께서 자네를 데려가겠다고 말씀하셨네."

"저를요? 왜요?"

"잔말 말고 어서 출동 준비나 해."

'왜 다른 근위병들은 깨우지 않지? 부대장의 행동도 이상해. 나를 깨울 때 입술에 손가락을 갖다 대며 조용히 하라고 한 이유는 뭘까?'

루이트하르트는 무슨 영문인지 알 수 없었다.

목적지가 어딘지 아는 사람은 없는 것 같았다. 하인리히 4세는 무장한 군사 몇 명만 데리고 길을 떠났다. 다른 사람이 눈치채지 못하게 모든 것이 조용히 이루어졌다. 중요한 물건만 간단히 꾸렸을 뿐 횃불도 사용하지 못하게 했다.

슈바벤 공의 경비를 피하려고 하인리히 4세와 근위병 일행은 일반 도로가 아닌 좁은 길을 택했다. 주교를 모시는 하인 하나가 길잡이 노릇을 했다.

한참을 가니 서서히 동이 트기 시작했다. 루이트하르트는 사방을 둘러보았다. 공사가 중단된 슈파이어 대성당의 모습이 보이지 않았다. 라인 강 주변에 회색빛 벌판이 펼쳐졌고, 남동쪽 방향의 새벽안개 사이로 슈바르츠발트가 보이기 시작했다. 포플러 사이로 검은 까마귀 떼가 날아들더니 한참 동안 일행을 따라오며 울어 댔다.

루이트하르트는 아무 말 없이 말을 타고 가는 다른 일행들을 바라보았다. 황제가 데려온 군사는 열두 명이었다. 황제의 신변을 보호하기에 턱없이 부족한 숫자였다. 만약 적이 나타나 공격하면 황제는 위험에 빠질지도 모르는 일이었다. 황제는 황비 베르타와 세 살도 채 되지 않은 콘라트 황태자도 함께 데리고 왔다. 콘라트 황태자는 하인리히 4세의 황위 계승자였다. 황태자가 말에서 떨어지지 않게 단단히 고정해 놓았고, 황제와 황비는 눈에 띄지 않는 복장을 하고 있었다. 다만 말머리 장식으로 누가 황비고 황제인지 구별할 수 있을 뿐이었다. 일행은 계속해서 침묵을 지켰다. 황비는 하녀와 전혀 구별할 수 없는 차림이었다.

'파문당한 사람과 함께 길을 나서다니! 도망치는 것인지도 몰라. 그래, 우리는 지금 도주하는 거야. 이제 우리 모두가 파문당한 꼴이군.'

루이트하르트는 생각했다. 말발굽 아래로 얼음이 바지직 소리를 내며 깨졌다.

아침 안개 사이로 왼쪽으로는 슈바르츠발트 성벽이, 오른쪽으로는 포게젠 성벽이 점점 뚜렷이 보이기 시작했다. 살얼음이 깔린 라인 강은 아침 햇살에 반짝반짝 빛났고 어디선가 까마귀 떼가 날아들었다.

슈파이어를 출발한 지 이틀째 되던 날 일행은 아직까지는 하인리히 4세에게 충성하는 수도원에 묵었다. 루이트하르트는 우연히 하인리히 4세와 근위 대장의 대화를 듣게 되었다.

"루돌프 공의 군사들은 틀림없이 오버슈바벤에서 슈플뤼겐 고개나 브렌네르 고개로 연결되는 모든 길을 감시할 겁니다. 하지만 저희는 다른 길로 갈 계획입니다. 부르고뉴와 사부아를 지나갈 생각이죠. 루돌프 공의 군사는 우리를 결코 발견하지 못할 것입니다."

황제와 근위 대장의 이야기를 듣고 루이트하르트는 황제가 이탈리아로 가려 한다는 것을 알았다.

'황제가 로마로 간다고? 하인리히 4세를 폐위하고 파문한 교황을 만나러? 황제를 파문한 그레고리우스 7세를? 그레고리우스 7세라……'

루이트하르트는 형 생각이 났다.

아버지의 장례를 치르기 몇 주 전, 루이트하르트는 아주 오랜만에 다시 부모님 집에 갔다. 아버지가 돌아가셨으니 부모님 집에는 형의 가족이 살게 될 것이다. 루이트하르트는 위령 미사를 드리기 위해 신자들이 작은 교회에 모여 있을 때의 일을 생각하면 소름이 끼쳤다. 그날은 교구 신부가 아니라 검은 수도복을 입은 수사가 사나운 얼굴로 신자들 앞에 서 있었다.

신자들은 모두 "우리 신부님은 어떻게 되셨지요?"라고 물었다.

수사는 몸을 깊숙이 숙여 제단 위의 촛불을 껐다. 그러더니 하인리히 4세에 대해 모욕적인 발언을 했다.

"하인리히 4세를 따르는 자는 지금 당장 그에게 등을 돌려야 한다. 이미 황제를 떠난 자는 황제를 두 번 배신해야 한다. 그러지 않으면 파문당한 황제처럼 죽어서 지옥에 떨어질 것이다!"

수사는 두 팔을 벌리며 큰 소리로 말했다.

수사의 말을 듣고 루이트하르트와 그의 형은 할 말을 잃고 그저 서로의 얼굴을 바라볼 뿐이었다.

신도들은 어리둥절해하며 집으로 돌아갔다. 그러나 루이트하르트만큼 어리둥절한 사람은 없었다. 마을에서 황제를 위해 일하는 사람은 그뿐이었기 때문이다.

루이트하르트는 집으로 가서 형을 도와 장례식 뒤처리를 했다. 그러나 형은 이상하게 말이 없었다. 루이트하르트도 몹시 혼란스러웠지만 평소처럼 조카들과 놀아 주었다.

갑자기 근처 수도원 소속 수사 네 명이 무장한 군사들을 이끌고 마을로 왔다. 돌아가시기 전 루이트하르트의 아버지는 그 수도원에서 일했고 지금은 형이 그곳에서 일했다. 그는 군사들이 어떤 무기를 가지고 있는지 보려고 집 밖으로 나갔다. 그들은 쇠사슬 갑옷과 창으로 무장한 채 교구 신부에게 갔다. 하루 종일 신부를 본 사람은 한 명도 없었다.

군사들 가운데 한 명은 석궁을 가지고 있었다. 루이트하르트는 석궁에 대해 들어만 봤지 직접 본 적은 한 번도 없었다. 그는 나중에 그 군사에게 가서 석궁을 보여 달라고 부탁해 봐야겠다고 생각했다.

군사들과 수사들은 신부가 사는 집 앞에서 멈춰 섰다. 그중 군사 두 명과 수사 두 명이 집 안으로 들어갔다. 그다음엔 끔찍한 광경이 펼쳐졌다. 신부의 아내가 우는 아이들 손을 꼭 붙잡고 눈물을 흘리며 집 밖으로 끌려 나왔다. 어느새 마을 사람들이 몰려와 구경하고 있었다. 신부의 아내와 아이들이 무장한 군사들 손에 마을 한가운데로 끌려 나오는 모습을 지켜보던 마을 사람들은 할 말을 잃었다.

"신부는 혼인할 수 없다."

수사 한 명이 소리쳤다.

"그레고리우스 교황은 신부와 혼인하는 여자는 매춘부와 같으며 그들의 아이는 사생아라고 말씀하셨다."

그러고 나서 수사는 연설을 이어 갔다.

그날 루이트하르트와 형은 말다툼을 했다.

"교황이 옳아. 모든 권한은 교황에게 있으니까."

형이 말했다.

"아니, 그럴 순 없어. 아무리 교황이라 해도 어떻게 황제를 파문할 수 있어? 그리고 우리 마을 신부님은 어떻고. 그분들은 어떻게 될까? ……나는 황제에게 충성을 맹세했어!"

그날 저녁 형은 루이트하르트를 아버지 집에서 쫓아냈다.

'이탈리아로 간다고! 황비와 어린 황태자를 데리고 이 겨울에 알프스를 넘겠다고?'

루이트하르트는 아무리 생각해도 무모한 짓 같았다.

이탈리아로 가겠다는 하인리히 4세의 결정을 듣고 슈파이어의 주교도 당황스러워했다.

"한겨울에 알프스를 넘겠다니 불가능합니다, 폐하."

슈파이어에 있던 몇 안 되는 황제의 측근들도 황제를 만류했다.

"불가능한 일은 없어!"

황제는 고집을 꺾지 않았다.

"폐하께서 슈파이어를 떠나신다는 사실이 알려진 뒤 경비가 삼엄해졌습니다. 여기저기서 폐하의 움직임을 주시하고 있어요."

주교가 말했지만 황제는 그저 자신이 정한 길을 갈 뿐이었다. 황제는 사냥개에게 쫓기는 토끼처럼 위험한 상황에 빠졌다. 그나마 황제의 친척들이 곳곳에 흩어져 살고 있어서 천만다행이었다. 피는 물보다 진한 법이다.

그런데 정말 피는 물보다 진할까?

성탄절을 며칠 앞두고 황제의 일행은 브장송에 사는 빌헬름 폰 부르군트 공에게 환대를 받았다. 황제와 먼 친척 관계인 빌헬름 공은 아직 황제의 편을 들었다. 그래서 황제가 도착했을 때 성대한 축제를 열기로 결정했다.

"예수 그리스도가 우리를 위해 오늘 태어나셨네. 하느님이 아들을 우리에게 보내 주셨네."

수사들이 크리스마스 성가를 불렀다.

그러나 성탄절 다음 날 빌헬름 공은 불안해하며 말했다.

"폐하, 당장 출발하셔야겠습니다."

빌헬름 공이 황제를 저버린 것이다.

준비해 온 양식은 거의 바닥이 났다. 그래도 론 강까지는 갈 수 있었다. 론 강 근처에 아델하이트 폰 수자가 살았다. 아델하이트 폰 수자는 여러 귀족 작위를 가지고 있었고 그만큼 재산도 많았다. 그녀는 토리노 후작 부인이자 사부아 백작 부인이었으며 황비의 어머니이자 콘라트 황태자의 외할머니였다. 아델하이트 폰 수자는 손자와 딸을 보고 매우 기뻐했다.

그러나 그녀는 황제를 바라보며 어떻게 해야 하나 고민했다.

"폐하는 지금 파문 상태입니다."

“저는 반드시 파문을 풀 것입니다.”

“어떻게 푸신다는 겁니까?”

“교황을 만나러 이탈리아로 갈 생각입니다. 그래서 백작 부인께서 절 도와주셨으면 합니다. 이탈리아로 가는 길을 잘 아는 남자들과 겨울에 알프스를 넘을 수 있는 장비가 필요합니다. 충분한 양식도요.”

하인리히 4세는 기대에 찬 눈으로 장모를 바라보았다.

“제가 폐하를 도와드리면 저도 파문을 당합니다.”

“잘 알고 있습니다.”

하인리히 4세가 힘없이 말했다.

‘어떻게 해야 하나?’

백작 부인은 속으로 이런저런 가능성을 저울질했다.

오랫동안 협상한 끝에 백작 부인은 황제에게 이탈리아 국경에 있는 주교령 다섯 곳을 내주기로 결정했다. 이 겨울에 알프스를 넘으려면 어떤 길로 가는 것이 유리할까? 길을 잘 아는 사람이 있을까? 백작 부인과 하인리히 4세는 다시 협상을 시작했다. 권력을 얻으려면 돈이 필요했다. 지금 황제에게 무엇보다 필요한 것은 권력이었다. 파문당한 뒤 하인리히 4세는 자신에게 막강한 권력이 필요하다는 사실을 깨달았다.

“몽스니 고개를 넘는 것이 가장 좋을 것입니다. 제가 데리고 있는 군사들이 폐하를 안전한 길로 인도할 겁니다.”

백작 부인이 말했다.

말은 그렇게 했지만 백작 부인은 확신이 서지 않았다. 그녀는 다시 한 번 신중히 생각해 보았다. 그리고 다음 날 황제에게 이렇게 말했다.

"폐하, 제 생각으로는 주교령 다섯 곳이 아니라 더 넓은 영토를 드리는 게 좋을 것 같군요."

백작 부인은 주교령 대신 앵 강과 론 강 사이에 있는 영토를 내주기로 했다. 황제는 백작 부인의 결정을 받아들일 수밖에 없었다. 그리고 그녀가 황제가 교황을 누를 수 있을지 확신하지 못한다는 사실도 깨달았다. 백작 부인이 생각을 바꾼 것도 그 때문이었다. 만약 하인리히 4세가 교황에게 사면을 받지 못한다면 황제에게 내준 주교령 다섯 곳은 다시 찾을 수 없었다. 그러나 하인리히 4세가 황위를 지킨다면 그는 새로운 영토를 백작 부인에게 하사할 것이다.

"저도 함께 이탈리아로 가겠습니다. 딸과 손자만 알프스를 넘게 할 순 없어요."

1월의 알프스 산맥은 온통 눈으로 뒤덮여 있었다. 더구나 그해 겨울은 상상을 초월할 만큼 혹독한 추위가 몰아닥쳤다. 눈 속에 장화가 빠지기 일쑤였고 눈보라가 휘날려 눈앞을 가렸다. 눈 때문에 몸이 흠뻑 젖어 걸음을 옮기기가 너무 힘들었다. 또한 눈이 녹으면 무거운 짐을 끌고 질퍽거리는 길을 힘겹게 걸어가야 했다.

루이트하르트 일행이 지나온 산골짜기에는 눈이 가득 쌓여 있었다. 산등성이에서 커다란 눈덩이가 큰 소리를 내며 골짜기로 떨어질 때면 목숨을 잃을까 봐 조마조마했다.

산 위에서 경사가 급한 산골짜기를 내려다보니 거친 바람에 부서진 절벽과 나무들이 보였다. 산 위에 있는 호수에는 거센 눈보라가 일었다. 전쟁터가 연상될 만큼 끔찍했다.

'폐하! 반드시 파문을 푸십시오! 거세게 몰아치는 눈보라는 우리 일행을 지옥으로 이끄는 것일까요, 아니면 우리가 지옥으로 떨어지는 것을 막아 주는 걸까요?'

루이트하르트는 한 걸음 한 걸음 앞으로 나아가며 생각했다. 알프스 산맥을 넘는 동안 하루하루가 지옥 같았다. 지옥에서 타오르는 불꽃처럼 거센 눈보라가 계속되었다.

'형과 함께 고향 집에 남아야 했어!'

루이트하르트는 주먹을 불끈 쥐고 이를 악물었다.

그러나 한편으로는 수사들과 무장한 군사들이 신부의 아내를 창녀라 욕하며 처참하게 끌어낸 일이 생각났다.

루이트하르트는 앞서 가는 황제의 모습을 바라보며 생각했다.

'파문당한 황제는 나보다 훨씬 고통받고 있을 거야. 그는 파문이라는 무거운 짐을 짊어지고 있어.'

그리고 자신이 보호해야 할 어린 황태자와 황비를 바라보았다.

몽스니 고개 반대편 골짜기에 얼어붙은 호수가 보였다. 그곳이 바로 아델하이트 폰 수자의 조상이 있는 곳이었다. 백작 부인은 영토가 늘어나리라는 기대감에 부풀어 딸과 손자를 데리고 자신의 조상이 있는 곳으로 향했다.

"폐하, 이제 여행하기가 훨씬 수월해질 겁니다. 이곳 남쪽의 기후는 알프스 산맥과는 다르니까요."

그러나 이탈리아의 겨울도 혹독하긴 마찬가지였다. 롬바르디아부터 칼라브리아까지 올리브 열매들이 꽁꽁 얼어붙을 정도로 추운 겨울이었다. 그러나 롬바르디아로 향하면서 하인리히 4세는 마음이 훨씬 가벼워졌다. 그를 따르겠다는 자의 수가 점점 늘어났기 때문이다. 그 가운데는 무장한 기사도 있었고 농부와 수공업자, 심지어 성직자도 있었다. 시간이 흐르면서 황제를 따르는 무리는 규모가 커졌다. 하인리히 4세는 그를 따르는 자들을 이끌고 롬바르디아를 지나 로마로 향했다.

"폐하께선 이제 더는 교황의 보호를 구할 필요가 없습니다. 보십시오, 저렇게 많은 사람이 폐하를 따르고 있습니다. 교황 앞에서 무릎을 꿇고 은총을 빌지 않으셔도 됩니다. 폐하께서는 이제 교황을 굴복시킬 수 있습니다. 용기를 잃지 마세요."

아델하이트 폰 수자가 황제를 바라보며 말했다.

"사람들은 곧 내가 누구인지 보게 될 것입니다."

그러나 왠지 모르게 하인리히 4세의 눈빛에는 확신이 없었다.

"전 결코 포기하지 않을 겁니다. 금이 간 벽을 메우려고 벽을 부수진 않습니다."

"무슨 말씀을 하시는지 알 수가 없군요. 수수께끼 같은 말은 그만두세요. 금이 간 벽이라니요?"

"저도 잘 모르겠습니다. 벽에 금이 얼마나 생겼는지 잘 모르겠어요."

"대체 무슨 말씀인지는 모르겠으나 폐하께서 위험한 상황에 처한 건 분명한 듯하군요."

"하지만 분명히 해결 방안이 있을 것입니다."

하인리히 4세는 조롱 섞인 말투로 대답했다.

"교황의 권력이 지나치게 강해졌어. 교황은 우리에게서 너무 많은 것을 빼앗았고. 우리의 권리 또한 빼앗아 갔어. 세속적인 일에도 지나치게 간섭하려 들어. 교황은 괴물 같은 사람이야!"

황제를 따르는 무리들이 말했다. 그들이 이탈리아 말로 이야기했기 때문에 루이트하르트는 그들의 말을 전부 알아듣지는 못했다.

"당신은 지옥에 떨어지는 게 두렵지 않나요?"

루이트하르트는 이탈리아에서 합류한 한 사람에게 물었다. 그자는 단호한 얼굴로 루이트하르트 옆에 바짝 붙어 말을 타고 있었다. 다행히도 그 이탈리아 인은 독일어를 할 줄 알았다.

"그러니까 파문이 두렵냐는 말인가요?"

이탈리아 인이 되물었다.

"어리석은 질문이군요. 파문이라고요? 그레고리우스 7세한테요? 그는 이미 황제가 폐위한 사람입니다. 진정한 권력자는 교황이 아니라 황제 폐하십니다."

"하지만 교황이 승리하면요?"

루이트하르트가 조심스럽게 물었다.

"쉿! 조용히 하세요. 다른 사람이 들으면 흠씬 두들겨 맞을 거예요."

"하인리히 4세가 로마로 오고 있답니다. 교황 성하, 몸을 피하시는 것이 좋을 듯합니다."

　그레고리우스 7세는 유난히 키가 작고 마른 사람이었다. 얼굴빛은 창백했으며 검은 성직복을 입고 있었다. 그의 얼굴에서는 학자의 분위기가 풍겼지만 그다지 눈에 띄는 인상은 아니었다. 그러나 검은 두 눈은 타오르는 불꽃처럼 강하게 빛났다.

　교황은 미소를 지으며 말했다.

　"도망치라고요? 누가 무서워서 도망갑니까? 교황은 무슨 일이 있어도 도망치지 않습니다. 저는 하인리히 4세를 만날 겁니다."

　"예? 하인리히 4세를 만나시겠다고요? 그가 성하를 체포하면 어떻게 합니까? 파문을 해제하시라고 강요하면요. 혹시 성하를 살해하기라도 하면 어쩌시려고요?"

　"쓸모없는 삶을 사느니 차라리 죽음을 택하겠습니다. 신의 허락 없이는 내 머리카락 하나도 건드릴 수 없지요."

　"하지만 그는 군대를 이끌고 있습니다."

　"나한테는 신이 계십니다!"

　"그의 군대는 규모가 큽니다."

　"하늘의 군대가 나를 지켜 줄 것입니다."

　"그에겐 권력이 있습니다."

　"나에겐 권리가 있지요."

　"그들은 무기를 지니고 있습니다."

　"나에겐 진실이 있어요."

　"성하께서 황제의 파문을 풀어 주신다면……."

　"그런 부당한 일은 하지 않을 겁니다."

"성하, 어디로 가실 작정이십니까?"

그레고리우스 7세는 한참 생각한 뒤 입을 열었다.

"카노사에 있는 마틸데 후작 부인의 성으로 갑시다. 그곳이 좋겠어요. 카노사 성은 안전할 뿐만 아니라 하인리히 4세도 그곳을 지나갈 테니까요."

교황 그레고리우스 7세.

카노사 성은 아펜니노 산맥 북쪽에 있었다. 성이 있는 언덕 아래로 크로스톨로 강과 엔차 강이 흘렀다. 카노사 성은 아주 가파른 언덕 위에 있어 함락하기 어려운 성 가운데 하나로 알려져 있었다.

교황은 곤란한 상황에 놓였다. 그는 날이 풀려 알프스 산맥을 지날 수 있게 되면 독일로 가려고 했다. 새로운 황제를 선출하는 데 고문 역할을 하기 위해서였다. 그런데 하인리히 4세가 이탈리아로 와 버렸다. 그것도 군대와 함께.

"하인리히 4세가 신의 대리자를 공격한다면 세상 사람들은 그가 어떤 저주를 받을지 볼 수 있을 것입니다."

그레고리우스 7세가 겁을 먹은 후작 부인을 안심시켰다.

황제가 파문당할 때 더불어 파문당한 수많은 주교, 공작, 기사가 카노사 성으로 찾아왔다. 대부분 밤중에 찾아왔지만 대낮에 온 이들도 있었다. 교황은 이들 모두를 사면해 주었다. 그의 얼굴은 은총의 빛으로 빛났고, 자신을 찾아온 사람들을 신의 나라로 인도해 주었다.

그러나 교황은 성으로 사신을 보낸 하인리히 4세만은 사면해 주지 않았다.

"황제에게 내린 파문을 해제하고 평화 협정을 맺으세요."

마틸데 후작 부인이 교황에게 말했다.

"황제가 직접 찾아와 용서를 빌어도 부족할 판에 사신을 보내다니요! 만천하가 보는 앞에서 내게 용서를 빌지 않으면 결코 사면하지 않을 것입니다."

"성하, 황제에게 관용을 베푸세요."

"공격합시다!"

사기가 충만한 황제의 군대가 함성을 질렀다.

"교황은 덫에 걸린 쥐처럼 성안에 갇혀 있다고요."

루이트하르트와 그의 동료들은 성안으로 진격할 전략을 짜냈다.

'화살이 날아들어 날 지옥으로 보낼지도 몰라.'

루이트하르트는 속으로 생각했다.

"교황은 이미 폐위된 사람이야. 그러니 너무 걱정 말게."

동료들은 근심에 찬 루이트하르트에게 격려의 말을 건넸다.

"성을 공격하는 것 말고는 다른 방법이 없습니다."

아델하이트 폰 수자는 이렇게 말하며 마음속으로는 새로 생길 영토만 생각했다.

"공격 명령을 내리시지요."

황제의 고문들 역시 이렇게 말했지만 마음속으로는 또한 새로 얻을 관직만을 생각했다.

모든 사람이 하인리히 4세가 공격 명령을 내리기만 기다렸다.

"공격하지 않을 것이다. 나는 승리를 원하네."

황제가 뜻밖의 말을 했다.

"폐하께서 승리를 원하신다면 공격 말고는 방법이 없습니다."

고문관들은 이렇게 말하며 어떻게 하면 성을 간단히 함락할지를 궁리했다.

"우리가 성을 함락할 수도 있지만 그러지 못할 수도 있네. 지금까지 카노사 성을 함락한 사람은 아무도 없어. 또한 성을 손안에 넣는다 한들 그것이 진정한 승리일까?"

"폐하께서 공격하지 않으시면 교황에게 굴복해야 할 겁니다."

"내가 폐위한 사람에게 굴복하는 일은 없을 걸세."

루이트하르트는 슈파이어 주교의 성에서처럼 황제의 막사 앞에서 보초를 섰다. 그는 공격이 시작되기를 기다렸다. 사람들은 밧줄, 화살, 송진으로 만든 횃불을 날랐고 성벽에 사다리를 고정하기 시작했다. 그리고 성벽을 부술 도구들과 석궁과 방패를 준비했다. 그러나 황제는 공격 명령을 내리는 대신 루이트하르트에게 이렇게 말했다.

"내일 아침 일찍 우리는 카노사 성으로 갈 것이다."

동이 트지 않은 이른 새벽, 남자 다섯 명이 성으로 향했다. 하인리히 4세, 고문관 한 명, 서기, 루이트하르트와 다른 군사 한 명 이렇게 다섯 명만 교황이 머무는 카노사 성으로 갔다.

그들은 희미한 아침 햇살을 받으며 얼어붙은 숲과 절벽을 지나 성으로 향했다. 가는 도중에 여기저기 흩어진 무덤들이 보였다. 가파른 절벽 위로 성벽이 보이기 시작했다. 성 둘레 해자에 걸쳐진 다리가 올라가 있는 것도 보였다. 날이 점점 밝아 왔다. 아래를 내려다보니 공격 준비를 하는 군사들이 개미 떼처럼 얼음으로 뒤덮인 산등성이에 모여 있었다.

성 둘레에 걸쳐진 다리가 내려지자 쇠로 된 성문이 열렸다. 루이트하르트 일행은 건물로 연결된 길을 통해 성안으로 들어갔다.

"교황, 저 아래 군사들이 모여 있는 것이 보이십니까?"

하인리히 4세가 교황에게 말했다.

"저 위 하늘에는 주님이 계시지요."

교황이 되받아쳤다.

"폐위에 관해서는 이야기하지 맙시다."

"그렇다면 회개와 용서에 대해 이야기하는 게 좋겠군요."

"내가 왜 회개해야 합니까?"

"그렇다면 제가 왜 황제 폐하를 용서해야 합니까?"

카노사 성에 팽팽한 긴장감이 감돌았다. 세속과 종교, 전쟁과 평화라는

극과 극이 부딪치는 상황이
있었다. 그러나 세상에서 가장
큰 힘을 지닌 두 사람은 한
탁자에 같이 앉지 않았다.
그리고 한 번도 눈을 마주치
지 않았다. 같은 공간에 있
었지만 두 사람 사이는 아주
멀었다.

하인리히 4세와 그레고
리우스 7세가 성안에 머무
는 동안 마틸데 후작 부인은

마틸데 후작 부인의 카노사 성에 도착한 하인리히 4세.

이 방 저 방을 돌아다니며 교황과 황제의 시중을 들었다. 그녀는 교황과
황제가 머무는 방을 오가며 양측의 의사와 조건을 전달하는 중개자 역할
을 했을 것이다.

후작 부인은 양측의 의사를 있는 그대로 전달했을까? 혹시 어떤 말은
강조해서 전하고 어떤 말은 생략하지 않았을까?

마틸데 후작 부인은 교황에게 황제의 군사들을 보라며 겁을 주진 않았
을까? 황제에게는 벽에 걸린 십자가를 보며 신께 용서를 구하라고 말하진
않았을까?

어쩌면 후작 부인은 교황을 보며 인류를 구원하신 구세주를 떠올렸을
지도 모른다. 한편 황제를 보면서는 세속적인 권력을 염두에 두었을지도
모른다.

그렇게 사흘이 지났다. 그레고리우스 7세와 하인리히 4세는 각자 다른 방에서 시간을 보내며 많은 생각을 했을 것이다. 그리고 마틸데 후작 부인은 두 사람 사이를 오가며 의사를 전달하기도 하고, 두 사람을 설득하고 타이르고 조종했을 것이다.

모든 것이 조심스럽게 진행되었다. 결국 황제는 회개했다. 죄인이 자신이 범한 죄를 회개하듯, 1년에 한 번씩 모든 신하가 황제에게 회개하듯 황제는 그렇게 자기 죄를 회개했다. 기독교의 수장으로서 교황은 회개하며 용서를 구하는 모든 사람의 죄를 사해 주듯 무릎 꿇고 용서를 비는 황제에게 파문을 해제해 주었다. 이렇게 해서 세속적인 권력과 종교적 권력을 지닌 두 사람 간의 균형이 이루어졌다.

수수한 복장의 하인리히 4세는 측근들과 함께 성을 나와 군사들이 모여 있는 곳으로 향했다.

"금이 간 곳을 메웠다네. 금이 간다 해서 반드시 벽이 무너져 내리는 건 아닐세."

산을 내려가며 하인리히 4세가 루이트하르트에게 말했다.

그리고 장모에게는 "저는 황위를 지켜 냈습니다. 제가 이긴 거지요."라고 말했다.

루이트하르트는 벽이 무너져 내린다는 황제의 말이 무얼 의미하는지 이해할 수 없었다. 그리고 아델하이트 폰 수자는 새롭게 얻을 영토를 생각했다.

한편 교황은 마틸데 후작 부인에게 이렇게 말했다.

"황제가 내 앞에 무릎을 꿇더군요. 나를 폐위했던 황제가 말이지요. 내가 이긴 겁니다."

교황청의 기록을 통해 그레고리우스 7세와 하인리히 4세의 갈등은 후세에 전해졌다. 그러나 그 기록에서는 카노사 성에서 벌어진 교황과 황제의 담판을 이렇게 서술한다.

'맨발로 겉옷도 걸치지 않은 황제는 그저 한 사람의 죄인으로서 사흘간 금식하며 교황의 용서를 구했다. 황제는 성문 밖에 서서 성안으로 들여보내 달라고 부탁했다. 하인리히 4세는 눈물을 흘리며 교황에게 도움과 구원을 청했다.'

1077년 1월 26일에서 28일 사이에 일어난 일이었다.

하인리히 4세는 독일로 돌아갔다. 그는 결국 황제 자리를 지켜 냈다. 그러나 파문을 풀었다 해서 그의 자리가 안전했을까? 하인리히 4세는 평생 동안 황권을 지키기 위해 끊임없이 노력해야 했다.

루돌프 폰 라인펠트는 카노사 사건이 일어난 지 두 달여가 지난 1077년 3월 15일, 포르히하임에서 독일 제후들에 의해 황제로 선출되었다. 그러나 1080년 10월 15일 묄젠 전투에서 오른팔이 잘리고 며칠 뒤 세상을 떠났다.

하인리히 4세와 카노사까지 함께 간 어린 콘라트는 황제로 선출되었고, 아버지를 등지고 교황과 손을 잡았다. 그러나 얼마 지나지 않아 콘라트 황태자는 직위를 박탈당하고 어린 나이에 사망했다.

하인리히 4세와 하인리히 5세(오른쪽).

하인리히 4세는 다시 파문당했지만 파문을 해제하려고 교황을 만나지는 않았다. 그 대신 자신을 따르는 인물을 교황으로 임명했다. 1084년 하인리히 4세는 다시 황제의 관을 썼다.

그러나 하인리히 4세의 둘째 아들 하인리히 5세 역시 아버지를 배신했다. 아들을 피해 도주하던 중 하인리히 4세는 1106년 리에주에서 사망했다. 하인리히 4세는 파문당한 상태로 죽었기 때문에 격식에 맞는 장례도 치르지 못한 채 신에게 봉헌되지도 않은 슈파이어 대성당의 조그만 예배당에 안치되었다.

1111년이 되어서야 하인리히 4세의 관은 완성된 슈파이어 대성당에 역대 황제들과 나란히 놓였다.

1122년 하인리히 5세는 교황 칼리스투스 2세와 보름스 협약을 맺어 서임권 분쟁을 종결했다. 이제 교황이 주교를 임명할 수 있게 되었지만 우선 황제의 동의를 얻어야 했다.

서임권 다툼으로 얻은 것은 무엇이었을까?

제5장

겨울 경작지

민족 이동 당시 농촌 주민들의 삶은 끊임없이 찾아오는 기아, 흉년, 전염병으로 얼룩져 있었다. 한마디로 불행의 연속이었다. 농민들은 식량이 부족해 겨울을 나기 힘들었다. 게다가 초봄의 혹한, 폭우, 우박, 가뭄, 불볕더위, 동물 전염병, 해충 등등 농작물에 주는 피해 요인이 곳곳에 도사리고 있었다. 농민들은 해마다 노심초사하며 흉년이 들지 않기를 기도했다. 위협받는 것은 농작물만이 아니었다. 수많은 사람이 전염병이나 사고로 목숨을 잃었다. 그 결과 농촌 인력이 줄어 농민들의 삶은 더욱 어려워졌다. 한마디로 민족 이동 당시 농촌 사람들은 식량 부족과 질병 때문에 살아남기 힘들었다.

흉작이 계속되자 곡식으로 물물 교환을 하기가 불가능했다. 새로 생겨난 도시들도 농업에 의존하고 있었다. 수공업과 상업은 농업이 기반이 되었다. 예를 들어 재봉사는 돈 대신 곡식이나 가축을 받았다. 즉 농민은 곡식이나 가축으로 물건을 샀고, 수공업자나 상인은 곡식이나 가축을 받고 물건을 팔았다.

카롤루스 대제가 프랑크 왕국을 통치하던 당시 프랑스에서 기존의 방법보다 더 많은 곡식을 재배할 수 있는 경작법이 새롭게 개발되었다. 그러나 삼포작이라 불리는 이 새로운 경작법이 확산되기까지는 백 년 이상이 걸렸다. 이 획기적인 경작법은 산업 혁명 때까지 농촌에서 널리 이용되었다.

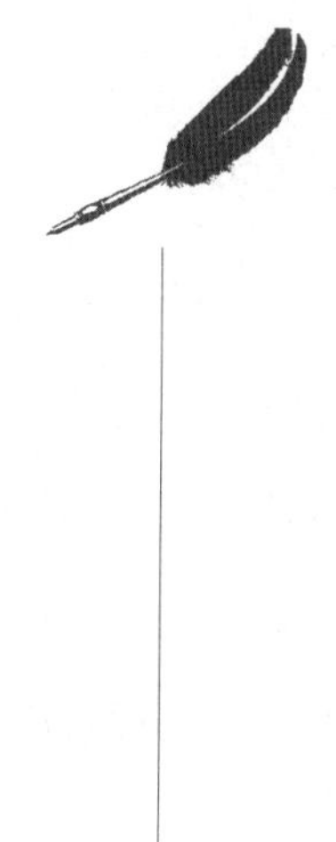

다른 마을로 이사하겠다고? 다른 마을도 마찬가지야. 어딜 가도 힘든 건 마찬가지라고. 다른 농부들처럼 너도 고향을 떠나기 어려울 거야. 게다가 넌 장남이 아니니 부모님에게서 아무것도 상속받지 못해. 네 아버지가 돌아가시면 집이고 밭이고 농기계고 다 네 큰형이 물려받을 거야. 그리고 넌 그저 일꾼처럼 평생 큰형네 집에 빌붙어 살아야 할 거야. 법이 그러니 어쩌겠니. 그냥 받아들일 수밖에.

그래도 베른거 삼촌이 재산을 물려줬으니 넌 정말 운 좋은 녀석이야. 삼촌네 자식들이 일찍 죽는 바람에 그렇게 된 거지.

지금 네가 사는 마을은 헤르슈테텐이라는 곳이고, 삼촌 집과 밭이 있는 곳은 휜하우젠이라는 곳인데 언덕 반대쪽에 있는 마을이란다. 다행히 그 마을도 너희 나라에 속해. 그렇지 않으면 상속이고 뭐고 다 소용없지.

너희 마을은 게오르크 폰 후펜이라는 기사가 다스리고 있어. 네가 그를 찾아가 더듬거리며 이사해도 되냐고 물었을 때 후펜은 네 말을 끝까지 듣지도 않고 말했지.

"휜하우젠이라고? 그곳도 내가 다스리는 곳이니 원한다면 이사해도 된다."

그렇게 말할 뿐 아무것도 묻지 않았어. 그는 네가 새로운 마을에 가서 잘 살 자신이 있는지, 이사 준비는 다 되었는지 아무 관심도 없었어.

후펜은 너한테서 세금을 거두기만 하면 그걸로 충분했으니까. 네가 어떻게 살든 상관할 바가 아니었지. 그가 사는 성에 두꺼운 세금 장부가 있다더라. 그 장부에는 어디서 누구한테 얼마나 세금을 받아야 하는지 자세히 적혀 있다더군.

후펜은 너를 지켜 주는 대신 세금을 받는 거야. 기사나 영주의 보호를 받는 대가로 곡식을 세금으로 지불해야 한다는 건 너도 어릴 때부터 들어서 잘 알 거야. 하지만 이웃 성에 사는 영주가 너희 영주와 사이가 좋지 않으면 너희 마을로 쳐들어와서 가축을 끌고 가기도 하고 밭을 못 쓰게 만들어 버리기도 하지. 그뿐만 아니라 곡식 창고에 불을 지르고 과일 나무를 베어 버리기도, 죽은 고양이를 우물에 던져 버리기도 한단다. 그러면 너희 기사가 세금을 많이 거두지 못할 테니까. 기사가 마을 사람들을 보호해 주지 못하면 거지 신세가 되는 거지. 너희 영주도 당하고만 있진 않아. 그도 이웃 성주에게 속한 마을로 가서 똑같이 불을 질러 복수할 거야. 그럼 그 마을 주민들도 하루아침에 거지가 돼.

불쌍한 농민들은 거지 신세가 되고도 영주와 기사는 보호와 정의의 상징이라는 말을 지껄여 댄단다.

뭐, 넌 그런 데 관심이 없겠지만 말이야. 너는 빗속을 헤치며 형에게 빌린 소달구지를 끌고 이웃 마을로 향하겠지. 지금까지는 형네 일을 해 주는 일꾼이었지만 이젠 너도 네 땅과 집을 갖게 된 거야.

새집과 밭이 생기기는 했지만 그래도 두렵겠지. 휜하우젠에 가 본 적도 없고 아는 사람도 없을 테니까. 너희 마을에서 그곳까지 가는 데는 반나절은 족히 걸린단다. 게오르크 폰 후펜은 얼마 전에 휜하우젠을 포함해 언덕 너머 마을 네 개를 샀지. 정말 잘된 일이지 뭐야. 그렇지 않았으면 넌 휜하우젠으로 이사할 수 없었을 테니까. 그 마을이 후펜 땅이 아니었다면 그는 네가 이사하는 걸 허락하지 않았을 거야.

삼촌이 재산을 남겼다는 소식을 전해 준 건 마을 신부였단다. 신부는 휜하우젠에 다녀와서 베른거 삼촌이 곡식 창고가 딸린 집 한 채와 농기구, 과수원, 밭 그리고 숲의 과실수를 너에게 상속했다고 말해 주었지. 이제 다 네 것이 되었단다. 넌 아직 열여섯 살밖에 안 되었는데 말이야. 이제 이 많은 재산을 받았으니 어른이 다 된 거야. 그런데 신부가 제대로 들은 걸까? 정말 베른거 삼촌이 너한테 그걸 다 물려줬을까? 휜하우젠에 도착하면 곧 알게 되겠지.

"운 좋은 녀석!"

네 형도 부러운지 이렇게 말하더군. 네 형수는 한낱 일꾼 주제에 어떻게 그 많은 재산을 상속받을 수 있느냐고 분해했어. 널 잡아먹을 듯 노려보면서 말이야. 하지만 마을 신부가 아무 문제 없다고 했으니 안심해도 된단다. 신부는 씩씩거리는 네 형수를 보고 남의 것을 탐내지 말라고 혼을 냈어.

네 큰형이 이사할 수 있게 소달구지를 빌려 줬으니 빨리 쓰고 돌려줘야 해. 그러지 않으면 심술궂은 네 형수가 가만있지 않을 테니까.

형과 이웃 사람들이 프라이팬, 숟가락, 그릇, 체 등등 살림에 필요한 도구들을 챙겨 주었으니 따로 사지 않아도 될 거야. 이웃 사람들이 준 가재도구들은 어차피 버리려던 것들일지 모르지만 그래도 일단 급한 대로 쓸모가 있겠지.

사랑하는 사람에게서 받은 물건 또한 품속에 잘 보관해라. 네 여자 친구 로스비타가 준 나무로 조각한 네 잎 클로버 말이야. 지금까지 너희 둘은 남들이 눈치채지 못하게 몰래 만났지. 특히 로스비타 아버지의 귀에 들어가면 큰일이니까. 이 세상 어떤 아버지가 일꾼한테 딸을 시집보내려 하겠어? 너도 한번 생각해 봐. 제 밥그릇 챙기기도 힘든 일꾼한테 로스비타 아버지가 딸을 줄 리가 없잖니? 네가 삼촌에게 재산을 상속받을 줄 로스비타 아버지가 어떻게 알았겠어? 너도 몰랐는데 말이지. 집안일을 잘 돕는 딸아이를 가난뱅이한테 시집보내면 손해만 본다고 생각하겠지.

하지만 지금은 상황이 달라. 삼촌에게 재산을 받았으니 너도 기회가 생긴 거야. 형네 집에 얹혀사는 일꾼이 아니니까.

앞으로 무슨 일이 벌어질지는 모르지만 그래도 넌 좋아서 입이 귀에 걸렸지. 비록 소달구지를 타고 있긴 했지만 마음만은 프리드리히 바르바로사 황제라도 된 듯했고. 넌 지나가는 사람들에게 손을 흔들어 인사했어. 낯선 마을을 지날 때마다 사람들은 널 쳐다봤지. 특히 젊은 여자들이 널 힐끔힐끔 쳐다봤어. 넌 건장한 청년이었으니까.

흰하우젠에 가까워질수록 넌 기대에 부풀었어. 삼촌이 물려준 집과 가축들을 생각하니 웃음이 절로 나왔지. 이제부턴 암소 젖도 실컷 마실 수 있고, 곧 당나귀도 살 수 있을 테니까. 생각만 해도 뿌듯했지.

그런데 흰하우젠에 들어서면서 넌 현실이 상상한 것과는 다르다는 걸 깨달았어. 무너지기 일보 직전인 집 한 채가 보였거든. 썩은 지붕 밑으로 지붕을 받친 나무 기둥이 달랑달랑 매달려 있었고 서까래가 훤히 드러나 있었어.

다른 곳은 상태가 괜찮은지 찬찬히 둘러봤지. 집 옆 곡식 창고 지붕에도 구멍이 나 있었어. 곡식 창고에서 나와 근처를 한 바퀴 둘러보니 깨끗이 정리된 밭이 보였어. 그래, 삼촌이 물려준 밭은 상태가 나쁘지 않을 거야. 신부님이 너한테 그러셨잖아. 마을 입구에서 왼쪽으로 네 번째 밭이 베른 거 삼촌이 남긴 밭이라고. 그리고 왼쪽으로 네 번째 집이 네가 물려받은 집이라고. 그래, 이제 곧 집에 도착할 테니 조금만 더 힘을 내렴.

마을을 지나는 길, 주변으로는 아무도 살지 않았어. 그칠 줄 모르고 비바람이 쳐서 온몸이 흠뻑 젖었지. 10월이 다 되어 바람이 쌀쌀한 데다 빗줄기까지 거세게 몰아쳐 너는 온몸을 오들오들 떨었어.

넌 이제 곧 집에 도착해 비를 피할 수 있다고, 따뜻한 화로에 몸을 녹일 수 있을 거라고 생각했어. 그런데 막상 집에 도착해 보니 아까 그 길에서 본 집과 다를 바가 없었어. 삼촌 집은 지난여름부터 비어 있었고 지붕에는 구멍이 잔뜩 나 있었지.

그래도 얼마나 다행이야. 널 보는 사람이 없었으니 말이야. 삼촌한테 유산을 상속받고 좋아서 마을을 떠나 놓고는 허름한 집 앞에 서 있는 꼴을 생각하니 웃음을 참기 힘든걸. 일단 비를 흠뻑 맞으며 먼 길을 걸어온 소를 쉬게 해 주어야 했지. 그래서 넌 소를 끌고 외양간으로 갔어.

그런데 그곳도 비가 새긴 마찬가지였어. 그렇게 춥고 텅 빈 외양간은 본 적이 없었지. 집 안도 상황은 다를 게 없었어. 오히려 바깥보다 집 안이 더 추웠지. 그리고 바닥은 비에 젖어 질퍽질퍽했고 식탁 위에는 정체 모를 덩어리가 놓여 있었어. 썩은 지푸라기와 똥 냄새가 나는. 그게 뭔지 더 말하고 싶진 않아. 집 안엔 상자 두 개가 있었는데, 속에 든 게 별로 없었어. 상자 하나에는 퀴퀴한 냄새가 나는 낡은 윗옷 몇 벌과 이불이 있었지만 그 이불을 덮고 자느니 차라리 쓰레기 위에서 자는 편이 나을 듯했어.

부엌에 들어가 봐도 쓸 만한 그릇은 하나도 없었지. 나무 숟가락 몇 개만 있었는데, 어떤 것은 숟가락 자루마저 부러져 있었어. 화로엔 불씨 하나 없었고 밀가루 통에 담긴 밀가루는 세 움큼도 안 됐어. 훈제 창고 안에는 먹을 게 있지 않을까 살펴봤지만 고기를 걸어 두던 줄만 덩그러니 남아 있었지. 훈제 냄새를 맡으니 갑자기 허기가 느껴지더니 배에서 꼬르륵 소리가 났어. 예전엔 그곳에도 맛있는 훈제 소시지가 걸려 있었겠지만, 네가 갔을 땐 아무것도 없었어.

창고에 들어가자 녹슨 쟁기만 덩그러니 놓여 있었어. 그 쟁기로 땅을 갈아 본 지도 아주 오래된 듯했어. 그것으로 밭을 가느니 차라리 독을 먹는 게 낫지. 베른거 삼촌이 편찮으셔서 일을 못 하셨거든. 이웃 사람들이 삼촌을 돌봐 주었다고 하더군.

상속을 받았다고는 하나 제대로 된 게 하나도 없었어. 그렇다고 울고 있을 수만은 없지. 이를 악물고 살아야해. 다시 형한테 돌아갈 순 없잖아? 사랑하는 로스비타를 생각하며 조금만 참아. 가슴에 품은 네 잎 클로버를 위안 삼아 용기를 내야 해.

밖에는 아직도 비가 내렸어.

허기가 져서인지 배 속에서 늑대 한 마리가 울부짖는 소리가 들렸어. 형이 식량을 챙겨 주었는데 희한하게 소달구지에는 실리지 않았지. 왜 그랬을까? 네 형수 짓이었지. 형수가 형이 챙겨 준 식량을 빼돌린 거야.

일주일 뒤 형한테 소를 돌려줘야 하니까 그 전에 쟁기로 열심히 밭을 갈아 놓는 게 좋겠다. 마침 겨울 씨앗을 뿌릴 철이니 서둘러 밭을 갈고 씨앗을 심으면 내년 8월에는 수확할 수 있을 거야. 그런데 그때까지 넌 뭘 먹고 살래?

삼촌이 너한테 밭을 상속했다는데 밭은 대체 어디 붙어 있는 걸까?

베른거 삼촌은 암소 두 마리, 황소 한 마리, 송아지와 염소 한 마리씩 그리고 거위와 닭 들을 키웠다고 했는데 그 가축만 있으면 먹는 건 어떻게 해결될 텐데. 소들이며 다른 가축들은 어디 있을까? 이웃집 사람들이 데려가서 대신 기르고 있는지도 몰라. 암소는 규칙적으로 젖을 짜 줘야 하니까. 닭이랑 거위, 염소도 먹이를 줘야 하니 편찮으신 베른거 삼촌 대신 이웃집 사람들이 데려다 길렀을 거야. 어쩌면 닭들은 비료 더미 근처에 떼지어 있을지도 몰랐지. 하지만 닭은 아무 데도 없었어.

농장을 둘러보며 다른 사람과 마주치지 않길 바랐지만 쓰레기 같은 너희 집 반대쪽 쐐기풀 덤불 저쪽에 사람들이 살고 있었어.

당장 필요한 것은 불씨였어. 이웃집에서 불씨를 구할 수 있을 거야. 어쩌면 빵 한 조각도 얻을 수 있을지 몰라. 혹시 알아? 소금도 줄지. 아니다, 소금은 비싸니까 안 줄 거야.

늑대처럼 울어 대는 배 속을 진정시켜 보려 했지만 소용없는 짓이었어. 너는 혼잣말로 먹을 것을 줄 테니 진정하라고 달래 봤지만 말을 듣지 않았지. 하지만 먹을 것을 어디서 구할 수 있을까? 닭들도 다른 가축들도 온데간데없이 사라졌으니 말이야.

넌 큰 결심을 하고 떨리는 마음을 진정하며 이웃 농장으로 갔어.

"네 암소는 나한테 없어. 힐데브란트 씨가 기르고 있으니 그곳으로 가 봐."

이웃집 사내는 널 보자마자 이렇게 말했어. 그는 이미 너에 대해 알고 있었던 거야. 그렇지 않고서야 묻지도 않았는데 어떻게 그런 말을 하겠어.

"힐데브란트 씨가 누구죠?"

"힐데브란트 씨가 어디 사는지 알고 싶은 거냐? 하지만 그럴 필요 없다. 그 사람이 알아서 널 찾아갈 테니까. 힐데브란트 씨도 농사를 짓는단다. 얼굴이 붉고 살이 붙은 사람이지."

어느새 마을 사람들이 잔뜩 모여 있었어. 앞치마를 두른 아낙네들과 손가락을 빠는 아이들이 너와 그 사내를 멍하니 쳐다봤지.

너는 사람들에게 혹시 베른거 삼촌이 기르던 가축을 본 적이 있느냐고 물었지만 한쪽 구석에 멀뚱히 서서 어느 누구도 대답하지 않았어. 마치 너 혼자 빗속에 서 있는 느낌이었지.

그때였어. 힐데브란트라는 사람이 너에게 다가와 말했어.

"네 삼촌이 기르던 암소와 송아지는 우리 집에 있다."

그런데 이상했어. 분명 신부님이 암소 두 마리에 황소 한 마리, 송아지와 염소가 한 마리씩이라고 했는데 왜 암소와 송아지 한 마리밖에 없는 걸까? 그래서 힐데브란트 씨에게 나머지 가축들은 어디 있느냐고 물었어. 이웃 사람들도 이젠 네가 삼촌한테 뭘 받았는지 안다는 걸 깨달았지.

결국 넌 암소 두 마리와 송아지 한 마리를 돌려받을 수 있었어. 그런데 암소는 갈비뼈만 앙상했고 송아지는 갓 태어난 것처럼 말라 있었어.

너는 깜짝 놀라 힐데브란트 씨에게 암소가 너무 마른 것 같다고 말했어.

그랬더니 이웃 사람들은 잘 먹이고 젖도 매일 짜 줬다고 했지. 새빨간 거짓말이었어. 잘 먹였으면 왜 그렇게 말랐겠어? 하지만 넌 속으로만 생각했어. 대놓고 말했다면 이웃 사람들한테 미움을 받았을 거야.

그런데 황소와 염소, 닭들과 거위들은 어디 갔을까?

일단은 삐쩍 마른 암소 두 마리와 송아지를 데리고 외양간으로 갔어. 어쩌면 암소 젖을 몇 방울이라도 짜낼 수 있을지 몰랐으니까.

외양간엔 마른풀 더미가 아직 남아 있었어. 가축을 찾고 나니 다시 배가 고파졌지. 그래서 이웃집 아주머니에게 가서 빵 한 조각만 얻을 수 있겠느냐고 물었어. 아주머니는 당황하는 눈치였지만 넓게 구운 오트밀 빵 반을 떼어 주었어.

그리고 이렇게 말했지.

"만약 닭과 거위를 찾고 있다면 포기해라. 우리가 편찮으신 네 삼촌을 돌보아 드렸단다."

그런데 정말 이웃집 여자가 닭을 잡아 삼촌에게 드렸을까?

네가 의심스러운 눈빛으로 쳐다보자 이웃집 여자는 덧붙여 말했어.

"세상에 공짜는 없단다. 삼촌을 돌봐 드리는 대신 우리가 닭을 잡아먹었어. 그리고 거위도 삐쩍 말라서……."

네 짐작이 맞았어. 베른거 삼촌을 위해 닭을 잡은 게 아니었어.

저녁이 되어도 비가 그치지 않았어. 소달구지에서 짐을 다 내린 다음 꼭 갚겠다고 약속하고 이웃집 사내에게서 짚 한 단을 빌렸어. 그것으로 일단 지붕에 난 큰 구멍을 막았지. 그래도 비는 계속 샜어.

그날 저녁 축 늘어진 암소 젖을 짜 보니 몇 방울이 나왔지. 그리고 이웃집 사내가 빵을 가져다줘서 그걸로 끼니를 때울 수 있었어.

밤에 젖은 짚단 위에 누워 잠을 청했어. 아마 얼굴에 빗물을 맞으며 잠을 자는 사람은 그 마을에서 너밖에 없었을 거야.

다음 날에도 비는 계속 내렸어. 멜키오르라는 이웃집 아들이 지붕 수리하는 걸 도와줬어. 어제보다 상태가 훨씬 나아졌지. 비를 맞은 탓인지 네 윗도리에 곰팡이 냄새가 났어.

이웃집 여자가 따뜻한 수프도 가져다줬어. 그걸 본 이웃집 사내가 그 마을 사람들은 서로를 잘 돕고 산다고 말하더군. 그런데 그의 눈초리가 뭔가 의심쩍었어. 너는 느끼지 못했겠지만. 어쨌든 이웃집 여자는 친절한 사람이었어. 하지만 너를 보는 그 여자의 눈빛도 이상했어. 동정하는 것 같기도 하고 의심하는 것 같기도 하고 아무튼 뭔가 이상했어.

그날 넌 마을 촌장도 만났어. 촌장은 너에게 악수를 청하기까지 했지. 그리고 그는 조심스레 베른거 삼촌은 왜 자루가 긴 낫을 가지고 있지 않으냐고 물었어. 너도 삼촌의 낡은 집에서 긴 낫은 구경도 못 했지. 그래서 모른다고 대답했어.

너도 네가 살던 마을에서 처음으로 사람들이 큰 낫으로 풀을 베는 걸 보고 무척 신기해했었잖아. 그때 너는 아직 어린 꼬마였지. 낫이라는 걸 처음 보고 사람들은 깔깔거리며 웃었어. 만들다 망친 칼을 나무 막대에 붙여 놓은 것 같았으니까. 그런데 농부들은 그걸로 풀을 훨씬 빨리 벨 수 있다는 사실을 깨달았어. 그리고 큰 낫으로 풀을 베면 허리도 훨씬 덜 아팠지. 요즘은 누구나 큰 낫을 사용하지만 그걸로 곡식을 베어서는 안 된단다. 낱 알이 많이 떨어지거든.

그래도 마른풀을 만들 때는 큰 낫을 사용할 수 있었어. 지금은 마른풀 구경도 못 하지만.

이상한 점이 또 하나 있었어. 삼촌 집을 샅샅이 뒤져 봐도 말이나 소의 등에 묶는 끈이 없는 거야. 분명 두 개가 있다고 했는데. 끈이 있으면 소나 말을 달구지에 연결할 수 있지. 옛날에는 끈 대신 멍에를 사용해 말이나 소에 달구지를 고정했어. 너도 기억할 거야. 불쌍한 소들이 멍에에 눌려 간신히 달구지를 끌었잖아. 그런데 끈을 사용하면 말이나 소도 편하고, 짐 도 더 많이 실을 수 있지. 그리고 멍에는 소뿔에만 고정할 수 있지만 끈은 말한테도 연결할 수 있어.

집 안 어디에서도 그 끈을 찾을 수 없었어. 더럽고 파리가 똥을 잔뜩 싸 놓은 낡은 멍에만 있을 뿐이었지.

그래도 넌 아무 말도 못 했어. 괜히 쓸데없는 말을 해서 촌장 눈 밖에 나면 좋을 게 없었거든. 촌장이 후펜에게 이르기라도 하면 유산이고 뭐고 다

날아갈지도 몰랐지. 그리고 넌 다시 형네 집에서 일꾼으로 일해야 할지도 모르고.

그다음 날은 네 기분도 훨씬 좋아졌어. 비도 그쳤고 집 정리도 대충 끝났거든. 집 상태는 별로 좋아지지 않았지만 네가 뭐 황제라도 되냐? 웬만하면 참고 살아야지. 이웃 사람 몇 명이 너에게 베른거 삼촌의 밭을 보여줬어. 이제 그 밭도 네 거야.

그런데 뭐라고 꼭 집어 말할 순 없지만 어딘가 이상했어.

밭의 경계는 돌멩이로 표시돼 있었어. 그것으로 어디까지가 네 밭이고 어디서부터 남의 밭인지 한눈에 알 수 있었지. 그날 저녁 곰곰이 생각해 봤지만 뭔가 이상했어. 그리고 이웃 사람들이 히죽히죽 웃는 걸 봤지. 그들이 밭의 경계를 표시하는 돌멩이들을 옮겨 놓은 게 틀림없었어.

겨울 곡식을 심으려면 우선 밭을 갈아야 했어. 그때 악몽 같은 일이 벌어지고 말았어.

넌 겨울 곡식이 뭔지 몰랐어. 그걸 모르다니 기가 차는군. 내가 설명해 줄 테니 잘 들어 봐. 너도 곡식을 어떻게 재배하는 줄은 알겠지? 그래. 밭을 갈고 씨앗을 뿌리고 곡식이 영글면 조심스레 벤 다음 잘 묶어서 집으로 가져오는 거지. 그런 다음 탈곡을 해서 방아를 찧는 거야. 여기까진 너도 잘 알 거야. 그런데 겨울 곡식은 말이지, 겨울에 먹는 곡식이라는 말이 아니야. 겨울이 되기 전에 씨앗을 뿌리는 곡식이라는 말이지. 그런데 씨앗을 뿌리는 시기보다 더 중요한 것은 곡식의 종류에 따라 어떻게 밭을 사용하느냐 하는 거야.

이제부터 정신 똑바로 차리고 잘 들어. 농사를 짓는 건 네가 생각하는 것만큼 간단한 일이 아니라고. 우선 밤에는 잠을 자야 해. 그러지 않으면 힘을 제대로 못 써서 농사일을 망쳐 버린다고. 밭도 마찬가지야. 밭도 휴식을 취해야 농사가 잘되는 법이지. 그래서 예전엔 밀이나 호밀을 한 번 수확한 밭에는 그다음 해에 아무것도 심지 않았어. 대신 밭에 거름을 듬뿍 주고 쉬게 했지.

네 할아버지가 농사를 지으실 때만 해도 이 방법을 사용했어. 그런데 지금은 상황이 나아졌어. 이젠 말로도 밭을 갈 수 있으니까. 그런데 말을 키우려면 귀리와 봄보리가 많이 필요해. 너도 알다시피 귀리와 봄보리 씨앗은 1월쯤에 뿌려.

이제부터 복잡해지니까 잘 들어. 그러니까 예전처럼 가을에 밀과 호밀 씨앗을 뿌리는 거야. 그걸 겨울 곡식이라고 하지. 그리고 그걸 수확한 다음에는 예전처럼 그 밭을 놀리는 게 아니라 귀리나 봄보리 씨앗을 뿌려. 귀리나 봄보리를 여름 곡식이라고 하는데, 밀과 호밀을 수확한 그해 가을이 아니라 다음 해 1월쯤에 귀리나 봄보리 씨앗을 같은 밭에 뿌리는 거야. 무슨 말인지 알겠어? 그러면 적어도 겨울에는 밭을 쉬게 할 수 있어. 물론 원한다면 콩이나 완두를 심을 수는 있어. 콩을 심는다고 밭이 상하지는 않거든. 다시 한 번 정리해 줄게. 네가 올해 가을에 밀과 호밀을 심으면, 그걸 수확한 다음 해 봄에 귀리와 봄보리를 심는 거야. 그리고 그다음 해에는 1년 동안 그 밭에 아무것도 심지 않지. 그리고 다시 밀과 호밀을 심고, 그다음엔 귀리와 봄보리를 심는 거야. 무슨 말인지 알겠어? 1년 동안 밭을 놀린 다음에는 쟁기질을 두 번 해서 잡초를 제거해야 해. 겨울 곡식을 심으려면 7월에 한 번, 그리고 씨앗을 뿌리기 전 9월이나 10월에 한 번 더 밭을 갈아야 하지.

이 경작법을 삼포작이라고 한단다. 그러니까 밭을 삼등분해서 번갈아 가며 1년씩 쉬게 하는 거야. 옛날에는 이등분해서 1년에 한 번씩 밭을 놀렸어. 삼포작을 하면 뭐가 좋은지는 바보도 알걸. 그래, 수확량이 많아져. 게다가 가축에게 먹일 사료도 얻게 되니 일석이조인 셈이지.

형한테 빌린 소에게 멍에를 씌웠으니 이제 밭을 갈 차례야. 삼촌네 집에 남은 씨앗은 얼마 없었지만 삼촌 밭이 뭐 왕실이나 수도원 밭도 아니고, 찬밥 뜨거운 밥 가릴 때가 아니지. 게다가 형이 준 씨앗도 있으니 먹고살 만큼은 거둬들일 수 있을 거야. 일단 밭부터 갈아야 하니까 창고에서 쟁기를 꺼내 와야 해.

소를 끌고 밭으로 나가 한번 쭉 둘러봤지.

네 눈앞에 펼쳐진 건 휴경(休耕) 구역이야. 겨울 작물의 씨앗을 뿌릴 구역은 이미 7월에 한 번 갈아 놓고 씨앗을 뿌리기 전에 다시 한 번 쟁기질을 해 놓았지.

밭을 둘러보고 넌 어떻게 해야 할지 모르겠지. 농경지의 윗부분은 여름 경작지였고 네 앞에 있는 밭들은 겨울 경작지였어. 그리고 그루터기만 남은 밭이 보일 텐데 그 밭은 내년에 휴경 구역이 될 거란다.

경작지 구역은 어떻게 정하는 거냐고? 맙소사! 넌 정말 농사에 관해 아는 게 하나도 없구나. 내가 설명해 줄 수밖에. 잘 들어 봐.

곡식의 이삭이 자라 낟알이 되려면 곡식의 꽃이 필요하지. 그 꽃의 씨앗

은 바람에 날려 오거든. 밭에 이삭이 많이 자라려면 주변에 있는 밭이 휴
경지면 안 되겠지. 휴경지는 말 그대로 놀리는 밭이니까 곡식이 자랄 리
없지. 밭에는 낟알이 되기 위한 곡식의 꽃이 많이 필요하고 그러려면 주변
밭들이 여름 경작지나 겨울 경작지여야 해. 그래서 마을 사람들이 함께 의
논해 여름 경작지는 여름 경작지대로, 겨울 경작지는 겨울 경작지대로 한
곳에 모으는 거지. 그래야 곡식의 꽃이 옆 밭으로 날아가 이삭이 되고 낟
알이 될 테니까. 무슨 말인지 알겠어?

이렇게 밭을 세 부분으로 나누는 것을 삼포작이라고 하는데, 요즘은 어
느 농촌 마을에서나 다 삼포작을 해. 그리고 굶어 죽지 않으려면 휴경 지
역, 겨울 경작지와 여름 경작지까지 골고루 가지고 있어야 하지. 만약 여
름 경작지만 갖고 있으면 1년은 농사를 아예 못 지어. 여름 경작지가 휴경
순서가 되면 농사를 못 짓고 놀려야 하니까. 겨울 경작지나 휴경 지역에만
밭이 있어도 마찬가지고.

설명은 여기까지만 하고 이제 일을 해야지.

이웃 사람들이 너한테 밭을 보여 주었을 때 이상한 낌새를 챘었지?

이제 그 까닭을 알게 될 거야. 올해 겨울 경작지로 정한 곳에 가 봤더니
네 밭은 손바닥만큼도 겨울 경작지에 속하지 않았어. 그걸 발견하고 넌 놀
라서 뒤로 넘어질 뻔했지. 넌 네 눈을 의심하고 다시 한 번 찬찬히 봤어.
하지만 올해 겨울 경작지로 정해진 곳에 네 밭은 없었어. 겨울 경작지에
속한 밭들은 이미 씨앗을 심을 준비가 다 되어 있었고, 어떤 밭은 일찌감
치 씨앗을 뿌려 놓기도 했어. 하지만 네 밭은 그곳에 없었지.

다시 한 번 베른거 삼촌이 너에게 물려줬다는 밭에 가 봤어. 조그만 개

울 옆에 있는 밭과 언던 위에 있는 밭이 네 거였어. 그런데 그곳은 모두 흙색깔이 너무 밝았어. 거름을 주지 않았다는 뜻이지. 기름지지 않은 땅에서 곡식이 잘 자랄 리 없지. 네 밭들은 모조리 여름 경작지에 속했어. 그래도 굶어 죽진 않을 거야. 개울 위쪽에 이끼가 잔뜩 낀 큰 돌이 놓인 길의 위쪽과 아래쪽 그 옆길까지도 네 땅이었는데 그곳은 휴경지였지. 하지만 휴경지에 속한 밭도 그리 넓진 않았어. 여름 경작지에 있는 밭보다는 넓었지만. 내후년이 되어야만 밭에서 곡식을 많이 수확할 수 있겠지.

올해 겨울 경작지로 정한 곳에 네 밭이 있었다면 상황이 훨씬 나았을 텐데.

넌 다시 겨울 경작지로 가 봤어. 겨울 경작지에 속한 밭들은 토양이 참 기름져 보였어. 거름을 듬뿍 줬는지 땅에 검은빛이 돌며 햇빛에 반짝였어. 그 마을에서 가장 질이 좋은 밭들만 모여 있었어. 그런데 네 밭은 그 구획에 눈곱만큼도 없었던 거야.

비참한 생각이 들었지만 그래도 넌 아무한테도 말할 수 없었어. 네 말을 들으면 사람들은 비웃기만 할 테니까.

여름 경작지에 있는 밭만으로는 배불리 먹고 살긴 어렵겠지. 여름 경작지에서 나는 곡물은 돼지나 송아지, 말의 사료로도 쓰이니까. 새로 수확한 곡식들은 일단 창고에 보관해야 하고, 탈곡한 곡식의 절반은 교회와 성주에게 바쳐야 해. 그렇다면 이포작을 해야 하나? 그래, 이포작을 해도 굶어 죽진 않겠지만 그러면 너도 형수처럼 지독한 구두쇠가 되어야만 해. 삼포작을 할 때보다 수확량이 적을 테니까.

혼인해서 아이를 낳고 싶다고? 참 가슴 아픈 일이야. 네 상황이 하도 딱

해서 할 말이 없어. 로스비타가 준 네 잎 클로버 나무 조각만 생각하면 가슴이 찢어지는 것 같겠지.

삼촌은 혼인해서 아이들도 있었지만, 살아 있는 사람은 아무도 없어. 그렇다고 굶어 죽은 건 아냐. 겨울 경작지에 분명 삼촌 밭이 있을 거야. 요즘 세상에 누가 이포작을 해. 마을 사람들이 삼촌이 편찮으신 동안 겨울 경작지에 있는 삼촌 밭을 슬쩍한 게 틀림없어.

무거운 마음으로 마을에 돌아가니 사람들은 널 보고 꼴좋다고 비아냥거리며 미소를 지었어.

넌 이웃 사람들이 훔친 걸 따져 보았지. 그들은 황소와 염소 한 마리씩, 돼지, 닭, 오리, 거위 그리고 쟁기와 소에 묶는 끈 두 개를 훔친 게 분명했어. 게다가 여름에 수확한 곡식들이며 연초에 뿌릴 씨앗까지 다 가져가 버렸어. 그리고 이젠 겨울 경작지에 속한 밭들까지 빼앗다니! 밭을 훔친 게 누굴까? 닭을 잡아먹었다는 이웃집 사내인가? 누가 황소를 가져갔을까? 마을 사람들이 겨울 경작지 밭을 골고루 나눠 가졌을지도 몰라. 그들은 다 한패야. 너만 따돌림당하는 거야. 그들은 아마 따뜻하고 깨끗한 집에 앉아서 널 비웃을걸!

마을 사람들이 가축과 밭을 왜 훔쳐 갔느냐고? 물을 걸 물어. 당연히 자기네 재산이 늘어나니까 그런 거지.

그날 저녁 너는 마음이 답답해서 난로 앞에 앉아 그저 타오르는 불꽃만 멍하니 바라봤어. 이제 굶어 죽겠구나 생각했지. 너무 고민할 필요 없어. 하고 싶은 대로 하면 되니까. 멍하니 앉아 있는 동안 어느새 날이 어두워졌어. 그리고 비가 내리기 시작했지.

그때였어. 누군가 너희 집 문을 두드렸어. 이웃 사람 두 명이 다른 농부들을 데리고 왔지. 모두 얼굴은 본 적 있는 사람들이었어.

사람들이 집 안으로 들어왔지만 넌 아무 말도 할 수 없었어. 그저 심장만 거세게 뛸 뿐이었지. 그들을 보니 화가 치밀어 도끼를 가져와 죽여 버릴까 생각했지만 그럴 순 없었어.

널 찾아온 사람들은 손에 모자를 쥐고 우두커니 서 있을 뿐 말이 없었어.

갑자기 어디서 용기가 생겼는지 네가 입을 열었어.

"여럿이서 날 찾아온 걸 보면 나한테 할 말이 있는 것 같은데 무슨 말을 하려고 오셨나요?"

입을 열긴 했는데 어떻게 말을 이어 갈지 막막했어. 게다가 그들이 삼촌 재산을 훔쳐 갔다고 증명할 만한 건 아무것도 없었지.

네 말을 듣더니 농부 한 사람이 입을 열었어. 그 사람은 널 보고 껄껄 웃었어. 네가 생각한 것과 달리 꽤나 친절해 보여서 좀 놀라웠어. 말을 하면서도 미소를 잃지 않는데 정말 착한 사람처럼 보이는 거야.

"너한테 아주 중요한 이야기를 하러 왔단다."

"너뿐만 아니라 우리 마을 전체를 위해서도 중요한 일이지."

다른 농부가 덧붙였어.

"우선 우리 소개를 해야겠지? 넌 삼촌과 이름이 같다고 들었다. 힐데브란트는 알 테고 이 사람은 울프라고 하고 여기는 카를만, 그 옆에 있는 사람은 프리츠고 저쪽은 우츠라고 한단다. 그리고 나는 콘라트라고 해."

그들은 모두 농사꾼답게 손이 컸어. 카를만은 얼굴에 허옇게 버짐이 폈고 우츠는 계속 엉덩이를 긁적였어. 너한테 마을 사람들을 소개해 준 콘라트는 젓가락처럼 삐쩍 마르고 들창코였어. 울프는 바지가 무릎까지 내려와 있었지.

"무슨 말인데요?"

너는 이렇게 묻기만 했고 사람들에게 앉으라고 권하지도 않았어.

앉으란 말도 하지 않았는데 마을 사람들은 알아서들 자리를 잡고 앉았어. 그래도 너희 집을 찾아온 사람들이니 손님 대접을 해야 했는데 너도 참 정신이 없었나 봐.

"우리 여섯 명이 마을에서 나이가 가장 많단다."

힐데브란트가 말했어.

그들은 잠깐 동안 심각한 얼굴을 하더니 언제 그랬냐는 듯 다시 삐죽삐죽 웃기 시작했어.

널 찾아온 사람들은 마을에서 나이가 가장 많기도 했지만 밭도 가장 많이 가지고 있었어.

"촌장님이 말씀하시겠지만 우리가 먼저 말해 줘야 할 것 같아서 찾아왔다."

울프가 이렇게 말하자 힐데브란트가 맞장구를 쳤어. 다른 사람들도 고개를 끄덕였고.

"이번 겨울 경작지에 네 밭은 없어."

"그래, 맞아."

프리츠가 거들었어.

"그런데 중요한 건 그게 아니고, 베른거 삼촌에 관한 얘기란다."

힐데브란트가 엄숙한 얼굴로 말했어.

"괴롭더라도 입 다물고 끝까지 잘 들어야 한다. 네 삼촌 베른거 씨는 말이지…… 어떻게 말해야 할지 참……."

"한마디로 베른거 씨는 뒤처진 사람이었어."

우츠가 엉덩이를 긁적이며 말했어.

"너희 삼촌은 소나 말에 묶는 끈도 쓸 만한 쟁기도 없었어. 증조할아버지 때부터 쓰던 멍에로 밭을 간 사람이니 말 다했지 뭐."

콘라트가 말했어.

"너도 농장을 둘러봐서 알 거다."

이번엔 프리츠가 이야기했어.

"올해 겨울 경작지에 네 밭은 없단다."

힐데브란트가 네 얼굴을 똑바로 쳐다보며 다시 한 번 분명하게 말했어.

"다른 사람들이 자루가 긴 큰 낫으로 제초를 할 때 너희 삼촌은 구닥다리 낫으로 풀을 베었지."

울프가 끼어들었고, 마을 사람들은 앞 다투어 베른거 삼촌 흉을 보기 시작했어.

"어디 그뿐인가? 삼촌이 쓰던 쟁기를 한번 봐라. 풀 한 조각 안 붙어 있을걸?"

"너도 베른거 삼촌 밭을 봤어야 해. 잡초투성이지. 정말 두고 볼 수가 없었어. 그런 밭에서 곡식이 제대로 자랄 리 있겠어?"

"우리가 너한테 하려는 말은, 마을 사람들이 상의해서 삼포작을 하기로 했는데 베른거 씨만 협조하지 않았다는 거야. 삼포작을 할 필요가 없다면서 말이지. 이포작을 해도 먹고살 수 있다며 뭐 하러 힘들게 삼포작을 하느냐고 했어. 옛날 방식을 고집한 거지. 게다가 큰 낫도 쓰지 않았고.”

힐데브란트가 이렇게 말하자 모두 고개를 끄덕였어.

“겨울 농작지에 네 밭이 없는 건 너희 삼촌 탓이야. 그러니 쓸데없이 마을 사람들을 의심하지 않았으면 좋겠다.”

콘라트가 더듬거리며 말했어.

그러고는 모두 자리에서 일어나 모자를 쓰고 집을 나서려 했어.

“그럼 삼촌은 뭘 먹고 사셨나요?”

드디어 너도 그들에게 한마디 던질 수 있었지.

“너희 삼촌은 이곳저곳을 다니며, 남의 달걀이랑 거위랑 곡식을 훔쳐 먹었단다.”

“베른거 삼촌이 도둑질을 했다고요?”

그들의 말이 믿기지 않아 물었지만 마을 사람들은 이미 문을 열고 나가려는 참이었어.

“내가 마지막으로 충고 한마디 하마. 내일 당장 헤르슈테텐으로 돌아가는 게 좋을 거다. 여기 있어 봤자 굶어 죽을 게 뻔해.”

힐데브란트가 비아냥거리는 미소를 지으며 말했어.

그리고 모두 집으로 돌아갔어. 울프의 바지는 여전이 무릎까지 내려와 있었고 우츠는 연신 엉덩이를 긁어 댔어.

너도 참 안됐다. 베른거 삼촌이 유산을 물려줬다는 소식을 들었을 땐 꿈만 같더니 다 헛된 꿈이었어. 속이 상해서 눈물이 나올 뻔했지.

다음 날 넌 농장 이곳저곳을 기웃거리며 뭐 쓸 만한 게 없나 찾아보았어. 창고에 들어가 보니 정말 아무것도 없었어. 삼촌이 쓰던 쟁기는 이웃 사람들 말대로 녹이 슬고 낡았고, 큰 낫도 없었고 땅을 뒤엎는 쟁기 보습도 없었고. 그래도 어떻게든 있는 쟁기로 땅을 갈아 봐야겠다고 생각했지. 그런데 달구지에 쟁기를 싣는 순간 그만 부러져 버렸어.

큰 낫도 없고 소에 묶는 끈도 없고 농사를 지을 만한 도구는 아무것도 없었어. 먼 길을 고생해서 왔지만 다 소용없는 일이 되어 버렸지.

베른거 삼촌은 바보야. 새로운 경작 방법이 이롭다는 걸 왜 삼촌은 깨닫지 못했을까? 헤르슈테텐에 있는 사람들이 네 처지를 안다면 얼마나 비웃을까? 어쩌면 고향 사람들은 겨울 경작지에 네 밭이 없다는 걸 알고 있었을지도 몰라.

이런저런 생각으로 넌 마음이 무척 무거울 거야.

이포작으로는 먹고살기 힘들지. 헤르슈테텐 사람들도 삼포작을 했어. 농부들은 삼포작을 아주 중요하게 생각했지. 휜펠트 사람들도 마찬가지고.

네가 생각에 잠겨 창고 안을 어슬렁거릴 때였어. 창고 꼭대기와 연결된 사다리가 보였어. 사다리를 타고 올라가면 무엇이 나올지 알 수는 없었지만 일단 올라가 보기로 했지.

창고 지붕은 좁고 먼지가 수북이 쌓여서 숨이 막힐 정도였어. 거미줄이 사방으로 쳐져 있어서 앞을 보기도 힘들었지. 먼지와 벌레 먹은 밀가루 냄새, 쥐똥 냄새가 났어.

창고 지붕은 물기 하나 없이 건조했어. 아래는 비가 와서 축축했는데도 말이야. 그리고 긴 널빤지가 있었어. 삼촌이 그 널빤지 위에 곡식들을 종류별로 분류해 놓았지 뭐야. 밀과 호밀은 방아를 찧을 수 있게 잘 말려 놓았고, 밭에 뿌릴 씨앗도 골라 놓았지. 그런데 보리와 귀리 씨앗은 없었어. 밭에 뿌릴 밀 종자는 얼마 되지 않았고. 그래 봐야 올해는 밀 농사를 짓지도 못하는데 뭐. 도대체 농사를 얼마나 엉망으로 지었으면 이 모양 이 꼴일까 한심하기 짝이 없었지. 그래도 가족은 먹여 살렸을 거 아냐!

그때였어. 믿을 수가 없었어. 하늘에서 갑자기 번개가 내리친 것 같은 느낌이었어. 창고 지붕 아래 좁은 헛간 안에 보리가 있는 거야. 밀과 보리를 구분 못 하는 바보는 없지. 네가 발견한 것은 분명 보리였어. 헛간 나무 바닥 틈틈이 보리 씨앗이 들어가 있었어. 보리 씨앗도 있으니 옆 칸으로 가 보면 귀리 씨앗도 있을지 몰라. 조심스레 코를 킁킁대며 옆 칸으로 가 보니 정말 귀리 씨앗이 있었어.

널빤지 위는 깨끗했어. 곡식 씨앗은 한 톨도 없었지. 누가 빗자루로 깨끗이 쓸어 놓았더라고. 먼지 하나 없는 걸 보면 청소한 지 얼마 되지 않은 듯했어. 그래도 빗자루로 바닥 틈새까지 쓸어 낼 순 없지. 틈새마다 귀리 씨앗이며 보리 씨앗이 박혀 있었어. 초봄에 심는 곡식이지. 넌 기뻐서 바닥에 주저앉아 틈새에 박힌 씨앗을 빼내기 시작했어. 손톱이 빠지는 것 같았지만 한 톨이라도 더 빼내려고 안간힘을 썼어. 귀리와 보리는 삼포작을 하지 않으면 쓸모없는 곡식이었어. 마을 사람들 말대로 삼촌이 이포작을 했다면 밀과 호밀 씨앗만 있었겠지.

삼포작이 보급되기 전에는 수확량이 적어 사람들은 항상 배고픔에 시달려야 했어. 보리나 귀리는 구경도 못 했지. 그러니 말을 키울 수도 없었고. 옛날에도 적은 양이지만 보리를 재배하긴 했어. 돼지한테 먹이려고.

그리고 밀이나 호밀은 사람들이 먹는 식량이었고, 교회나 기사에게 세금으로 바쳐야 했어.

베른거 삼촌이 이포작을 했다면 보리와 귀리 씨앗이 창고에 있을 리 없었어. 다른 농부들이 자기들 배를 채우려고 베른거 삼촌 밭을 겨울 경작지에서 빼 버린 거야. 나쁜 사람들! 다 같이 짜고 너한테 거짓말을 한 거야. 이제 보리와 귀리 씨앗을 찾았으니 그들이 거짓말했다는 걸 증명할 수 있어.

창고 안에는 벌레 먹어 스펀지같이 되어 버린 멍에도 있었고, 녹슬어 부러진 쟁기도 있었어. 삼촌이 돌아가시고 한 번도 쓰지 않았으니 낡았을 수밖에. 아마 농장 마당에 널브러져 있었을 거야. 그렇지 않고서는 부서질 정도로 녹이 슬 리 없거든. 신부님 말대로 삼촌은 쟁기를 두 자루 갖고 있었어. 그리고 소에 묶는 끈도 두 개였고. 겨울 경작지 밭이 사라진 것처럼 쟁기도 어깨 끈도 황소도 다 사라져 버린 거지.

이제 어떻게 하지? 어디로 가야 마을 사람들이 베른거 삼촌 물건과 밭을 빼앗았다고 말할 수 있을까?

넌 벼락과 비바람이 쳐서 너에게 거짓말한 마을 사람들이 모조리 벌을 받았으면 좋겠다고 생각했어. 하지만 그러면 너도 다쳐. 그보다는 이성적으로 문제를 해결해야지.

그런데 누굴 찾아가야 네 권리를 다시 찾을 수 있을까? 촌장? 촌장도 마을 사람들과 한통속일지 몰라. 기사한테 가 보겠다고? 기사는 겨울 경작지에 네 밭이 있든 없든, 마을 사람들이 너에게 거짓말을 했든 안 했든 관심도 없을걸? 세금만 거둬들이면 되니까.

참! 기사는 세금 장부를 적는다고 했지? 세금 장부를 보면 누가 얼마만큼 세금을 냈는지 적혀 있을 테니 네 땅을 다시 찾을 수 있을 거야. 그런데 정말 세금 장부가 있을까? 사람들이 그렇게 말하긴 했지만 실제로 본 사람은 아무도 없는걸. 기사한테 찾아가 봤자 네 말을 제대로 듣지도 않을 거야. 보리 씨앗을 보여 줘도 훔친 거 아니냐고 도리어 널 몰아붙일 수도 있어.

마을 신부를 찾아가 보는 건 어떨까? 어쩌면 신부가 널 도와줄지도 몰라. 그런데 신부는 누구한테 돈을 받지? 그래, 기사야. 신부는 기사한테 잘 보여야 할 테고, 세금 장부가 신부에게 있을 리도 없지.

재판소에 가 보겠다고? 재판은 누가 하는데? 그래, 마을 주민들이잖아. 너한테 거짓말한 사람들이 뭣 때문에 네 권리를 찾아 주려 하겠니?

이제 너도 정당한 권리를 얻기가 얼마나 힘든 일인지 깨달았을 거야. 그렇다고 심술궂은 형수와 같이 살면서 일꾼 노릇을 할 수는 없겠지. 그렇게 사느니 차라리 용에게 대들어 싸우는 게 나아.

그래서 넌 큰 결심을 하고 창고 바닥 틈새에서 빼낸 곡식 알곡을 바지 호주머니에 넣고 촌장에게 갔어. 그리고 다짜고짜 알곡을 촌장 얼굴에 들이밀었지. 마음 같아서는 내민 주먹으로 촌장 얼굴을 치고 싶었지만 꾹 참았어. 넌 터질 듯 뛰는 심장을 누르고 더듬거리며 곡식 건조 창고에 가 보았다고 말했어.

"곡식 건조 창고라니, 그게 무슨 말인가? 좀 알아듣게 이야기해 보게나. 곡식 건조 창고라면 베른거 씨네 창고 말인가? 그게 나랑 무슨 상관인가?"

촌장이 네 얼굴을 빤히 쳐다보며 말했어. 너도 더는 참고 있을 수 없어서, 그동안 마음에 담고 있던 말들을 폭포수처럼 쏟아 냈어.

"마을 사람들이 다 훔쳐 갔단 말이에요! 후펜 기사를 찾아가 다 이야기할 거예요."

넌 촌장의 팔을 붙잡고 소리치듯 말했어. 흥분한 널 보고 촌장은 조용히 너의 팔을 잡았지. 촌장은 너보다 머리 하나는 더 컸고 몸무게도 세 배는 더 나갔을 거야. 촌장은 네 말을 듣고 무언가 골똘히 생각하는 듯했어. 그러더니 이상한 표정으로 네 얼굴을 바라보며 말했어.

"진정하게, 젊은이. 목소리를 낮추게. 온 세상 사람이 다 듣겠네. 마을 사람들이 훔쳐 간 게 확실한가?"

"전 그저 삼촌이 물려주신 유산을 다시 찾고 싶을 뿐이에요."

"그러니까 자네 말은 베른거 씨가 여름 겨울 경작지와 휴경지에도 모두 밭을 갖고 있었단 말이지?"

촌장은 이렇게 묻고는 다시 생각에 잠겼어.

"헤르슈테텐으로 돌아가는 게 낫지 않겠나? 소달구지가 있으니 맘만 먹으면 당장이라도 돌아갈 수 있지 않은가."

"헤르슈테텐에는 가고 싶지 않아요. 가지 않겠다고요!"

넌 발을 구르며 소리쳤어.

"소리치지 말게. 진정하고 내 방으로 들어가세."

촌장이 네 손을 잡아끌며 말했어.

그때 밖을 내다보니 사람들이 촌장네 마구간으로 근사한 말 한 필을 끌고 들어가는 게 보였어.

촌장은 너에게 앉으란 말도 없었어. 넌 그저 밖에 있는 말만 내다봤지.

네 신세를 생각하니 저절로 눈물이 흘렀어. 삼촌 재산을 찾기 위해 네가 할 수 있는 일은 아무것도 없었거든. 그렇다고 고향으로 다시 돌아갈 수도 없었고. 너 자신이 한없이 초라하게 느껴졌어.

"네 창고에 있던 건 후펜 기사에게 보낸 세금이란다. 불공평한 처사지."

네가 코를 훌쩍거리는 걸 보더니 촌장이 한숨을 내쉬며 말했어.

"제겐 삼촌 재산을 찾을 권리가 있잖아요. 후펜 기사에게 가서 다 말해야겠어요."

주먹으로 흐르는 눈물을 훔치며 말했어.

"기사한테 가겠다고? 그래, 네가 원하면 못 갈 건 없지. 그런데 너한테 해 줄 말이 있다. 이건 너와 나 둘만의 비밀이야. 알아들었지?"

그러고는 촌장은 너한테 모든 걸 털어놓았어.

"마을 사람들은 지금 무슨 일이 벌어지는지 몰라. 후펜은 반년 전에 골짜기 주변의 땅을 모두 샀단다. 그 땅은 니더바흐 수도원이 소유하고 있었지. 휜하우젠은 그 전에 미리 사 놓았고. 골짜기 마을 가운데 휜하우젠이 가장 컸거든. 그게 네 삼촌과 무슨 상관이냐고 묻고 싶겠지. 내가 알아듣게 설명해 주지. 골짜기 주변의 땅을 판 수도원은 후펜에게 수렵 소유권과 수목 소유권에 대해 지불할 것을 요구했어. 골짜기에는 밭만 있는 게 아니니까. 숲도 있고 사람들이 지나가는 길도 있고 산과 숲에서 나는 열매도 있는데, 그게 다 재산이지. 골짜기를 지나는 이방인들에게서 통행료를 받을 수도 있고 산에서 나는 열매를 시장에 내다 팔 수도 있지. 그래서 니더바흐 수도원은 후펜에게 별도로 돈을 내라고 한 거야. 하지만 후펜은 돈이 없었어. 그래서 골짜기에 있는 마을 사람들에게서 세금을 거둬들이려 했어. 가장 큰 타격을 받은 건 휜하우젠이었고. 우리는 후펜에게 세금 지불 기간을 늦춰 달라고 부탁했어. 그랬더니 그 사람은 버럭 화를 냈어. 날씨가 좋지 않아 수확량은 얼마 되지도 않았어. 밭에서 거둬들인 건 몽땅 후펜이 가져갔고. 그때였어. 너희 삼촌이 세상을 떠난 거야. 우리는 네 삼촌 밭에서 난 곡식을 거둬들여 세금을 냈지. 다른 방법이 없었어.”

“그래서요?”

“그러고 나서 얼마 뒤 네가 왔어. 우리는 널 휜하우젠에서 쫓아내려고 했어. 삼촌네 집 지붕을 덮고 있던 지푸라기 더미는 우리가 밭에 가져다 뿌려 버렸어. 우린 네가 어리니까 아무것도 모를 거라고 생각했어. 엉망진창인 걸 보고 다시 고향으로 돌아갈 거라고 생각했지. 그런데 너는 모든 걸 알아채고도 고향으로 돌아갈 생각을 안 했어. 네가 휜하우젠으로 온 뒤 하루도 조용할 날이 없었어. 게다가 이제는 후펜 기사를 찾아가겠다고까지 하니 정말 난감하구나. 그가 자기 성에 새로운 탑을 짓는다더구나. 그러면 부역도 늘어날 거야. 상황이 아주 나빠.”

“그래서 삼촌 농기구와 밭을 다 빼앗았다고요?”

“내 이야기를 끝까지 들어 봐라. 후펜 기사처럼 권력을 지닌 사람 앞에서 우리는 아무 힘도 쓰지 못한단다. 그저 시키는 대로 할 뿐이지. 후펜이 이 사실을 알면 휜하우젠 사람들은 모두 벌을 받을 거야. 어쩌면 골짜기 마을 전체가 피해를 입을 수도 있어. 그리고 세금을 더 많이 거둬들이려 할 거야. 그럼 우린 굶어 죽을걸. 이제 내가 무슨 말을 하려는지 알겠니? 입 다물고 조용히 있는 게 우리 모두가 사는 길이야.”

“그럼 제 밭은 어쩌고요.”

"내일 나랑 밭에 가서 밭 경계선을 바꾸자. 네 삼촌 밭이 얼마나 되는지 알려 주마. 내가 부리는 일꾼도 함께 데려갈 테니 안심해도 괜찮다."

"밭은 그렇다 치고 쟁기와 황소는요?"

"내가 돌려줄 수 있는 건 밭뿐이야. 쟁기와 황소는 나도 모른다."

겨울 경작지에 삼촌은 넓은 밭을 갖고 있었어. 이제 그 밭은 모두 네 차지고. 삼촌의 쟁기와 소에 묶는 끈도 다시 찾았지.

마을 사람들은 양심에 찔렸는지 곡식 씨앗도 주었어. 연신 엉덩이를 긁어 대던 우츠는 네가 밭을 가는 일까지 도와주었지. 울프는 닭을, 카를만은 염소 두 마리를 돌려줬어. 프리츠는 송아지를 주었어.

모든 게 잘 해결되었어. 그리고 넌 로스비타에게 예쁘게 말린 꽃다발을 보냈어. 내년 여름에는 로스비타 아버지와 이야기해서 로스비타를 데려올 생각이지.

너는 이번 일로 권리를 찾으려면 행운도 따라야 한다는 걸 깨달았어.

제6장

강가에서
맞이한 최후

신성 로마 제국의 프리드리히 1세는 붉은 수염이 유달리 눈에 띄어서 붉은 수염을 뜻하는 '바르바로사'라는 별명이 붙었다. 프리드리히 바르바로사 황제는 옛 로마 제국의 명성과 영광을 재현하기 위해 온 힘을 기울였다. 그리하여 수차례에 걸친 전투 끝에 북이탈리아를 점령하고 12세기 유럽의 최고 통치자로 자리매김했다. 그러나 바르바로사 황제는 여기서 만족하지 않고 더 큰 계획을 추진했다.

1189년 5월 11일 바르바로사 황제는 레겐스부르크에서 제3차 십자군 원정을 소집해 이슬람 교도들에게 빼앗긴 성지 예루살렘을 탈환하기 위해 동방을 향해 진군했다. 예루살렘을 탈환하는 것은 기독교의 구원을 의미했기 때문에 유럽 여러 나라가 십자군에 참여했다. 비기독교인들에게서 성지를 탈환함으로써 동방에서 서유럽 국가들의 영향력을 강화할 목적도 숨어 있었다. 이슬람 교도는 동로마 제국뿐만 아니라 예루살렘부터 시작되는 신의 구원을 위협하는 존재였다.

이슬람 교도의 세력을 견제하기 위해 유럽 국가들이 힘을 모아 성지 탈환 작전을 펼친 것이다. 프리드리히 바르바로사 황제는 선봉으로 군사들을 이끌고 소아시아로 진격해, 나중에 배를 타고 예루살렘으로 쳐들어올 십자군 군대에게 길을 터 줄 생각이었다. 사자심왕(獅子心王)이라는 별명이 붙은 영국의 리처드 1세와 프랑스의 필리프 2세는 군대를 이끌고 해로를 통해 예루살렘으로 진격했다.

바르바로사 황제가 이끄는 군사들은 소아시아를 정복하여 곧 성지를 탈환할 수 있으리라 생각했다. 그러나 모든 희망이 물거품이 되는 사건이 벌어지고 만다.

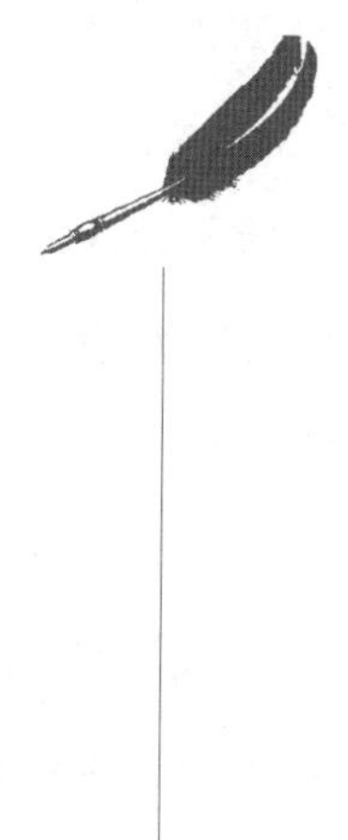

프리드리히 바르바로사 황제가 이끌던 군사들 가운데 살아남아 고국으로 돌아온 이는 얼마 되지 않았다. 나도 살아남은 사람 가운데 한 명이다. 그런데 내가 살아남은 이유는 뭘까? 나도 잘 모르겠다. 나와 함께 고향으로 돌아가던 사람들은 발칸 지역 도적 떼들에게 공격당해 목숨을 잃거나 굶어 죽기도 했고 화살에 맞아 죽었다. 십자군 군사들은 대부분 전투 중에 사망하거나 토로스 산맥 계곡에서 떨어져 죽었다. 안티오키아(터키 '안타키아'의 옛 라틴 어 이름—옮긴이), 트리폴리, 아크레에 도착하기 전에 열병을 앓다가 저세상으로 간 사람도 많았다. 적들이 쏘는 화살을 피해 도망간다 해도 결국 인질로 체포되거나 노예 신세가 되었다. 고국으로 돌아가다가 바다에 빠져 죽기도 했다.

내가 살아서 고향으로 돌아온 이유는 성지를 탈환하러 동방으로 간 기독교도들이 맞은 비참한 최후를 전하기 위해서인지도 모른다. 나는 십자군 원정의 산 증인인 셈이다.

바르바로사 황제는 신의 계시에 따라 술탄 살라딘에게서 예루살렘을 해방하기 위해 제3차 십자군 원정을 소집했다. 황제는 야만인 같은 이슬람 교도들의 손아귀에 들어간 예수 그리스도의 십자가를 되찾으려 했다. 인류를 구원하기 위해 그리스도가 못 박혀 돌아가신 십자가를 이교도들 손에 넘겨줄 수는 없었기 때문이다.

1189년 5월 레겐스부르크에서 바르바로사 황제가 이끄는 군대가 예루살렘으로 출발했다. 7월까지는 신의 도움으로 가는 곳마다 환대를 받았고 헝가리까지 무사히 통과할 수 있었다. 그러나 불가리아에서 첫 번째 시련이 닥쳤다. 불가리아의 숲을 통과할 때 갑자기 적군의 공격을 받았다. 우리는 그들의 정체도 파악하지 못한 채 싸워야 했다. 그러나 신께 구원받을 수 있다는 일념으로 고통을 이겨 냈다. 신앙심, 그것이야말로 위험을 무릅쓰고 십자군 원정에 참여한 동기였다.

불가리아를 지나서도 위협은 계속되었다. 그리스 인들과 충돌이 끊이지 않았으나 바르바로사 황제가 현명하게 대처한 덕분에 부활절에 보스포루스 해협을 지나 갈리폴리 부근에 도착할 수 있었다. 우리는 덥고 척박하고 산이 많은 소아시아의 여러 나라를 지나왔다. 시체를 먹고 사는 콘도르 떼가 십자군 군대의 머리 위를 맴돌며 적들의 죽음을 알렸다. 적의 죽음은 곧 우리 기독교도의 승리를 뜻했으며, 기독교의 승리는 영원한 생명을 뜻했다. 절벽에서, 골짜기에서, 산꼭대기에서 적들의 화살이 날아왔고 칼을 들고 달려드는 적군과 맞서 싸워야 했다. 우리에게 무엇보다 필요한 것은 물과 빵이었다. 여러 번 적군과 대적했지만 규모가 큰 전투는 벌어지지 않았다. 이슬람 교도들은 우리처럼 군대를 형성해 싸우는 것이 아니라 소규모 단위로 무리를 지어 공격해 왔다. 그리고 우리가 힘이 센 것을 감지하고는 금방 모습을 감췄다. 기사들이 싸우는 방식과는 전혀 달랐다.

그러나 이코니움에서 큰 전투가 벌어졌다. 이코니움은 사도 바울이 살던 곳이다. 성부와 성자와 성신의 은총을 받은 바르바로사 황제는 뛰어난 용병술을 발휘해 킬리지 아르슬란 2세가 이끄는 이슬람 군대를 물리쳤다. 이코니움 전투에서 수많은 이슬람 군사가 목숨을 잃었다. 우리는 그들의 성에서 엄청난 양의 보물을 가져왔다. 십자군 원정에 드는 비용을 충당할 만큼 많았다.

이코니움 전투 후에 우리는 소금으로 뒤덮인 메마른 평원을 지나 더위와 갈증과 싸우며 토로스 산맥 뒤편에 도착했다. 그곳에는 사도 바울이 태어난 타르수스가 있었다. 강하게 내리쬐는 햇볕과 살인적인 더위를 견디며 가파른 산을 올라갔다. 그런데 참 희한하게도 산 정상에는 눈이 하얗게 쌓여 있었다. 산 위로 올라가니 기독교를 믿는 지역에 도착할 수 있었다. 셀루시아에 사는 아르메니아 지도자는 군사들에게 먹을 것을 내주었고 황제와 주교들과 제후들에게는 잠자리를 마련해 주었다.

예루살렘으로 가는 산 몇 개만 더 넘으면 햇살에 반짝이는 바다와 하느님의 나라가 보이리라. 우리가 항상 영혼 속에 그리던 하느님의 나라인 예루살렘에 곧 도착할 것이다.

　군사들은 마치 산양이라도 된 듯 해안을 따라 이어진 산을 기어 올라갔다. 덤불숲과 거친 수풀을 헤치고 암벽과 바위를 지나 개울과 강을 건너 앞으로 나아갔다. 명예와 신의 은총을 얻기 위해 이를 악물었다.

　셀루시아를 출발해 반나절만 더 가면 소아시아를 횡단할 수 있었다. 바위들이 널린 절벽 위에서 살레프 강이 가파른 절벽을 따라 흘렀다. 살레프 강은 산을 지나 바다로 흘렀다.

　산을 오를 때보다 내려갈 때가 더 힘들었다. 산등성이를 타고 평지로 내려갈 때는 마치 불가마 속을 걷는 듯했다. 더위를 견디며 우리는 살레프 강으로 향했다.

　살레프 강에 도착하면 강바람이 불 테니 더위를 식힐 수 있으리라 생각했다. 그러나 예상은 빗나갔다. 상쾌한 바람이 불 거라 생각했는데 분지 지역이어서 뜨거운 공기가 밖으로 빠져나가지 못했다. 뜨거운 볕이 내리쬐어 지면에서 열이 났다. 찜통더위였다. 그늘을 찾아보았지만 나무 한 그루 보이지 않았다. 가시덤불만이 마맛자국 같은 그림자를 드리울 뿐이었다.

　지옥의 불덩이도 그렇게 뜨겁지는 않으리라. 하지만 언젠가 이 끔찍한 더위도 가실 거라는 희망 또한 잃지 않았다. 나이가 지긋한 바르바로사 황제도 불평 한번 하지 않는데 젊은 우리가 투정을 부릴 수는 없었다. 모두 그 정도 각오도 없이 제 발로 황제를 따라 십자군 원정 길에 오르지는 않았을 것이다.

　바르바로사 황제는 우리 모두에게 아버지 같은 존재였다. 십자군 군사들뿐 아니라 십자군을 따라 나선 순례자들에게도 아버지처럼 대해 주었다. 순례자들이 원정에 참가하겠다고 하자 바르바로사 황제는 그들은 짐이 될 뿐인데도 흔쾌히 허락해 주었다. 심지어 순례자 무리 속에는 여자들도 있었다. 군사들에게 제공될 식량과 무기도 부족한데 순례자들까지 데리고 원정을 떠난다는 것은 쉬운 일이 아니었다. 그러나 너그러운 바르바로사 황제는 함께 예루살렘으로 가겠다고 나서는 순례자들을 마다하지 않았다.

토로스 산맥을 내려오는 일은 말할 수 없이 힘들었다. 그래서 우리는 소부대를 편성해 따로

눈에 띄는 붉은 수염 때문에 '바르바로사'라는 별명이 붙은 프리드리히 1세.

길을 찾아 내려오기로 했다. 어떤 부대는 가시덤불을 헤치며 바위산을 타고 내려갔고, 어떤 부대는 살레프 강을 따라 이어진 해안 절벽으로 갔다. 가파른 절벽에서 떨어지지 않으려면 조심해야 했다. 손과 발이 바위와 가시덤불에 찢기고 긁혀 상처투성이였다. 말을 타고 있던 사람들은 말에서 내려와 고삐를 끌고 걸어가야만 했다.

주교들과 수도원 원장들, 백작들도 득실거리는 모기 떼를 쫓으며 간신히 기어서 절벽을 타고 내려갔다. 산길이 하도 험해 산양조차 살지 않았다. 주교들은 나이가 많아서 말에 올라탈 때도 다른 사람들의 부축을 받아야 했다. 그런 주교들이 먼 길을 따라 나섰으니 군사들에게 짐 하나가 는

셈이었다. 주교들 역시 일반 군사들처럼 신의 은총을 찾아 고생을 자초한 것이다.

십자군의 깃발과 각 지역 제후들의 깃발만이 쓸쓸하게 휘날리고 있었다. 위풍당당하게 깃발을 뒤따르던 군사 행렬은 없었다. 그저 떨어지지 않으려고 절벽에 붙어 산을 내려가는 지친 군사들의 모습만 보일 뿐이었다.

그래도 조금만 더 참으면 고생의 대가를 얻으리라 생각했다. 조금만 더 가면 모두가 가슴속에 품고 있던 소망이 실현되리라고. 예루살렘의 성벽을 박차고 들어가 이슬람 교도에게서 성스러운 도시를 탈환하는 것이다. 예루살렘 곳곳에 예수 그리스도가 기적을 행한 곳을 기리는 장소가 마련되어 있었다. 사람들은 그리스도의 기적을 되새기며 묵상을 했다. 장님의 눈을 뜨게 하신 곳, 절름발이를 다시 걷게 하신 곳, 십자가에 못 박혀 돌아가신 곳, 돌무덤에 묻히신 뒤 다시 부활하신 곳, 그곳이 바로 예루살렘이었다. 그곳에서 예수 그리스도는 이 땅에 하느님의 나라를 세우겠다고 하셨다. 유럽 여러 국가의 지배자들은 이교도들에게 빼앗긴 성지를 되찾으려 갖은 노력을 했다. 위대한 바르바로사 황제가 그 일을 해낼 것이다. 성지를 탈환하기 위해 벌이는 모든 전쟁은 신의 구원과 은총을 얻기 위한 것이었다.

앞으로 이틀만 더 고생하면 예루살렘에 도착한다. 그리고 이슬람 교도들과 전투를 벌여 승리를 거두면 염원하던 성지 탈환에 성공하는 것이다. 그렇게 되면 모든 기독교도가 오랫동안 숙원한 일이 이루어진다!

그러나 뜻하지 않은 일이 벌어지고 말았다.

황제를 가까이에서 모시던 호위 부대는 우연히 황제가 신분이 높은 다른 이들과 언성을 높이며 이야기하는 것을 들었다. 그날은 7월 10일이었다. 무슨 이야기를 하는지는 들을 수 없었지만 험악한 말이 오가는 건 분명했다. 바르바로사 황제의 붉은 수염이 햇빛을 받아 반짝거렸다. 황제는 팔을 뻗어 이곳저곳을 가리키더니 강 반대편을 향해 손짓을 고정했다. 짐작건대 황제는 강 반대편으로 가는 것이 좋겠다고 말했을 것이다. 강 반대편 해안선을 따라가는 편이 험악한 산길로 가는 것보다 유리할 듯했으니까. 하지만 황제 주변에 서 있는 사람들은 발아래 소용돌이치는 살레프 강을 가리켰다. 토로스 산맥의 눈이 녹으면 그 물이 살레프 강으로 흘러 들어간다.

황제는 살인적인 더위를 식히기 위해 강물로 뛰어들려는 걸까? 아니면 가파른 절벽을 피해 강 반대편으로 가려는 걸까? 그것도 아니면 절벽으로 가는 대신 헤엄쳐 가는 편이 더 편하다고 생각했을까? 바르바로사 황제는 수영을 아주 잘하니까 그럴지도 몰랐다.

황제는 외투와 신발을 벗더니 순식간에 강물로 뛰어들었다. 그러고는 자취를 감추었다.

가까이 있던 근위병, 제후, 군사, 백작, 주교, 수사 할 것 없이 모두가 강물로 뛰어들어 황제를 찾기 시작했다. 나는 멀리 떨어져 있었기 때문에 발만 동동 구르며 바라볼 수밖에 없었다. 한참 뒤 황제를 물에서 건져 올렸지만 이미 숨이 끊어진 상태였다.

예수 그리스도가 돌아가신 뒤 부활했듯 바르바로사 황제도 다시 살아날지 모른다고 생각했지만, 그런 일은 벌어지지 않았다.

비보를 전해야 하는 내 마음은 무겁기만 하다. 신은 왜 하필 바르바로사 황제를 죽음으로 이끄셨을까? 신의 계시를 받들기 위해 온갖 고통을 참아 낸 황제의 목숨을 거두어 가신 이유는 무엇이었을까? 그 이유를 아는 이는 신뿐이리라.

우리는 어쩔 수 없이 황제의 시신을 나누어 안티오키아, 티레, 타르수스에 묻었다.

우리는 훌륭한 지도자를 잃고 깊은 슬픔에 잠겼다. 이제 우리에게 신의 구원과 은총은 없었다. 아버지 같던 황제가 저세상으로 떠난 뒤 천국의 문이 닫혀 버린 듯했다.

아버지를 잃고 뿔뿔이 흩어진 형제들처럼 십자군 군대는 우왕좌왕했고 불행이 연이어 닥쳐 왔다. 수많은 군사뿐 아니라 바르바로사 황제의 아들도 열병으로 목숨을 잃었다. 열병은 갑자기 몸 안에 들어온 악마처럼 우리를 괴롭혔다.

우리의 육신을 괴롭히던 악마는 영혼마저 병들게 했다. 십자군 원정에 참가한 제후들이 다투기 시작했고 백작들과 왕들이 심한 말로 서로를 모욕했다. 그들에게 영혼의 구원은 더 이상 중요하지 않았다. 그보다는 더 큰 권력을 차지하는 데만 힘을 쏟았다. 십자군 원정은 본래 목적을 상실했고, 아직 목적을 달성하지도 않았는데 사람들은 더 좋은 관직과 더 넓은 영토를 차지하기 위해 혈안이 되었다.

결국 바르바로사 황제의 통솔 아래 한데 뭉친 십자군 군대는 결속력을 잃고 분열되었다. 이슬람 군대가 오합지졸이 된 십자군을 물리치는 것은 식은 죽 먹기였다. 십자군 군사들은 이슬람 군대의 손에 죽거나 노예로 전락하고 말았다.

　위풍당당하던 십자군은 떨어지는 낙엽 꼴이었다. 살아남아 고향으로 돌아온 사람은 얼마 되지 않았다. 이들은 어떤 일을 겪었는지 사람들에게 알릴 의무가 있었다. 하지만 목이 메고 가슴이 무너지는 것처럼 슬퍼서 입이 떨어지지 않았다.

황녀 이레네

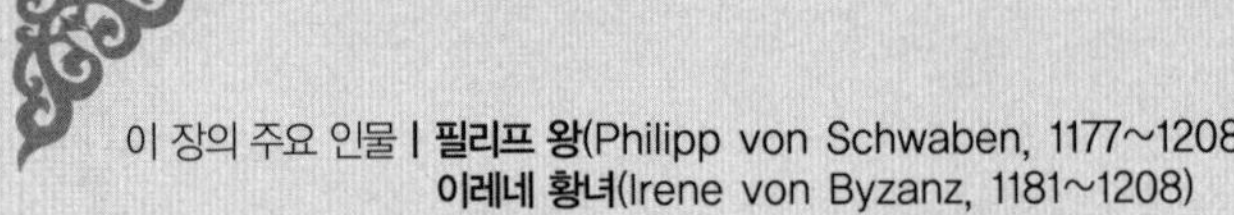

1190년 프리드리히 바르바로사가 사망한 뒤 그의 후계자들은 신성 로마 제국의 힘을 키우려고 노력했다. 바르바로사 황제의 아들 하인리히 6세는 정치적인 계획에 따라 시칠리아 국왕의 딸 콘스탄체와 혼인했다. 그 결과 하인리히 6세는 남부 이탈리아에서 영향력을 높이고 시칠리아 왕위도 물려받았다. 왕실 간의 정략혼인은 신성 로마 제국의 세력을 확장할 수 있는 가능성을 넓혀 주었다. 이러한 이유로 바르바로사 황제의 막내아들 필리프는 1197년에 동로마 제국 황제의 딸 이레네와 혼인했다.

그리고 얼마 뒤 하인리히 6세가 갑자기 세상을 떠나자 필리프가 독일의 왕으로 선출되었다. 이로써 서로마 제국과 동로마 제국은 역사에 유례없이 가까운 사이가 되었다.

그러나 동로마 제국은 이슬람 교도에게 위협을 받고 있었다. 이슬람 군대가 동로마 제국의 경계를 넘어 신성한 나라를 정복했기 때문이다. 이슬람 군대는 소아시아까지 진격했고, 콘스탄티노플마저 함락되기 직전이었다. 이슬람 교도를 물리치고 성지를 탈환하기 위해 세 차례에 걸쳐 십자군을 파견했으나 성과를 거두지 못했고, 동로마 제국도 서로마 제국의 지속적인 도움을 받을 수 없었다. 게다가 동로마 제국 내부에서도 권력 다툼이 벌어져 나라가 혼란에 빠졌다. 서로마 제국 역시 권력 다툼으로 얼룩져 있었다. 하인리히 6세가 사망한 뒤 필리프는 왕관을 손에 넣었으나 반대 세력과의 갈등을 피할 수는 없었다. 권력을 차지하기 위한 다툼은 끊임없는 폭력을 낳았다. 동로마 황제의 딸 이레네는 시칠리아 왕국에서 머물다가 낯선 독일 땅으로 왔다. 황녀도 권력 다툼에 휘말려 두 거대한 제국이 피로 얼룩진 채 권력을 차지하려는 것을 지켜보았다. 혼란스러운 시기에 평화를 염원하는 마음으로 왕비에게 이레네라는 이름이 붙여졌다. 이레네는 평화를 뜻하는 말이었다.

당시 동로마 제국과 서로마 제국의 상황을 기록한 편지 두 통이 있다. 첫 번째 편지는 비잔틴 제국의 고문관이 여동생 엘레나에게 보낸 편지다. 고문관은 콘스탄티노플의 귀족 집안 출신이었다. 편지를 보면 고문관이 학식 있는 체하는 사람임을 알 수 있다. 그는 일반적으로 사용하지 않는 어휘를 만들어 쓰기도 했고, 구닥다리 문체를 사용했다.

두 번째 편지는 엘레나가 오빠에게 보낸 편지다. 그녀는 사촌인 이레네 황녀를 따라 바다를 건너 독일로 갔다. 두 사람은 편지에서 이미 오래전부터 쓰지 않은 거창한 호칭을 사용한다.

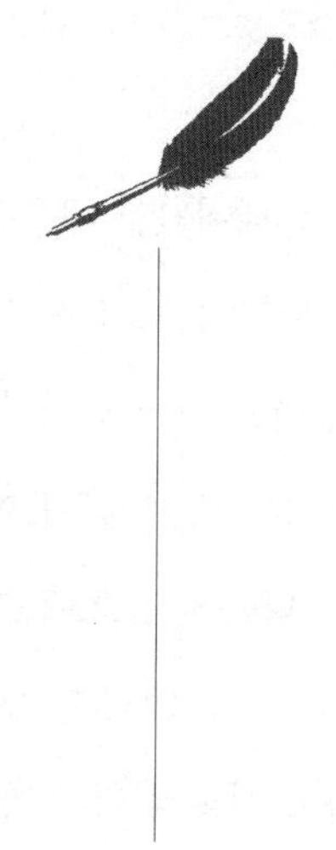

1205년, 콘스탄티노플

비잔틴 제국의 고문관 에반겔로스 콤네노스가

사랑하는 여동생 엘레나 콤네노스에게 보내는 편지

사랑하는 내 여동생 엘레나, 신의 가호가 너와 함께하길 빈다.

사랑하는 동생에게 편지를 쓰는 일은 즐거운 일이지만 안타깝게도 너에게 기쁜 소식을 전할 수가 없구나. 마음 같아서는 붉은 양피지에 금색 잉크로 편지를 쓰고 싶지만 이렇게 어려운 상황에서 그건 사치지. 우리 가문의 영광도 자취를 감추어 버렸단다. 예전엔 우리 집안도 남부럽지 않은 권력을 누렸지만 지금은 예전 같지 않구나.

비잔틴 제국의 황금기는 지나가 버린 것 같다. 네가 황녀님을 따라 추운 독일로 떠난 뒤 찬란한 영광으로 빛나던 콘스탄티노플은 그 빛을 잃어버렸단다.

난 이레네 황녀님이 세상에 태어났을 때부터 황녀님이 성장하는 모습을 쭉 지켜봤지. 나는 외국에서 온 사신조차 집무실에 들인 적이 없지만, 말이 없던 황녀님이 찾아오는 건 참을 수 있었단다. 황녀님은 아주 사랑스러웠어. 특히 큰 눈으로 나를 바라볼 때면 말로 표현할 수 없이 사랑스러웠지.

황녀님이 일곱 살 때였어. 나는 상인으로 변장해 비밀을 캐내려 한 반역자에 관해 황제와 이야기를 나누고 있었지. 난 작은 소리로 황제에게 반역자를 처형해야 한다고 말하고 서둘러 다른 용건으로 넘어가려고 했어. 그런데 옆에서 조용히 놀고 있던 황녀님이 갑자기 내 옷을 잡아당기더니 옷자락을 놓지 않았어. 그러고는 까맣고 커다란 눈망울로 나를 나무라듯 쳐다보았지. 난 아직도 그때 나를 바라보던 황녀님의 눈을 잊을 수가 없단다.

이레네는 평화라는 뜻이지.

그 뒤로 난 황녀님이 옆에 계시면 황제에게 무력으로 문제를 해결하라고 권할 수 없었어. 황녀님은 정치에 대한 발언권이 없었어. 하지만 황녀님의 눈빛은 묘한 힘을 발산했단다. 거역할 수 없는.

그러나 제국을 지키려면 폭력을 피할 수 없는 법이란다.

황녀님은 성장한 뒤로는 내 집무실에 잘 찾아오지 않아 나는 마음 놓고 일할 수 있었어. 황녀의 신분이라 해도 제국 회의에서 발언할 수 있는 권한은 없었지. 하지만 이레네 황녀님은 눈으로 말을 했어. 그 크고 검은 두 눈으로 말이야. 한편으론 황녀님이 예전처럼 내게 잘 찾아오지 않아 서운하기도 했어. 나이가 들수록 황녀님처럼 사랑스러운 분이 부드러운 목소리로 말을 걸어 주는 게 정말 좋았거든.

이레네 황녀님이 시칠리아 왕국의 여왕으로 즉위하면 우리 비잔틴 제국의 세력을 확장할 수 있었어. 그게 내가 세운 계획이었지. 그 계획대로 이레네 황녀님은 시칠리아 왕국의 여왕이 되셨지만 황녀님의 남편이던 로제르 왕이 세상을 떠나고 말았어.

그래서 나는 새로운 계획을 세웠지. 이번엔 황녀님이 호엔슈타우펜 왕가의 필리프와 혼인하는 것이었어. 필리프는 신성 로마 제국의 황제 하인리히 6세의 동생이자 위대한 바르바로사 황제의 막내아들이었지. 너한테는 항상 내 계획을 말했으니까 너도 잘 알 거야. 나는 필리프 황자와 이레네 황녀님의 혼인으로 우리 비잔틴 제국의 세력이 확장되길 바랐어.

그런데 그해 하인리히 6세가 갑자기 저세상으로 가 버렸지. 이거다 싶었어. 필리프 왕이 그의 아버지 바르바로사 황제처럼 신성 로마 제국의

하인리히 6세.

황제가 된다면 이레네 황녀님이 언젠가 여제가 될 수 있을 거라고 생각했어. 독일 민족이 지배하던 로마도 황녀님 차지가 될 거라고 말이지. 그리고 서로마 제국과 동로마 제국이 통일되어 옛 로마 제국의 명성을 되찾으리라 생각했어. 그렇게만 된다면 내가 꾸민 정략혼인 계획이 제대로 효력을 발휘하는 거지. 그리고 나는 대제국의 고문관 자리에 오르게 되고. 지난 몇 년 동안 비잔틴 제국의 정치 상황이 좋지 않았지만 나는 굳건하게 고문관 자리를 지켰어. 내가 세운 계획도 성과를 거두었고. 이제부터 무슨 일이 있었는지 자세히 말해 주마.

내가 세운 계획의 이름은 '이레네 계획'이었어. 그러니까 평화 계획이라는 뜻이지. 난 전쟁으로 세력을 확장하는 것이 아니라 정략혼인으로 우리 비잔틴 제국의 세력을 넓히려고 했어. 내가 생각해 낸 다른 계획들은 모두 수포로 돌아갔지. 심지어 내 계획 때문에 제국에 분란이 일기도 했단다. 그래도 이레네 계획이 성공할 때까지 난 포기하지 않을 거야.

비잔틴 제국에서 벌어진 불행에 대해 이야기해 줄 테니, 이레네 황녀님께도 그 소식을 전해 다오. 그리고 황녀님이 제국을 위해 힘 좀 써 주십사 부탁해 주었으면 좋겠구나. 황녀님이라면 모든 것을 원상태로 되돌릴 수 있으실 거야.

나는 소설가처럼 쓸데없이 길게 말하는 사람이 아니니 간략하게 이야기해 주마.

지난 몇 년 동안 난 세 번이나 목숨을 잃을 뻔했단다. 한번은 용병의 칼에 맞아 죽을 뻔했고, 폭도들에게 잡혀 쇠사슬이 채워진 채 감옥에 갇히기도 했지. 단두대에서 처형당할 고비를 넘기기도 했단다.

내가 너무 두서없이 이야기한 것 같구나. 네가 상황을 이해하려면 우선 비잔틴 제국의 정치 상황에 대해 설명해야겠군.

제국에 불행이 찾아온 건 이미 백 년도 넘은 일이란다. 이슬람 교도들이 동쪽 경계선을 넘어 쳐들어왔어. 그리고 점점 우리 땅을 빼앗아 갔단다. 어쩔 수 없이 서로마 제국의 도움을 받아야 했지. 그래서 로마의 교황, 프랑스, 영국, 신성 로마 제국에 도움을 청했어.

로마 제국이 동서로 나뉜 지 수백 년이 지났지. 그 세월만큼 두 제국 사이도 멀어졌고. 로마 교황과 콘스탄티노플 총대주교의 권력 다툼을 시작으로 동서 로마 제국의 골이 깊어졌어. 그다음엔 콘스탄티노플과 베네치아 사이에 무역 전쟁이 벌어졌고. 그 뒤엔 신앙 문제로 갈등이 생겼고 안료, 비단, 유황과 리넨을 둘러싼 해상 전투가 발발했단다. 세 번에 걸친 서로마 제국의 십자군 원정으로 드디어 도움을 받을 수 있으리라 생각했지만 십자군 원정은 이렇다 할 성과를 거두지 못했어. 권력을 둘러싸고 십자군 내부의 갈등이 끊이질 않았거든.

우리의 적은 이슬람 교도만이 아니었어. 제국 안에도 적은 도사리고 있었단다. 형제간의 갈등, 아버지와 아들 간의 갈등, 황제와 황제 간의 갈등이 줄을 이었고 폭력은 또 다른 폭력을 낳았단다.

내부 갈등이 빚은 폭력 사태를 진정시키기 위해 난 갖은 꾀를 내어 계획을 세웠지만 모두 실패하고 말았어.

지금 생각해 보면 우리에게 부족한 점은 사랑이었어. 사랑의 힘은 우리가 생각하는 것보다 훨씬 강하단다. 이레네 황녀님만 계셨다면 갈등이 극으로 치닫지는 않았을 거야. 이레네 황녀님은 분명 콘스탄티노플에서 벌어진 분란을 평화롭게 중재하셨을 거야. 난 그렇게 생각한다. 하지만 예전 처럼 되돌리기엔 너무 늦어 버렸지.

동로마 제국과 서로마 제국의 통일만이 혼란을 막을 유일한 희망이란 다. 그러니까 내가 세운 이레네 계획만 성공한다면 모든 것이 제자리를 찾 을 거야. 황녀님의 오빠인 비잔틴 제국의 황제 알렉시우스 4세가 암살당한 지금, 우리의 유일한 희망은 독일에 살고 계시는 이레네 황녀님뿐이란다.

콘스탄티노플에는 황제 자리를 둘러싼 암투 때문에 불행의 회오리바람 이 불었단다.

알렉시우스 앙겔루스는 반란을 일으켜 친형 이사키우스 2세를 퇴위시 켰어. 나는 이사키우스 황제의 고문관으로서 황제에게 사람을 시켜 경쟁 자들을 없애 버려야 황제의 자리도 목숨도 지킬 수 있다고 조언했단다. 하 지만 이사키우스 황제는 내 말을 무시했어. 그게 불행을 부른 거야. 결국 알렉시우스는 민중과 결탁해 폭동을 일으켰고 폭도들을 매수해 이사키우 스 황제를 강제로 끌어내렸지. 제국의 고문관으로 일하며 아무것도 할 수 없었던 건 그때가 처음이었어.

노르만 족 출신 보초들이 이사키우스 황제를 배반했을 때 나도 궁전 안 에 있었어. 그들은 무기로 단단히 무장하고 황금으로 장식된 황제의 방으 로 쳐들어왔어. 그들은 다 합쳐 봤자 열두 명 정도였지만 이슬람 군대 한 부대 정도의 힘을 발휘했지. 워낙 순식간에 벌어진 일이라 난 문을 잠글 틈도 없었어.

폭도들이 황제의 수염을 잡고 바닥에 내동댕이칠 때 난 커튼 뒤에 숨어 있었어. 보초병 대장이 금실로 수놓아진 황제의 붉은 망토를 잡아채며 말했어.

"이 비단옷은 내 애인한테 줘야겠네."

그가 눈짓을 하자 부하들은 방 안에 걸린 비단 커튼이며 양탄자를 모조리 쓸어 모았어. 그리고 칼로 보석들을 다 빼내고 진주와 금이 박힌 책의 가죽 장정을 찢었어. 그런 다음 황제를 끌고 어디론가 사라졌지.

그때였어. 누군가 내가 숨은 커튼을 들췄어.

"이건 또 누구신가?"

폭도 한 명이 비아냥거리며 말했지.

"이자도 끌고 가!"

폭도 한 명이 나한테 칼을 겨누고 멱살을 잡았어.

위급한 상황이긴 했지만 난 체면을 잃지 않으려고 냉정히 팔을 뿌리치고 옷에 잡힌 주름을 폈어. 그들에게 휘말리면 안 된다고 생각했지. 수염을 쓸어내리면서 등을 꼿꼿이 펴고 폭도들의 대장을 똑바로 쳐다봤어. 기가 눌리면 지는 거니까.

"자네들 지금 무슨 짓을 하는 겐가? 어느 누구도 제국의 고문관을 죽일 수는 없다! 나를 죽이면 너희만 손해지. 내가 너희를 도울 수도 있으니까."

나는 되도록 위엄 있는 목소리로 말했어.

"당신이 우리를 위해 뭘 해 줄 수 있다는 겁니까?"

"너희에게 조언을 해 줄 수 있지."

떨고 있는 걸 들키지 않으려고 조심하며 말했어.

"당신 조언 따윈 필요 없습니다."

폭도 한 명이 내 얼굴에 칼을 들이댔어.

난 한 발짝 물러서며 말했지.

"너희에게 도움이 될 만한 것이 있지."

"당신의 조언을 듣던 황제가 감옥에 갇힌 마당에 당신 말이 우리한테 도움이 된다고? 쓸데없는 말 집어치우시오."

"자네는 황제가 내 말을 들었다고 생각하나?"

"저자를 놓아주게."

폭도들의 대장이 말했어. 궁정 안은 몹시 소란스러웠고 결투를 벌이는 소리가 들렸어. 그자는 아마 자기가 훔친 물건을 빼앗길까 봐 두려워 서둘러 도망치려 한 것 같아. 콘스탄티노플에 반란이 일어난 거야.

그렇게 나는 난리 통에서 목숨을 건질 수 있었단다.

이레네 황녀님의 아버지 이사키우스 2세는 친동생 알렉시우스 3세에게 배신당했어. 알렉시우스 3세는 이사키우스 2세의 눈을 칼로 찔러 눈을 멀게 하고 감옥에 가뒀지.

황녀님 오빠인 알렉시우스도 아버지와 마찬가지로 감옥에 갇혔단다. 이사키우스 2세를 몰아내고 황제 자리를 차지한 알렉시우스 3세는 형과 조카를 어떻게 처형하면 좋겠느냐고 자문을 구했단다.

이런 상황이 닥치자 난 이레네 황녀님 생각이 간절했어. 이레네 황녀님이라면 감옥에 갇힌 눈먼 아버지와 오빠를 구할 수 있으리라 믿었거든. 난 감옥 보초에게 금을 주고 매수해 어린 알렉시우스 황자를 구출했어. 그런 다음 밤에 몰래 빠져나가 황자를 베네치아로 가는 배에 태웠단다. 나는 알렉시우스 황자에게 서유럽 제국으로 가서 이레네 황녀님과 필리프 왕에게

도움을 청하라고 말했어. 이사키
우스 황제를 구해야 했으니까.

그러나 난 그리 좋은 고문관이
아니었나 보다. 알렉시우스 황자
가 비잔틴 제국에 불행을 몰고 오
리라곤 생각도 못 했으니.

비잔틴 제국이 권력 다툼으로
얼룩져 있을 때 서로마 제국에서
는 교황 인노켄티우스 3세가 제

인노켄티우스 3세. 그의 재위기간 동안 교황의 권력은 절
정에 달했다.

4차 십자군 원정을 소집하고 있었단다. 이전의 십자군 원정 때처럼 이슬
람 교도를 척결하는 것이 목적이었지. 그리고 베네치아에서는 배와 무기
를 제조했어. 그에 필요한 자금은 기사, 주교, 수도원, 유럽 각국의 제후
들이 마련했지.

그래도 자금은 턱없이 부족했단다. 십자군 원정에 참여할 기사들의 수
도 부족했고.

베네치아에는 주문을 해놓고 대금을 치르지 않은 배와 무기 들이 산더
미처럼 쌓여 있었어.

알렉시우스 황자는 이런 상황을 이용하려 했어. 황자도 나름으로 계획을
세웠지. 물론 나는 황자의 계획에 대해 알지 못했고. 알렉시우스 황자는 나
와 약속한 대로 이레네 황녀와 필리프 왕을 찾아갔어. 하지만 필리프 왕은
황자를 도와줄 수 없었단다. 그도 군사가 필요했기 때문에 비잔틴 제국을

도와줄 여유가 없었어. 그리고 이레네 황녀님은 오빠에게 평화롭게 일을 해결하라고 충고했어. 더는 피를 부르는 다툼이 벌어져서는 안 된다고 말이지. 이 이야기는 내가 황자를 모시라고 딸려 보낸 신하들한테 들었단다.

하지만 알렉시우스 황자는 권력을 원했어.

그래서 황자는 십자군을 찾아가서 베네치아 공화국에 진 빚을 갚겠다고 약속했지. 그 대가로 비잔틴 제국의 황제가 되게 밀어달라고 했단다. 물론 드러내 놓고 말한 건 아니었지. 그냥 감옥에 갇힌 아버지를 구하고 싶다고 했지. 그러나 황자의 본심은 자신이 황제 자리를 차지하는 거였어.

전쟁을 일으킨 사람조차 전쟁이라는 울타리 저편에 무엇이 있는지 예측할 수 없단다. 전쟁이라는 것이 그렇지. 일단 전쟁이 일어나면 예상과는 다른 결과가 벌어지기도 하니까.

1203년 알렉시우스 황자와 밀약을 맺은 십자군은 이슬람 제국으로 진격하는 대신 콘스탄티노플로 왔어.

처음엔 모든 일이 계획대로 진행되는 것 같았어. 내가 증오한 알렉시우스 3세는 트라키아로 정신없이 도망쳤어. 내가 알렉시우스 3세에게 충고했거든. 목숨을 잃고 싶지 않으면 당장 콘스탄티노플을 떠나라고.

내 머릿속에서는 감옥에 갇힌 나이 지긋한 황제 생각이 떠나질 않았어. 내가 모시던 황제였으니까.

그래서 나는 다른 정치적 계획을 세웠지. 그런데 알렉시우스 황자는 아버지를 감옥에서 풀어 주겠다고 약속은 했지만 아버지에게 황제 자리를 돌려주는 대신 자기가 황제가 되었어. 그리고 자신을 알렉시우스 4세로

부르게 했어. 그는 권력욕에 사로잡혀 있었지.

"아버님께서는 이제 앞을 못 보신다네. 그런 분이 어떻게 나라를 다스릴 수 있겠는가?"

"눈이 먼 사람만 앞을 못 보는 건 아니랍니다."

내가 이렇게 말하자 황자는 소리 내어 웃었어.

알렉시우스 4세는 내 조언을 들으려 하지 않았어. 그래서 나는 장님이 된 이사키우스 황제를 모시기로 하고, 반란을 일으켜 이사키우스 님에게 다시 황제의 자리를 돌려주려 했단다. 이젠 내 눈이 황제의 눈이었고 내 말이 황제의 말이나 마찬가지였어.

알렉시우스 4세는 베네치아 공화국에 십자군이 진 빚을 갚아 주겠다는 약속을 지키지 못했어. 내가 방해했거든. 그는 콘스탄티노플에 사는 유대인들에게 돈을 빌리려 했어. 하지만 내가 먼저 비밀리에 그들과 이야기해서 돈을 못 내주게 했지.

십자군은 아직 콘스탄티노플에 머물렀고 알렉시우스 4세에게 약속한 대로 돈을 내놓으라고 요구했어. 게다가 콘스탄티노플 시민들과 십자군 기사 간의 무력 충돌이 끊이지 않았어. 십자군 기사들은 이슬람 사원처럼 보이는 건물에 닥치는 대로 불을 지르고, 심지어 한 구획을 완전히 잿더미로 만들어 버렸지. 십자군과 알렉시우스 4세의 갈등은 날로 심해졌단다. 그 배후에는 내가 있었고.

그때까지만 해도 나는 제국을 조종할 힘을 손에 쥐고 있었던 거지.

그런데 사악한 알렉시우스 3세가 트라키아에 머물면서 민중 반란을 선동했어. 반란의 물결은 점점 거세졌지. 그에게 도망가라고 충고한 건 나였단다. 결국 나 때문에 반란이 일어난 거지. 그리고 나에게 칼을 겨눈 그 노르만족 보초가 알렉시우스 4세를 죽였단다. 아무도 혼란을 막을 수 없었어.

이레네 황녀님이 계셨다면 평화로운 해결 방법을 찾으셨을지도 모르지. 나는 비잔틴 제국을 살리기 위해 내가 할 수 있는 일은 무엇인가 고민하고 또 고민했어.

폭력으로만 의지를 관철할 수 있는 건 아니야. 부드러움과 너그러움으로 문제를 해결할 수도 있어. 또한 그렇게 했을 때 평화가 오랫동안 지속되는 법이고. 폭력은 새로운 폭력을 낳게 마련이거든. 이레네 황녀님은 커다란 눈망울로 나에게 그 깊은 뜻을 알려 주신 거야. 난 이제야 그걸 깨달았단다.

이레네는 황녀님에게 잘 어울리는 이름이었어.

내가 이레네 황녀님의 말에 귀를 기울였다면 상황이 이렇게 나빠지진 않았을까? 그랬다면 일이 악화될 걸 예상할 수 있었을까? 나는 평생 동안 앞으로 닥칠 일을 준비하고 계획을 세웠지. 물론 나는 내 계획을 실천에 옮겼을 때 어떤 결과를 초래할지 미리 생각했어. 그것이 고문관의 일이었으니까. 하지만 이번엔 내 예상이 빗나갔어.

그리고 아무도 예상하지 못한 일이 벌어지고 말았어. 눈먼 이사키우스 황제를 감옥에서 풀어 주려 했을 때 그는 이미 이 세상 사람이 아니었지.

이사키우스 황제가 돌아가신 뒤 아무도 내 조언을 들으려 하지 않았어. 그리고 알렉시우스 3세의 사위가 새 황제로 즉위해 알렉시우스 5세가 되었단다. 알렉시우스 5세는 거친 인상에 눈썹이 유난히 짙은 사람이었어. 그는 전 황제 알렉시우스 4세가 십자군과 한 약속 따위엔 관심이 없었어. 알렉시우스 5세는 영리하지 못했지. 게다가 로마를 적으로 삼았어. 정말 멍청한 사람이었어.

"내가 뭣 때문에 빚을 갚아야 하나? 내가 한 약속도 아닌데 내가 왜 그 빚을 떠안아야 하느냐고!"

"폐하, 그 빚은 폐하가 개인적으로 빌린 돈이 아니라 우리 비잔틴 제국이 진 빚입니다."

내가 알아듣게 설명했지만 콧방귀만 뀌었지. 그리고 콘스탄티노플에 머무는 십자군 기사들을 모조리 쫓아내라고 명령했어.

상황을 지켜보던 베네치아 공화국 귀족들은 십자군 기사들에게 콘스탄티노플을 공격하라고 했어. 1204년 4월 13일에 콘스탄티노플은 십자군 기사들에게 함락되고 말았단다.

우리 비잔틴 제국에 몰아닥친 불행을 어떻게 글로 다 표현할 수 있을까? 콘스탄티노플은 거센 회오리바람으로 무너져 가고 있단다. 십자군 기사들도 비잔틴 제국 사람들과 같은 기독교도인데 어떻게 우리에게 그토록 잔인한 짓을 할 수 있을까? 그들은 악마 같았단다. 수많은 사람을 괴롭히고 잔혹하게 죽였어. 나이가 많건 적건 혼인을 했건 안 했건 여자들을 닥치는 대로 겁탈했지. 황금빛으로 찬란하게 빛나던 콘스탄티노플 궁전은 황폐한 들판으로 변했고 보물이란 보물은 다 챙겨 베네치아로 가져갔단다. 한때 콘스탄티노플을 찬란하게 밝힌 불빛은 사라지고 말았어. 여기저기서 불길이 타올랐고 강도와 살인, 비명만 가득했지. 무능한 알렉시우스 5세는 황제 자리에서 물러날 수밖에 없었고.

콘스탄티노플이 자랑하던 도서관도 파괴되었고 정신적 보물이던 훌륭한 서적들은 불타 없어지고 말았어.

제국의 고문관이 아니라 한 개인으로서 불행을 참아 내기란 그리 어려운 일도 아니고 중요하지도 않았어. 어쨌든 난 아직 살아 있으니까. 마르마라 해변에 있는 우리 별장과 콘스탄티노플에 있는 집도 불타 버렸단다. 비단이며 안료며 다 불타 없어졌단다. 대리석 기둥도 사람들이 훔쳐가 버렸고.

난 십자군 기사들과 베네치아 공화국 귀족들에게 서유럽의 제후를 비잔틴 제국의 황제로 선출하는 게 어떻겠느냐고 말했지. 그러나 그들은 내 조언을 듣지 않았어. 그들은 어떻게 하면 땅을 좀 더 많이 차지할 수 있을까 혈안이 되어 있었거든. 비잔틴 제국의 운명은 안중에도 없었어. 결국 제국 땅을 조각조각 쪼개어 여러 제후가 나눠 가졌어. 그들은 서로를 증오하며 땅덩어리를 두고 싸움을 벌였어. 설상가상으로 이슬람 교도가 쳐들어왔고 비잔틴 제국은 속수무책으로 그들의 공격에 당하기만 했어.

한때 찬란한 영광을 자랑하던 우리 제국은 멸망하기 직전이란다.

그래서 나는 마지막으로 제국을 구해 낼 계획을 세웠단다. 서로마 제국과 동로마 제국의 통일, 그것이야말로 우리가 살 길이지. 신성 로마 제국의 필리프 황제와 비잔틴 제국의 이레네 황녀가 부부의 연을 맺었으니 불가능한 이야기도 아니지. 동서 제국이 통일만 된다면 모든 기독교도의 염원인 성지 예루살렘 탈환도 가능할 거야. 그렇게만 된다면 기독교도들은 영원한 구원과 은총을 받을 것이고.

신의 가호가 너와 황녀님과 함께하길 빈다.

너를 사랑하는 오라비이자 제국의 고문관

에반겔로스 콤네노스

1208년 9월 2일, 슈바벤 호엔슈타우펜 성에서
비잔틴 제국의 고문관인 사랑하는 오라버니
에반겔로스 콤네노스에게

사랑하는 오라버니, 전지전능하신 하느님의 은총이 오라버니와 함께하길 빕니다.

오라버니와 소식이 끊긴 지 벌써 3년이나 되었군요. 그동안 제 상황도 좋지는 않았답니다. 그래서 오라버니에게 소식을 전할 사신을 콘스탄티노플에 보낼 여유가 없었어요.

난리 속에서도 오라버니와 우리 가족이 무사하다니 천만다행이군요. 하느님께 감사 기도를 드려야겠네요. 오라버니가 절 믿고 콘스탄티노플에서 벌어진 일을 말해 주셔서 정말 고맙습니다. 하지만 오라버니의 소식을 듣고 눈물을 멈출 수 없었답니다.

저는 오라버니가 항상 제국을 위해 충성을 다했다는 것도, 유능한 고문관이었다는 것도 잘 알아요. 그런데 오라버니가 서로마 제국에 그렇게 불만을 품고 있는지는 몰랐어요. 안타깝게도 저는 오라버니에게 좋은 소식을 전해 드릴 수가 없네요. 오라버니를 도와드릴 수 없어 마음이 무척 아프군요.

독일도 상황이 좋지 않답니다.

이곳에서도 상상할 수 없는 일들이 벌어졌지요. 오라버니에게 어떻게 설명해야 할지 말문이 막힙니다.

그래요, 제가 황녀님을 따라 비잔틴 제국을 떠난 다음부터 차근차근 이야기하는 게 좋겠어요. 몸은 멀리 떠나 있었지만 제 마음은 마르마라 해변에 있는 우리 별장에 가 있었지요. 파도 소리를 들으며 상쾌한 바닷바람을 즐긴 그 시절이 너무나 그립습니다. 밝은 햇살에 반짝이던 대리석 기둥이며 화려한 모자이크가 눈앞에 선하네요. 잘 익은 무화과의 달콤한 맛과 석류꽃의 부드러운 향기를 다시 느끼고 싶고 교회 종소리와 아름다운 성화들을 다시 보고 싶군요.

다행히 시칠리아에서는 비잔틴 제국의 아름다움을 느낄 수 있었답니다. 이레네 황녀님과 저는 시칠리아에서 꽤 오래 살았지요. 시칠리아 섬은 제 고향 콘스탄티노플처럼 달콤한 향기와 아름다움이 넘치는 곳이었어요. 그뿐만 아니라 비잔틴에서 팔레르모와 몬레알레로 이주한 예술가들이 비잔틴 예술을 시칠리아에 정착시켰답니다. 그런데 불행이 찾아오고 말았어요. 이레네 황녀님의 남편 로제르 왕이 죽었지요.

모든 불행은 시칠리아의 로제르 왕이 콘스탄체 공주를 신성 로마 제국의 하인리히 6세와 혼인시킨 데서 시작되었답니다. 잔인한 하인리히 6세가 시칠리아 섬에서 어떤 끔찍한 일을 했는지 상세히 말하고 싶지는 않아요. 난폭한 사람들이 들이닥쳐 섬을 피바다로 만들었지요.

하인리히 6세는 콘스탄체 황비에게 예시라는 도시의 시장 광장에서 사람들이 지켜보는 가운데 후계자를 분만하라고 강요했어요. 그러면 아무도 콘스탄체 황비가 황위 후계자의 친어머니란 사실을 의심하지 않을 거라면서요.

하인리히 6세가 저지른 만행은 그뿐만이 아니었어요. 당사자의 의견도 묻지 않고 남편을 잃은 이레네 황녀님을 자기 동생 필리프와 혼인시켰지요. 황녀님이 잔인하기 짝이 없는 하인리히 6세의 동생에게 시집가야 한다고 했을 때 전 놀라 기절할 뻔했어요. 유명한 바르바로사 황제의 막내아들이자 슈바벤 공작이던 필리프 님 역시 혼인을 원하지 않았어요. 필리프 님은 수사이자 뷔르츠부르크 주교였거든요. 하지만 황제인 형의 명령을 어길 순 없었답니다. 필리프 님은 자신의 의지와는 상관없이 시칠리아 섬으로 이주했지요.

그런데 희한한 일이 벌어졌어요. 이레네 황녀님과 필리프 님은 처음 본 순간 사랑에 빠졌어요. 이 세상에 필리프 황자와 이레네 황녀님처럼 잘 어울리는 한 쌍은 없을 거예요.

"당신이 이레네군요."

필리프 님이 이레네 황녀님의 손을 잡으며 말했어요.

"당신이 필리프 님이군요."

이레네 황녀님도 필리프의 손을 맞잡고 그의 눈을 바라보았지요.

황녀님의 크고 검은 눈은 행복으로 가득 차 반짝반짝 빛났답니다.

사람들은 모두 두 사람의 혼인을 기뻐했어요. 오라버니가 편지에 쓰셨듯 이레네 황녀님과 필리프 황자의 혼인은 동로마 제국과 서로마 제국의 결합을 의미했으니까요. 게다가 그 혼인은 힘과 힘의 결합이 아니라 온화함과 위엄, 우아함을 갖춘 두 사람의 결합이었어요.

1197년에 황녀님은 필리프 황자와 혼인을 했답니다. 그리고 얼마 뒤 하인리히 6세가 메시나에서 열병을 앓다 죽었어요. 하인리히 6세가 죽고 필리프 님이 독일 왕으로 추대되었으니 그분이 신성 로마 제국의 황제가 될 거라 생각했어요. 이레네 황녀님과 저는 필리프 왕을 따라 독일로 갔답니다.

저는 독일에 가기가 두려웠어요.

"독일이라니요! 비와 어둠, 안개와 추위, 눈과 얼음의 나라에서 살게 되다니! 독일의 숲은 음침하고 곰과 늑대가 득실거린다면서요. 게다가 무식하고 거친 독일 사람까지……. 앞으로 어떻게 살아가야 할지 걱정이 앞서네요."

"너무 걱정하지 말게나. 독일에도 태양은 뜬다네. 독일의 숲은 자네가 생각하는 만큼 음침하지 않아. 독일 사람들 때문에 걱정이라고? 사람은 다 똑같다네."

황녀님은 온화한 미소를 지으시며 절 위로해 주셨어요.

그래도 전 독일에 적응할 수 없었어요. 독일은 추운 나라였어요. 그곳도 5월이면 꽃이 피고 더운 여름이 있었지만 콘스탄티노플만큼 햇빛이 강하지는 않았어요. 그래서인지 꽃들도 제 빛깔을 발하지 못했고요.

독일 사람들은 나라를 아름답게 꾸미려고 많은 노력을 했지요. 그들은 비잔틴 예술을 배워 교회와 성에 벽화를 그렸고 성인들의 삶과 업적을 담은 장식 사본을 만들었어요. 하지만 아무리 애를 써도 햇빛이 제대로 비추지 않으니 예술품들이 진가를 발휘하지 못했답니다. 독일에서는 아무리 화려하게 장식한 모자이크라도 빛이 바래 보였고 금으로 장식한 그림도 반짝이지 않았어요. 우리 비잔틴 제국과는 달랐지요. 독일 사람들은 비잔틴의 천을 모방하기도 하고 비잔틴에서 만든 천을 베네치아를 통해 사들이기도 했지만 아름다운 천도 독일에서는 그저 광목천처럼 보였어요. 우리 제국에서 화려하게 빛을 발하던 것도 독일에만 가져오면 그 힘을 잃었답니다.

물론 제 기억 속에는 화려한 비잔틴의 모습만 남아 있지요. 콘스탄티노플이 변한 모습은 상상할 수 없어요.

오라버니는 독일 사람들이 평화로운 민족이라고 쓰셨더군요. 하지만 실상은 오라버니 생각과 전혀 다르답니다.

독일에 도착할 때부터 전 마음이 아주 불편했어요. 주교, 수도원장, 백작, 기사 들이 황녀님과 필리프 왕에게 몸을 깊숙이 숙여 절을 하더군요. 겸손의 표시라고 했어요. 그런데 제 눈에는 비굴해 보였어요. 바닥에 닿을 정도로 몸을 숙여 절하는 꼴이라니! 겉으로는 굽실댔지만 그들의 눈빛은 진실해 보이지 않았어요. 그들은 다른 사람의 눈을 똑바로 쳐다보지 않더군요. 무언가 숨기는 듯 음흉한 눈빛이었어요.

"급하게 생각하지 마라. 낯선 곳에 적응하려면 시간이 필요한 법이란다."

이레네 황녀님은 따뜻한 미소를 지으시며 말씀하셨어요.

1197년 9월 8일 마인츠 대성당에서 필리프 왕과 이레네 황녀님의 대관식이 성대하게 거행되었답니다. 이로써 필리프 왕과 황녀님이 독일의 국왕과 왕비가 되었음을 공식적으로 선포하게 되었어요. 사람들은 마인츠 대성당을 대관식을 위해 화려하게 꾸몄고 백 개가 넘는 촛불을 밝혔답니다. 성당 중앙을 행진하는 필리프 왕과 이레네 황녀님의 모습은 이루 말할 수 없이 아름다웠지요. 필리프 왕은 금발에 키가 훤칠했고 눈 색깔이 밝았어요. 그리고 상냥한 얼굴에 항상 미소를 띠었어요. 이레네 황녀님 역시

이레네 황녀와 필리프 왕.

눈부시게 아름다웠어요. 부드럽고 고운 살결에 풍성한 검은 머리카락, 고귀한 분위기를 풍기는 얼굴까지 갖추셨지요. 날이 갈수록 황녀님은 아름다워지셨어요. 이런저런 일들을 겪으시면서 내적으로 성숙하신 것이겠지요. 내면의 성숙함이 아름다운 외모로 드러난 거예요. 사람들은 이레네 황녀님을 성모 마리아와 비교했고 가시가 없는 장미라고 불렀답니다.

대관식을 성대하게 치르긴 했지만 완벽한 것은 아니었어요. 독일 왕의 대관식은 원래 아헨에서 거행되었거든요. 하지만 필리프 왕과 이레네 황녀님은 아헨에서 대관식을 할 수 없었어요. 게다가 대관식을 할 수 있는 사람은 아헨의 대주교나 쾰른 대주교였는데, 필리프 왕의 머리에 관을 씌워 준 이는 타렁테즈의 대주교였어요.

타렁테즈 대주교는 대관식을 할 권리가 없었지요.

이 점을 노리고 필리프 왕의 적들은 브라운슈바이크 공작 오토를 왕으로 선출했어요. 그리고 아헨에서 아헨 대주교가 오토의 대관식을 치렀답니다. 그들은 아헨에서만 진정한 대관식을 거행할 수 있으며 마인츠에서 왕의 관을 수여받은 필리프는 진정한 왕이 아니라고 주장했어요.

"오토가 가진 건 다 가짜란다. 왕관도, 왕위를 상징하는 십자가를 얹은 보주도 검도 봉도 진짜가 아니지."

이레네 황녀님이 미소를 지으며 말씀하셨어요. 황녀님은 만삭이셨지요. 신성 로마 제국의 진정한 황제를 상징하는 모든 증표는 슈타우펜 왕가 출신인 필리프 왕이 갖고 있었어요.

필리프 왕에 대항해 새로운 왕이 된 오토 4세는 삐쩍 마른 데다 보통 사람들보다 머리 하나는 더 컸어요. 하지만 오토 4세에게는 필리프 왕이 지닌 품위와 고귀함이 없었답니다. 저도 오토 4세를 만난 적 있는데 그의 눈은 탐욕과 불신으로 가득 차 있더군요.

오토 4세를 왕으로 추대한 사람들은 오토 4세 편을 들었고 필리프 왕을 지지하는 사람들은 필리프 왕을 진정한 왕으로 섬겼어요. 하지만 그들은 상황에 따라 편을 바꾸었어요. 필리프 왕이 더 큰 권력을 가진 것 같으면 필리프 왕 편을 들었다가, 오토 4세 편을 드는 게 유리해 보이면 오토 4세 편을 들었지요.

서유럽의 여러 국가도 두 편으로 나뉘어 있었어요. 슈타우펜 가문을 지지하는 사람들은 슈타우펜 가문의 성이 있는 바이블링겐의 이름을 따서 바이블링겐 파라고 불렀지요. 이탈리아에서는 기벨린이라 했고요. 반대파는 구엘프 파 또는 벨펜 파라고 했어요. 이들은 오토 4세를 지지했어요.

신성 로마 제국도 전쟁에 휩싸였어요.

교황 인노켄티우스 3세는 슈타우펜 왕가의 권력을 견제해 오토 4세를 왕으로 인정했어요. 영국 국왕도 오토 4세를 지지했고요. 오토 4세의 어머니 마틸데는 영국 국왕의 딸이었거든요. 반면 프랑스 국왕은 영국을 견제해 필리프 왕 편을 들었어요. 서유럽에도 권력 다툼이 끊이지 않았답니다.

독일에는 우리 비잔틴 제국의 콘스탄티노플 같은 수도가 없었어요. '팔츠'라고 불리는 왕의 성이 전국에 흩어져 있었지요. 방대한 영토를 효과적으로 다스리고 법과 질서를 유지하기 위해 왕은 거처를 옮겨 다녔어요. 왕의 성은 고슬라르, 마그데부르크, 잉겔하임, 겔른하우젠, 에거, 스트라스부르, 카이저슬라우테른, 프랑크푸르트를 비롯해 독일 전국 곳곳에 있었답니다. 왕이 거처를 옮길 때마다 이레네 황녀님과 저도 따라가야 했지요. 하지만 제 맘에 드는 곳은 한 군데도 없었어요. 독일의 왕궁과 콘스탄티노플의 궁전을 굳이 비교하자면 나무로 만든 빛바랜 사과와 햇빛에 반짝이는 붉은 석류 같았지요.

우리는 어느 영주가 필리프 왕을 지지하는지 몰랐어요. 그래서 거처를 옮길 때마다 불안했지요. 그래도 필리프 왕에게는 돈과 기사들이 있었어요. 그 덕에 무력을 동원한 반란에 부딪친 적은 한 번도 없었어요. 그렇지만 우리를 맞이하는 사람들의 눈에서 적대감을 느낄 수 있었답니다. 거처를 옮기는 도중에 재가 되어 버린 성과 궁전, 죽은 짐승, 부서진 마차 들을 수없이 봤어요. 걸인들도 많았고요. 벨펜 파와 슈타우펜 파의 갈등으로 곳곳에서 전투가 벌어졌거든요.

비가 오는 날에도 눈이 내리는 날에도 우리는 필리프 왕을 따라 거처를 옮겼어요. 이레네 황녀님은 한 번도 싫은 내색을 하지 않으셨어요. 언제나 침착하셨고 온화한 분위기를 잃지 않으셨지요.

"황녀님은 어떻게 그리도 침착하실 수 있으세요?"

저도 모르게 그리스 말이 튀어나왔어요. 저는 가끔 황녀님에게 그리스 말로 이야기했어요. 그러면 황녀님은 항상 독일어로 대답하셨지요.

"난 한 나라의 왕비다."

이레네 황녀님이 검은 머리를 쓸어 올리며 말씀하셨어요. 그 모습을 보니 황녀님이 어린 시절 콘스탄티노플의 궁전에서 뛰어 노시던 일이 생각났지요.

"그건 저도 잘 알고 있지만, 혹시 사람들이 황녀님을 해치기라도 하면……."

"그럴지라도 난 두렵지 않단다."

"황녀님은 참 용감하세요."

"난 왕비니까."

이레네 황녀님은 1198년에서 1206년 사이에 공주님을 네 명이나 낳으셨어요. 첫째 공주님은 베아트릭스, 둘째 공주님은 마리아, 셋째 공주님은 쿠니군데예요. 막내 공주님은 첫째 공주님과 같은 이름이고요.

이레네 황녀님은 임신 중에도 마차를 타고 거처를 옮겨 다니셔야 했죠. 그래도 힘든 기색 하나 없었어요. 입가에 미소를 잃지 않으셨답니다. 황녀님 말씀처럼 이레네 황녀님은 왕비였으니까요.

몸이 여린 데다가 골반이 좁아서 황녀님은 출산 때마다 고생하셨어요. 산파는 황녀님이 상체를 일으키려 하면 손을 머리 위로 잡아당겼어요. 의사들도 황녀님이 아기를 낳다가 잘못될까 봐 노심초사했고요. 분만 전에 황녀님은 약재를 탄 물에 목욕을 하셨어요. 그리고 쓴 약을 드셨지요. 진통이 와도 황녀님은 배 위에 손을 얹으며 미소를 지으셨답니다.

이마에 식은땀이 흐르고 분만의 고통이 밀려와도 소리 한 번 지르지 않고 미소만 띠셨지요. 이레네 황녀님은 어떠한 상황이 닥쳐도 왕비의 체통을 잃지 않으셨어요.

황녀님은 아들을 원하셨어요. 필리프 왕의 뒤를 이을 왕자를 낳는 것이 유리했으니까요.

"제국의 평화를 위해서 왕위 후계자가 있어야 해. 그래야 갈등과 전쟁을 피할 수 있어. 나는 왕비니까 제국의 미래를 걱정하는 게 당연하단다. 아들을 낳으면 할아버님 이름을 따 프리드리히라고 할 거다."

황녀님께서는 그렇게 말씀하셨어요. 아드님을 낳으시면 프리드리히 바르바로사 황제의 이름을 따서 프리드리히라 부르겠다고 말씀하셨지만 저는 그 이름 속에 평화라는 뜻이 숨겨져 있다는 걸 알았지요. 독일어로 평화는 '프리덴'이었고 황녀님 이름도 평화를 뜻했으니까요.

임신하실 때마다 아들이길 기대했지만 황녀님은 딸만 낳으셨어요. 따님들 모두 건강하게 자라셨지요. 네 공주님 모두 정말 아름다우셨어요. 특히 머리카락이 정말 예뻤지요. 붉은빛이 감도는 금발이 어찌나 고운지. 살결도 비단결 같았고요. 두 베아트릭스 님과 쿠니군데 님은 파란 눈이었는데 둘째인 마리아 공주님만 갈색 눈에 머리카락도 짙은 갈색이었어요. 마리아 공주님만 이레네 황녀님을 닮은 거죠.

공주님들이 아직 어렸는데도 혼처가 정해졌어요. 정치적 목적 때문에 아무것도 모르는 어린 딸들의 혼인이 결정되는 걸 보고 이레네 황녀님은 안타까워하셨어요.

신성 로마 제국은 둘로 나뉘었어요. 필리프 왕과 오토 4세가 팽팽히 대립했답니다. 두 사람 가운데 지지자를 더 많이 얻는 사람이 승자가 되는 것이었지요. 황제 자리에는 한 사람만 오를 수 있었으니까요. 그리고 황제가 된 사람이 신성 로마 제국의 진정한 권력자였어요.

한참을 고민한 뒤 필리프 왕은 큰딸 베아트릭스를 오토 폰 비텔스바흐 영주에게 시집보내기로 했답니다. 여자는 보통 자기보다 신분이 높은 사람과 혼인했지만 베아트릭스 공주님은 신분이 더 낮은 사람과 혼인할 수밖에 없었어요. 정략혼인으로 지지자를 늘리려는 속셈이었지요.

사랑스럽기 그지없는 베아트릭스 공주님이 우락부락하게 생긴 비텔스바흐와 혼인한다니 믿을 수 없었어요. 저는 처음 본 순간부터 그 사람이 싫었어요.

어린 베아트릭스 공주님은 미래의 남편을 처음 만났을 때 울음을 터뜨렸어요. 공주님은 겨우 다섯 살이었는데 비텔스바흐는 스무 살이 넘었거든요. 어쩌면 서른을 넘겼는지도 모르고요. 비텔스바흐를 보고 울음을 터뜨린 공주님이 갑자기 깔깔 웃기 시작했어요. 그 모습을 보고 영주는 어찌할 바를 모르더니 나무 막대기처럼 굳어서 공주님께 말을 걸었어요. 공주님은 대꾸도 않고 인형 놀이를 하셨고요.

그 광경을 지켜보던 사람들은 모두 웃음을 터뜨렸답니다.

전 어린 공주님이 신분도 낮고 나이도 훨씬 많은 자와 약혼한 사실에 화가 치밀어 이레네 황녀님에게 속마음을 털어놓았어요.

"비텔스바흐 영주는 전하께 도움이 될 거야."

이레네 황녀님은 이마를 찌푸리며 이렇게 말씀하셨어요.

큰따님의 혼처를 정한 뒤 왕은 다른 공주님들도 연이어 약혼을 시키셨어요. 정략혼인이었지요. 저는 필리프 왕이 어린 공주님들과 즐겁게 노는 모습을 자주 보았어요. 어린 딸들의 혼사를 정할 수밖에 없는 왕의 마음도 편치는 않았을 거예요. 딸을 정치적 목적으로 이용할 만큼 상황이 나빴단 이야기죠.

쿠니군데 공주님도 다섯 살이 되던 해에 보헤미아의 왕위 후계자 벤젤과 약혼했지요. 마리아 공주님은 열한 살 때 브라반트 공작 하인리히와 약혼했고요. 막내 베아트릭스 공주님은 열세 살 때 에스파냐 카스티야의 페르디난트 3세와 혼인했답니다.

이레네 황녀님은 막내따님을 출산한 뒤 산파와 의사와 함께 오랫동안 이야기를 나누셨어요.

"전하, 송구스러운 말씀입니다만 더 이상 아기를 가지시는 건 무리입니다. 너무 위험합니다."

의사가 이렇게 말하자 산파도 근심 섞인 얼굴로 고개를 끄덕였어요.

"위험하다니요? 아기가 위험하다는 건가요, 아니면 제가 위험하다는 건가요?"

의사는 이레네 황녀님께 이런저런 이야기를 늘어놓았어요. 몸에서 나오는 이상한 체액에 대해 설명했고, 별자리가 이상하다는 이야기도 했지요. 그리고 기형인 동물과 식물의 그림을 보여 주면서 아기를 낳기엔 별자리가 좋지 않다고 말했어요. 산에서 발견했다면서 이상하게 생긴 돌도 보여 줬지요. 그러면서 이레네 황녀님은 더는 아기를 낳을 수 없다고 했어요.

산파는 말을 많이 하지 않았어요. 사실 의사가 하는 말은 이해가 되지 않았거든요.

"전하의 질문에 답하자면, 왕비님도 아기씨도 두 분 모두 위험합니다. 전하의 골반이 좁아서 네 번의 출산으로 이미 상처가 많이 생겼지요. 전하는 더 이상 아기를 낳으실 수 없습니다."

"필리프 전하께는 왕위를 계승할 아들이 필요해요."

이레네 황녀님은 아이를 더 낳으실 생각이었어요.

오랫동안 독일에서 생활했어도 제 독일어는 금방 바닥이 드러났지요. 그리고 제 독일어를 듣는 사람은 제가 외국인인 걸 금방 알아챘어요. 솔직히 고치고 싶지도 않았어요. 몸은 고향에서 멀리 떨어져 있으니 말이라도 지키고 싶은 심정이었거든요. 그리스 말을 잊어버리고 싶지 않았어요.

하지만 황녀님은 저와 다르셨어요. 이레네 황녀님의 독일어는 완벽했지요. 황녀님의 독일어를 들으면 아무도 외국인이라는 걸 알아챌 수 없었어요.

필리프 왕은 여러 가지 면에서 오토 4세보다 유리한 위치에 있었어요. 그분이 소유한 슈바벤 땅은 오토 4세의 브라운슈바이크보다 넓었고 필리프 왕의 아버지는 위대한 바르바로사 황제였으니까요. 바르바로사를 존경하는 사람들은 모두 필리프 왕을 지지했죠.

필리프 왕은 근엄하고 우아한 분위기인 반면, 오토 4세는 삐쩍 마르고 생김새도 보잘것없었어요. 거기다 탐욕스럽기까지 했으니 관대한 필리프 왕과는 비교할 수도 없었지요. 그뿐이 아니었어요. 필리프 왕에게는 공주님들의 혼인으로 맺어진 동맹국들도 있었어요. 왕의 사위들이 장인을 지지하는 건 당연했으니까요. 왕과 왕의 사위들은 아주 가깝게 지냈답니다. 모든 걸 고려해 볼 때 필리프 왕이 오토 4세를 물리치고 황제가 될 가능성이 높았지요.

승리의 여신은 결국 필리프 왕에게 손을 들어 주었어요. 오토 4세는 바센베르크 부근에서 필리프 왕의 지지자들에게 공격을 받고 힘없이 무너져 버렸지요. 필리프 왕을 지지하던 프랑스도 영국과 벌인 전쟁에서 승리를 거두었고요.

벨펜 가문 편을 들던 교황마저 필리프 님을 왕으로 인정했어요. 결국 오토 4세는 항복하고 말았답니다.

한편 조그만 영토를 소유한 오토 폰 비텔스바흐는 이제 이용 가치가 없었지요. 황제의 방대한 계획과 어울리지 않았거든요. 비텔스바흐도 예전과 대우가 달라진 걸 알아차렸고요. 궁정 사람들이 차갑게 대했으니까요.

필리프 왕은 날이 갈수록 권력에 집착했고 로마 제국의 황제가 되길 원했어요.

이레네 황녀님과 필리프 왕이 베아트릭스 공주님의 파혼에 대해 이야기할 때 저도 같이 있었어요.

"비텔스바흐를 내치시면 안 되옵니다. 왕은 한번 약속한 일은 반드시 지켜야 하지요."

"왕은 권력을 지켜야 합니다."

"전하가 어려울 때 전하 편을 들어 준 사람입니다. 그런 사람을 버리시겠다니……"

"나는 더 이상 오토 폰 비텔스바흐를 가까이할 이유가 없어요! 그자가 누구와 혼인하든 아무런 상관이 없단 말이오. 하지만 황제의 딸과는 혼인할 수 없소."

"전하, 전하는 아직 황제가 아니십니다."

"이제 곧 황제의 관을 쓸 겁니다."

"앞으로 무슨 일이 생길지 모르잖아요. 그렇게 장담하지 마세요."

"내가 무슨 일이 생길지 말해 드리지요. 당신은 비잔틴 황제의 딸입니다. 그리고 난 곧 신성 로마 제국의 황제가 될 거요. 난 서로마 제국과 동로마 제국을 통일할 겁니다. 로마 제국의 아우구스투스 황제에 버금가는 위대한 통치자가 될 거란 말입니다."

전 필리프 왕의 그런 모습을 본 적이 없었어요. 그분의 얼굴이 너무나 낯설게 느껴졌지요. 그분의 눈동자에서는 온화함이 사라진 지 오래였어요.

"전하, 동서 로마 제국을 통일하기 전에 전하의 나라부터 통일하셔야지요."

이레네 황녀님은 필리프 왕의 팔을 쓰다듬으며 부드러운 목소리로 말했어요. 그리고 제게 방에서 나가라는 눈짓을 보내셨지요.

이듬해 여름 우리는 밤베르크에 머물렀어요. 황제의 궁전을 증축하고 있었고 대성당이 한창 건설 중이었지요. 대성당은 성 게오르크와 성 베드로를 모시는 곳이었어요. 외출 준비를 마친 막내 베아트릭스 님을 이레네 황녀님께 모셔다 드렸을 때였지요. 다른 공주님들도 이레네 황녀님 방에 계셨어요. 일요일이어서 모두 미사에 참석할 준비를 하고 계셨지요. 새 드레스를 입은 공주님들이 거울을 보며 깔깔 웃으셨어요.

그때였어요. 갑자기 갑옷을 입은 남자가 손에 칼을 들고 궁전 복도를 지나갔어요. 그 사람은 제 옆을 쏜살같이 지나갔지요. 아직도 그 사람의 갑옷 소리가 생생히 들리는 것 같아요. 전 그의 얼굴은 보지 못했어요. 얼굴을 완전히 가릴 수 있는 최신형 투구를 쓰고 있었거든요.

베아트릭스 첫째 공주님이 황비님 방에서 뛰쳐나와 제 뒤로 숨으며 소리쳤어요.

"투구를 벗으세요. 난 당신이 누군지 알아요, 오토 폰 비텔스바흐!"

오토 폰 비텔스바흐! 전 서둘러 그 사람 뒤를 쫓아갔어요. 불길한 예감이 들었거든요.

그자는 미친 사람처럼 왕의 집무실로 달려갔어요. 방 앞에 잠시 멈춰 서는 듯싶더니 문을 열고 방 안으로 돌진하더군요. 방 안에는 왕과 밤베르크 주교, 트루흐제스 폰 발트부르크가 함께 있었어요.

처음엔 아무 소리도 들리지 않더니 조금 지나니까 장화가 부딪치는 소리와 발을 구르는 소리가 났어요. 그리고 필리프 왕의 목소리가 또렷이 들렸지요.

"어서 칼을 집어넣게. 이곳에서는 무기를 사용할 필요가 없어."

필리프 왕은 왕 앞에서는 아무도 칼을 꺼내 들 수 없다는 말을 하고 싶었던 것 같아요. 방문이 열려 있어서 저는 방 안에서 무슨 일이 벌어지는지 다 들을 수 있었어요.

"난 이 칼로 배신자를 처단할 것입니다."

화가 난 비텔스바흐의 목소리가 들렸어요.

그는 이렇게 말하고 왕에게 달려들어 칼로 왕의 목을 찔렀어요. 순식간에 벌어진 끔찍한 광경을 바라보던 사람들은 깜짝 놀라 몸이 굳어 버렸지요.

필리프 왕이 바닥에 쓰러지자 주교와 트루흐제스가 살인자를 체포하려 했지만 무기가 없었어요. 트루흐제스도 비텔스바흐가 휘두르는 칼에 찔렸고 비텔스바흐는 바로 도망쳤지요.

파혼당한 오토 폰 비텔스바흐는 필리프 왕에게 앙심을 품은 거예요. 그리고 결국 왕을 죽이고 말았지요. 비텔스바흐가 왕을 죽인 이유는 베아트릭스 공주를 잃은 슬픔 때문이 아니었어요. 권력을 잃었기 때문이지요. 권력에 눈이 먼 비텔스바흐는 왕에 대한 증오심을 키워 간 거예요.

남편을 잃은 뒤 이레네 황녀님은 슈바벤 절벽 위에 있는 호엔슈타우펜 성에서 지내셨어요. 그 어떤 것도 황녀님의 슬픔을 달랠 수 없었지요.

왕실 주치의가 그렇게 말렸는데도 황녀님은 다시 아기를 가지셨어요. 필리프 왕이 돌아가신 뒤로 이레네 황녀님은 눈에 띄게 말수가 적어지셨지요. 그저 배 속의 아기를 지키기 위해 사시는 분 같았어요.

진통이 시작되고 며칠이 지났는데도 아기가 나오지 않았어요. 의사는 자궁 안에서 태아의 위치가 잘못된 것을 발견했어요. 결국 이레네 황녀님은 아기를 낳으실 수 없었어요. 황녀님은 얼굴이 하얗게 질리고 땀에 흠뻑 젖었지만 끝까지 미소를 잃지 않으셨답니다.

전 이레네 황녀님의 검고 깊은 마지막 눈빛을 평생 잊지 못할 겁니다.

1208년 8월 27일 황녀님은 숨을 거두셨어요. 필리프 왕이 세상을 뜨고 두 달 뒤였지요. 며칠 전 황녀님의 시신은 로르히 수도원에 안치되었답니다.

　사랑하는 오라버니, 저도 오라버니도 이제 이 세상을 위해 할 일이 없답니다. 세상이 변했으니까요.

　신의 은총과 가호가 오라버니와 함께하길 빕니다.

오라버니를 사랑하는 여동생

엘레나 콤네노스

제8장

작은 기적

중세 시대 역사를 살펴보면 여성은 정치 무대에 거의 등장하지 않는다. 역사를 주도할 만큼 정치적 힘을 지닌 여성은 손에 꼽을 정도였기 때문이다. 정치는 남성의 전유물이었다 해도 과언이 아니다.

그러나 사회적으로 구속과 차별을 이겨 내고 자신의 뜻을 관철한 여성도 있다. 그들은 동시대 사람들뿐 아니라 후세 사람들에게도 커다란 영향을 주었다. 엘리자베스 폰 튀링겐 역시 그런 여성 중 한 명이다. 그녀는 보통 귀족들과는 달리 권력을 얻으려고 욕심내지 않았으며 힘 있는 자들이 관심을 쏟지 않는 부분을 위해 애썼다. 엘리자베스는 병자, 약자, 가난한 사람처럼 사회에서 소외된 이들을 위해 정성을 다했다.

중세 시대의 문화 속에서 그나마 여성에 대한 존중을 엿볼 수 있는 것은 '민네장'이라는 궁정 서사시다. 민네장의 주제는 여성들에 대한 존경심과 사랑이었다. 그리고 시에서뿐만 아니라 실제 궁정 생활에서도 여성은 사랑과 존경의 대상이었다. '민네'는 보상을 바라지 않는 순수한 사랑이라는 의미지만 원래는 인간에 대한 신의 사랑을 뜻했다. 평생 대가를 바라지 않는 순수한 사랑으로 어려운 사람들을 도와준 엘리자베스 폰 튀링겐은 독일에서 최초로 성녀의 칭호를 받았다. 엘리자베스 폰 튀링겐은 아이제나흐 근처 바르트부르크에서 살았다.

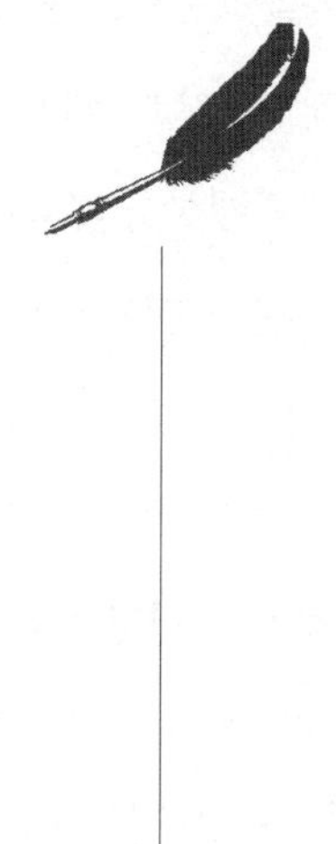

기적 이야기를 해 달라고? 기적 같은 건 믿지도 않는다면서? 왜 믿지도 않으면서 기적 이야기를 해 달라는지 모르겠구나. 어쨌든 너희가 원한다면 해 주지 뭐. 그것도 진짜 같은 기적 이야기를…….

엘리자베스는 헝가리 국왕 안드레아스 2세의 딸이었단다. 그녀는 1207년 헝가리 북쪽에 있는 샤로슈퍼터크에서 태어났어. 엘리자베스는 아주 어릴 때부터 교황, 황제, 독일 제후들의 정치적 목적으로 이용되었단다. 네 살밖에 되지 않은 엘리자베스는 튀링겐 백작의 후계자와 약혼한 뒤 독일로 가야 했어. 그녀는 바르트부르크라는 곳에서 미래의 남편과 함께 자랐단다. 유명한 귀족 가문의 자녀들이 어렸을 때 정략적인 약혼을 하고 미래의 배우자와 함께 자라는 건 중세에는 아주 흔한 일이었어. 엘리자베스의 약혼자도 겨우 열한 살이었단다.

어린 나이에 혼인이라는 걸 어떻게 받아들였는지, 그리고 그들이 어릴 적부터 혼인 생활을 어떻게 꾸려 나갔는지는 알 수 없지. 당시 명문 귀족 자제들은 그걸 당연하게 받아들였는지도 몰라. 어쨌든 엘리자베스의 어린 남편은 1216년에 죽고 말았단다. 그때 엘리자베스는 겨우 아홉 살이었어. 그리고 그다음 해에 시아버지도 세상을 떠났단다.

바르트부르크에 홀로 남겨진 엘리자베스의 앞날이 불투명해진 거지. 남편과 시아버지가 죽은 뒤 엘리자베스가 어떤 생활을 했는지는 거의 알려지지 않았단다. 하지만 아마 사랑을 많이 받고 자랐을 거야. 그러지 않았다면 나중에 다른 사람들에게 큰 사랑을 베풀 수 없었을 테니까. 전하는 얘기로 엘리자베스는 어릴 때부터 예의 바르고 신앙심이 깊었다는구나. 하지만 착한 성품만으로는 궁정 생활을 해 나가기 힘들었단다. 게다가 남편과 시아버지가 죽은 마당에 엘리자베스가 정치적으로 이용되기도 힘들었고. 그래서 사람들은 엘리자베스를 다시 헝가리로 보내려 했지.

엘리자베스가 열한 살 되던 해에 루트비히 4세가 죽은 형 대신 튀링겐 백작이 되었어. 엘리자베스는 바르트부르크 사람들 입에 자주 오르내렸단다. 그녀가 정치적 가치가 없어졌기 때문도 아니었고 예의 바르고 신앙심이 깊었기 때문도 아니었어. 엘리자베스가 커 가면서 점점 더 아름다워졌기 때문이었지. 그리고 당시 열여덟 살이던 루트비히 4세는 엘리자베스를 보고 사랑에 빠졌어. 3년 뒤 그러니까 1221년에 루트비히 4세와 엘리자베스의 혼인식이 성대하게 치러졌단다.

두 사람은 사랑으로 맺어진 부부였어. 루트비히 4세의 친척들은 정치적 이유를 들어 혼인을 반대했지. 그리고 혼인한 뒤에도 엘리자베스를 못마땅하게 생각했어.

아직 나이가 어린 엘리자베스는 자기가 유력한 명문 백작 가문의 안주인이라는 사실을 심각하게 받아들이지 않았어. 그러지 않고서야 어떻게 보통 아낙네처럼 걸어서 성 아래로 내려가 천한 신분의 사람들과 어울렸겠니. 당시 아이제나흐에는 질병과 가난으로 고통받는 사람들이 많았단다. 병에 걸려 몸이 성치 않은 어린아이들이 길거리에서 먹을 것을 구걸했고 어른들도 힘들긴 마찬가지였어. 엘리자베스는 그들이 사는 곳에 몸소 찾아가 병자와 가난한 사람을 돌보아 주었단다. 그런 그녀의 행동은 귀족 신분에 맞지 않는 것이었고 그런 일을 하는 귀족은 아무도 없었어.

루트비히 4세의 친척을 비롯한 다른 귀족들은 엘리자베스가 독일 사람이 아니라 헝가리 출신이어서 귀족의 예의범절을 잘 모른다고 수군거렸어. 하지만 엘리자베스는 어릴 때 독일에 왔기 때문에 헝가리 왕실의 예의범절을 배운 게 아니었지. 그리고 헝가리에서도 귀족들이 천한 사람들과 어울리는 건 법도에 어긋나는 일이라 여겨졌고.

엘리자베스가 어떤 동기로 병들고 가난한 사람들을 돕게 되었는지, 또 다른 사람들의 눈치를 보지 않고 자신의 뜻을 관철시킬 수 있는 용기를 어디서 얻었는지 아무도 모른단다.

엘리자베스의 남편은 아내의 행동을 어떻게 생각했을까? 백작 부인의 신분으로 천한 사람들과 어울리는 아내가 마음에 들 리 없었겠지. 다른 귀족들도 엘리자베스가 가난하고 병든 사람들을 도와준다는 걸 알고 비웃기 시작했어. 그래서 루트비히 4세는 아내가 성 아래로 내려가지 못하게 했어. 중세시대에는 가족의 일을 결정하는 건 남자였지. 귀족 집안이건 가난한 농부 집안이건 상관없이 남자가 결정권을 쥐고 있었어.

루트비히 4세는 엘리자베스가 다른 귀족들 입에 오르내리며 웃음거리가 되는 걸 원치 않았어. 그것은 그의 정치적 영향력을 약하게 하는 일이기도 했거든. 루트비히 4세의 친척들은 엘리자베스가 가문에 먹칠하는 행동을 한다며 화를 내기도 했어.

어느 날 루트비히 4세는 엘리자베스가 바구니를 들고 성을 빠져나가는 것을 보고, 하인들에게 바구니에 든 게 뭐냐고 물어보았어. 가난한 사람들에게 나누어 줄 빵과 소시지였지.

화가 난 루트비히 4세는 엘리자베스가 돌아오자마자 이렇게 말했어.

병들고 가난한 사람들에게 도움을 주었던 엘리자베스 폰 튀링겐.

"앞으로는 빵 한 조각도 성 밖으로 가져갈 수 없소. 가난한 사람들을 먹여 살리다니 말도 안 되오. 굳이 먹을 것을 가지고 나갈 일이 생긴다면, 직접 들지 말고 하인을 시키시오."

잠시 뒤 화가 누그러진 루트비히 4세가 아름다운 아내를 바라보며 다시 말했어.

"부인, 외출할 때는 걸어가지 마시오. 백작 부인은 걸어 다니는 게 아니오. 가마를 타고 다니시든지 말을 타고 나가시오. 마구간에 좋은 말들이 그렇게 많은데 왜 걸어 다니시려고 하오."

사랑스러운 아내를 보니 화가 눈 녹듯

사라져 버렸지. 루트비히 4세는 아내를 아주 많이 사랑했거든.

바르트부르크 성은 웅장하고 화려했어. 황제의 궁전이 부럽지 않을 정도로 넓고 높았어. 성안에는 값비싼 보물이 가득했고 다마스크 천으로 만든 테이블보와 고급 양탄자가 깔려 있었어. 엘리자베스나 루트비히 4세의 옷은 실크와 벨벳으로 만들어졌고 금과 보석으로 장식되었지. 이 모든 것은 부와 권력의 상징이었단다.

엘리자베스는 성 밖으로 나갈 수 없게 되었어. 귀족들 사이에서 그녀의 행동이 점점 더 문제가 되었거든.

"황제와 술을 나눌 수 있는 백작 부인이 미천한 사람들과 어울리다니 말도 안 됩니다. 그들을 또 만날 생각이라면 성 밖으로 다시는 나가실 수 없소."

하지만 그다음 날 신앙심 깊은 엘리자베스는 먹을 것을 가득 채운 바구니를 들고 또다시 가파른 언덕을 내려갔어.

엘리자베스를 감시하던 루트비히 4세는 사냥복을 입고 석궁까지 챙겨 들고 성을 나섰지. 그리고 숲에 말을 묶어 놓고 그녀의 뒤를 쫓아갔어.

엘리자베스가 자기 말을 거역했다는 사실에 화가 난 루트비히 4세가 엘리자베스에게 말했어.

"바구니 안에 든 게 무엇이오?"

루트비히 4세는 말과 가마도 있는데 왜 자신의 말을 거역하고 또 걸어 나왔는지 물을 수도 있었지. 그런데 그는 바구니에 무엇이 들었느냐고 물었을 뿐이었어.

루트비히는 친척과 친구 들이 한 말 때문에 머릿속이 복잡했어.

"당신은 튀링겐의 백작입니다. 부인이 다시는 그런 짓을 못 하게 단단히 단속하십시오. 백작 부인이 거지들과 어울리다니 말도 안 됩니다. 아무래도 엘리자베스 부인은 정신이 이상한 것 같군요."

사람들은 하나같이 이렇게 말했지.

루트비히 4세는 그런 말을 들을 때마다 마음이 찢어지는 듯했단다.

'사랑스럽기 그지없는 엘리자베스가 정신이 이상하다니!'

하지만 어떻게 해야 할지 막막했어. 지금까지 어떤 백작 부인도 걸어서 성 밖까지 나간 적 없었거든. 남편 말을 거역한 백작 부인 역시 한 사람도 없었고.

루트비히 4세는 아내 하나 제대로 단속 못 하는 백작이라고 하인들마저 자신을 비웃으리라 생각했지. 그들이 수군거리는 모습이 눈앞에 선했어.

"백작 부인도 걸어서 다니는데 귀족이라고 우리랑 다를 게 뭐야? 부인도 말을 듣지 않는데 뭣 때문에 우리가 백작에게 복종해야 하느냐고?"

바구니를 손수 챙겨 들고 걸어서 성 아래로 내려가는 엘리자베스를 하인들이 봤다면 이렇게 말할 게 분명했어.

이런 생각을 하니 더는 참을 수가 없었어. 아니 참아서는 안 되었지. 아랫사람들에게 존경받고 다른 귀족들에게 웃음거리가 되지 않으려면 엘리자베스를 그냥 둬서는 안 되었지.

루트비히는 마음을 굳게 먹고, 아름다운 엘리자베스 앞을 거칠게 막아섰어. 그리고 엘리자베스가 손에 든 바구니를 빼앗아 들며 다시 물었어.

"바구니 안에 대체 뭐가 든 거요?"

"빵이에요."

엘리자베스는 천진난만한 눈빛으로 남편을 쳐다보며 말했어.

"빵과 소시지를 챙겨 왔어요. 이 정도 식량은 우리한테는 아무것도 아니지만 가난한 사람들에게는 아주 큰 거랍니다. 당신도 그들이 어떻게 사는지 한번 보셔야 해요."

그러나 루트비히 4세는 들은 척도 하지 않고 빼앗은 바구니를 들고 성으로 돌아갔어. 그런데 빵과 소시지가 든 바구니치고는 너무 무거운 거야. 그래서 천을 들춰 보니 정말 아내가 말한 대로 빵과 소시지가 들어 있었어. 성에 도착하자마자 루트비히 4세는 하인에게 그것을 건네주며, 성 아래로 내려가 엘리자베스를 데려오라고 명령했어. 해가 어둑어둑해질 무렵이 되어서야 성으로 돌아온 엘리자베스를 보고 루트비히는 한숨을 내쉬었어.

"제발 부탁이오. 이제 그만하시오, 부인."

"오늘도 그 사람들은 아무것도 먹지 못했대요."

엘리자베스는 부드러운 목소리로 이렇게 말하고 남편에게 키스를 했어. 루트비히는 더는 아무 말도 할 수 없었지.

다음 날 루트비히 4세는 다시 사냥복을 입고 성 밖으로 나가 숲에 말을 묶어 둔 다음 아내를 쫓아갔어. 이번엔 석궁을 가지고 가지 않았어.

"바구니를 이리 주시오. 부인이 들기엔 너무 무겁소."

연약한 아낙네가 빵과 소시지가 가득 담긴 큰 바구니를 들고 가파른 언덕을 내려가기란 쉬운 일이 아니었어. 게다가 성에서 아이제나흐 시내까지는 꽤 멀었거든. 그 순간 엘리자베스를 헐뜯는 친척과 하인 들의 목소리가 귓가에 맴돌았지만 신경 쓰지 않기로 했어.

"그럴 수 없어요."

잠시 망설이는 것 같더니 엘리자베스는 남편의 눈을 똑바로 쳐다보며 말했어. 그녀의 목소리는 그 어느 때보다 부드럽고 아름다웠어.

"대체 뭘 숨기는 거요?"

엘리자베스의 말을 듣고 루트비히는 불안해지기 시작했어.

엘리자베스는 대답 없이 무언가를 기다리기라도 하는 사람처럼 계속 남편의 눈만 바라봤어.

"바구니에 뭐가 들었느냐고 묻지 않소?"

루트비히는 엘리자베스에게서 바구니를 낚아채며 다시 한 번 물었어. 사실 그는 바구니 안에 뭐가 들었는지 알고 있었지만, 시간을 벌기 위해 그냥 물어본 것이었어. 루트비히는 이상하게 엘리자베스 앞에서는 마음이 약해졌어. 너무 혼란스러웠지.

엘리자베스는 아무 말도 하지 않았지만 그녀의 눈빛이 뭘 말하려는지 잘 말해 주고 있었어. 그때 갑자기 엘리자베스가 입을 열었어.

"바구니에 든 건 장미예요. 장미밖에 안 들었어요."

이렇게 말하며 엘리자베스는 눈을 아래로 내렸어.

루트비히는 화가 머리끝까지 치밀어 올랐어.

"뭐라고요? 장미라고요?"

화가 난 듯 말했지만 루트비히는 마음이 무척 아팠어.

"정말 장미란 말이오?"

다시 한 번 이렇게 물으며 바구니를 덮은 천을 들춰 보았어. 그런데 바구니 안에는 진짜 장미가 담겨 있었지.

사람들은 엘리자베스가 소시지와 빵을 장미로 바꾸는 기적을 행했다고 했어. 그리고 엘리자베스를 성녀라고 불렀지. 하지만 소시지가 장미로 바뀔 리는 없지.

사실 바구니 안에는 빵과 소시지가 들어 있었어. 루트비히는 그걸 보고도 엘리자베스의 말을 믿은 거야. 장미가 들어 있었다면 전혀 무겁지 않았겠지.

"미안하오, 부인. 정말 장미가 들어 있군요. 이 계절에 이렇게 예쁜 장미를 어디서 구하셨소?"

엘리자베스의 바구니를 들추는 루트비히.

루트비히가 바구니에 담긴 빵과 소시지를 보며 이렇게 말하자 엘리자베스는 성모 마리아처럼 환하고 따뜻한 미소를 지었단다.

"이제 알겠소. 부인, 가려던 곳에 잘 다녀오시오. 이제 아무도 부인을 비웃지 못할 것이오. 만약 그런 자들이 있다면 내가 용서하지 않을 거요."

루트비히 4세는 아내 엘리자베스가 선행을 베푸는 것을 인정해 준 거야. 이거야말로 기적이 아니고 무엇이겠니? 기적을 믿지 않는 사람이라도 엘리자베스가 루트비히에게 행한 이 기적은 믿지 않을까?

패배한 승리

1254년 호엔슈타우펜 가문의 마지막 왕인 콘라트 4세는 말라리아에 걸려 사망했다. 로마 교황은 예전부터 호엔슈타우펜 가문 출신이 왕위를 독점하는 데 불만을 품고 있었다. 북이탈리아와 시칠리아를 장악한 슈타우펜 가문은 로마 교황에게 눈엣가시 같은 존재였다. 교황을 비롯한 반(反)슈타우펜 세력은 콘라트 4세를 견제하기 위해 빌헬름 폰 홀란트를 대립(對立) 왕으로 옹위했다. 그러나 빌헬름 폰 홀란트는 제대로 권력을 누려 보지도 못한 채 숨을 거두었다. 콘라트 4세가 죽고 나서 2년 뒤 말을 타고 가다 늪에 빠져 죽은 것이다. 그 뒤 신성 로마 제국의 제후들은 영국의 콘월 백작 리처드를 왕으로 선출했다. 그러나 그를 왕으로 선출한 것은 형식적인 데 지나지 않았다. 권력욕에 사로잡힌 제후들은 콘월 백작 리처드가 독일에 발도 들이지 못하게 했다. 콘라트 4세가 사망한 뒤 대공위 시대(1254년부터 1273년까지 독일의 황제가 제대로 추대되지 않아 황제의 자리가 공백 상태로 있던 시기—옮긴이)가 이어져 신성 로마 제국의 제위는 사실상 공석 상태였다. 제국을 다스릴 만한 강한 권력자의 부재로 신성 로마 제국에는 혼란과 혼동이 끊이지 않았다.

교황 클레멘트 4세는 호엔슈타우펜 왕가의 독주에 종지부를 찍기 위해 프랑스 국왕의 동생 샤를 앙주를 시칠리아의 왕으로 옹립했다. 한편 신성 로마 제국 프리드리히 2세의 손자 콘라트는 군사를 이끌고 시칠리아로 진격해 빼앗긴 가문의 재산을 되찾으려 했다. 군대를 이끌고 이탈리아로 출정했을 때 콘라트의 나이는 겨우 열여섯 살이었다.

모든 것이 끝났다.

다시 매미 우는 소리가 들렸다. 이마의 상처에서 피가 멈추지 않았다. 나는 말도 못 할 정도로 피곤했지만 기분은 좋았다. 다시 평화가 찾아왔기 때문이다. 앞을 가로막은 산맥 저편에 평화가 찾아왔다. 저녁노을이 산등성이를 붉게 물들였고 피 냄새와 먼지 냄새가 부드러운 바람을 타고 왔다. 개울가의 풀은 피와 먼지로 뒤덮였지만 달콤하기도 하고 쓰기도 한 허브와 송진 냄새를 감출 수는 없었다. 이마에 난 상처가 따끔거렸다.

개울가에서 끔찍한 전투가 벌어졌을 때 나는 아무것도 볼 수 없었고 아무 생각도 할 수 없었다. 내가 기억하는 것은 피와 먼지, 죽음뿐이었다.

전투는 우리의 승리로 끝났다. 돌바닥에는 적들의 시체가 가득 쌓여 있었고 간신히 목숨을 건진 자들은 우리의 칼을 피해 줄행랑을 쳤다. 나는

슈타우펜 가문의 마지막 왕인 콘라트 4세.

죽은 사람들의 물건을 훔칠 수도 있었지만 그들의 물건에는 손도 대지 않았다. 그들처럼 전투 중에 돌아가신 아버지 생각이 났기 때문이다. 사람들이 죽은 아버지의 무기와 옷을 훔쳐 가 버려서 아버지의 시신은 발가벗긴 채 우리 성으로 운반되었다. 하인들은 남들이 볼까 무서워 서둘러 아버지의 시신을 묻었다고 했다. 내가 세상에 태어나기도 전의 일이다.

아버지는 슈타우펜 가문을 위해 싸우다 돌아가셨다. 1253년 콘라트 4세가 북이탈리아를 공격했을 때 아버지도 전쟁에 참가하셨다. 아버지와 함께 전쟁에 나간 큰형은 간신히 살아남아 알프스 산맥을 넘어 고향 슈바벤으로 돌아오려 했다. 그러나 도중에 적의 공격을 받아 목숨을 잃고 말았다. 엎친 데 덮친 격으로 어머니도 곧 세상을 떠나셨다. 내가 한 살도 채 되기 전이었다.

세월이 흘러 이제 나는 열다섯 살이 되었다. 어머니가 돌아가신 뒤 나는 친척 집에서 자랐다. 친척들은 나를 키워 주는 대가로 우리 재산을 야금야금 빼앗아 갔다. 2년 전부터 나는 슈바벤의 한 기사를 모시고 있다. 그의 성은 내가 살던 곳에서 그리 멀지 않았다.

갈대밭과 조그만 숲으로 둘러싸인 개울은 푸른빛을 띠며 갈색으로 타

버린 들판 사이를 흘렀다. 개울을 따라 한참 내려가면 조그만 나무다리가 있었다. 바로 그곳에서 전투가 벌어졌다.

축제라도 열린 듯 멀리서 사람들이 즐겁게 떠들며 노래 부르는 소리가 들렸다.

슈바벤 공작 콘라트가 전투에서 승리했다. 사람들은 그를 콘라딘이라 불렀다. 용감하고 밝은 성격의 열여섯 살 청년 콘라딘은 호엔슈타우펜 가문 출신이자 우리 아버지와 형이 모신 콘라트 4세의 아들이기도 했다.

전쟁이 일어나도 나는 적들과 직접 싸우지는 않았다. 기사들의 시중을 드는 하인이었기 때문이다. 난 그저 내가 모시는 기사를 따라다니며 창과 화살을 건네주거나 방패를 들어 주기만 했다. 나는 콘라딘 님을 위해 그리고 적의 칼과 창, 화살에 맞아 저세상으로 떠난 사람들의 영혼을 위해 기도를 드렸다.

마치 소용돌이치는 물속에 빠졌다가 수면 위로 올라온 사람처럼 난 다시 평정심을 찾았다. 끔찍한 전투를 목격하고 정신적 공황 상태에 빠졌었지만 지금은 괜찮아졌다.

사실 콘라딘 님을 위해 기도해서는 안 되는 것이었다. 지난가을 로마 교황에게 파문당했기 때문이다. 콘라딘 님이 남부 이탈리아와 시칠리아를 정복하려고 군사를 이끌고 알프스 산맥을 넘어 이탈리아로 쳐들어간 데 앙심을 품은 로마 교황이 파문령을 내렸다. 콘라딘 님은 교황의 말을 무시하고 1268년 7월 29일에 로마까지 진격해 갔다. 그가 미소를 지으며 로마 시민들에게 손을 흔들어 인사하자 시민들도 미소로 답례했다. 이탈리아 사람들은 콘라딘 님을 콘라디노라고 불렀다. 콘라디노는 작은 콘라트라는 뜻이었는데 이탈리아 사람들은 엄마가 어린 아들을 부르듯 콘라딘 님을 콘라디노라고 부르며 비아냥거렸다.

콘라딘 님은 이탈리아에서는커녕 독일에서도 재산을 물려받지 못했다. 우리 아버지처럼 그의 아버지 콘라트 4세도 열병으로 일찍 돌아가셨기 때문이다. 내가 아버지 무덤을 한 번도 본 적 없는 것처럼 콘라딘 님도 아버지 시신을 본 적이 없었다. 콘라트 4세의 시신을 안치해 놓은 메시나 대성당이 벼락을 맞고 불타 버렸기 때문이다.

콘라트 4세가 세상을 뜨고 14년간 신성 로마 제국의 황제 자리는 공석이었다. 이 시기에 끔찍한 일들이 아주 많이 벌어졌다.

이제 콘라딘 님이 이탈리아에서 승리를 거두고 독일로 돌아가면 모든 게 달라질 것이다. 제후들은 환호하며 콘라딘 님을 왕으로 옹립할 것이다. 교황도 파문을 해제할 것이고 콘라딘 님은 로마에서 신성 로마 제국 황제의 관을 쓰리라. 그렇게 되면 세상은 다시 질서를 찾을 것이다.

나에게 상상도 해 본 적이 없는 일이 벌어졌다. 콘라딘 님이 주교, 백작, 공작 들과 이탈리아 공격에 관해 상의할 때 나도 그 자리에 같이 있었다. 그런데 콘라딘 님이 갑자기 나에게 다가와 내 어깨에 손을 올리며 말했다.

"자네도 같이 갈 걸세. 자네는 앞으로 내가 제국을 다스리는 걸 돕게 될 것이네. 자네가 원한다면 주교나 공작 자리를 내주지. 신께 맹세하네."

내가 공작이 될 수 있다니, 생각만 해도 날아오를 것 같았다.

나는 잠시 다른 생각에 빠져 있다가 찬바람이 불자 정신을 차리고 주위를 둘러보았다. 산등성이 뒤로 태양이 모습을 감추었고 붉게 물든 하늘에는 구름이 떠 있었다. 그때 갑자기 매미 소리가 멈추었다는 것을 깨달았다. 날은 밝았지만 대지를 가득 채우던 햇빛은 어디론가 사라지고 산등성이와 숲은 까맣게 변해 있었다. 나는 왠지 모르게 무서운 생각이 들어 서둘러 언덕을 내려왔다.

아브루초 산맥과 가까운 작은 개천에서 콘라딘 님의 군사들과 샤를 앙주의 군사들이 전투를 벌였다. 그곳은 탈리아코초라는 도시 근처였다.

더위와 고통을 이겨 내며 먼 길을 온 우리는 본격적인 전투가 벌어지기 전날 적군을 보았다. 그들의 무기는 서쪽으로 넓게 펼쳐진 들판을 붉게 물들인 저녁노을에 반짝이고 있었다. 불에 타 갈색으로 변해 버린 들판을 가로질러 검푸른 개울이 흘렀다. 언덕 위에는 수풀과 키 작은 나무가 가득했고 뽀얗게 먼지가 일었다. 3킬로미터도 떨어지지 않은 곳에 단단히 무장하고 전투 준비를 마친 적들이 있다고 생각하니 소름이 돋았다.

기사들은 적군이 우리가 알지 못하는 길을 통해 이미 언덕을 넘어오고 있다고 했다. 적군에 심어 놓은 우리 쪽 스파이가 적들은 우리의 진로를 차단할 계획이라고 전했다.

기사들은 눈을 반짝이며 적들이 지친 틈을 타 당장 공격을 개시해야 한다고 했다. 게다가 우리 쪽 군사의 수가 적들보다 훨씬 많았기 때문에 승리는 따 놓은 당상이라고 생각했다.

콘라딘 님은 이미 오래전부터 계획하고 연습한 전투 계획을 실행하자고 말했다. 어디서 그런 용기가 생겼는지는 알 수 없지만 나는 그날 저녁 몰래 빠져나와 곧 전투가 벌어질 나무다리까지 가 보았다. 적들의 상태를 더 자세히 보고 싶어서였다. 그러나 이미 깜깜한 밤이 돼서 눈앞에는 개미 한 마리도 보이지 않았다. 그리고 날이 밝았다.

우리 군사들은 바람에 휘날리는 깃발을 들고 늠름한 모습으로 전투 대열로 섰다. 콘라딘 님을 지지하는 귀족들이 군사를 보내 주었다. 그 가운데는 시칠리아 만프레드 왕의 기사들도 있었고 슈바벤, 바이에른, 프랑켄, 작센에서 온 기사들도 있었다. 콘라딘 님은 이탈리아로 갈 수 있어서 매우 기뻐했다. 콘라딘 님의 전투복에는 우리 집안 문장에도 쓰인 형상이 반복해서 수놓아져 있었다. 그것은 입을 벌린 채 앞발을 들고 선 날개 달린 사자 형상이었다.

나는 그 문장에서 눈을 뗄 수 없었다. 사자 형상이 새겨진 자랑스러운 깃발은 아침 바람에 휘날리고 있었다.

우리의 적은 샤를 앙주가 이끄는 군사들이었다. 앙주는 프랑스 국왕의 남동생이었는데, 로마 교황은 앙주에게 남부 이탈리아에 있는 풀리아 주를 내주었다. 풀리아는 교회에 속한 땅이 아니었는데도 말이다. 그것은 엄연한 범법행위였다. 그래서 슈바벤, 바이에른, 이탈리아 심지어 프랑스에서도 법과 명예를 중요하게 생각하는 귀족들은 하나같이 앙주를 멀리했다. 앙주가 이끄는 군대 규모가 작은 것도 그 때문이었다. 앙주의 군대는 2개 중대만으로 구성되었고 우리 군사들처럼 늠름하고 씩씩해 보이지도 않았다. 반면 우리 군대는 3개 중대로 구성되었고 멋진 군마를 탄 콘라딘 님은 세 번째 대열에 속해 있었다.

앙주의 깃발은 적군의 두 번째 대열에서 휘날리고 있었다. 겉으로는 강한 척 으스댔지만 양주가 이끄는 군사들은 분명 우리 군사들에게 패하고 말 것이다. 전쟁이 시작되진 않았지만 결과는 뻔했다.

철저히 무장한 군사들은 양쪽 개천가에 대치하고 있었다. 욕설이 오간 것은 알아챌 수 있었지만, 군사들은 여러 나라에서 소집되었기 때문에 전부 알아들을 수는 없었다. 어떤 사람은 독일어를 했고 어떤 사람은 이탈리아 어를 했고 또 어떤 사람은 프랑스 어를 했다. 난생처음 듣는 언어로 말하는 사람도 있었다.

팽팽한 긴장감이 흐르는 가운데 양쪽 개천가에 서 있는 군사들은 전투 개시를 기다렸다. 적군과 아군 사이에 흐르는 개울은 뛰어넘을 수 있을 정도로 폭이 좁고 얕았지만 전투 개시 명령이 떨어지기 전까지 아무도 개울을 건널 수 없었다. 하지만 개울을 중심으로 양쪽에 경사가 급한 언덕이 이어져 있었다. 게다가 땅이 미끈거렸고 덤불이 우거져 진격하기 쉽지 않았다. 말을 타고 개울을 건너는 사람이 있었다면 화살이나 창, 칼에 맞아 쓰러졌을 것이다. 시험 삼아 양쪽에서 화살을 날려 보긴 했지만 본격적인 전투는 시작되지 않았다. 나처럼 기사들 시중을 드는 하인들은 화살을 주워 모았다.

"개울 아래 저 나무다리를 먼저 점령하는 쪽이 승리할 것입니다."

기사 한 명이 말했다. 그런데 우리 군사들 가운데는 경사가 급하지 않은 개천 상류로 이동한 사람이 꽤 많았다. 그곳은 강을 건너기도 쉽고 적군이 배치되지 않았다. 상류로 이동한 군사들은 이미 개울 반대편으로 이동해, 적군의 양쪽 외곽을 향해 진격해 갔다. 전투가 시작된 것이다. 실전은 훈련 때보다 훨씬 화려하고 격렬했다. 화려한 비단 깃발이 휘날렸고 윤을 낸

긴 창과 금과 은으로 장식한 갑옷이 햇빛에 반짝였다. 늠름하고 멋진 군마들도 입김을 내뿜으며 울어 댔고 땅이 천둥이라도 치듯 울리기 시작했다. 그러더니 양쪽 군사들이 번개같이 빠르게 전투를 시작했다. 뿌연 먼지 속에서 전사들이 하나 둘씩 쓰러졌고 말들이 도망쳤다. 적군은 우리 군대의 힘을 감지했는지 점점 뒤로 후퇴했다.

우리 군사들은 갈대숲과 덤불을 헤쳐 물보라를 일으키며 개울을 건넜다. 화살이 비 오듯 공중을 가로질렀고 창이 날아다녔다. 군사들은 비명을 지르며 쓰러져 갔다.

자욱한 안개 같은 먼지 속을 뚫고 우리는 점점 앞으로 나아갔다.

콘라딘 님이 이끄는 군사들은 훌륭하고 기사다운 전투를 펼쳤다. 나는 먼지와 시체들을 헤치며 주인님을 찾았다. 주인님은 늠름한 모습으로 눈앞의 적군을 차례대로 물리치고 있었다. 하인들은 칼이나 화살을 맞고 쓰러지는 기사들을 이리저리 피해 가며 주인을 도왔다. 나는 땅바닥에 쓰러진 시체와 말 사이를 헤치며 분주하게 뛰어다녔다. 바닥에 피와 먼지로 더럽혀진 시체들이 나뒹굴었다. 나는 시체들을 보며 앞으로 더 많은 사람이 목숨을 잃을 것이라고 생각했다. 그사이에 내가 모시던 기사가 어디론가 사라졌다. 사방에서 사람들의 비명이 들렸고, 말과 개 들이 울어 댔다. 게다가 뿌연 먼지 때문에 앞을 볼 수가 없었다. 나는 말을 타고 전투를 벌이는 기사들을 피해 다니며 바닥에 떨어진 화살을 주워 담았다. 먼지 사이로 기사 두 명이 싸우는 것이 보였다. 두 사람의 긴 창이 동시에 상대방의 방패를 맞히자 둘은 말에서 떨어졌다. 말에서 떨어진 기사들은 이번엔 손에 칼을 들고 서로에게 달려들었다. 바로 내 옆에서 두 기사는 원을 그리며 상대방의 허점을 노리고 있었다. 잠시 탐색전을 펼친 다음 두 사람의 칼날이 부딪쳤다. 다른 군사들도 마찬가지로 서로 맞붙어 격렬히 전투를 벌이고 있었다. 여기저기서 창과 칼이 부딪치는 날카로운 소리가 들렸다. 시간이 조금 지나니 이제는 감각이 무뎌져 마치 꿈속 같은 느낌이었다. 아무 소리도 들리지 않았다. 내 어깨와 머리에도 무언가 와 닿았다. 나는 그것이 무엇인지 느낄 수가 없었다. 누가 적군이고 누가 아군인지 구별이 되지 않았다. 나는 뒷걸음질을 치다가, 바닥에 나뒹구는 사체에 걸려 넘어질 뻔했다. 그리고 소리를 지르며 성난 말들을 피해 다녔다. 바닥에는 죽은 사람의 내장이 굴러다녔다. 나는 바닥에 떨어진 무거운 방패 하나를 주워 날아오는 화살을 막으며 나무다리로 향했다. 가는 도중 바닥에 쓰러진 사람이 갑자기 나에게 손을 뻗으며 살려 달라고 애원하는 바람에 깜짝 놀라 뒤로 넘어질 뻔했다. 나는 그 사람을 피해 난리 속을 헤쳐 나무다리에 도착했다.

이마에 상처가 나서 피가 눈으로 흐르는데도 아무것도 느낄 수 없었다.

격렬한 전투가 벌어졌지만 결국 우리가 승리했다. 수적으로 우리 편이 우세했기 때문이다. 우리 군사들은 적군의 심장부를 공략해 공격의 맥을 끊어 놓았다. 큰 타격을 입은 앙주의 군사들은 정신없이 도망갔다. 하지만 도망가던 군사들마저 우리 군사들의 칼과 창에 맞아 비참한 최후를 맞이했다. 앙주의 깃발을 휘날리던 두 번째 중대도 차례로 말에서 떨어져 죽었다.

나는 훌륭한 전투를 벌인 우리 군사들이 아주 자랑스러웠다. 내가 실전에 참가한 것은 이번이 처음이었다. 지금까지는 그저 궁정 시인들이 읊는 전쟁 서사시만 들었을 뿐이었다. 하지만 실제 전투는 그들이 음률에 맞춰 읊는 서사시보다 훨씬 극적이고 강렬했다. 그도 그럴 것이 내가 본 전투는 허구가 아니라 사실이었다.

내가 모시던 기사는 항상 이렇게 말했다.

"전투를 벌이기 전에 철저한 계획을 세워야 하고, 그 계획에 따라 실제 전투를 진행해야 한다. 짐승이 싸우는 것처럼 아무 계획도 없이 달려들면 안 되지. 인간의 전투는 말이지, 조직적인 전략에 따라 행해져야 해."

전쟁에서 승리를 거두었으니 콘라딘 님은 이제 왕이 될 것이다.

나는 전투가 끝나고야 비로소 주인님을 찾을 수 있었다. 전투가 한창일 때는 날아오는 화살과 죽은 사람들을 피해 다니는 일만으로도 벅찼다. 나는 주인님의 무기를 손에 들고 눈물만 흘렸다. 죽은 전사들의 무기나 갑옷을 챙겨 갈 수도 있었지만 그러지 않았다. 돌아가신 내 아버지 생각이 났기 때문이다.

그때 매미 소리가 멈추었다.

갑자기 잠에서 깨어난 사람처럼 나는 정신을 가다듬고 앞을 바라보았다. 저쪽 들판 너머 언덕 위에 기사들의 모습이 보였다. 처음엔 한두 명만 보이더니 점점 그 수가 늘었다. 그들은 언덕을 내려와 전투가 벌어진 곳으로 다가왔다. 나는 그 기사들이 우리 편인지 적군인지 알 수가 없었다. 그런데 방금 전까지만 해도 언덕을 넘고 있던 기사들이 온데간데없이 사라졌다.

전투가 끝났는데 왜 갑자기 기사들이 보이지? 혹시 내가 열병을 앓는 건가?

그들은 대체 어디서 나타났을까? 도무지 무슨 영문인지 알 수 없었다. 그때 갑자기 기사들의 모습이 다시 보이더니 금방 또 사라졌다. 굽이치는 언덕 능선을 따라 앞으로 진격해 오는 기사들은 언덕을 올라올 때 시야에 들어왔다가 내려갈 때는 시야에서 사라졌다.

조금 지나니 그들의 모습이 똑똑히 보였다. 기사들은 긴 창을 들고 진격해 오고 있었다. 맙소사! 앞으로 다가오는 기사들은 앙주의 군사들이었다. 앙주의 깃발이 바람에 휘날렸다.

'어떻게 된 일이지? 분명 적들은 줄행랑을 쳤는데.'

어림잡아 백 명이 넘는 기사들이 말을 타고 질주해 왔다. 그들은 방금 전투를 벌인 곳에서 800미터도 떨어지지 않은 곳까지 다가왔다. 나는 있는 힘을 다해 소리 질렀다. 빨리 콘라딘 님을 찾아 적들이 진격해 온다고 알려야 했다. 하지만 아무도 내 소리를 듣지 못했다. 아무리 소리쳐 봐도 내 목소리를 듣지 못하는 것 같았다.

앙주의 기사들은 우리 진영까지 진격해 공격을 개시했다. 기사들을 지휘하는 이는 화려한

콘라딘에게 승리하여 나폴리와 시칠리아를 정복한 샤를 앙주.

기사복을 입은 샤를 앙주였다. 앙주의 군대는 2개 중대가 아니라 3개 중대였다. 샤를 앙주는 두 번째 중대에 속해 있지 않았다. 우리가 격파한 앙주의 군사들 외에 앙주가 이끄는 중대가 하나 더 있었고, 샤를 앙주는 세 번째 중대를 지휘한 것이다. 물론 우리는 그 사실을 몰랐다.

적들을 물리쳤다고 생각하던 우리 군사들이 정신없이 말에 올라탔다. 콘라딘 님도 서둘러 무기를 챙겨 적들을 향해 달려갔다. 나도 말을 타고 기사들을 따랐다.

우리는 샤를 앙주가 이끄는 군사들에게 패배하고 말았다. 그들은 우리 군사들의 무기와 갑옷, 말을 남김없이 가져갔다. 승리를 거둔 기쁨에 사로잡혀 있던 우리 군사들은 앙주 군대의 창과 칼에 맞아 비참하게 쓰러졌다. 무기를 버리고 도망가는 사람들도 있었다. 그러나 그들 역시 앙주의 군사들에게 목숨을 잃었다. 앙주의 군사들은 마치 토끼를 모는 사냥꾼처럼 도망치는 군사들을 쫓아갔다. 적의 칼을 피한 사람은 아무도 없었다.

샤를 앙주는 교활한 자였다. 단단히 무장한 앙주 군이 쳐들어오기 전까지 우리는 앙주의 군대가 2개 중대로만 구성되었다고 생각했다. 적군을 물리치고 긴장감이 풀렸을 때 샤를 앙주가 기사들을 이끌고 반격한 것이다. 약삭빠르고 교활한 전략이긴 했지만 결국 그들이 승리했다.

모든 것이 끝났다.

콘라딘 님은 측근 몇 명만 데리고 길을 나섰다. 일반 기사복을 입은 콘라딘 님의 얼굴은 그사이 몰라보게 헬쑥해져 핏기가 하나도 없었다. 자랑스러운 가문의 문장을 수놓은 깃발도 투구도 없었지만 그래도 콘라딘 님은 입가에 미소를 잃지 않았다.

우리는 해변으로 가서 배를 타고 서쪽으로 갈 생각이었다. 이탈리아의 란체아라는 귀족과 그의 아들이 길을 안내해 주었다. 우리는 사흘 동안 두려움에 떨며 큰 바위와 암벽으로 뒤덮인 가파른 골짜기를 지나 산을 넘었다. 목이 마르고 배가 고팠지만 우리에겐 희망이 있었다.

배를 타러 가는 도중에 우리는 앙주에게 붙잡혔다가 도망친 우리 군사들과 마주쳤다. 그들이 말하길 앙주에게 잡힌 귀족 출신 기사들은 모두 교수형을 당했다고 했다.

해변에 도착하자마자 우리는 피사로 타고 갈 배를 찾았다. 콘라딘 님은 그간 겪은 일들 때문인지 사흘 전보다 훨씬 수척해 보였다.

배 위로 갈매기들이 날아다녔다. 콘라딘 님은 우리를 피사까지 데려다 줄 뱃사람들을 믿고 있었다. 그런데 그들은 뱃머리를 피사로 돌리는 대신 손짓과 눈짓으로 신호를 보내더니 이상한 돌문으로 배를 몰았다. 그러고는 우리를 좁은 배 안에 집어넣더니 갑자기 쇠창살 안에 가두었다.

우리가 도착한 곳은 피사가 아니라 조반니 프란지파니 소유의 토레 아스투라라는 곳이었다. 그곳에 도착하니 무장한 군사들이 콘라딘 님에게 배에서 내리라고 명령했다. 그들은 우리를 나폴리에 있는 샤를 앙주에게 데려갔다.

그 뒤로 나는 콘라딘 님을 보지 못했다. 내가 마지막으로 그를 본 것은 그가 단두대에서 처형당했을 때였다. 앙주는 콘라딘 님에게 사형 처분을 내려 칼로 목을 베었다. 콘라딘 님과 절친한 사이인 오스트리아의 프리드리히도 함께 처형되었다. 프리드리히 역시 유산을 상속받지 못했다. 탈리아코초 전투에서 오스트리아 군대도 앙주가 이끄는 군사들에게 격파되었다.

프리드리히가 먼저 교수대에 올라 형을 받았다. 콘라딘 님은 자신의 절친한 친구가 죽는 것을 눈앞에서 목격할 수밖에 없었다. 그분의 얼굴은 전투를 벌일 때보다도 하얗게 질려 있었다. 하지만 콘라딘 님과 프리드리히는 용감한 기사들이었다. 교수대로 끌려가면서도 마치 교회에 가는 동네 친구들처럼 서로 웃으며 대화를 나누었다.

살아남은 우리 일행은 콘라딘 님의 시신을 해변에 있던 유대 인 공동묘지 근처에 묻었다. 그리고 콘라딘 님의 이름을 새긴 십자가 비석을 세웠다. 그러나 그 비석마저 금방 파괴되고 말았다. 승자는 샤를 앙주와 로마 교황이었다.

1268년 10월 29일 콘라딘 님은 나폴리에서 교수형에 처해졌다.

샤를 앙주의 군사들은 마지막까지 콘라딘 님 옆을 지킨 우리 일행에게 꺼지라고 손짓했다.

제10장

헬름브레히트

13세기 신성 로마 제국은 20년간 대공위 시대가 지속되면서 혼란과 혼동에 휩싸였다. 무능한 왕들은 제국을 제대로 통치하지 못했고 신성 로마 제국의 황권은 유명무실한 상태였다. 주먹이 곧 법인 시대가 20년 동안이나 계속되었다. 살인과 결투가 끊이지 않았고 거리에는 남편을 잃은 아낙네와 고아가 들끓었다. 거기다 강도와 도적 들이 기승을 부렸다. 기사들 역시 아무 거리낌 없이 기사도 정신을 저버리고 불명예스러운 짓을 일삼았다. 가난하고 약한 사람들을 보호해 주는 대신 무력을 동원해 남의 재산을 빼앗았고 그것으로 궁정에서 호화스러운 생활을 즐겼다. 심지어 강도질이 궁정 생활이라고 착각한 농부들이 기사의 성으로 몰려들었다.

베르너 가르텐아에레는 중고 독일어로 쓴 '헬름브레히트'라는 시에서 타락한 기사들의 행동과 당시의 세태를 묘사했다. 이 시는 농부의 아들인 헬름브레히트가 자기도 기사가 될 수 있다고 착각하고 기사의 성으로 향하는 내용이다.

베르너 가르텐아에레의 '헬름브레히트'는 내용이 흥미진진할 뿐만 아니라 모든 가치가 몰락한 13세기 독일의 사회상을 엿볼 수 있는 귀중한 자료다. 헬름브레히트는 성서에 등장하는 탕자의 비유와 비슷하다고 볼 수 있으나 13세기의 사정에 맞춰 재해석되었다. 한편 베르너 가르텐아에레는 이 시에서 정의감 넘치고 용맹스러운 진정한 기사상(像)에 대한 동경을 표현하고 있다.

지금부터 소개할 헬름브레히트의 이야기는 원본을 번역한 부분도 있고 새롭게 해석한 부분도 있다.

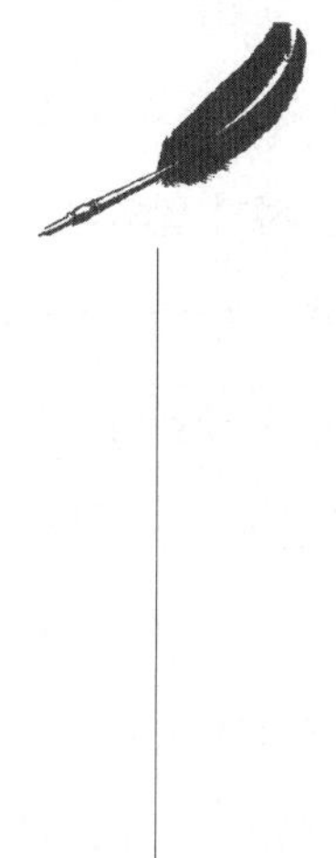

이제부터 나는 내가 직접 본 것을 이야기할 것이다. 나는 한 인간이 사랑하고 아끼던 모든 것을 어떻게 파괴할 수 있는지 말하려 한다.

부유한 농부 헬름브레히트는 바이에른과 오스트리아 국경에 있는 호엔슈타인과 할덴베르크에 큰 농장을 가지고 있었다. 그의 큰아들 이름도 헬름브레히트였다. 큰아들은 부모가 죽으면 재산을 물려받고 그 대가로 부모의 장례를 치르고 부모를 위해 기도를 해 줄 자식이었다. 헬름브레히트의 부모는 그런 큰아들을 자랑스럽게 여겼다.

헬름브레히트의 어머니는 큰아들에게 모든 사랑을 쏟아부었다. 그녀는 남편에게는 한 번도 제대로 된 사랑을 받아 본 적도, 사랑을 베푼 적도 없었다. 남편이 매우 엄격한 사람이었기 때문이다. 큰아들 헬름브레히트는 어머니에게 큰 사랑이자 보물 같은 존재였다. 어머니는 그런 아들을 하늘처럼 떠받들었다. 헬름브레히트의 누이 고테린데 역시 동생을 끔찍이 여겼다. 동생이 자라면서 점점 멋있어졌기 때문이다.

헬름브레히트는 어머니와 누이의 넘치는 사랑 탓에 날이 갈수록 버릇이 없어졌다. 아버지는 그런 아들을 지켜보며 안타까운 마음에 입술을 깨물었다. 하지만 별다른 말은 하지 않았다. 아버지는 아들을 강한 남자로 키우려면 법도와 규율, 의무와 복종을 가르쳐야 한다고 생각했다. 그래서 아버지는 아들을 매우 엄격하게 대했다. 하도 엄격해 마치 개를 훈련하는 것 같았다. 그는 가족에게뿐만 아니라 부리던 일꾼들에게도 무서운 사람이었다.

어려서부터 어머니와 누이의 응석받이로 자란 헬름브레히트는 자기밖에 모르는 버릇없는 아이가 되었다. 매일 아침 샘에서 세수를 할 때면 물 위에 비치는 자기 모습을 오랫동안 바라보았다. 헬름브레히트는 자신에게 도취되어 있었다.

물론 그는 싸구려 옷은 쳐다보지도 않았다. 헬름브레히트의 어머니는 아들에게 순모나 값비싼 리넨으로 만든 옷만 입혔다. 그의 옷에는 어머니나 누이의 옷보다 훨씬 화려한 장식이 달려 있었다. 어머니는 헬름브레히트가 성년이 되자 기사들이 지참하는 무기와 갑옷을 사 주었다. 기사 복장을 한 아들의 모습을 보고 싶어서 큰돈을 주고 단검과 쇠사슬 갑옷을 구입했다.

"어차피 우리 집 재산은 다 네 것이니까 이 정도쯤이야 뭐."

헬름브레히트의 어머니는 멋진 기사로 변신한 아들을 보고 뿌듯해하며 이렇게 말했다.

누이 고테린데도 남동생에게 선물을 많이 해 주었다. 한번은 동생을 위해 리넨을 구했는데 그 천은 아주 곱고 정교했다.

헬름브레히트는 곱실거리는 긴 금발이었는데 머리 길이가 발목까지 닿을 정도였다. 그의 어머니는 아들에게 긴 머리를 묶을 수 있는 화려한 두건을 선물했다. 수녀원에서 도망친 어느 수녀와 하녀들이 두건에 수를 놓아 주고 그 대가로 치즈와 소시지, 달걀을 받았다. 그들이 받은 식량은 한참을 먹고도 남을 정도였다. 성격이 활발한 수녀는 자수 솜씨가 아주 좋았다. 수녀는 수녀원에서 여자들하고만 지내기가 따분해서 도망 나왔다고 했다. 당시 독일에는 그 수녀처럼 세속적인 데 물들어 영혼을 더럽힌 사람이 아주 많았다.

헬름브레히트의 누이는 수녀에게 동생의 두건을 예쁘게 꾸며 달라며 암소까지 주었다.

완성된 두건은 이 세상 어느 두건보다 화려하고 아름다웠다. 비둘기, 앵무새, 시를 읊는 시인, 춤추는 사람들, 트로이 전쟁 신화, 영웅 아이네이아스, 디트리히 폰 베른(동고트의 왕 테오도리크를 모델로 한 서사시 속 주인공—옮긴이), 카롤루스 대제와 그의 충신 롤랑의 이야기 등 수많은 그림이 화려하게 수놓여 있었다. 수녀원에서 도망친 수녀는 전설과 신화를 많이 알았다. 하지만 헬름브레히트는 그 내용도 모른 채 그저 화려하고 아름다운 두건을 선물받고 기뻐할 뿐이었다. 두건을 장식한 그림들은 모두 비단실로 수놓았다. 조그만 두건 하나에 그렇게 많은 그림을 어떻게 담을 수 있을까 싶겠지만 헬름브레히트의 두건은 땅에 끌릴 정도로 길었다.

그 두건은 헬름브레히트 이야기의 발단이자 결말이었다.

거만하고 멍청한 헬름브레히트는 화려한 두건을 쓰고 마구간과 헛간을 휘젓고 다녔다. 그는 헛간에 있는 농기구들을 보고 자기와 어울리지 않다고 생각했다. 농사일은 거들떠보지도 않고 그저 마당에서 모이를 먹는 닭을 보더니 화를 내며 발로 찼다.

'내가 대체 왜 이런 데 있는 거지? 망설일 필요가 뭐가 있어? 아버지 말을 들어 봤자 평생 이렇게 지저분한 데서 고생만 할 거야. 어머니도 누이도 내가 하고 싶은 대로 놔둘 거야. 게다가 난 남자잖아. 내 일은 내가 결정할 수 있어. 좋은 말 한 필만 있으면 돼! 여길 떠나면 지저분하고 고생스러운 농사일을 하지 않아도 돼.'

버릇없는 헬름브레히트는 속으로 이렇게 생각했다.

그리고 어느 날 아버지를 찾아가 거만을 떨며 말했다.

"성으로 가서 기사가 되어 제 뜻을 펼칠 거예요."

아들의 말을 듣고 아버지는 두 눈을 질끈 감았다.

"어머니와 누이는 이미 제게 많은 걸 해 주었으니 이제 아버지 차례예요. 제가 물려받을 재산을 주세요. 재산을 받으면 당장 떠날 거예요."

헬름브레히트는 가슴에 큰 수정 단추 하나와 가지각색의 조그만 단추들이 잔뜩 달린 화려한 외투를 입고 있었다. 셔츠 소매 끝에 조그만 종이 달려 움직일 때마다 소리가 났다.

아버지는 아무 말도 없이 무표정한 얼굴로 한참 동안 아들을 쳐다보더니 한숨을 내쉬며 말했다.

"좋아. 그럼 종마 한 필을 사 주마."

그리고 잠시 침묵을 지키다가 덧붙였다.

"내 너한테 울타리와 담을 훌쩍 넘을 수 있는 튼튼한 종마를 사 주지."

아버지는 말은 이렇게 했지만 아들의 부탁을 들어주는 것이 과연 바람 직한 일인지 확신이 서지 않았다. 그래서 다시 아들에게 부드러운 목소리 로 말했다.

"헬름브레히트, 떠나는 것은 포기하는 게 좋겠다. 기사들의 생활은 네 가 생각하는 것처럼 화려하고 좋지만은 않아."

헬름브레히트는 아버지 말은 들을 척도 않고 하늘을 나는 제비만 올려 다보았다.

"사랑하는 아들아, 여행은 포기하고 나를 도와 농장을 돌보는 게 어떠 니? 내가 널 도와줄 테니 걱정하지 마라. 그리고 내가 죽으면 이 넓은 농 장이 다 네 차지야. 난 지금까지 세금도 꼬박꼬박 냈고 법이 금하는 일은 한 번도 한 적 없단다. 너도 이 아비처럼 열심히 농사를 지으며 성실히 사 는 게 어떠니? 그러면 너도 나처럼 다른 사람에게 존경받으며 안정된 생 활을 할 수 있을 거다."

헬름브레히트는 아버지가 평소와 다르게 다정히 타이르는 모습을 보고 잠시 당황했지만 금방 아버지의 설교가 귀찮게 느껴졌다.

"아버지, 전 기사들의 생활을 직접 경험해 보고 싶어요. 지옥에 떨어진 다 해도 제 뜻을 굽히지 않을 거예요. 두고 보세요, 여길 떠나고 말 거예 요. 제가 어떻게 무거운 자루를 들고 다녀요. 그럼 제 셔츠 깃이 구겨지잖 아요. 거름이 실린 마차를 타고 다니는 건 저한테 어울리지 않아요. 제가 어떻게 그런 험한 일을 할 수 있겠어요. 아버지, 제가 입은 옷을 보세요. 이 옷을 입고 농사를 지으라니 말이 되냐고요. 아버지는 아무것도 모르시는 것 같아요. 거기다 제가 쓴 이 두건을 보세요. 여자들이 제 두건을 만들려고 얼마나 애를 썼는데요. 싫어요, 전 아버지처럼 농부로 살고 싶지 않아요. 성으로 갈 거예요."

"잠깐만! 헬름브레히트, 진정해라. 루프레히트 씨가 너한테 딸을 주겠다더구나. 양과 돼지, 소까지 준다고 했어. 그걸 마다하고 떠나면 넌 아마 굶어 죽을 거야."

헬름브레히트가 끼어들려 했지만 아버지는 틈을 주지 않고 말을 이어 갔다.

"아들아, 사람은 자기 신분에 맞게 살아야 한단다. 그 누구도 태어날 때부터 정해진 신분을 저버릴 수 없어. 넌 농부의 자식으로 태어났으니 농사를 지어야 해. 성으로 가 봤자 놀림감만 될 뿐이지. 게다가 성엔 이미 사람이 많이 살고 있어. 헬름브레히트, 넌 그곳과 어울리지 않아."

"멋진 말만 있으면 아무도 절 무시하지 않을 거예요."

"조금만 더 시간을 갖고 생각해 보자."

"쓸데없는 말 그만 하세요. 아버지, 제 옷과 두건을 보세요. 이렇게 좋은 옷을 입고 있는데 누가 감히 절 비웃겠어요. 다시 한 번 말씀드리겠는데, 전 농사나 지으려고 태어난 게 아니에요."

"아들아, 천천히 생각하자."

아버지는 아들의 팔을 잡고 타일렀다.

"제가 신은 이 구두는 부드러운 염소 가죽으로 만든 거란 말이에요. 이렇게 좋은 구두를 신고 거름을 실은 지저분한 마차를 끌다니 말이 되냐고요. 아버지가 종마를 사 주시면 루프레히트 씨도 절 사위로 삼을 마음이 사라질 거예요. 전 여자 때문에 제 뜻을 굽히진 않아요."

"헬름브레히트, 진정하고 내 말을 들으렴. 훌륭한 스승을 따르는 사람은 명예를 누릴 수 있지. 하지만 아버지의 말을 어기는 사람은 결국 가난과 불행을 면치 못한단다. 너도 알다시피 우리 같은 농부는 귀족의 말을 어기면 불이익을 당해. 법은 그들 편이니까. 설사 그들이 널 죽인다 해도 법의 처벌을 받지 않는단다. 헬름브레히트, 루프레히트 씨의 딸과 혼인해서 농장을 물려받으렴."

"아버지, 전 농사일과 어울리지 않아요. 귀족들이 사는 성이야말로 제가 있을 곳이라고요. 아무것도 모르시면서 아버지는 저보고 농사나 지으라고 고집을 부리시는군요. 말만 있었다면 벌써 집을 떠났을 거예요."

헬름브레히트는 아버지에게 질세라 소리를 치며 말했다. 그의 목소리에는 아버지에 대한 증오가 담겨 있었다.

"농부들은 죽어라 일만 하지요. 제가 그들과 함께 생활한다고 생각하면 끔찍해요. 새끼 말이나 송아지를 키우려면 3년이나 걸린다고요. 제가 그런 일을 어떻게 해요. 농부들은 말이나 소가 있으면 부자라고 생각하지요. 하지만 성에 가 보세요. 그곳에 가면 화려한 생활이 보장된다고요. 전 가난을 참을 수 없어요."

헬름브레히트는 몸을 꼿꼿이 세우면서 말했다.

"아버지가 말을 사 주시지 않으면 제가 암소들을 팔아 버릴 거예요. 그러니 당장 말을 사 주세요! 그래야 떠날 수 있단 말이에요."

머칠 뒤 아버지는 내키진 않았지만 펠트 천 30마와 살진 암소 네 마리,

황소 두 마리, 곡식 네 자루를 주고 헬름브레히트에게 종마 한 필을 사 주었다.

아버지에게 말을 받자마자 헬름브레히트는 말 위에 올라 긴 금발을 쓸어내리더니 거만하게 어깨를 내려다보았다. 떠날 생각을 하니 기대에 부풀어 심장이 마구 뛰었다.

헬름브레히트는 아버지를 보며 말했다.

"저는 강해질 겁니다. 돌멩이도 씹을 수 있을 정도로 힘을 키울 거예요. 아무도 절 해칠 수 없어요. 강철도 삼킬 정도로 강해질 테니 두고 보세요. 전 아무도 겁나지 않아요. 황제? 백작? 쳇! 걸리기만 해 보라지. 저한테 잘못 걸리면 뼈도 못 추릴 거예요. 전 제 뜻을 맘껏 펼칠 거예요. 다른 세상이 절 기다려요. 그러니 아버지, 말리지 마세요. 지금부터는 제 마음대로 하게 두세요. 차라리 들짐승을 잡아다가 길들이는 게 저를 잡아 두는 것보다 쉬울 거예요."

"아들아, 네가 정 뜻을 굽히지 않겠다면 널 더는 붙잡지 않겠다. 그 대신 재산은 다른 사람들에게 나눠 줄 거다."

아버지가 단호하게 말했다.

헬름브레히트가 아무 대답도 하지 않고 말고삐를 잡아당기는 걸 보고 아버지는 성급히 아들의 팔을 붙잡았다. 그러자 말이 발을 구르며 씩씩거렸다.

"헬름브레히트, 내가 너의 그 잘난 두건한테 졌다. 두 손 두 발 다 들었다고. 그래도 마지막으로 네게 할 말이 있다. 다른 사람이 네 그 잘난 두건과 긴 머리카락을 잡아당기지 못하게 조심해라. 그리고 젊은 나이에 절름

발이 신세가 되지 않게 몸조심해라."

아들을 진심으로 걱정하는 아버지의 목소리는 부드럽고 따뜻했다.

"헬름브레히트, 다른 사람에게 빼앗은 돈으로 포도주를 사 마시느니 차라리 맹물을 마셔라. 다른 사람의 말을 훔쳐서 거위를 사 먹느니 네 어머니가 만들어 주신 죽을 먹는 편이 훨씬 낫다는 걸 잊으면 안 된다."

그러나 아들은 큰 소리로 웃으며 아버지의 말을 무시했다. 그런 헬름브레히트의 모습을 보고 아버지는 입술을 깨물며 거칠게 말했다.

"그래, 이젠 정말 포기했다. 네 갈 길을 가거라. 살고 싶은 곳으로 가서 네 맘대로 살아! 그게 소원이라면 어쩔 수 없지."

"아버지가 제 몫까지 맹물을 드시면 되겠네요. 전 지긋지긋한 농장을 빨리 떠나고 싶은 생각뿐이에요. 전 물이 아니라 포도주를 마시고 싶다고요! 어머니가 끓여 주시는 죽은 아버지나 실컷 드세요. 전 죽 따윈 입에도 안 댈 테니까요. 성에 가면 맛있는 게 얼마나 많겠어요. 전 죽을 때까지 고운 밀가루로 만든 부드러운 빵만 먹을 거예요. 그리고 아버지처럼 살지 않을 거예요. 대부님이 계셔서 얼마나 다행인지. 대부님은 아버지랑은 다른 분이니까요. 농사나 짓는 아버지를 따르는 대신 기사이신 대부님을 따라 살겠어요."

헬름브레히트는 아버지의 가슴에 못을 박는 말을 남기고 말안장에 올라탔다.

아버지는 말 앞을 가로막고 서서 마지막으로 아들을 타일렀다.

"내 말 좀 들어 봐라. 제대로 된 귀족은 몸가짐이 단정하고 법도에 맞는 행동을 한단다. 신분을 알 수 없는 두 사람이 낯선 곳에 간다고 해 보자.

그래도 사람들은 누가 귀족이고 누가 천한 신분인지 금방 알아차릴 수 있
단다. 귀족은 신분에 맞는 행동을 하거든.”

“제가 하고 싶은 말을 하시네요. 제 두건과 머리카락을 보세요. 제가 어
딜 봐서 농부의 자식으로 보입니까? 전 아버지 농장과 어울리지 않아요.”

헬름브레히트가 말고삐를 단단히 잡아당기자 아버지는 손을 치켜들며
말했다.

“너 같은 자식을 낳은 네 어미가 불쌍하다.”

헬름브레히트와 아버지가 실랑이를 벌이는 동안 아침 햇살이 들판을
비추었다.

아버지는 아들이 나쁜 길로 빠지는 걸 두고 볼 수 없었다. 그래서 다시
한 번 아들을 붙잡고 설득했다.

“아들아, 다른 사람에게 이익을 주는 사람과 해를 입히는 사람 가운데
누가 더 낫다고 생각하느냐?”

“그야 물론 이익을 주는 사람이죠.”

“헬름브레히트, 그렇다면 너도 밭을 갈고 씨앗을 뿌려 곡식을 수확하는
게 낫지 않겠니?”

아버지는 아들을 설득하려 노력했지만 헬름브레히트는 혀를 끌끌 차면
서 대꾸했다.

“아버지, 그거 아세요? 아버지는 잔소리가 너무 심해요. 아버지 잔소리
라면 군대도 지휘할 수 있을 거예요. 더는 아버지 말을 듣고 싶지 않아요.
농사 이야기는 그만하세요. 듣기 싫다고요! 전 성에 가서 예쁜 여자 손을
잡고 춤을 출 거예요. 그런 저한테 손을 더럽히면서 밭을 갈라고요? 그런

모욕적인 말을 하시다니!"

"아들아, 물어볼 게 있다. 사실 내가 얼마 전에 꿈을 꿨는데 네가 해몽을 해 보겠니? 꿈에서 네가 양손에 촛불을 들고 있더라고. 그뿐이 아니야. 한번은 어떤 남자가 나타나 올해 내 주변에서 장님이 되는 사람이 있을 거라고 하더구나."

"아버지, 이제 그만하시죠. 그런 말을 들으면 제가 포기할 거라고 생각하시나 본데 어림도 없는 소리예요. 전 겁쟁이가 아니거든요."

"잠깐만! 네 다리 하나가 잘린 꿈도 꿨어. 이게 무슨 뜻이겠니?"

아버지는 당장이라도 말을 달려 떠나려는 아들을 막으며 성급하게 말했다.

"저한테 은총과 행복이 찾아온다는 말이겠죠, 뭐."

"네가 하늘로 날아오르는데 날개가 부러지는 꿈도 꿨다고! 하늘에서 떨어져 만신창이가 되는 꿈을 꿨다니까."

어떻게든 아들을 붙잡으려 아버지는 안간힘을 썼다.

"행운이 찾아온다는 뜻이네요. 전 꿈 따위는 신경도 안 써요."

"멍청한 녀석! 나중에 후회하지 말고 내 말 좀 들어라. 너한테 말하지 않으려고 했는데 마지막으로 꾼 꿈이 가장 불길했어. 네가 나무 옆에 서 있었는데 갑자기 땅이 갈라지더니 하늘에서 까마귀 두 마리가 날아들어 네 어깨 위로 앉지 뭐냐. 그러더니 까마귀들이 네 머리카락을 사정없이 잡아 뜯었어. 생각만 해도 끔찍하구나."

"아버지, 제발 그만하세요. 아버지가 꿈에서 본 일들이 현실이 된다 해도 전 아무렇지 않아요. 망설일 시간 없어요. 제 안에 피가 끓고 있다고요.

전 가야 해요. 어머니에게 안부나 전해 주세요."

헬름브레히트는 이렇게 말하며 말고삐를 잡은 아버지 손을 뿌리쳤다. 그러고는 뒤도 돌아보지 않고 달려갔다.

헬름브레히트는 어느 기사의 성에 도착했다. 그 기사는 끊임없이 다툼과 분란을 일으켰다. 자신을 위해 싸울 하인들이 많이 필요했기에 기사는 그 자리에서 헬름브레히트를 고용했다.

이렇게 해서 헬름브레히트도 기사가 이끄는 도적단에 들어갔다. 그들은 눈앞에 있는 물건을 닥치는 대로 쓸어 왔다. 심지어 머리카락까지 훔쳤다. 헬름브레히트도 다른 사람들에게 질세라 물건이든 가축이든 가리지 않고 약탈했다. 말, 소, 염소, 양, 옷, 무기 할 것 없이 다 훔쳐도 욕심을 채울 수 없었다.

그는 심지어 여자들이 걸친 외투나 모피뿐 아니라 치마와 윗도리까지 남김없이 빼앗았다. 하지만 도적단 대장이 헬름브레히트가 여자들 물건을 훔쳐 온 걸 보고 화를 내며 꾸짖었다. 연약한 여자들 물건을 빼앗다니 아무리 도적단이라 해도 용납할 수 없는 행동이었다.

처음 1년은 순풍을 만난 돛단배처럼 모든 게 순조로웠다. 날이 갈수록 헬름브레히트는 잔혹한 강도로 변해 갔다. 그는 훔친 물건 가운데 가장 질이 좋은 물건들만 제 몫으로 요구했다. 헬름브레히트는 남의 물건을 훔쳐서 호화로운 생활을 즐겼다.

그는 잔소리를 늘어놓던 아버지에게 자기가 얼마나 호화롭게 사는지 자랑하고 싶었다. 그래서 다른 도적 패거리에게 작별 인사를 하고 집으로 돌아갔다.

헬름브레히트가 집에 도착하자 믿기지 않는 일이 벌어졌다. 그를 보더니 사람들이 정신없이 달려오기 시작했다. 가장 먼저 헬름브레히트에게 닿으려 사람들이 앞 다투어 달려왔다. 심지어 아버지와 어머니도 달리기 시작했다.

가장 먼저 도착한 사람은 농장 일꾼이었다. 헬름브레히트는 일꾼에게 윗도리와 바지를 주었다. 일꾼의 뒤를 이어 하녀가 도착했다.

하녀와 일꾼은 헬름브레히트를 보더니 젊은 주인님이라고 불렀다.

헬름브레히트는 마치 지체 높은 성직자라도 되는 양 "사랑하는 아들딸이여, 신의 가호가 너희와 함께하길."이라고 말했다.

그다음으로 누이 고테린데가 도착했다.

"그라티아 베스테르(Gratia Vester)!"

헬름브레히트는 누이에게 라틴 어로 인사를 건넸다.

그리고 아버지에게는 프랑스 말로, 어머니에게는 체코 말로 인사를 했다.

어머니는 헬름브레히트가 알아듣지 못하는 말을 하는 걸 보고 깜짝 놀랐다.

"우리가 착각한 것 같아요. 우리 아들 헬름브레히트가 아닌가 봐요. 저 자는 체코 사람 아니면 웬드 족(슬라브 족의 일파―옮긴이)인 것 같아요."

아버지도 당황해하며 말했다.

"나한텐 프랑스 말을 한 것 같은데. 생김새는 헬름브레히트와 비슷하지만 저자는 우리 아들이 아니야."

"맞아요, 아버지. 그런데 저한테 라틴 어로 인사한 걸 보면 성직자인가 봐요."

고테린테에 이어 이번엔 일꾼이 말했다.

"제 생각엔 작센이나 브라반트에서 온 사람 같은데요. 저한텐 작센 말을 한 것 같아요."

도무지 무슨 영문인지 알 수 없었다. 생긴 것은 헬름브레히트와 정말 비슷한데 헬름브레히트가 라틴 어나 프랑스 어를 할 리 없었다. 아버지는 궁금증을 참지 못하고 물었다.

"당신이 내 아들 헬름브레히트라면 다른 나라 말을 하지 말고 우리가 알아들을 수 있게 독일 말을 해 보시오."

헬름브레히트는 아버지의 말을 듣고 눈길을 아래로 내리며 생각했다.

'저렇게 무식한 사람들과 같이 살지 않아도 되니 얼마나 다행이야.'

아버지는 헬름브레히트를 바라보며 다시 말했다.

"당신이 내 아들 헬름브레히트라면 닭 두 마리를 잡아 한 마리는 삶고 한 마리는 맛있게 구워 대접할 것입니다. 만약 내 아들이 아니고 작센 사람이나 웬드 사람이라면 어서 돌아가시오. 난 내 자식 때문에 속 썩는 것만으로도 충분하니, 당신까지 보텔 생각 말아요. 만약 당신이 성직자라면 난 아무것도 내주지 않을 겁니다. 세금을 꼬박꼬박 내는데 따로 물건을 바칠 이유가 없지요. 프랑스나 브라반트에서 온 여행객이라면 당신 입맛에 맞는 고급 음식은 대접할 수 없으니 그리 아시오."

"먼저 제가 누군지 말할 걸 그랬네요. 제가 너무 오래 집을 떠나 있었나 봅니다. 외국말이 익숙해져서 저도 모르게 외국어가 튀어나와 버렸어요.

용서하세요. 저예요.”

“저라면?”

“저라니까요, 헬름브레히트! 아버지 아들 헬름브레히트라니까요. 1년 전까지 이곳에서 살던 아버지 아들 헬름브레히트라고요.”

하지만 아버지는 아직도 믿기지 않는 듯 입술을 깨물며 말했다.

“그럴 리 없어.”

“아우어, 레메, 에르게, 존네. 이제 믿으시겠어요?”

헬름브레히트는 아버지가 키우는 소 네 마리의 이름을 댔다. 그제야 아버지는 안심하고 아들을 맞아 주었다.

아버지와 어머니는 오랜만에 집에 온 아들에게 다른 사람이 보면 질투가 날 정도로 성대한 대접을 해 주었다. 아버지는 헬름브레히트가 타고 온 말을 정성스레 보살폈다. 먹이도 넉넉히 주고 털도 말끔하게 빗겨 주었다. 어머니와 누이 고테린데도 불을 지펴 집 안을 따뜻하게 한 다음 서둘러 식사 준비를 했다. 그리고 헬름브레히트가 편안하게 쉴 수 있게 베개와 쿠션을 가져다주었다. 헬름브레히트는 어머니와 누이가 요리하는 동안 잠이 들었다.

잠에서 깨어 보니 이미 밥상이 차려져 있었다. 식탁 위에는 갖가지 음식이 준비되어 있었다. 잘게 썬 채소와 연한 고기를 넣은 음식이며 고급 치즈, 꼬챙이에 끼워 알맞게 구운 거위 등 진수성찬이었다. 그리고 아버지가 말한 대로 닭 요리도 올라와 있었다. 농사짓는 집에서 그렇게 많은 음식을 한꺼번에 먹는 일은 없었다.

하지만 식구들은 지체 높은 손님이 찾아왔으니 그 정도는 대접해야 한다고 생각했다.

"포도주가 있으면 좋았겠지만 샘물밖에 없으니 어쩌나? 마술을 부려 샘물을 포도주로 바꿀 수도 없고."

아버지는 헬름브레히트에게 기사 생활에 대해 물어봤다. 사실 아버지도 어릴 적 기사들의 성에 가 본 적 있었다. 헬름브레히트의 할아버지가 치즈와 달걀을 전해 주라며 심부름 보냈다. 아버지는 그때 기억을 더듬어 아들에게 말해 주었다.

"내가 성에 갔을 때는 조그만 어린아이였지. 그래도 기사들이 마상 시합이나 펜싱을 하면서 귀부인들 눈에 들려고 애쓰던 모습을 생생하게 기억한단다. 그곳 사람들은 춤도 추고 노래도 불렀어. 악사 한 명이 바이올린을 연주하자 귀부인 한 명이 자리에서 일어났고 기사가 귀부인에게 손을 내밀더군. 모두 하나같이 품위 있고 근사했어. 사람들이 서로서로 손을 잡고 부드럽게 상대를 바꿔 가며 우아한 몸짓으로 춤을 췄지. 어떤 사람은 책을 낭독했고 어떤 사람은 화살을 쐈어. 사냥을 나서는 사람도 있었고. 내가 기억하는 성은 이렇단다. 지금은 예전과 많이 달라졌다던데……."

아버지는 잠시 뜸을 들이더니 다시 말을 이었다.

"사람들이 그러는데 예전에 성에서 가장 나쁘다고 여긴 행동이 요즘은 가장 훌륭한 행동이라고 인정받는다더구나. 믿음과 명예는 사라지고 사기와 거짓이 난무하고 다른 사람을 무력으로 쓰러뜨리는 사람이 인정받는다고 했어. 신을 섬기고 법을 지키는 사람은 바보 취급을 당한다더군. 네 생각은 어떠냐? 정말 사람들 말처럼 엉망진창이냐?"

아버지는 아들이 자기 말을 부정하길 바랐다.

"옛날 같진 않아요. 요즘 성안 사람들은 술만 마셔요. 우린 기사님께 환호를 보내며 계속 술을 권하지요. 우리도 기사님의 기분을 맞추려면 같이 술을 마셔야 하고요. 품위 있는 기사들이 아름다운 귀부인과 교제하는 건 옛날 이야기예요. 그보다 요즘은 성에 술이 떨어질까 걱정하죠. 술을 마셔야 기분이 좋아지고, 술을 마셔야 밖에 나가서 일을 제대로 할 수 있으니까요. 예전에 귀부인에게 바치던 기사들의 민네장은 사라진 지 오래지요. 대신 우리는 '어이, 거기 귀여운 처녀, 술 좀 따라 봐.'라고 말하죠. 사기를 치는 사람, 거짓말하는 사람이 인정받아요. 한마디로 영악한 사람이 얻는 게 많죠. 일꾼처럼 입이 거칠어야 살기 편해요. 아버지 말씀대로 행동했다간 다른 사람들한테 놀림거리가 될 뿐이에요."

아버지는 헬름브레히트의 말을 듣고 한숨을 내쉬었다.

"주여! 세상이 어찌 되려고 그러는지."

"기사들이 벌이던 마상 시합은 없어졌어요. 예전엔 마상 시합에서 이긴 기사를 영웅처럼 받들었지만 요즘은 다른 사람들 재산을 누가 더 많이 빼앗아 오느냐가 더 중요하지요. 칼과 창으로 거침없이 다른 사람 눈을 찌르고 팔다리를 자르는 사람이 용감하다고 칭찬받아요. 돈 많은 사람이 우리한테 걸리면 금화 백 닢을 지불해야 목숨을 건질 수 있지요. 전 지난 1년 동안 성에서 생활하며 많은 걸 배웠어요. 그 이야기를 다 하자면 밤을 꼬박 새워도 모자라요. 먼 길을 왔더니 피곤하네요. 이제 그만 쉬어야겠어요."

고테린데는 남동생을 위해 깨끗이 세탁한 잠옷을 침대 위에 준비해 놓았다. 헬름브레히트는 다음 날 해가 중천에 뜰 때까지 잤다.

잠에서 깬 헬름브레히트는 성에서 가져온 멋진 물건들을 풀어 놓기 시작했다. 그리고 아버지에게 근사한 맷돌을 선물했다. 그렇게 좋은 맷돌을 가진 농부는 이 세상에서 헬름브레히트 아버지밖에 없었다. 아버지는 자루가 긴 새 낫도 받았다. 긴 낫은 농사짓는 사람들에게 없어서는 안 될 물건이었다. 게다가 솜씨 좋은 대장장이가 만든 도끼와 괭이도 받았다.

어머니는 여우 털을 받았다. 헬름브레히트가 어느 신부에게서 빼앗은 것이었다. 부유한 상인에게서는 비단 머릿수건을 훔쳤는데 그건 고테린데에게 주었다. 그리고 어느 귀부인에게서 빼앗은 화려한 허리끈도 선물했다.

일꾼에게는 끈이 달린 가죽 신발을 주었다. 농장에서 일하는 일꾼은 맨발로 돌아다녔지만 귀족들의 하인들은 끈 달린 가죽 신발을 신었다. 자기가 귀족이라도 된 양 착각에 빠진 헬름브레히트는 집에서 부리는 일꾼도 귀족의 하인처럼 제대로 된 신발을 신어야 한다고 생각했다. 하녀에게는 머릿수건과 빨간 머리 끈을 주었다.

헬름브레히트가 아버지 집에 머문 지 일주일이 지났다. 농장에서 빈둥거리려니 일주일이 1년보다 길게 느껴졌다. 무엇보다 도적질을 하지 않으니 좀이 쑤셨다. 헬름브레히트는 성으로 돌아가기로 했다.

그가 길을 떠나기 전날 밤 아버지는 아들 앞에 자리를 잡고 앉았다.

"아들아! 농사일이 싫으면 안 해도 된다. 어려운 일은 할 필요 없어. 네 마음대로 해도 잔소리하지 않을 테니 성에 가는 것만 포기하면 안 되겠니? 나는 다른 사람의 재산과 목숨을 빼앗는 귀족이 되느니 차라리 양심적인 농부로 살고 싶다. 네 말을 들어 보면 기사 생활은 아주 위험한 것 같아. 언제 어디서 죽을지 모른다고. 그러니 아들아, 여기서 나랑 같이 살자."

"아버지, 포도주와 쇠고기 구경을 못 한 지 일주일이 넘었어요. 이것 좀 보세요, 그동안 살이 빠져서 허리띠를 졸라 매야 할 정도라고요. 여기 있어 봤자 밭이나 갈고 외양간이나 치워야 하잖아요. 전 다시 성으로 가서 편하게 살고 싶어요. 그래야 살도 붙죠. 게다가 어떤 악당 같은 놈한테 복수도 해야 해요. 그자가 제 대부님을 못살게 굴었다고요. 그자가 씨앗을 뿌려 놓은 대부님 밭을 짓밟아 놓았다더군요. 그런 이야기를 듣고 어떻게 가만히 있을 수 있겠어요. 그런 자들은 따끔하게 손봐 줘야 한다고요. 제가 천배로 갚아 줄 거예요. 그자가 키우는 가축을 모조리 빼앗을 거예요. 대부님 농사를 망쳤으니 그건 저를 모욕한 거나 마찬가지라고요. 제가 손봐야 할 사람이 또 한 사람 있지요. 그자는 건방지게 제 앞에서 기름기 많은 빵을 먹더라고요. 그자한테 복수하지 않으면 발을 뻗고 잠을 잘 수 없어요. 그리고 돈 많은 사람이 한 명 더 있는데, 그자는 주교한테 끌고 가서 벌을 받게 할 거예요."

"그 사람이 너한테 무슨 짓을 했는데 벌을 준다는 거냐?"

새로운 궁정 법도를 잘 모르는 아버지가 궁금해서 물었다.

"글쎄 식탁에서 허리띠를 풀지 뭐예요? 그자의 재산도 다 빼앗을 거예요. 그자가 기르는 가축을 내다 팔아서 성탄절 때 입을 새 옷을 장만하려고요. 예의범절을 모르는 무식한 자들을 보고 가만히 있을 순 없지요. 전 겁쟁이가 아니거든요. 또 어떤 사람은 입으로 맥주 거품을 불지 뭐예요? 그런 자들을 그냥 두면 여자들 앞에서 제 체면이 뭐가 되겠어요? 이제 곧

제가 큰 농장을 싹쓸이했다는 소문이 돌 거예요."

"누구한테 그런 짓을 배웠니? 기름기 많은 빵을 먹었다고 돈 많은 사람의 재산을 다 빼앗으라고 대체 누가 가르쳐 주더냐? 여유만 되면 누구나 기름기 있는 빵을 먹고 싶어 한단다."

"제 친구 레머슐링이랑 슈루크덴비더한테 배웠어요. 그 두 친구 말고도 성에서 친구들을 많이 사귀었지요. 휠렌자크, 뤼텔슈라인은 저한테 스승과 같은 존재예요. 그리고 쿠프라스와 마치켈히까지 저랑 친한 친구는 전부 여섯 명이에요. 제가 모시는 기사님이 이끄는 부대에도 볼프스라헨이라는 친구가 있어요. 그 친구는 자기 친척이라 해도 봐주질 않아요. 볼프뤼셀이라는 친구는 열쇠 없이도 모든 문을 열 수 있지요."

"네 친구들은 널 뭐라고 부르니?"

"성안 사람들은 슈링다슬란트라고 불러요. 사람들이 절 슈링다슬란트라고 부를 때마다 얼마나 자랑스러운지 몰라요. 이 지역 농부들에게 전 두려운 존재로 알려져 있어요. 제가 지나간 곳에는 아무것도 남지 않거든요. 어린 자식들에게 물죽이라도 먹일 수 있으면 그나마 다행이죠. 전 더 심한 고통도 줄 수 있으니까요. 칼로 눈을 파낸 적도 있고 연기 속에 집어넣기도 했어요. 개미집 위에 매달아 놓은 적도 있고 집게로 수염을 뽑은 적도 있어요. 이 지역 농장 재산은 다 제 거랍니다. 우리는 열 명밖에 되지 않지만 스무 명이 덤벼도 끄떡없어요."

"헬름브레히트! 조심해라. 이 지역 농부들은 너희보다 세 배는 더 많아. 만약 그들 가운데 한 사람이 너희를 고소한다면 무슨 일을 당할지 몰라."

아버지가 근심 어린 얼굴로 말하자 헬름브레히트는 탁자 위로 올라가

소리쳤다.

"아버지! 지금 무슨 말씀을 하시는 거예요! 지금까지 아버지가 무사하신 건 다 제 덕이라고요! 친구들이 아버지 농장을 약탈하려 했을 때 제가 말렸어요. 아버지가 키우는 거위도 닭도 다 제가 구했다고요! 한 번만 더 그런 말씀을 하시면 저도 더는 못 참아요. 아버지를 보호하지 않을 거라고요. 아시겠어요? 왕이 부탁해도 아버지를 보호하지 않을 거라고요. 아버지는 제 친구들을 모욕하셨어요."

헬름브레히트는 불같이 화를 냈다.

"다른 사람 재산을 빼앗는 게 뭐가 나빠요? 전 고테린데가 제 친구와 혼인했으면 좋겠어요. 그러면 평생 편하게 살 수 있으니까요. 그런데 아버지가 일을 망치려 하시는군요. 제 친구는 고테린데에게 매일 모피, 값비싼 외투, 보석을 선물해 줄 수 있다고요. 그런데 아버지는 용감한 제 친구들을 모욕하시다니!"

그날 저녁 헬름브레히트는 고테린데와 단둘이서 조용히 이야기를 나누었다.

"고테린데 누나, 내 말 잘 들어. 레머슐링은 나랑 가장 친한 친구야. 그 친구가 누이에 대해 물었을 때 난 이렇게 말했어. '고테린데는 아주 착한 여자야. 만약 네가 교수대에 올라간다면 너 대신 자기 목숨을 내놓을 정도로 착하지. 네가 죽으면 네 무덤에 1년 내내 향불을 피워 줄 거야. 네 발이 잘리면 고테린데는 매일 아침 침대로 목발을 가져다줄 거고. 네 손이 잘리면 네가 죽을 때까지 널 위해 고기와 빵을 잘라 줄 거야.'라고 말이지."

고테린데는 동생의 말을 듣더니 두 눈을 지그시 감았다.

"레머슐링은 좋은 옷과 보석이 가득한 자루 세 개를 누이에게 선물한다고 했어. 얼마나 무거운지 납덩어리가 들어 있는 줄 알았다니까. 자루 속에는 곱게 수놓은 망사 천과 리넨, 속옷, 값비싼 모피가 들어 있었어. 모피로 만든 외투에 주홍색 비단 천으로 안감을 댄 것도 있더라고. 어떤 건 검은담비 털이 달린 것도 있어. 레머슐링은 자루 세 개를 골짜기에 잘 숨겨 놓았어. 그게 다 누이 거라고."

고테린데는 두 눈을 반짝였다.

"아버지가 일을 망쳐 버리려고 하지만 신께서 누이를 도우실 거야. 만약 누이가 지저분한 농부한테 시집간다면 평생 맨발로 밭에서 일만 해야 할 거야. 밭에 나가 풀을 뽑고 호미질이나 하다가 무만 먹고 살겠지. 레머슐링과 혼인하면 그런 고생을 할 필요 없어. 누이가 천한 농부와 혼인해서 매일 밤 그자와 잠자리를 할 생각을 하면 가슴이 찢어질 것 같아. 다 아버지 탓이야. 아버지 때문이라고!"

헬름브레히트는 잠시 말을 멈추고 무언가 생각하는 듯하더니 씩 웃으며 말을 이었다.

"아버지는 진짜 내 아버지가 아니야. 어머니가 날 임신한 지 15주가 지났을 때 궁정에서 온 품위 있는 귀족 신사가 어머니에게 다가왔어. 난 그 사람의 피를 물려받았어. 그분이 바로 내 대부님이시지. 하늘이 도우셔서 내가 이렇게 품위 있는 청년으로 자란 거라고."

"나도 마찬가지야."

고테린데가 맞장구를 쳤다.

"사실은 나도 아버지 자식이 아니야. 어머니가 성에 가셨을 때 늠름한 기사 한 분이 어머니와 잠자리를 했어. 어머니가 늦은 저녁 수풀 속에서 송아지를 찾을 때 그 기사가 어머니를 본 거야. 그리고 그날 저녁 품에 안은 거지."

이렇게 말하며 고테린데는 동생에게 바짝 다가갔다.

"사랑하는 동생아, 제발 부탁이야. 레머슐링과 혼인할 수 있게 도와준다면 하느님이 널 지켜 주실 거야. 그 사람과 혼인할 수 있다면 난 집안일을 하지 않아도 될 거야. 레머슐링이 내게 준다는 선물이면 가난하게 살지 않아도 돼. 그것만 있으면 평생 먹고살 수 있을 테니까. 망설일 필요가 뭐가 있어? 게다가 난 남자들이 여자들에게 원하는 걸 다 해 줄 수 있다고."

고테린데는 동생의 팔을 꽉 잡으며 말했다.

"나도 레머슐링에게 줄 것이 있어. 남자들이 건강한 여자들에게 바라는 것 말이야. 난 그 사람에게 내 몸을 줄 준비가 되어 있어. 지금까지는 아버지가 날 하도 감싸고돌아서 내가 얼마나 힘이 좋은지 아무도 몰라. 하지만 난 옆집 프리드룬보다 훨씬 낫단 말이야. 그 애도 시집가서 잘 사는데 나라고 못 할 게 뭐야?"

"쉿! 조용히 해. 누가 들으면 어쩌려고 그래?"

두 눈을 반짝이는 누이를 보고 헬름브레히트가 말했다.

"미안, 미안. 난 너를 따라갈 거야. 레머슐링과 혼인할 거라고! 어머니도 아버지도 날 말리지 못해."

고테린데와 헬름브레히트가 꾸미는 일을 아는 사람은 아무도 없었다.

"무슨 일이 있어도 누이가 레머슐링과 혼인하게 할 거야. 그의 아내가

되면 누이는 부자가 될 테니까. 혼인식 준비가 끝나면 심부름꾼을 보낼 테
니 그때까지 조용히 기다려. 손님들에게 선물할 옷가지들을 장만해야겠
어. 누이도 준비 마쳐 놔. 혼인식 준비는 레머슐링이 할 거야. 내가 먼저
가 있을게. 어머니에게 안부 전해 줘.”

이렇게 말하고 헬름브레히트는 친구들이 있는 곳을 향해 말을 몰았다.

성에 도착하자마자 헬름브레히트는 레머슐링에게 고테린데의 뜻을 전
달했다. 레머슐링은 매우 기뻐하며 헬름브레히트의 손에 입을 맞추었다.
그러더니 헬름브레히트 몸에 밴 고테린데의 향기를 맡으려고 코를 킁킁
거렸다.

이제 혼인식 준비만 남았다. 그들이 말하는 혼인식 준비란 약탈이었다.
헬름브레히트 일당은 다른 사람의 재산을 빼앗았다. 그들은 말과 달구지
에 음식과 음료수를 가득 싣고 레머슐링의 아버지 집으로 갔다.

헬름브레히트는 약속한 대로 심부름꾼을 보내 고테린데를 데려왔다.

“저희 집에 오신 걸 환영합니다, 고테린데 양.”

레머슐링이 고테린데를 보고 인사했다.

“고맙습니다, 레머슐링 님!”

두 사람은 사랑의 눈길을 주고받으며 격식 있는 말투로 대화를 나누었
다. 레머슐링은 궁정에 사는 귀족처럼 행동했고 고테린데 역시 귀부인이
라도 된 것처럼 말했다.

머리가 희끗희끗한 동네 노인이 주례를 섰다. 그는 레머슐링과 고테린
데를 세워 놓고 말했다.

"레머슐링, 당신은 고테린데를 아내로 맞이하겠습니까?"

"예!"

레머슐링이 큰 소리로 대답했다.

주례가 질문을 반복하자 레머슐링은 더 큰 소리로 대답했다.

"정말 고테린데를 아내로 맞이하겠습니까?"

세 번째 질문이었다.

"내 모든 영혼을 담아 고테린데를 아내로 맞이하겠습니다!"

이번에는 고테린데에게 물었다.

"당신은 레머슐링을 남편으로 맞이하겠습니까?"

"예! 하느님께서 그를 저에게 주신다면 기꺼이 남편으로 맞이하겠습니다."

"진정으로 레머슐링을 남편으로 맞이하겠습니까?"

"예! 기쁜 마음으로 그를 제 남편으로 맞이하겠습니다."

"정말 그를 원합니까?"

주례는 세 번째로 질문을 반복했다.

"예! 그를 남편으로 맞이할게요."

이렇게 해서 고테린데와 레머슐링은 부부의 연을 맺었다. 혼인 서약이 끝나자 하객들이 모두 노래를 부르기 시작했다.

헬름브레히트는 하객들의 말을 관리했고 슈루크덴비터는 사람들에게 술을 따라 주었다. 휠렌자크는 자리를 안내했고 뤼텔슈라인은 회계를 맡았다. 쿠프라스는 음식을 맡았고 마치켈히는 빵을 나눠 주었다. 피로연은 성대하게 치러졌다. 빈 그릇을 치우는 일은 볼프스라헨과 볼프뤼셀이 맡았다. 준비한 음식은 완전히 동이 났다. 폭풍이 몰아쳐 휩쓸고 간 것처럼 빵 한 조각 남지 않았다. 하지만 레머슐링과 고테린데의 혼인식 만찬은 두 사람에게 마지막 만찬이 되었다.

피로연이 한창 무르익었을 때 고테린데가 혼잣말을 했다.

"왠지 모르겠지만 갑자기 등골이 오싹해지네. 어머니 아버지를 떠나 낯선 사람들만 있는 곳으로 온 건 잘못한 일 같아. 내가 레머슐링의 재물에 눈이 멀었나 봐. 부끄럽고 후회스러운 일을 왜 했을까?"

배부르게 먹은 다음 헬름브레히트 일당은 자리에 앉아 이야기를 나누었다. 그러고 나서 악사들에게 수고비를 주려 했을 때 갑자기 재판관이 집행관 네 명을 대동하고 들이닥쳤다. 법을 집행하는 재판관 앞에서 헬름브레히트 일당은 꼼짝할 수 없었다. 그들은 정신없이 의자 밑으로 숨거나 줄행랑을 쳤다. 숨어 있던 자들은 재판관이 데려온 집행관들에게 머리채를 잡혔다.

강도질을 일삼던 헬름브레히트 일당은 평소엔 여러 사람이 한꺼번에 달려들어도 끄떡없었지만 재판관 한 명에게는 당해 낼 힘이 없었다.

헬름브레히트 일당은 모두 잡혀 손발이 꽁꽁 묶였다.

고테린데는 입고 있던 화려한 웨딩드레스도 벗어 던진 채 불쌍하게 울타리에 서 있었다. 그녀는 놀란 마음을 진정하려고 두 손으로 가슴을 꽉 눌렀다.

혼인식 날 그런 끔찍한 일을 당할 줄 누가 알았겠는가? 오직 신만이 모든 걸 알고 계셨으리라.

복수가 지나간 자리엔 풀이 자라지 않는 법이다. 강도질을 하던 헬름브레히트 일당은 저마다 혼자서 군사들 무리라도 물리칠 만큼 기세를 떨쳤지만 재판관 한 명 앞에서는 독 안에 든 쥐 꼴이었다.

헬름브레히트 일당은 그들이 훔친 물건들을 잔뜩 지고 짐승처럼 기어서 법정에 출두했다. 그들은 사형에 처해질 것이었다. 레머슐링은 장정 두 사람 무게는 족히 넘는 쇠가죽 두 뭉치를 목에 짊어졌다. 그래도 레머슐링은 새신랑이라고 약한 벌을 받았다. 다른 일당들은 훨씬 무거운 짐을 져야 했다. 헬름브레히트는 소의 생가죽 세 뭉치를 짊어져야 했다.

그들은 어떤 변호도 받지 못했다. 못된 짓을 일삼던 악당들을 살려 줄 수는 없었기 때문이다. 재판관은 힘으로 다른 사람을 괴롭힌 사람은 응당 한 죗값을 치러야 한다고 했다. 재판관의 말이 옳았다.

헬름브레히트 일당은 한 사람만 빼고 모두 교수형에 처해졌다. 살아남은 사람은 집행관 차지였다. 교수형을 피한 사람은 바로 헬름브레히트였다. 집행관은 헬름브레히트를 자기 마음대로 할 수 있었다. 그는 일단 헬름브레히트의 눈을 파냈다. 그다음엔 팔과 다리 한쪽씩을 잘랐다. 헬름브레히트는 다른 사람에게 저지른 짓을 그대로 돌려받았다. 그런 고통을 당하느니 차라리 죽는 게 나았다. 그는 밀려드는 후회와 참을 수 없는 고통으로 괴로워했다.

지팡이를 짚고 길을 헤매던 헬름브레히트는 어느 꼬마의 도움으로 간신히 길을 찾아 아버지에게 갔다. 하지만 아버지는 그를 집 안으로 들이지 않았다.

"장님 양반! 안녕하시오."

아버지는 성안 생활을 하다가 돌아온 헬름브레히트가 프랑스 말로 인사한 일을 기억하고 프랑스 말로 인사를 건넸다.

"내 아들이 귀족들한테 배웠는지 오랜만에 집에 돌아와서 나한테 프랑스 말로 인사를 하더군요. 보아하니 당신도 지체 높은 양반 같으니 예절을 갖춰 인사를 드려야지요. 젊은 장님 양반, 당신 같은 분은 이렇게 지저분한 곳에 어울리지 않습니다. 어서 내 농장에서 사라지시죠. 그러지 않으면 내 하인이 몽둥이를 들고 올 겁니다. 당신한텐 빵 한 조각도 줄 수 없으니 당장 나가시오!"

"부탁입니다. 절 내쫓지 마세요."

헬름브레히트가 애원했다.

"제가 누군지 말씀드릴 테니 놀라지 마세요."

"듣기 싫소. 이제 와서 말해 봤자 소용없어요. 다른 사람을 찾아보시오. 나는 당신을 도와줄 생각이 눈곱만큼도 없으니까."

"아버지, 저예요. 아버지 아들 헬름브레히트라고요."

"슈링다슬란트라고 불리던 그 잘난 젊은이가 장님이 될 리가 없지."

아버지가 비꼬며 말했다.

"내 아들은 재판관도 겁내지 않았어요. 철이라도 씹어 먹을 수 있다고 한걸요. 당신은 내 아들이 아닙니다. 아들한테 종마를 사 주려고 쓴 돈이 얼마나 아까운지 몰라요. 곡식이며 천이며 얼마나 큰돈을 말 사는 데 처들였는지, 생각만 해도 분해요. 설령 당신이 내 아들이라도 더는 줄 게 없어요. 난 헬름브레히트에게 해 줄 건 이미 다 해 주었으니까요."

아버지는 자기 말을 듣지 않고 결국 장님이 된 아들을 향해 계속해서 비아냥거렸다.

"좋아요. 아들로 받아 주시지 않아도 괜찮아요. 그래도 아버지 집 식탁 밑에서 거지처럼이라도 살면 안 될까요? 농부들은 저를 증오해요. 아버지마저 내치시면 전 어떻게 살아요."

아버지는 헬름브레히트의 말을 듣고 겉으로는 비웃었지만 속으로는 마음이 찢어졌다. 자기 말을 어긴 버릇없는 아들이지만 그래도 자식이었기 때문이다.

"인정사정없이 다른 사람들을 짓밟아 놓고 이제 와서 나한테 도와달라고? 난 너를 더는 아들로 생각하지 않는다. 너같이 나쁜 자식은 둔 적 없다. 성으로 간다고 했을 때 그렇게 말렸건만 들은 체도 않았잖니. 내가 꾼 꿈이 두 개는 맞았으니 마지막 꿈도 맞을 거다. 넌 아직 죗값을 다 치르지 않았어. 당장 나가라! 내 도움이 필요한 다른 불쌍한 사람들은 거둬도 넌 아니다. 당장 나가. 그러지 않으면 일꾼을 불러 강제로 쫓아낼 테다. 그리고 다시는 내 집에 발을 들이지 못하게 빗장을 걸 거야."

아버지는 이렇게 말하고 나서 일꾼을 불렀다.

"눈먼 사람을 때리고 싶지 않으니 당장 나가세요."

일꾼은 이렇게 말하며 헬름브레히트를 밖으로 쫓아냈다.

어머니는 아버지 몰래 아들에게 빵 한 조각을 쥐여 주었다. 헬름브레히트가 가는 곳마다 농부들은 야유를 보냈다.

"하하하! 헬름브레히트 아냐? 한때는 이름을 날리던 도둑이 딱한 신세

가 되었군그래. 우리처럼 열심히 밭을 갈고 농사를 지었다면 장님 신세가
돼서 불쌍하게 떠돌아다니지 않아도 되었을 텐데."

헬름브레히트는 1년을 거지처럼 떠돌아다니다가 결국 농부들에게 붙잡
혀 나무에 매달려 죽었다.

아침 일찍 숲에 나무를 하러 간 농부가 지팡이를 더듬으며 딸기를 찾는
헬름브레히트를 발견했다. 그 농부는 키우던 암소를 헬름브레히트에게 몽
땅 빼앗긴 적이 있었다.

농부는 일단 집으로 돌아가 이웃 사람들에게 도움을 청했다.

"가루가 될 때까지 녀석을 흠씬 패 줄 거야. 헬름브레히트가 우리 옷을
훔쳐 갔었지. 그놈은 벌을 받아 마땅해."

첫 번째 농부가 말했다.

"놈한테 목숨이 세 개 달렸다 해도 난 녀석이 죽을 때까지 쫓아갈 거야.
나쁜 자식! 그 자식이 내 곡식 창고를 싹 쓸어 갔다고!"

다음 사람이 맞장구를 쳤다.

"내가 그놈의 사지를 찢어 놓고 말겠어. 그놈은 잠든 내 아이를 자루에 넣
어 눈 더미 속에 던져 버렸어! 내 자식이 그놈 때문에 얼어 죽을 뻔했다고!"

또 한 명의 농부는 복수심에 불타 몸을 벌벌 떨며 말을 이었다.

"드디어 나한테 걸려들었군. 내가 얼마나 녀석을 찾아 다녔는데. 놈을
잡아 반드시 복수할 거라고 그동안 얼마나 이를 갈았다고! 우리 딸을 겁탈
한 놈은 벌을 받아 마땅해! 녀석이 지금 깊은 숲 속에 있다니 쥐도 새도 모
르게 처치해 버릴 수 있어."

"어서 갑시다!"

헬름브레히트한테 당한 적 있는 농부들은 이렇게 말하며 서둘러 숲으로 갔다.

"그 잘난 두건은 챙기셔야 하는 거 아닌가?"

농부들은 헬름브레히트를 실컷 두들겨 팬 다음 이렇게 말했다.

집행관에게 손발이 잘렸을 때도 헬름브레히트의 두건은 무사했다. 그러나 이젠 그 두건마저 갈기갈기 찢겨 나갔다. 한때 두건을 아름답게 장식한 온갖 새들은 여기저기 흩어져 버렸다. 헬름브레히트가 자랑거리로 삼은 긴 금발도 농부들 손에 뽑혀 버렸다. 그의 얼굴도 피투성이가 되었다.

농부들은 마지막으로 헬름브레히트에게 신께 죄를 고백할 시간을 주었다. 그런 다음 농부 한 명이 땅바닥에 떨어진 빵 부스러기를 주워 죄인의 입에 쑤셔 넣었다. 그리고 헬름브레히트의 아버지가 말한 꿈이 현실로 이루어졌다. 헬름브레히트는 나무에 매달려 죽었다.

제11장

바깥 세상에서 온 편지

성(城)은 중세 유럽 문화와 생활상을 엿볼 수 있는 중요한 공간이다. 성안 생활은 전투와 경건함이라는 말로 축약할 수 있다. 성을 소유한 영주나 기사 들은 자신의 영토를 넓히고 권력을 키우려 온갖 노력을 기울였다. 그들은 목표를 달성하기 위해 무력을 사용할 수밖에 없었다. 영주나 기사 들은 지은 죄를 용서받기 위해 교회에 많은 재산을 기부했다. 그렇게 하면 죄를 씻을 수 있다고 생각했기 때문이다.

죄를 용서받는 또 한 가지 방법은 자녀들을 수녀나 신부로 만드는 것이었다. 중세 시대에 수도원에서 생활하는 수사나 수녀 가운데는 귀족 자제가 아주 많았다. 그들은 세속적인 삶을 사는 부모를 위해 기도했다.

왕이나 황제, 제후의 궁전과 더불어 성과 수도원은 중세 시대 문화의 중심지였다. '예의 바른' 또는 '공손한'이라는 의미인 독일어 회피슈(höfisch)는 원래 중세 시대 기사나 영주의 성에서 갖추어야 할 예의범절을 가리키는 말이다.

수도원이나 성은 중세 문학이 발전한 곳이기도 하다. 특히 수도원은 고대 문화유산을 보급하는 데 중요한 역할을 했다. 수도원에서는 고대 그리스 로마 철학자나 시인의 작품을 소장하고 있었고 수사들이 필사본을 만들었다. 고대 문학과 철학은 수도원을 통해 전 유럽에 전파되었다. 또한 수도원은 회화, 건축, 음악, 문학 등 다양한 방면에서 중세 문화를 발전시켰다. 수사나 수녀 들은 외부 세계와 단절된 채 청빈, 복종, 순결을 생활화했다. 그러나 수도원에서 생활하던 수사나 수녀가 외부와 완전히 차단된 생활을 한 것은 아니었다. 그들이 바깥세상과 소통하는 유일한 수단으로 편지가 있었기 때문이다.

1953년에 첼레(독일 니더작센 주에 있는 도시—옮긴이) 빈하우젠 수도원의 성가대석(제단이 있는 성당의 중앙에 놓이는, 정교하게 조각한 나무 의자—옮긴이)을 수리했을 때 오래된 나무 의자 밑에서 조그만 성화(聖畫), 가위, 바늘, 안경, 수녀들이 주고받은 편지들이 발견되었다. 그 안에는 외부 사람이 쓴 편지도 섞여 있었다.

그 편지는 성에서 일하는 젊은 수습 기사가 어린 수습 수녀에게 보낸 것이었다. 편지는 이들이 서로에게 사랑하는 마음을 전할 유일한 방법이었을 것이다. 추측건대 수습 수녀도 젊은 기사에게 답장을 했을 것이다.

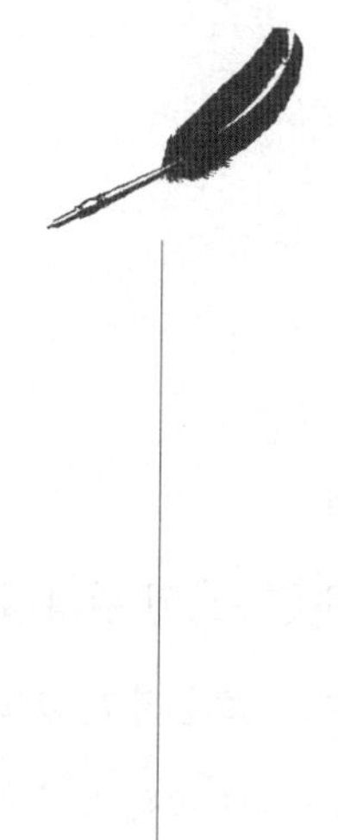

더는 참을 수가 없어요. 눈길이 닿는 곳마다 당신 얼굴이 보여요. 나무를 봐도 하늘에 떠 있는 구름을 봐도, 심지어 성벽을 뒤덮은 담쟁이덩굴을 봐도 당신밖에 떠오르지 않아요. 당신 얼굴을 못 본 지 벌써 6주가 지났어요. 그래도 마르틴이 팔켄베르크와 고테스첼을 자주 왕래하니 얼마나 다행인지 몰라요. 마르틴이 없었다면 당신에게 편지도 보내지 못했을 거예요.

우리가 다시 만나려면 서로 대화를 주고받아야 해요. 어서 빨리 아우크스부르크에 있을 때처럼 당신과 함께 있고 싶어요. 기사의 딸인 당신과 앞으로 성에서 일할 수습 기사인 제가 혼인을 한다면 분명 멋진 한 쌍이 될 거예요. 하지만 어떻게 당신을 수도원에서 빼낼 수 있을까요? 전 아직 수

습 기사이기 때문에 당신을 제가 사는 성에 데려올 수 없지요. 그래도 우
리가 함께할 보금자리를 찾을 수 있을 거예요. 제 머릿속은 당신 생각으로
가득하답니다.

영원히 당신과 함께할

당신의 라인알트

카타리나가 라인알트에게

당신이 모시는 기사와 이곳 수도원 원장 수녀님이 조카와 고모 사이여
서 얼마나 큰 축복인지 몰라요. 그렇지 않았으면 우리가 자주 편지를 주고
받을 수도 없었을 테니까요. 제가 고테스첼에 온 지도 벌써 7주가 지났네
요. 저도 당신 생각뿐이랍니다. 기도를 드릴 때도 당신 생각을 해요. 죄라
는 걸 알지만 저도 어쩔 수가 없어요. 당신 없는 세상은 제게 아무 의미도
없답니다. 시간이 날 때마다 이마에 흘러내린 당신의 머리카락을 쓰다듬
는 상상을 해요. 당신 앞머리가 이마에 자주 흘러내렸잖아요. 지금 저는
아버지 서재에서 몰래 훔쳐 온 양피지에 이 편지를 쓰고 있어요. 수녀가
될 몸으로 남의 물건을 훔치는 행동은 무거운 죄를 짓는 일이지만 그래도
당신을 위해선 어떤 일이든 할 수 있어요.

글씨를 너무 조그맣게 써서 미안해요. 양피지를 아끼려고요. 저도 항상
당신 생각뿐이랍니다. 제가 드리는 모든 기도는 당신을 위한 거예요.

모든 성인의 보호가 당신과 함께하길

카타리나

라인알트가 카타리나에게

우리가 편지를 주고받는 걸 다른 사람이 알아채지 못해야 할 텐데요. 들키기라도 한다면 당신도 저도 무거운 벌을 받을 거예요.

당신이 준 양피지는 동이 났어요. 그래서 자작나무로 만든 종이에 편지를 써요. 당신에게 편지를 쓰려고 잉크를 잔뜩 구해 놨어요. 기사는 싸움을 하지 글은 잘 쓰지 않죠. 덕분에 잉크를 구하기는 힘들지 않았어요. 마르틴이 매일 고테스첼에 가면 좋겠지만 아쉽게도 몇 주에 한 번밖에 가지 않네요.

저는 밤낮으로 당신 생각만 한답니다. 그리고 어떻게 하면 하루빨리 당신을 수도원에서 빼낼 수 있을까 그 생각뿐이에요. 아직 구체적인 계획은 없지만 분명 방법이 있을 테니 걱정하지 마세요.

사랑을 담아
당신의 라인알트

카타리나가 라인알트에게

오늘은 당신에게 수도원 생활에 대해 들려드릴게요. 하루를 어떻게 보내는지 알면 우리 사이가 더욱 가까워질 거라고 생각해요. 그러니 다음 편지에 당신도 안드레아스 폰 퀼텐 기사의 성에서 어떻게 생활하는지 알려주세요.

이곳에서는 매일 같은 일과가 반복돼요. 특히 기도 시간은 무슨 일이 있어도 지켜야 해요. 우리는 하루에 여덟 번 예수님께 기도를 드려요. 한밤중에 일어나서 새벽 기도를 바치는데 그때마다 전 당신 얼굴을 떠올린답니다. 당신이 어린아이처럼 반쯤 입을 벌리고 있는 모습을요. 머리카락은 언제나처럼 이마로 흘러내려 있고요. 새벽 기도 내내 당신 생각뿐이지요.

해가 뜨면 아침 기도를 해야 해요. 아침 기도 때는 주로 찬송가를 부르지요. 찬송가 내용은 찬란한 태양을 떠오르게 하신 주님에 대한 찬양이에요. 그리고 지난밤도 무사히 보낼 수 있게 지켜 주신 데 감사드리고 하루를 잘 보내게 보호해 달라고 청원의 기도를 바친답니다. 하지만 전 아침 기도를 드리면서 당신이 닭의 첫 울음소리에 깨어 하품을 하며 샘으로 가는 모습을 떠올려요. 아우크스부르크에 있을 때 아침마다 당신이 잠에서 막 깨서 하품하는 걸 봤거든요.

하루 일을 시작하기 전에는 제1시과(로마 가톨릭 교회가 정한 여섯 번의 매일 기도 시간 중 첫 번째—옮긴이)를 바쳐요.

당신이 사냥하려 나갈 때쯤이면 저는 제3시과를 바치고 있을 거예요. 보통 9시쯤이죠. 이때 전 하느님께 아우크스부르크에서 당신을 만나게 해 주셔서 감사하다고 기도드린답니다. 당신은 아우크스부르크에 있는 삼촌 집으로 읽고 쓰는 걸 배우러 왔었죠. 그러지 않았다면 우린 평생 만날 수 없었을 거예요.

제가 정오 기도를 바칠 때 당신은 아마 점심 식사를 하겠죠? 우리는 기도를 바칠 때마다 수도원에 딸린 교회 성가대실에 모인답니다. 모든 기도문은 노래로 되어 있지요. 수도원에는 나이 많은 수녀님도 계시는데 그분들은 노래를 잘 못 부르세요. 원장 수녀님은 하느님께서는 내면의 소리를 중요하게 생각하시지 사람들의 귀에 듣기 좋은 소리를 좋아하시는 게 아니라고 말씀하시죠.

오후 3시쯤 한 번 더 기도를 드리고 저녁을 먹기 전에 저녁 미사를 드려요. 그리고 잠자리에 들기 전에 마지막으로 한 번 더 기도를 바치고요. 기도를 드릴 때마다 하느님을 마음속 깊이 새기며 묵상을 해야 하죠.

하지만 저는 하느님 생각이 아니고 당신 생각을 한답니다. 그리고 하느님께 당신을 만나게 해 주셔서 감사하다는 기도를 드려요. 어릴 때 당신을 처음 본 순간부터 당신에 대한 제 마음은 꺼질 줄 모르고 타오른답니다.

신의 가호가 당신과 함께하길

당신의 카타리나

라인알트가 카타리나에게

편지 보내 줘서 정말 고마워요.

저는 하루 종일 정신없이 뛰어다녀요. 오늘은 부역 나온 농부들을 감시해야 했어요. 성 둘레에 새로 도랑을 파야 했거든요. 농부들이 어찌나 입이 거친지 당신은 상상도 못 할 거예요. 부역 나온 농부들은 쉴 새 없이 기사의 험담을 늘어놓았지만 다 근거 없는 이야기였어요. 기사나 영주의 성은 적들이 함부로 공격할 수 없게 안전하게 지어져야 해요. 성 둘레에 도랑을 파는 것도 그래서고요. 농부들은 영주나 기사의 보호를 받으니까 성이 적에게 넘어가면 그들도 위험하죠. 농부들에게 일을 시키고 나서 우리는 훈련을 했어요. 수습 기사들은 아직 정식 훈련에 참가할 수 없지요. 대신 기사들의 무기를 나르고 기사가 창에 찔리면 말을 돌봐야 해요. 연습 때는 진짜 창에 찔리는 사람은 없어요. 저도 언젠가 기사들처럼 말을 잘 타고 싶답니다. 제가 머무는 성의 주인인 안드레아스 폰 귈텐 님은 승마 솜씨가 아주 좋아요.

하지만 전속력으로 말을 달리면서 창으로 상대방을 찌르는 솜씨는 저도 웬만한 기사 못지않답니다. 당신도 한번 창을 손에 쥐어 봐야 해요. 그 기분은 정말 말로는 표현할 수 없어요.

성에는 저를 포함해서 수습 기사가 세 명 있어요. 우리는 말 타는 연습과 전투 훈련 외에도 기사 부인에게 궁정 법도를 배운답니다. 예를 들면 황제의 왕궁에서 지켜야 하는 예의범절 같은 걸 배우지요. 수프를 먹을 때는 마시지 말고 수저로 천천히 떠먹어야 한다는군요. 그리고 식사하기 전에 한 번, 식사가 끝난 뒤에도 한 번 손을 씻어야 한대요. 손으로 입을 문질러도 안 돼요. 꼭 냅킨을 사용해야 하죠. 방 안에 들어갈 때는 가장 먼저 기사 부인이 들어가고 그다음엔 기사, 마지막으로 수습 기사가 들어가야 한답니다. 이것 말고도 지켜야 할 규칙이 수천 가지는 돼요. 아우크스부르크에 살 때는 모르고 지낸 예의범절들이 너무 많아요. 당신은 이미 다 알고 있으리란 생각이 들지만요.

기사님도 항상 예의범절을 지켜야 한다고 말씀하세요. 기사들은 천한 농부와는 다르게 행동해야 한다고 늘 말씀하시죠. 행동뿐 아니라 복장, 사는 집도 일반 농부들과는 달라야 한대요. 그래서 입을 열지 않아도 다른 사람들이 한눈에 기사인 걸 알아차릴 수 있어야 한다는군요.

편지를 전해 주던 마르틴이 다리가 아파서 고테스첼에 자주 가지 못한답니다. 말 타기도 힘들어졌대요. 이제 마르틴도 젊은 나이가 아니니까요. 다음에 기회를 봐서 제가 마르틴 대신 고테스첼에 가겠다고 하려고요. 그럼 당신을 볼 수 있을지도 몰라요. 생각만 해도 정말 행복해요. 그러려면 당신의 기도 시간을 잘 알아 둬야겠어요. 이제부턴 짧은 만남보다 먼 미래를 위해 철저히 준비를 해 두어야겠죠.

사랑을 담아
당신의 라인알트

카타리나가 라인알트에게

당신 말이 맞아요. 철저히 계획을 세우려면 당신이 수도원의 일과에 대해 더 자세히 아시는 게 좋을 거예요.

수도원에서 지켜야 하는 예의범절은 궁정 법도와 비슷해요. 하지만 다른 점도 있지요. 수도원에서는 신을 모시는 걸 가장 중요하게 생각해요. 그래서 하루에 여덟 번 하느님께 기도를 드리는 거고요. 저희는 기도 말고도 여러 가지 일을 한답니다. 하느님은 기도를 할 때도 일을 할 때도 항상 저희와 함께하시죠. 제게는 당신도 함께한답니다. 일을 하면서도 기도를 드리면서도 당신 생각을 하니까요. 아우크스부르크에서 어느 수사 분이 우리에게 한 말씀을 기억하는지요? 그분이 말씀하시길 남자와 여자가 부부의 연을 맺는 것은 하느님 뜻이라고 했어요. 그리고 한번 맺은 부부의 연은 되돌릴 수 없다고 하셨지요. 그때 전 이미 저와 당신을 두고 하는 말이라고 생각했어요. 당신과 저는 하나랍니다.

아우크스부르크에서 보낸 시절을 생각하면 가슴이 벅차올라요. 어릴 때 당신과 함께 놀던 일이 떠오르는군요. 당신 삼촌은 바쁘실 때마다 당신을 저희 집에 데려오셨지요. 제 아버지는 기사셨고 당신 삼촌은 상인이셨으니 신분 차이도 없었고요. 동네 아이들이 제 어머니가 계모라고 놀리면 당신이 혼을 내 줬죠.

그런데 어느 날 갑자기 아버지가 제게 고테스첼에 있는 수도원에 들어가라고 하셨어요.

돈이 있는 사람들은 집안 사정이 허락하면 자식을 수도원에 보내려 하지요. 그래야 가족을 위해 평생 기도해 줄 테니까요. 수도원에 들어가란 말을 듣고 얼마나 울었는지 몰라요. 정말 가기 싫었어요. 당신을 다신 볼 수 없으리라 생각하니 눈물이 멈추지 않았죠.

수도원 생활을 말씀드린다는 게 다른 이야기를 하고 말았네요. 우습게 들릴지 모르겠지만 수도원 생활은 기도와 일, 이 두 가지밖에 없어요. 아델군데 원장 수녀님 말씀으론 일하는 것도 하느님께 기도드리는 것과 마찬가지래요. 손으로 일하고 마음으로 기도드리는 것이 수도원 생활이지요.

수습 수녀나 정식 수녀는 거친 일은 하지 않아도 돼요. 힘든 일은 정식 수녀가 될 수 없는 평(平)수녀들 몫이지요. 집이 가난해서 수도원에 돈을 낼 수 없는 사람들이 평수녀가 된답니다. 정식 수녀들은 모두 귀족 출신이에요. 저는 아직 수습 수녀지만 수련 기간을 마치고 서약을 하면 정식 수녀가 될 수 있어요. 수녀는 평생 청빈, 복종, 순결을 지키며 살아야 한대요. 하지만 저는 당신과 평생을 함께 보내고 싶어요. 서약을 한 다음에 수도원에서 도망치면 사형을 당해요. 서두르지 않으면 전 평생 수도원에서 수녀로 살아야 해요.

팔켄베르크는 어떤가요? 전 그곳에 한 번도 가 본 적이 없어요.

마르틴이 올 날을 기다리며

당신의 카타리나

라인알트가 카타리나에게

당신을 이해할 수가 없군요. 당신을 수도원에서 빼내려면 수도원의 일과를 자세히 알아야 한다고요. 그런데 당신은 우리 둘에게 별 도움이 되지 않는 종교적인 이야기만 하는군요. 제발 부탁이니 우리를 위해 중요한 이야기가 뭔지 잘 생각해 보세요.

당신은 당연히 팔켄베르크에 못 와 봤겠죠. 아우크스부르크 시내를 지키는 기사의 딸이 팔켄베르크 성에 올 이유가 없으니까요.

팔켄베르크 성에 오려면 우선 가파른 언덕을 올라야 해요. 물론 우리 기사들은 말을 타고 다니지요. 성 위에 올라오면 아래가 훤히 내려다보여요. 만약 적이 쳐들어오면 되도록 빨리 알아채고 돌을 쌓고 물과 타르를 끓여야 하죠. 그런 다음 뜨거운 물과 타르를 양동이에 담아서 성벽을 타고 올라오는 적군에게 들어붓는 거예요. 그리고 적에게 석궁을 쏘기도 해요. 하지만 지금은 세상이 평화로워서 전투를 벌일 일이 별로 없답니다.

성문을 통과하면 하녀와 하인 들이 사는 외성(外城)이 보여요. 그곳에 창고, 외양간, 짐승 우리가 있지요. 팔켄베르크 성은 외성과 내성 사이에 성벽이 하나 더 있어요. 적의 공격을 이중으로 막기 위해서지요. 한마디로 다른 성보다 안전하게 지어졌다는 말이에요. 성에 사는 사람들은 안전한 팔켄베르크 성에 사는 걸 자랑스럽게 여긴답니다. 두 번째 성벽 뒤에 기사가 사는 성채가 있어요. 그곳에는 커다란 벽난로가 딸린 넓은 강당이 있답니다. 아마 고테스첼 수도원에는 그만큼 큰 벽난로가 없을 거예요. 강당을 제외하곤 성안에 있는 방들은 아주 추워요. 제 방도 마찬가지고요.

성 안마당은 다른 성들에 비해 좁은 편이에요. 수습 기사들은 기사를 모시는 하인들과 집사와 함께 성채 뒤편에 마련된 조그만 집에 살지요.

성 전체 건물 가운데 가장 높은 곳은 성탑인데 성탑은 그 성을 소유한 성주의 부를 상징해요. 팔켄베르크 성탑은 웅장하고 높은 데다가 크고 튼튼한 돌을 쌓아 만들었어요. 워낙 높아서 아무리 강한 적이라 해도 성탑까지 점령할 순 없을 거예요. 그뿐이 아니에요. 성탑은 내성과 외성과도 연결되기 때문에 도망치기도 쉽지요. 성탑 안에는 벽난로가 달린 은신처와 창고도 마련되어 있어요. 하지만 그곳에 가려면 사다리를 타고 올라가야 해요. 성탑은 마지막 요새라 할 수 있지요. 아무튼 팔켄베르크 성은 안전하게 지어져서 적들에게 함락될 일은 없을 거예요.

팔켄베르크 성처럼 외진 곳에 떨어져 사는 건 쓸쓸해요. 그런데 어제는 광대들이 와서 신기한 마술도 부리고 불을 뿜기도 했어요. 공으로 묘기도 부렸고요. 안드레아스 폰 퀼텐 님의 아들 우츠가 광대의 귀에서 엽전 하나를 꺼내기도 했어요. 나중에 어디서 엽전을 구했느냐고 물었더니 자기한텐 엽전이 없었다는 거예요. 정말 신기하더라고요.

광대들은 가고 싶은 곳이면 어디든 마음대로 갈 수 있지요. 하지만 우리 두 사람은 안타깝게도 그럴 처지가 못 되는군요.

다음 편지엔 제가 부탁한 대로 언제 어디서 무엇을 하는지 자세히 써 주세요.

영원한 사랑을 보내며
라인알트

카타리나가 라인알트에게

당신이 저한테 불평을 할 이유는 없다고 생각해요. 당신이 원한다면 무엇이든 할 준비가 되어 있고, 또 당신이 듣고 싶은 이야기는 빠짐없이 편지에 썼으니까요. 제게 당신은 유일한 남자예요.

그래도 당신의 편지를 읽고 마음이 아팠답니다. 제가 쓴 편지가 별 도움이 되지 않는다는 당신의 말이 절 아프게 했어요. 당신이 수도원 생활을 알고 싶다고 해서 그대로 쓴 것뿐이었어요. 수도원 생활이니 종교가 중심일 수밖에요. 일을 할 때도 기도를 할 때도 하느님께서는 저희와 함께 계시니까요. 하지만 제가 당신이 원하는 답을 드리지 못했다면 용서하세요. 전 당신에게 평생 복종할 마음의 준비가 되어 있답니다. 그래도 별 도움이 안 된다는 말은 하면 안 돼요. 전 당신을 위해 기도하고 있는걸요. 정확히 말하면 우리 두 사람을 위해 매일같이 기도를 드린답니다. 물론 제 가족과 죽은 영혼을 위해 그리고 당신 가족을 위해서도 기도해요. 제가 수도원에 온 가장 큰 목적도 가족을 위해 기도하는 거고요.

어쨌든 당신에게 잠시나마 서운했던 마음은 다 씻어 버릴래요.

수도원에서 우리는 아주 다양한 일을 한답니다. 어떤 수녀님들은 필사본을 만들고 어떤 수녀님들은 그림을 그리지요. 주교님이나 수도원 원장님들이 입는 성직복에 금실과 은실로 수를 놓기도 해요. 값비싼 실로 천을 짜기도 하고요. 그 밖에도 일이 워낙 많아서 전부 설명드릴 수는 없네요.

이 수도원에서 만든 물건들은 비싼 값으로 팔린답니다. 벌어들인 돈은 고테스첼 수도원의 재산을 늘리는 데 쓰인다더군요.

우리 수습 수녀들은 말하기도 창피할 정도로 보잘것없는 일을 한답니다. 수도원에 별 도움도 되지 않고요. 배우는 과정이니 어쩔 수 없지요. 대신 우리는 공부를 많이 해요. 힐데군데 수녀님께는 라틴 어를 배우고요, 아델군데 수녀님께는 자수를 배우지요. 프레데군데 수녀님은 천 짜는 법을 가르치세요. 얼마 전에 저는 현명하고 학식이 깊으신 로스비타 수녀님께 칭찬을 받았어요. 제가 수습 수녀 가운데 가장 뛰어나다고 하시더군요. 라틴 어도 가장 잘하고 역사에 대해서도 많이 안다고요.

수습 수녀 생활이 쉽진 않아요. 배울 게 많거든요. 물론 당신 곁에 있는 편이 더 행복할 테지만 수도원에서 많은 걸 배울 수 있어서 좋아요.

어제 저녁 기도 시간에 프레데군데 수녀님이 저에게 자만에 빠져서는 안 된다고 말씀하셨어요. 로스비타 수녀님이 칭찬하실 때 옆에 계셨거든요. 프레데군데 수녀님은 고테스첼 수도원을 거쳐 간 수녀들 가운데 저보다 뛰어난 사람이 많다고 하셨어요. 누구든 신이 주신 재능을 갖고 있다고 하시면서 자만은 죄악이라고 하셨죠. 다른 사람에게 능력을 인정받는다 해도 겉으로 드러내서는 안 된다는군요.

그런데 다음 날 자수를 가르치시는 마그달레네 수녀님에게 또 칭찬을 들었지 뭐예요. 제 자수를 보시더니 아주 예쁘다며 칭찬을 아끼지 않으셨

어요. 전 기쁜 마음을 숨길 수 없었어요. 그때 다시 프레데군데 수녀님이
오셔서 자만해선 안 된다고 주의를 주셨지요.

팔켄베르크 성이 안전하다니 저도 안심이 되네요.

신의 은총이 가득하길 빌며

카타리나

라인알트가 카타리나에게

제가 멧돼지를 잡았어요! 다른 사람 도움 없이 혼자서요.

사실 사냥에 나갔을 때 전 무척 화가 났었어요. 제 자리는 사냥감이 잘
걸려들지 않는 곳이었거든요. 처음엔 자리가 나빠서 뭔가 잡을 수 있을 거
라고는 생각도 못 했어요.

기사님이 도대체 무슨 생각으로 절 나쁜 자리에 배치했는지 알 수 없었
어요. 한 수 배우라고 일부러 나쁜 자리를 주셨는지 아니면 그분이 사랑하
는 친척에게 좋은 자리를 주려고 그랬는지 알 수 없었지요. 사냥이 끝나면
기사님을 찾아가 그 이유를 물으려 했어요. 하지만 수습 기사 주제에 어떻
게 감히 기사님에게 따질 수 있겠어요. 저 대신 좋은 자리를 차지한 건 기
사님 조카 콘라트였어요. 콘라트는 며칠 전부터 팔켄베르크에 머물고 있
지요. 그는 나보다 두세 살 위일 뿐인데도 벌써 머리가 벗어졌어요. 그자
는 사냥감을 몰 때도 좋은 자리를 차지하더니 숲 속 풀밭에서도 가장 좋은
자리를 차지했어요. 다른 사람은 그냥 들러리 같았죠.

그러니 제가 화가 안 났겠어요? 그런데 갑자기 옆에서 부스럭거리는 소

리가 났어요. 자리가 가장 안 좋았는데도 사냥감이 걸려든 거죠. 그래 봤
자 조그만 노루 정도겠지 생각했는데 웬걸요, 황소만 한 멧돼지였어요. 삐
드렁니가 길게 자란 검고 덩치 좋은 멧돼지였지요. 멧돼지는 사냥개 열 마
리에게 공격을 받으며 저를 향해 달려왔어요.

사실 전 깜짝 놀랐지만 침착하게 행동했어요. 겁먹은 걸 알아채면 멧돼
지가 절 우습게 볼 테니까요. 저는 손에 든 짧은 투창을 고쳐 잡고 결정적
인 순간에 공격할 생각이었어요. 사냥개들이 한꺼번에 몰려들어 멧돼지
옆구리를 물기 시작했어요. 그러자 황소만 한 멧돼지가 제 앞에서 벌러덩
넘어졌어요. 이때다 싶었죠. 저는 있는 힘을 다해 손에 쥔 투창으로 멧돼
지의 배를 사정없이 찌른 다음 몸으로 꽉 눌렀어요. 1분도 지나지 않아 멧
돼지는 몸을 부르르 떨더니 숨이 끊기더군요. 멧돼지한테 달려든 사냥개
다섯 마리도 죽고 나머지 다섯 마리는 상처를 입고 피를 철철 흘렸어요.

그날 사냥에서 영웅은 당연히 저였어요. 얼마나 기뻤는지 당신은 상상
도 못 할 거예요. 함께 수습 기사 생활을 하는 한스 폰 바이덴, 힌츠, 빈프
리트는 질투가 나서 얼굴이 붉어졌지요. 기사님은 제가 잡은 멧돼지를 보
고 아주 뿌듯해하셨어요.

콘라트는 가장 좋은 자리를 얻고도 아무것도 못 잡았어요. 그리고 수습
기사들 가운데는 한스 폰 바이덴이 토끼 새끼 한 마리만 달랑 잡았을 뿐이
었어요. 석궁도 있었으면서 토끼 한 마리라니 웃음밖에 나오지 않더군요.

사냥 이야기는 여기서 접고, 아직도 전 당신의 일과를 확실히 파악하지
못했어요. 언제 어디서 무엇을 하는지 정확히 알아야만 당신을 수도원에
서 빼낼 수 있다고요. 그렇지 않으면 아무것도 할 수 없어요. 자수, 그림,

공부, 당신도 참 할 일이 많군요.

참, 멧돼지 뻐드렁니는 제가 기념으로 가졌어요. 기사님이 구멍을 뚫고 가죽끈으로 연결해서 목에 걸어 주셨답니다. 당신에게도 꼭 보여 주고 싶군요.

당신의 자랑스러운 멧돼지 사냥꾼
라인알트

카타리나가 라인알트에게

당신이 무슨 말씀을 하시는지 잘 알겠지만 제 일과에 대해 더는 자세히 드릴 말이 없어요. 수도원 생활은 매우 규칙적이랍니다. 변화가 없는 생활이죠. 항상 정해진 시간에 정해진 장소에서 같은 일을 반복할 뿐이에요. 수도원의 일과는 수백 년 넘게 계속된 거예요. 저희에겐 축일, 금식 주간을 제외하곤 하루하루가 똑같답니다.

수도원에서는 성 베네딕트가 정한 규칙에 따라 자급자족을 원칙으로 생활한답니다. 평수사나 평수녀 들이 식량을 책임지고 정식 수녀들은 정신적인 일을 책임지지요. 그렇다고 정식 수녀들이 일을 하지 않는 건 아니에요. 저번 편지에서 말씀드린 것처럼 자수를 놓거나 천을 짜서 팔기도 하거든요.

수도원은 크게 두 부분으로 나뉘는데 저희가 생활하는 곳은 교회, 회랑, 집회실, 식당, 그리고 숙소로 구성돼 있어요. 우리는 정해진 장소에서 일하지만 언제 무슨 일을 하는지는 정확히 말씀드릴 수가 없어요.

기도 시간은 이미 말씀드렸으니 아실 테고, 기도 시간 중간에 수업을 받거나 일을 하는데 일정치 않아요. 사정이 있어 수업을 하지 않을 때도 있거든요. 수업이 취소되면 묵상 시간을 갖지요. 미사 시간은 당신도 알 테고요. 집회실에서 중요한 일을 결정하는데 수습 수녀는 그곳에서 무슨 이야기가 오가는지 알 수 없어요.

수녀들은 넓은 숙소에서 같이 잠을 자요. 제 옆자리는 수습 수녀 메히틸트가 써요. 메히틸트 수녀는 아주 친절한 사람이에요. 우린 밤에 조그만 소리로 수다를 떨지요. 식사 시간에는 말을 할 수 없지만 그래도 저와 메히틸트 수녀는 조그만 소리로 이야기를 나눈답니다. 사람들은 유명한 백작 가문 출신인 메히틸트가 나중에 수도원 원장이 될 거라더군요. 고테스첼 수도원 원장이 되면 더할 나위 없이 좋겠지만 다른 수도원 원장이 될 수도 있대요.

멧돼지 사냥 이야기 재미있게 읽었어요. 당신이 기쁘다니 제 마음도 덩달아 즐거워지네요. 하지만 항상 몸조심하세요. 당신이 다치는 걸 원치 않으니까요.

신의 은총과 모든 성인의 보호가 당신과 함께하길 빌며
당신의 카타리나

라인알트가 카타리나에게

제가 혼자서 멧돼지를 잡다니, 아직도 꿈만 같아요. 성안 사람들 모두 제 목에 걸린 멧돼지 뻐드렁니를 보고 어디서 구했느냐고 묻더군요. 그럴

때마다 전 자랑스럽게 제가 잡은 멧돼지 이빨이라고 대답한답니다. 하지만 기사님의 조카 콘라트는 아직도 차가운 눈으로 절 바라봐요.

어제는 저보고 자랑 좀 그만 늘어놓으라더군요. 아무것도 못 잡은 주제에 참견은……. 혈통으로 따지자면 우리 집안도 콘라트 집안보다 좋으면 좋았지 못하진 않다고요. 우리 집안도 4대째 기사를 배출한 혈통 있는 집안인걸요.

아무짝에도 쓸모없는 한스 폰 바이덴은 아직도 제게 거리를 두고 있어요. 기사님은 우리 수습 기사들에게 날이 뭉툭한 무기를 주면서 전투 연습을 하라고 하세요. 우리는 매일 열심히 전투 연습을 해요. 콘라트는 저보다 나이가 많아도 전투 솜씨는 저만 못해요. 그와 몇 번 대적했는데 한 번도 진 적 없지요.

제가 멧돼지를 잡은 뒤로 퀼텐 기사님이 절 보는 눈빛이 달라졌어요. 아직 어린 수습 기사가 혼자서 황소만 한 멧돼지를 잡았으니 그럴 만도 하지요.

아직도 저는 투창에 묻은 돼지 피를 씻지 않았어요. 마음 같아서는 하루 종일 피가 묻은 투창을 가지고 다니고 싶지만 물론 그럴 순 없지요.

또 한 가지 전할 소식이 있어요. 얼마 전부터 성 사람들이 복수 전쟁 이야기를 해요. 재산 상속에 관한 문제라더군요. 그런데 고테스첼도 연관된 것 같아요.

우리를 위해서는 잘된 일이죠. 고테스첼이 퀼텐 기사님 소유가 된다면 당신과 만나기 쉬워질 테니까요. 이제 곧 전투가 시작되면 저도 고테스첼에 갈 거예요. 그러면 매일 당신을 만날 수 있겠지요. 당신과 만날 날이 곧

다가오는 듯하군요.

사랑을 담아, 그리고 곧 당신을 만나길 기대하며
라인알트

키타리나가 라인알트에게

마르틴이 서둘러 팔켄베르크로 돌아가야 한다고 해서 이번에는 긴 편지를 쓸 수 없네요. 정말 고테스첼이 공격받을 거라고 생각하세요? 어떻게 그럴 수 있죠?

사랑을 보내며
카타리나

라인알트가 카타리나에게

지난번 편지에서 당신이 한 말이 도무지 이해되지 않는군요. 우리가 드디어 만날 수 있는데 당신은 기쁘지 않다는 말인가요?

게다가 당신은 아직도 언제 어디서 무엇을 하는지 말해 주지 않았어요.

팔켄베르크 성은 모든 게 문제없이 잘 돌아간답니다. 퀼텐 기사님은 저를 점점 더 인정해 주세요. 이틀 전에는 제 의견도 물으시더라고요. 팔켄베르크의 성주이신 퀼텐 기사님이 한낱 수습 기사의 의견을 물으시다니 얼마나 대단한 일이에요.

그것만이 아니에요. 어제는 저만 무기 창고로 데려가시더니 여러 가지

무기를 보여 주시지 뭐예요. 장검, 단검, 길이가 다른 여러 종류의 창, 방패, 철퇴, 석궁, 활과 화살, 투구, 쇠사슬 갑옷, 보호대, 철갑옷까지 전투에 필요한 무기는 다 갖춰져 있었어요. 무기고에 가려면 미로처럼 복잡한 통로를 지나야 하지요. 진짜 무기를 손에 들어 보니 아서 왕의 기사가 된 기분이었어요. 당신에게도 늠름한 제 모습을 꼭 보여 주고 싶군요.

당신을 만날 날을 손꼽아 기다리며

라인알트

카타리나가 라인알트에게

오늘은 저도 자작나무로 만든 종이에 편지를 씁니다. 양피지가 다 떨어졌거든요. 이제 다시는 남들 몰래 물건을 가져오는 짓은 하고 싶지 않아요. 그건 나쁜 짓이니까요.

요즘 당신은 무기와 폭력에 대한 이야기를 많이 하시는군요. 전 무기에 관해서는 잘 몰라요. 하지만 당신에겐 아주 중요한 것 같군요. 저는 사람들을 해치는 무기보다 훨씬 중요한 것이 많다고 생각해요.

이곳에서는 복수전이나 유산 다툼 이야기는 들리지 않지만, 당신에게 전해야 할 슬픈 소식이 있어요.

저번 편지에 이야기한 수습 수녀 메히틸트에 관한 거예요. 몇 주 전부터 메히틸트가 좀 이상해졌어요. 말수도 적어지고 잘 웃지도 않아요. 예전에는 저한테 재미난 이야기도 많이 해 주었는데 지금은 생기발랄하던 메히틸트의 모습은 찾아볼 수 없어요. 남들이 보지 않는 데서 혼자 우는 메히틸트를 볼 때마다 마음이 찢어지는 것 같아요. 그녀에게 문제가 있다는 걸 아는 사람은 저 혼자예요.

처음엔 향수병 때문인 줄 알았어요. 그런데 가만 생각해 보니 그게 아닌 것 같더라고요. 향수병 때문이라면 수도원에 오자마자 문제가 있어야 하는데 한참 지나고 나서 이상해질 리가 없잖아요. 그래서 메히틸트에게 살짝 물어봤어요. 혹시 어머니나 아버지가 편찮으시냐고요. 그랬더니 고개를 흔들더군요.

메히틸트의 상태는 아주 심각해요. 힘들 때면 제 팔에 기대 있다가 갑자기 화를 내면서 팔을 뿌리쳐요. 안색도 무척 나빠졌고요. 메히틸트가 많이 아파 보여서 여러 가지 약초와 치료법을 잘 아시는 막달레나 수녀님께 가 보라고 했더니 버럭 화를 내면서 싫다고 하더군요. 얼마나 쌀쌀해졌는지 몰라요.

어쩌면 메히틸트가 나병에 걸렸는지도 모른다는 생각이 들어 더럭 겁이 났어요. 저도 나병에 걸리지 않으려면 그녀와 함께 있을 때 조심하는 게 좋겠다고 생각했죠. 그런데 메히틸트는 멀쩡했어요. 옛날에 양 눈썹 사이에 혹이 난 나병 환자를 본 적 있는데 메히틸트는 그런 혹도 없었고 피부도 깨끗했어요.

메히틸트의 문제는 나병보다 심각했어요.

2주 전부터는 자주 기절을 했지요. 새벽 기도 시간에 정신을 잃기도 했고 회랑을 돌며 명상을 할 때도 기절했어요. 다행히 제가 옆에 있어서 부축을 해 주었지요. 금식 기간에 기절하는 수녀들이 종종 있기 때문에 수도원 사람들은 심각하게 생각하지 않았어요.

금식은 정신을 집중하는 데 도움이 되지만 정도를 지나치면 안 돼요. 하느님도 건강한 사람을 원하실 테니까요. 수도원 원장님도 과도한 금식은 피해야 한다고 말씀하셨어요.

그렇다고 먹을 것에 욕심을 부리는 것도 좋지 않아요. 탐식은 7대 죄악 가운데 하나이기 때문에 수도원에서는 철저히 금지하지요.

메히틸트가 회랑으로 연결된 어두운 복도에서 쓰려졌을 때 제가 옆에 있었어요. 저는 서둘러 회랑 가운데 있는 샘에서 물을 떠다가 메히틸트의 얼굴을 닦아 주었지요. 정신을 차린 메히틸트가 처음 한 말은 다른 사람에게 들키지 않았냐는 거였어요. 그러더니 몸을 벌벌 떨면서 울기만 했어요. 다른 수녀님이 회랑으로 오는 걸 보고서야 울음을 멈추었지요.

이제 그만 가 봐야겠어요. 다른 사람들이 절 찾는군요.

주님의 가호가 항상 당신과 함께하길 빌며
카타리나

라인알트가 카타리나에게

무기를 사용하면 왜 안 된다는 거죠? 다른 사람을 해치는 걸 두려워하는 기사는 겁쟁이일 뿐이지요. 한스 폰 바이덴이 저한테 그러더군요. 진정한 기사는 무기로 다른 사람을 해치는 자가 아니라 약한 사람을 보호하고 평화를 유지하는 자라고요.

그래서 제가 말했죠. 전투 기사의 임무는 전투에서 승리를 거두는 것이라고요. 그랬더니 바이덴은 얼굴을 붉히며 아주 기분 나빠 했어요. 제가

일대일 결투를 신청하자 겁쟁이 바이덴이 "너는 싸우는 것 말고 다른 건 생각하지 못하는구나."라고 말했어요.

바이덴이 저와 결투를 벌일 자신이 없는 거죠.

사랑을 담아

당신의 라인알트

카타리나가 라인알트에게

사랑하는 라인알트! 전 한스 폰 바이덴의 말이 틀리지 않다고 생각해요. 당신 말대로라면 기사들은 약한 사람을 보호할 의무가 없다는 건데, 정말 그런가요?

오늘은 긴 편지를 쓸 수가 없군요. 마르틴이 서둘러 팔켄베르크로 돌아가야 한대요.

그리고 더 쓸 이야기도 없네요. 전 당신이 기사의 임무에 대해 다시 한 번 생각해 봤으면 해요.

카타리나

라인알트가 카타리나에게

수도원에 사는 사람들이 기사에 대해 뭘 알겠어요. 퀼텐 기사님은 기사는 겁쟁이가 되면 안 된다고 말씀하셨지요. 기사가 겁을 먹는다면 어떻게 질서를 유지할 수 있겠어요?

며칠 전에 팔켄베르크 성에 방랑 시인이 찾아왔어요. 그는 아주 근사하게 노래를 부르더군요. 그리고 아름다운 여성에 관한 민네장을 읊었어요. 민네장을 들으며 전 당신 생각을 했지요. 당신이 예전처럼 다정한 편지를 써 주면 좋겠어요.

방랑 시인은 사흘 동안 하인리히라는 기사가 등장하는 이야기를 해 주었어요. 하인리히는 젊고 잘생긴 기사였는데 어느 날 갑자기 온몸에 종양이 생겼어요. 의사는 그가 죽을 거라고 했지만 마법사는 치료 방법이 있다고 했어요. 젊은 처녀의 심장에서 받은 피를 마시면 살 수 있다고 했지요.

목숨을 내놓을 정도로 하인리히를 사랑하는 여인이 있었어요. 그녀는 사랑하는 하인리히가 살 수만 있다면 자기 목숨쯤은 아무것도 아니라고 했지요. 하지만 하인리히는 사랑하는 여인이 자기 때문에 죽는 걸 볼 수 없었어요. 그런 두 사람을 보고 하느님께서 하인리히의 병을 고쳐 주셨답니다.

기사 하인리히의 이야기는 아주 아름다웠어요. 방랑 시인이 멋진 운율에 맞춰 이야기를 읊어 주었지요. 우리에게 시와 노래를 불러 준 방랑 시인은 유명한 사람이라더군요. 하지만 퀼텐 기사님은 방랑 시인은 거지나 마찬가지라고 하셨어요. 유명한들 뭐 하겠어요. 그저 방랑 시인일 뿐인데요. 전 그의 이름도 기억하지 못한답니다.

사랑을 담아
당신의 라인알트

마르틴에게서 당신 편지를 받은 지 꽤 오래된 것 같네요. 마르틴한테 물어봤더니 당신은 요즘 전투 연습으로 바쁘다더군요. 그래서 편지를 쓸 시간이 없는 것 같다고요. 저는 짬이 날 때마다 당신께 편지를 쓴답니다. 그렇게 쓴 편지를 모아 두었다가 마르틴이 오면 주지요. 그리고 제 생각에 제 편지는 달라진 게 없어요. 여전히 다정하다고 생각해요.

방랑 시인이 들려주었다는 기사 이야기는 정말 감동적이네요. 저 역시 그 이야기에 등장하는 여인처럼 당신을 위해 목숨도 내놓을 수 있어요.

저번 편지에 이어 메히틸트 이야기를 해 드릴게요. 메히틸트는 수도원 수녀들이 모두 모여 점심 식사를 할 때 정신을 잃고 말았어요. 그래서 모두 그녀에게 문제가 생긴 걸 알게 되었죠.

그날 메히틸트는 다른 사람들이 식사하는 동안 기도문을 낭독해야 했어요. 당신은 모르시겠지만, 수사와 수녀 들은 밥을 먹을 때 맛을 음미하면 안 돼요. 음식이라는 건 세속적인 존재니까요. 그래서 수도원에서는 식사 때마다 기도문을 낭독한답니다. 우리는 혀를 즐겁게 해 주는 음식 맛이 아니라 영혼의 양식인 기도문에 집중하지요.

메히틸트가 기도문을 낭독할 차례가 되자 도서관 담당인 하나 수녀님이 책을 넘겨주셨어요. 책을 받자마자 메히틸트는 힘없이 주저앉고 말았지요.

원장 수녀님은 여자들은 저희 나이 때 빈혈이 생길 수도 있다고 말씀하셨어요. 그런데 저는 프레데군데 수녀님이 작은 소리로 다른 원인이 있는 것 같다고 말씀하시는 걸 듣고 말았죠.

빈혈이 아니라면 메히틸트는 왜 자꾸 쓰러질까요? 혼자서 이런저런 생각을 해 봤지만 설마 그렇게 불행한 일이 찾아오리라고는 상상도 못 했어요.

수도원 안에서 벌어지는 일은 잘 알려지지 않는답니다. 특히 저희 같은 수습 수녀들이 모르는 게 많지요.

그런데 저는 우연히 프레데군데 수녀님의 말씀을 듣고 말았어요.

"악마의 소행이 분명해요."

수녀님은 절 보시고는 아무 말씀도 하지 않으셨어요.

하지만 잠시 뒤 백작의 딸이자 앞으로 수도원 원장이 될 메히틸트가 임신했다고 하시는 거예요. 배 속에 아이가 자라고 있다고요.

처음엔 저도 모르게 기뻐했어요. 그런데 정신을 차리고 생각해 보니 수습 수녀인 데다가 혼인도 하지 않은 메히틸트가 아이를 가진 건 기뻐할 일이 아니더라고요. 남자도 없이 어떻게 아이를 가질 수 있을까 이해가 되지 않았어요. 어떻게 해야 할지 눈앞이 깜깜했지요. 그때까지 전 혼인을 하지 않은 사람은 아이를 가질 수 없다는 사실을 몰랐어요. 아무도 저에게 성스러운 성사를 통해 정식으로 혼인한 사람만 아이를 가질 수 있다고 말해 주지 않았거든요. 더는 그 일에 대해 말하고 싶지 않군요. 수치스러운 일이니까요. 수치를 모르는 행동은 죄악이지요. 우리도 조심해야겠어요. 그리고 당분간 만나지 않는 게 좋을 것 같군요.

사랑을 담아
당신의 카타리나

메히틸트가 과연 수도원 원장이 될 수 있을지 의문이군요. 하지만 그녀가 백작의 딸이라니 아버지가 잘 보살펴 줄 거예요. 그러니 너무 걱정 마세요. 우리의 미래에 대한 걱정도 하지 말고요. 모든 일이 잘될 테니까요. 우리에게 아이가 생긴다 해도 불행한 일이 닥칠 리 없어요. 제가 장담하지요. 우리에게 나쁜 일은 생기지 않을 거예요. 제가 당신을 수도원에서 데리고 나오기만 하면 모든 일이 잘될 테니 염려 말아요.

그리고 곧 전쟁이 시작될 것 같아요. 요즘 성 곳곳에서 전투 연습이 한창이랍니다. 창과 화살의 촉도 날카롭게 갈아 놓았고요. 이제 연습할 때도 뭉뚝한 무기가 아니라 날이 날카로운 무기를 사용해요. 실전을 준비하는 거죠.

한스 폰 바이덴은 무엇 때문에 전투를 계획하는지 모르겠다고 했어요. 그자는 현실을 직시하지 못해요. 무기는 창고에서 썩히려고 만든 게 아니죠. 사다리 역시 질질 끌고 다니라고 있는 게 아니에요. 전투가 벌어지면 적의 성벽을 타고 올라가기 위해 필요한 거죠.

혹시 가장 먼저 적의 성벽을 올라가는 사람에게 큰 상이 주어진다는 이야기를 들어 본 적 있나요? 전 그 상을 받고 싶어요. 하지만 수습 기사는 정식 기사 옆을 떠날 수 없어요. 기사들의 방패나 창을 들어 주기도 하고 철퇴나 다른 무기를 준비해 놓고 있다가 기사가 달라고 하면 바로 건네주어야 하죠. 만약 기사가 전투 중에 말에서 떨어지면 다시 말에 오를 수 있게 도와주어야 해요. 갑옷과 무기가 워낙 무거워서 혼자서 말안장에 앉을 수 없거든요. 기사가 부상을 당하면 서둘러 조치를 취하는 것도 우리 일이죠.

전 요즘 일등으로 적의 성벽을 오르는 상상을 한답니다. 그렇게 되면 기사가 제 목에 황금 목걸이를 걸어 줄 테고 생각보다 빨리 정식 기사가 될 거예요. 어쩌면 더 큰 상을 받을 수도 있고요.

사랑을 보내며
당신의 라인알트

카타리나가 라인알트에게

당신 편지를 읽고 얼마나 놀랐는지 몰라요. 가장 먼저 적의 성벽을 오르시겠다니요! 그런 말씀 마세요. 그렇게 위험한 일을 왜 하려 하시나요? 생각해 보세요. 성벽을 오를 때 적들도 가만히 보고만 있지는 않을 거예요. 온갖 무기가 날아올 거라고요. 제발 그런 일이 생기지 않게 해 달라고 하느님께 기도드려야겠어요. 모든 성인이 당신을 지켜 줄 거예요.

사랑하는 라인알트, 수도원은 팔켄베르크와는 달리 아주 조용하고 평화롭답니다. 회랑 가운데 있는 샘물 소리밖에 들리지 않을 때도 있어요. 얼마 전부터 제비가 지저귀는 소리도 들리지요. 회랑 아치에 제비가 둥지를 틀었거든요. 기도 시간이 되면 수녀님들의 구두 소리가 들려요. 샘물 소리, 제비 소리, 발소리만 제외하면 수도원은 항상 정적이 감돈답니다. 원장 수녀님은 침묵 속에서만 하느님과 대화가 가능하다고 말씀하시지요.

저도 하느님의 목소리를 들은 적이 있는 것 같아요. 전 성인이 아니니 그 소리가 정말 하느님의 목소리인지 확신할 순 없어요. 하지만 그 소리를 들었을 때 말로 표현할 수 없는 평온함과 정적을 느꼈지요.

메히틸트가 임신했다는 사실이 알려진 뒤로 수도원이 뒤숭숭해졌어요. 불쌍하기 짝이 없는 메히틸트는 집회실 옆 좁은 방에 갇혔어요. 수도원의 중요한 일은 집회실에서 결정되지요. 저 같은 수습 수녀는 집회에 참가할 수 없어요. 그래서 메히틸트와 배 속의 아이가 어떻게 될지 알지 못해요. 저번 집회에서 수녀님들이 고테스첼이 공격당할지 모른다고 하셨대요. 하지만 얼마나 자세한 이야기가 오갔는지는 잘 몰라요. 그런 건 모르는 편이 나아요.

메히틸트가 아이를 낳으면 제가 돌봐 주고 싶지만, 거의 불가능한 일이지요. 메히틸트도 아이도 어떻게 될지 아무도 모르거든요. 지금은 십자가 하나만 달랑 걸린 독방에 갇혀 있고요. 그곳에서 기도를 드리며 죽을죄를 뉘우쳐야 한대요.

제가 당신에게 편지를 쓰는 것도 죽을죄에 해당할까요? 고해 성사 때 당신과 몰래 편지를 주고받는다고 고백하지 않은 것도 죄일까요? 원장 수녀님은 일주일에 한 번씩 고해 성사를 해야 지은 죄를 회개하고 용서받을 수 있다고 말씀하셨어요.

당신을 사랑하기 때문에 저는 정식 수녀가 되는 서약을 하지 않겠다고 마음먹었지요. 당신과 함께 아이도 낳고 행복하게 살고 싶으니까요.

그런데 요즘 들어 그 결심이 흔들리고 있어요. 수녀가 되는 것도 나쁘지 않을 것 같아요. 당신을 사랑하기 때문에 진심을 털어놓는 거예요. 제가 진심으로 원하는 것이 무엇인지 잘 모르겠어요. 그래서 요즘엔 현명한 선택을 할 수 있게 해 달라는 기도를 자주 드린답니다. 물론 당신을 위해서도 기도를 많이 해요. 당신에게 상처 주고 싶진 않아요. 그런데 당신 편지를 읽으면 바깥세상은 너무 험하다는 생각이 들어요. 제가 원하는 삶을 살기엔 지나치게 거친 것이 아닐지.

메히틸트와 배 속의 아이를 위해서도 기도를 드리고 있어요. 아이는 행복해질 수 있을까요? 메히틸트는 어떻게 될까요? 하느님께서 두 사람을 보호해 주셨으면 좋겠어요.

다른 사람들 눈을 피해 마르틴에게 편지를 건네기가 너무 어려워요. 메히틸트 사건 뒤로 수습 수녀들에 대한 감시가 심해졌거든요. 프레데군데 수녀님이 감시견처럼 저희 행동 하나하나를 점검하신답니다.

원장 수녀님께서 독방에 갇힌 메히틸트를 만나게 해 주셨어요. 불쌍한 메히틸트가 저를 보면 좋아할 거라고 말씀하시더군요. 엄격히 따지자면 그녀가 죄를 뉘우칠 수 있게 엄하게 다스려야 하지만 그러기엔 메히틸트가 너무 불쌍했어요.

저를 보더니 창백한 메히틸트가 미소를 짓더군요. 하지만 많은 말을 하지는 않았어요.

오늘은 편지가 길어졌네요. 이만 줄여야겠어요. 지난번에 마르틴이 제 편지를 보고 웃더군요. 자작나무로 만든 종이를 한 움큼 건네주니까 자신이 수도원 심부름꾼이 아니라 나무꾼 같다면서요.

걱정과 사랑을 담아
당신의 카타리나

수녀가 되는 것도 나쁘지 않을 듯하다니, 어떻게 그런 말을 할 수 있나요? 저는 어떻게 하면 당신을 수도원에서 데려올 수 있을까 밤낮으로 고민하는데 당신은 그저 수도원 샘물 이야기나 하고 메히틸트라는 여자의 사생아 이야기만 늘어놓는군요. 바깥세상으로 나와야 해요. 그러면 당신도 당신이 매일 정성 들여 드리는 기도가 과연 얼마나 도움이 되는지 의문을 품게 될 테니까요. 하루 종일 기도를 드린다고요? 전 죽어도 그런 일은 못 해요. 수도원에 틀어박혀 기도를 드린다고 빵이 나오나요? 나무 옆에 서서 나무가 쓰러지게 해 달라고 수천 번 기도를 해 보세요. 그래도 나무는 쓰러지지 않아요. 나무를 쓰러뜨리려면 도끼가 필요하지 기도가 필요한 게 아니라고요.

귈텐 기사님은 노약자, 부랑자, 어린아이 들을 위해 기도하라고 하시지요. 이 세상에는 말이죠, 멍청한 메히틸트보다 더 불쌍한 사람이 많아요. 자기가 조심하지 않아서 아버지 없는 자식을 가졌으니 그건 전적으로 메히틸트 잘못이죠. 한심한 한스 폰 바이덴이 잘못을 한다 해도 전 그다지 신경 쓰지 않아요. 저한테 중요한 것은 우리 두 사람이니까요.

저번 편지에 썼듯 몇 주 전부터 우리는 전투 준비를 하고 있어요. 매일 활쏘기, 검투, 달리는 말에서 창 찌르는 연습을 해요. 이제 저도 석궁을 사용할 수 있어요. 수습 기사 가운데 저만 석궁을 받았지요. 원래 수습 기사는 사용할 수 없는데 특권을 받은 거예요. 석궁 연습을 했을 때 저만 과녁을 맞혔거든요. 귈텐 기사님은 제 어깨를 두드리며 훌륭한 기사가 될 거라고 격려해 주셨어요. 그러면서 우리 조상들의 유산을 지키려면 똘똘 뭉쳐야 한다고 하셨죠.

전투에서 승리하면 저도 재산을 받을 거예요.

그러면 당신 부모님께도 자신 있게 말할 수 있어요. 부모님도 당신이 수도원에서 사는 것보다 멋진 저택에서 살길 원하실 거예요. 그리고 저와 혼인해서 아이들을 낳고 행복하게 사는 거예요. 수녀가 돼서 평생 기도를 한다고 뭘 얻을 수 있겠어요. 저와 혼인해서 살면 행복이 보장된다고요. 제 손을 잡고 혼인식장으로 걸어 들어갈 아름다운 당신의 모습을 상상하니 정말 행복해요. 아무 걱정 말아요. 모두 잘될 거예요.

마르틴이 기다리고 있으니 이만 줄여야겠네요. 다음 편지에 우리의 미래 계획에 대해 더 자세히 쓸게요. 당신이 상상하는 것보다 훨씬 좋을 테니 기대하세요.

사랑을 보내며
당신의 라인알트

카타리나가 라인알트에게

당신께 할 말이 아주 많지만 마르틴이 밖에서 기다리니 긴 편지는 못 쓸 것 같아요.

꼭 하고 싶은 말만 간략하게 쓸게요. 당신 편지를 읽을 때마다 두려움이 커져요. 제가 알던 당신은 활쏘기나 칼싸움처럼 폭력적인 건 모르는 사람이었어요. 제가 아는 당신은 부드럽고 다정하고 항상 이마에 앞머리가 흘러 내려와 있던 순진한 사람이었어요. 이마로 흘러내린 머리를 볼 때마다 쓸어 올려 주고 싶은 그런 사람이었다고요. 싸움을 싫어하던 착한 당신은 어디로 갔나요? 강한 사람은 싸움을 할 필요가 없다고 했었잖아요. 누구와 싸워 이기는 건 당신에게 중요하지 않았다고요. 당신이 바빠서 저랑 같이 보낼 시간이 없었어도 전 폭력을 쓰지 않던 예전의 당신이 더 좋아요. 그런데 지금은 투창으로 멧돼지를 죽이고 자랑스럽게 이빨을 목에 걸고 다닌다니, 믿을 수가 없어요.

당신이 팔켄베르크 성에서 수습 기사 생활을 한 뒤부터 마음에 안 드는 점이 너무 많아졌어요. 이제 우린 서로 맞지 않는 것 같아요. 이런 생각을 하면 마음이 한없이 아파요. 게다가 저와 가장 친한 메히틸트 수녀의 아이를 사생아라고 하시다니 너무해요. 제 편지가 당신을 화나게 하지 않았으면 좋겠네요.

이런 말을 할 수밖에 없는 저도 마음이 무척 아프답니다.

마르틴이 재촉하네요. 이만 줄여야겠어요.

근심과 사랑을 담아,
그리고 모든 성인이 당신을 보호해 주시길 간절히 바라며
당신의 카타리나

라인알트가 카타리나에게

아우크스부르크에서 함께 지낼 때 당신은 분명 제가 싸우는 걸 보고 즐거워했어요. 동네 아이들과 다툼이 벌어질 때마다 저도 끼어 있었는데 그

때는 아무 말도 하지 않았잖아요. 생각해 보니 한번은 싸움을 피한 적이 있네요. 상대편 애들이 너무 강했거든요. 당신을 놀린 녀석을 피가 날 때까지 때렸을 때 저를 자랑스러워했잖아요. 지금도 분명히 기억해요. 어머니가 계시지 않아서 어릴 때 당신은 여자아이들보다 사내아이들과 더 많이 어울렸죠. 그리고 제가 항상 당신을 지켜줬고요.

변한 건 제가 아니라 당신인 것 같군요. 그리고 아버지 없는 자식을 사생아라고 하지 뭐라고 합니까?

이 세상엔 사생아나 이마에 흘러내린 머리카락을 쓸어 올리는 것보다 더 중요한 일이 많아요. 물론 당신같이 아름다운 여자가 제 머리를 쓸어 올려 주는 것도 좋지만 그보다 더 중요한 일이 있지요.

저는 더 이상 어린애가 아니랍니다. 전투에서 승리를 거두면 안드레아스 폰 귈텐 님은 절 기사로 임명할 거예요. 저한테 그렇게 말했거든요. 그렇게 되면 이 세상은 제 것이 되는 거죠. 그리고 전 더 강해질 거예요. 당신도 분명 그런 제 모습을 좋아하게 될 거예요.

이제 전투 개시는 초읽기에 들어갔어요. 마르틴이 요 며칠 팔켄베르크와 고테스첼을 자주 오가는 것도 그 때문이지요. 당신 같은 수습 수녀는 아직 그 소식을 듣지 못했을 거예요.

우리의 목표는 고테스첼 수도원이에요. 수도원 소유권은 안드레아스 폰 귈텐 님에게 있어요. 지금까지 수도원이 부당한 권리를 주장한 거라고요. 귈텐 기사님의 고모인 수도원 원장 수녀님은 이제 기도를 드리는 일밖에 할 수 없다고요. 어디 하느님께 원하는 재산을 달라고 기도를 드려 보라지요? 그래 봤자 법적으로 수도원 재산은 귈텐 기사님 거니까.

기사님의 장인어른이 고테스첼 수도원은 돈이 많으니 수도원을 차지하면 여러모로 유리할 거라고 하시더군요. 재산 상속은 아주 복잡한 것 같아요. 물론 저 같은 사람은 경험해 본 적 없어서 잘 모르지만. 어쨌든 안드레아스 폰 귈텐 님은 고테스첼 수도원을 소유할 권리가 있으니 수도원을 차지할 때까지 싸움을 멈추지 않을 거예요.

그렇다고 직접 수도원을 공격할 생각은 아니세요. 파문당할 위험이 크니까요. 귈텐 님이 그런 어리석은 짓을 할 리 없죠. 수도원을 소유할 뿐 수도원을 파괴하거나 사람을 해치는 일은 없을 거예요.

만약 원장 수녀님이 돈을 주고 용병을 고용한다면 이야기는 달라지요. 그렇게 되면 우리도 무력을 동원할 수밖에 없겠죠. 하지만 어떤 사람이 귈텐 기사와 맞서 싸우겠다고 나서겠어요. 보나마나 우리가 이길 게 뻔한데.

수도원이 우리 손에 들어오면 누가 관리를 할까요? 물론 저겠지요. 그 생각만 하면 좋아서 밤에 잠도 안 와요. 겁쟁이 한스 폰 바이덴은 전투를 벌인다는 말을 듣고 고향으로 도망갔어요.

그건 그렇고 당신이 제게 고테스첼 수도원에 대해 빠짐없이 가르쳐 줬으면 해요. 당신한테 받은 정보를 기사님께 전달할 거예요.

수도원을 차지하면 당신과 매일 만날 수 있어요. 그뿐인가요? 안드레아스 폰 귈텐 님은 고테스첼 수도원 교회에서 저를 기사로 임명하겠죠. 귈텐 님은 지금도 부자지만 고테스첼 수도원을 손에 넣으면 훨씬 부자가 될 거예요. 그럼 우리에게 큰 선물을 주실 거예요. 그리고 당신 아버지에게 당신과 저의 혼인에 대해 말할 거고요.

그러면 당신과 올해 안에 혼인할 수 있어요. 마르틴을 통해 편지를 주고 받을 필요도 없고요. 그자는 자기 분수도 모르고 심부름한 대가로 양을 달라더군요. 그래서 제가 혼쭐을 내 줬어요. 양피지나 자작나무로 만든 종이를 나르는 일이 뭐 그리 힘들다고 양을 달라는지! 제가 화를 냈더니 다른 사람들에게 다 말해 버린다고 협박하더라고요. 그러면 무거운 벌을 받을 거라면서요. 심부름꾼 주제에 바라는 게 너무 많아요. 물론 우리를 위해 편지를 날라 준 대가를 지불하기 싫다는 말은 아니니 오해하지 마세요. 전 그저 마르틴이 자기 분수를 알아야 한다고 생각해요.

당신을 만날 기쁨에 사로잡힌
당신의 라인알트

카타리나가 라인알트에게

당신이 어떻게 우리 수도원을 공포로 몰아넣고 즐거워할 수가 있죠? 퀼텐이 쳐들어온다는 소식을 듣고 원장 수녀님은 기도 시간과 금식 기간을 늘리셨어요. 수도원에 눈물이 그치지 않고 있어요. 당신은 수도원을 차지한다는 게 무슨 의미인지 잘 모르는 것 같군요. 남정네들이 들어와 포도주와 맥주를 마시며 시끄럽게 떠들어 대며 성스러운 곳을 더럽힐 거라고요. 군사들은 아주 거칠다고 들었어요. 기사나 수습 기사도 남자이긴 매한가지죠. 그런 사람들이 과연 수녀들의 순결을 지켜 줄까요?

전 당신이 성스러운 수도원 담을 넘는 게 기쁘지 않네요. 고테스첼이라는 말은 '하느님의 방'이라는 뜻이에요. 고테스첼 수도원은 퀼텐 것도 아

니고 원장 수녀님 것도 아니에요. 하느님의 재산이라고요. 이곳에서 우리
는 일하고 기도하며 평화롭고 조용하게 지내요. 그런데 이제 당신들이 우
리에게서 평화와 정적을 앗아 가려 하네요. 지금까지 당신에게 들은 이야
기 가운데 가장 끔찍한 소식이군요. 4년 전 제 남동생이 세상을 떠났다는
소식을 들었을 때보다 더 마음이 아파요.

다행히 메히틸트는 앞으로 닥칠 불행을 겪지 않아도 되겠군요. 메히틸
트 아버지가 그녀를 고향으로 데려가셨거든요. 당신 편지를 읽고 나서 눈
물이 멈추지 않네요.

흐르는 눈물을 닦으며

카타리나

카타리나가 라인알트에게

당신이 저희 수도원 정문으로 들어올 때 전 당신을 봤답니다. 사랑하는
라인알트를 다시 본 거죠. 하지만 당신은 제가 예전에 사랑하던 사람이 아
니었어요.

당신은 쇠사슬 갑옷을 입고 말을 타고 들어왔어요. 다른 기사들처럼 투
구를 써서 얼굴이 잘 보이지 않았지만 전 한눈에 당신인 줄 알았지요. 게
다가 긴 창과 칼까지 차고 궐텐 가문의 문장이 새겨진 화려한 방패를 들고
있더군요.

당신도 절 찾았다는 걸 알아요. 하지만 당신은 엉뚱한 곳을 바라보더
군요.

저는 당신을 봤지만 제가 알던 라인알트의 얼굴은 찾을 수가 없었어요. 수도원 안마당에 선 당신 모습은 예전과는 너무 다르더군요. 당신 얼굴이 무척 낯설게 느껴졌어요. 체격이 몰라보게 커진 모습을 보고 깜짝 놀랐어요. 수염까지 기르셨더군요. 남자다워진 당신을 보고 마음이 흔들렸어요. 한때 제가 사랑하던, 그래서 평생을 함께하고 싶던 라인알트를 보니 무척 기뻤어요. 하지만 당신은 저만의 라인알트가 아니었죠. 이젠 기사 라인알트라는 말이 더 잘 어울리더군요.

이제 전 결심을 굳혔답니다. 고테스첼 수도원에 머물기로 했어요. 부모님 말씀을 거역하기 싫어서가 아니라 제가 있어야 할 곳은 고테스첼 수도원이라는 걸 깨달았기 때문이지요. 기사라는 신분을 잊고 저를 사랑한 한 사람으로서 제 심정을 이해해 주었으면 좋겠어요. 오늘부터 전 더는 당신의 카타리나가 아니랍니다. 제 삶을 하느님께 바치기로 했으니까요.

이 세상을 뜰 때까지 당신을 위해 기도할게요!

카타리나

제12장

나뭇가지로 만든 관(冠)

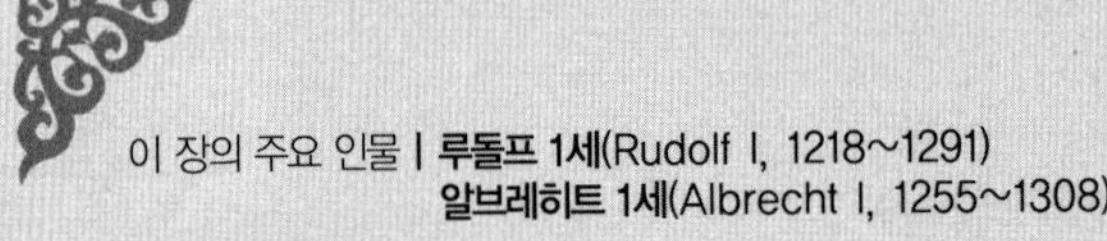

이 장의 주요 인물 | **루돌프 1세**(Rudolf I, 1218~1291)
　　　　　　　　알브레히트 1세(Albrecht I, 1255~1308)

1273년 합스부르크 왕가의 루돌프 1세가 황제로 선출되면서 끔찍한 대공위 시대는 막을 내렸다.

루돌프 1세는 약탈을 일삼던 기사들을 재정비하는 등 기강이 무너진 신성 로마 제국의 질서를 바로잡았다. 루돌프 1세의 가장 큰 정치 목표는 황권을 확고히 하는 데 있었다. 그러기 위해서는 프랑스나 영국처럼 중앙 집권 체제를 채택해 지방 제후들의 세력을 억압해야 했다. 그러나 그의 노력은 물거품이 되었다.

불행 중 다행으로 루돌프 1세의 아들 알브레히트 1세가 왕으로 선출되었다. 알브레히트 1세는 애꾸눈에 생김새도 농부 같았고 성격도 어두웠다고 전한다. 그러나 정치 수완이 뛰어나 아버지 루돌프 1세를 이어 합스부르크 왕가의 권력을 강화하려고 많은 노력을 기울였다. 합스부르크 왕가는 독일뿐 아니라 오스트리아, 스위스, 보헤미아와 슐레지엔, 오버라인(라인 강 상류 지역—옮긴이) 지역과 슈타이어마르크(800년 전 오스트리아 공화국의 출발점이 된 지역으로 오스트리아에서 두 번째로 면적이 큰 주며 주도는 그라츠다—옮긴이)까지 다스렸다. 알브레히트 1세는 지금까지 선제후들이 왕을 선출하던 방식을 세습제로 바꾸어 합스부르크 왕가의 세력을 굳히려 했다. 냉철하고 음침한 성격의 알브레히트 1세에게는 적이 많았다.

지금부터 소개할 '나뭇가지로 만든 관' 일화는 역사적으로 증명할 수 없는 사건을 바탕으로 한다.

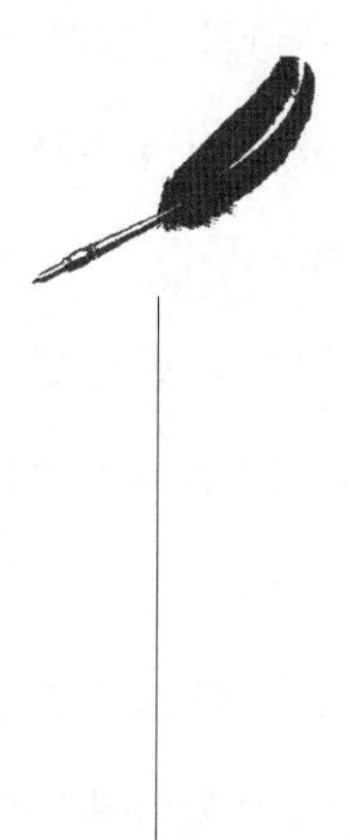

　왕궁 대강당의 넓고 커다란 벽난로에는 장작불이 활활 타오르고 있었다. 4월이 되었는데도 아직 눈이 쌓여 있었고 새싹이 틀 기미가 보이지 않았다. 그저 희미한 햇살이 창문을 통해 들어올 뿐이었다. 날이 어둑해지기 시작하자 희미한 햇살마저 자취를 감추었다. 날이 어두워졌으니 이제 곧 횃불을 밝힐 것이다.

　알브레히트 1세는 한쪽 눈이 보이지 않는다. 보이지 않는 쪽의 눈동자는 이상하리만치 굳어 있었고 심하게 바깥을 향해 있었다. 다른 사람들에게 보이고 싶지 않아서 그런지 왕은 언제나 비딱하게 앉았다.

　강당 안에서 제후들과 제국의 권력자들은 왕 주위에 모여 술을 마시며 큰 소리로 떠들었다.

　강당 가장 끝자리에 기사들이 앉아 있었다. 수습 기사 안젤름도 그가 모시는 힘없는 기사 옆에 자리를 잡았다. 안젤름은 강당 문을 바라보며 궁정 하인들이 먹을 것을 더 가져오기만 눈이 빠지게 기다렸다.

그런데 갑자기 젊은 남자 하나가 강당 안으로 뛰어 들어왔다.

문가에 앉은 덕분에 안젤름은 그 남자와 문을 지키던 보초가 실랑이를 벌이는 소리를 들을 수 있었다. 무슨 말이 오가는지 자세히 들을 순 없었지만 젊은 남자는 화가 잔뜩 난 듯했다. 그러더니 그는 강당 안으로 들어왔다. 처음엔 창으로 남자를 저지하던 보초는 순순히 그를 안으로 들여보내 주었다.

그도 귀족이었던 것이다. 그런데 그의 복장은 광대가 입는 옷처럼 눈에 띄게 화려했다. 안젤름은 그가 반짝반짝 빛나는 검은 가죽으로 만든 둥근 모자를 쓴 걸 보고 깜짝 놀랐다. 왕이 계신 자리에서 건방지게 모자를 벗지 않다니, 대체 정체가 무엇일까 궁금해서 참을 수가 없었다. 보초는 그에게 모자를 벗으라고 권고하지도 않았다.

안젤름은 그 남자가 옆으로 지나갈 때 얼굴을 자세히 들여다보았다. 남자의 이마와 볼은 귀신처럼 하얗고 날씨가 추운데도 코가 유난히 번들거렸다. 상당히 어려 보이는 얼굴에 입이 반쯤 벌어져 거친 숨을 내쉬었다.

그는 아무렇지도 않게 왕에게 성큼성큼 걸어갔다. 알브레히트 1세는 침착하게 그를 바라보며 아무 말도 하지 않았다.

순간 시끌벅적하던 강당에 정적이 흘렀다. 사람들은 하나같이 왕 앞에 서 있는 젊은 남자를 응시했다. 그자는 모자를 벗지도 않았고 왕에게 몸을 숙여 인사를 하기는커녕 한쪽 다리를 앞으로 내밀며 허리에 두 손을 올린 채 서 있었다. 안젤름은 그런 건방진 행동을 보고 아무 말도 하지 않는 알브레히트 1세의 태도가 더 놀라웠다.

"저렇게 건방떨 만도 하지. 저 사람은 왕의 조카거든. 알브레히트 1세의 형의 아들이야."

안젤름이 모시는 기사가 귀띔을 해 주었다.

"왕의 조카라고요?"

"너도 들어 본 적 있을걸? 요하네스 폰 슈바벤 공이라고 18년 전에 세상을 떠난 루돌프 폰 슈바벤 공의 아들이지. 요하네스가 갓난아기 때 아버지가 돌아가셨지."

안젤름은 기사의 말을 듣고 놀라움을 감출 수 없었다. 사람들 입에 자주 오르내리는 그 악명 높은 요하네스가 바로 저 젊은이라니 믿기지 않았다. 알브레히트 1세는 요하네스가 아버지의 재산인 슈바벤 주를 상속받지 못하게 거부권을 행사했다. 요하네스 폰 슈바벤의 얼굴은 백지장처럼 창백했고 피부가 계집아이처럼 뽀얗고 윤기가 흘렀다. 왕 앞에서 건방지게 행동하는 철없는 아이가 열여덟 살이라니 믿을 수 없었다.

맑고 투명한 요하네스의 목소리가 강당에 울려 퍼졌다. 하지만 안젤름은 그가 무슨 소리를 하는지 한마디도 들을 수 없었다. 장작불 빛에 왕과 요하네스의 얼굴이 순간 또렷이 보였다. 안젤름은 두 사람 사이에 심상치 않은 분위기가 흐르는 걸 느낄 수 있었다. 동안인 요하네스의 표정이 위협적으로 보이진 않았지만 그래도 뭔가 무서운 일이 벌어질 것만 같았다.

하지만 강당 안에 모인 사람들은 아무런 동요도 하지 않았다. 요하네스가 일방적으로 왕에게 무어라 말했고 왕은 침묵을 지킬 뿐이었다. 안젤름이 보기에 요하네스는 제멋대로 행동하는 사람 같았다. 거침없이 강당 안으로 뛰어 들어온 것을 보나 다른 사람이 뭐라 해도 아랑곳 않는 걸 보나 요하네스는 천방지축 어린애 같았다. 게다가 왕을 대하는 태도는 무례하기 짝이 없었다.

왕은 그저 조용히 앉아 침묵을 지켰다. 그럴수록 요하네스는 점점 더 크게 소리를 지르며 화를 냈다. 침묵만으로 상대방을 이길 수 있다더니 지금 상황이 바로 그랬다.

그런데 지금까지 요하네스를 가만히 지켜보기만 하던 왕이 갑자기 자리에서 벌떡 일어났다.

왕이 기립하면 자리에 앉은 사람들도 모두 같이 일어나는 것이 궁정 법도였다. 하지만 알브레히트 1세는 손짓으로 모두 자리에 그대로 앉아 있으라고 신호를 보냈다. 사실 그 행동에는 강당 안에 있는 사람들을 자기편으로 만들겠다는 의도가 숨어 있었다. 왕을 제외하곤 철부지 조카 요하네스만 서 있었다.

자리에서 일어서니 왕의 얼굴이 또렷이 보였다. 무례한 조카의 행동에 큰 소리로 호통을 칠 줄 알았는데 왕은 조용한 목소리로 말했다. 볼 수 있는 한쪽 눈은 요하네스의 얼굴에 고정되어 있었다. 왕의 눈동자는 예리하게 날을 세운 단검처럼 날카로웠다. 그런 눈빛 앞에서 긴장하지 않는 사람은 이 세상에 아무도 없을 것이다.

왕은 침착하게 하인에게 뭐라고 속삭이며 살짝 미소 지었다. 그러자 하인이 강당 밖으로 나갔다. 강당 안에는 긴장된 침묵이 흘렀다.

요하네스는 무언가 기대하는 눈빛으로 왕을 바라보았다.

안젤름은 더는 의자에 가만히 앉아 있을 수가 없었다. 마음 같아서는 당장 기사에게 왕과 그의 조카가 단지 유산 문제 때문에 저러냐고 물어보고 싶었지만 용기가 나지 않았다.

조금 있으니 하인이 조그만 잎이 달린 나뭇가지에서 눈을 털며 강당 안으로 들어왔다.

요하네스는 무슨 영문인지 몰라 왕과 하인, 나뭇가지만 번갈아 쳐다봤다.

지금까지 아무 말도 없던 알브레히트 1세가 조카에게 한 발짝 다가갔다. 왕은 소문만큼 무서운 인상이 아니었다. 안젤름은 왕이 무슨 말을 할지 숨을 죽이고 기다렸다. 조카에게 해 줄 적당한 말을 찾았을까?

그런데 이게 웬일인가? 알브레히트 1세는 말을 하는 대신 봄날에 젊은 사람들이 머리에 쓰고 다니는 화관처럼 나뭇가지를 둥글게 만들어 요하네스의 머리 위에 씌워 주었다. 그러자 검은 가죽 모자가 바닥에 떨어졌다.

왕은 나뭇가지로 만든 관을 요하네스의 머리에 올려놓은 채 가만히 보고 있더니 갑자기 관을 바닥에 떨어뜨렸다. 그런 다음 마침내 입을 열었다. 그의 우렁찬 목소리가 강당에 울려 퍼졌다.

"요하네스! 너한테 어울리는 건 백작들이 쓰는 가죽 모자가 아니라 이 나뭇가지로 만든 관이다. 이 관을 쓰고 어린 여자아이들과 뛰어놀면 딱 좋겠구나."

이렇게 말하자 강당 안이 순식간에 웃음바다로 변했다.

강당 안에 모인 백작, 주교, 수도원장, 공작, 하인 들 모두 다른 사람의 어깨를 치며 배꼽 빠지게 웃어 댔다. 어떤 사람들은 하도 웃어서 눈물을 흘리기도 했다.

요하네스는 얼굴이 빨갛게 달아올라 몸을 휙 돌리더니 뭐라고 소리쳤다. 그리고 몸을 숙여 바닥에 떨어진 모자를 주워 들었다. 결국 왕에게 몸을 숙여 인사한 꼴이었다. 많은 사람 앞에서 모욕을 당한 요하네스는 서둘러 강당을 빠져나갔다.

"저는 왕의 처사가 불공평하다고 생각해요."

다음 날 저녁 안젤름은 개암나무 가지를 칼로 자르며 말했다.

"단순하게 판단할 일이 아니야."

기사가 대답했다.

"아니요, 제 생각에는 아주 간단한 일이에요. 요하네스 폰 슈바벤은 자기한테 상속된 유산을 받을 권리가 있잖아요. 그런데 왕이 방해하니 불공평하지요."

안젤름은 개암나무 가지 끝을 뾰쪽하게 자르면서 말했다.

"요하네스 시각에서 보면 왕이 부당하다고 할 수 있지."

"그렇다니까요. 왕이 친조카한테 그러면 안 되죠."

안젤름이 칼자루를 쥔 손에 힘을 너무 주었는지 개암나무 조각 하나가 튕겨 나왔다.

"그래, 그러면 안 되지. 하지만 왕의 눈을 보면 생각이 달라질 거야."

"그래도 정의는 지켜져야 하잖아요!"

안젤름은 개암나무의 패인 부분을 바라보며 말했다.

"왕이 아무도 지키지 않을 법을 만든다면, 그것을 과연 정의롭다고 할 수 있을까?"

"하지만 법이 지켜지지 않으면 살인과 폭력이 세상을 지배하잖아요."

"왕은 자신이 정한 법을 관철하려면 힘과 권력이 필요하지. 남들이 함부로 넘볼 수 없는 강한 힘과 권력이 필요해. 그렇지 않으면 질서가 유지될 수 없어. 몇 년 전과 같은 일이 생기는 거지."

"아돌프 폰 나사우를 말씀하시는 건가요? 그가 왕이었을 때 아무도 그에게 복종하지 않았고 결국 폐위당하고 말았죠."

"그 사람뿐 아니라 그 전에도 무능한 왕이 여럿 있었어. 알브레히트 1세가 힘을 기르지 않으면 제후들이 그의 머리 위에서 놀려 들 거야. 알브레히트 1세가 슈바벤을 자기 아들에게 준 이유도 그 때문이야. 아들은 믿을 수 있을 테니까. 너도 봤다시피 왕의 조카인 요하네스는 제멋대로야. 언제 어디서 무슨 일을 벌일지 모른다고. 왕은 왕권을 강화해 권력이 왕에게 집중되게 하려 한단다. 프랑스나 영국처럼 중앙 집권 체제를 만들려고 하지. 그렇게 해서 권력을 둘러싼 음모와 암투에 종지부를 찍으려는 거야. 그러면 나라도 안정을 찾을 거고. 많은 사람이 왕과 같은 생각을 한단다."

"그렇다고 부당한 일을 하면 안 되죠. 알브레히트 1세는 한 나라의 왕이잖아요."

안젤름이 개암나무 가지를 구부리면서 말했다.

"우리 제국에서 가장 큰 백작령인 슈바벤을 버릇없고 철부지 같은 요하네스에게 넘겨주는 게 과연 현명하고 정당한 일일까?"

"그렇다면 왕이 요하네스에게 솔직하게 이야기해야 하는 거 아닌가요?"

"이미 말했단다. 명확히 자기 뜻을 전달했다고 들었어."

"기사님! 많은 귀족이 보는 앞에서 왕이 요하네스를 바보로 만들었어요. 그도 가만히 당하고만 있진 않을 거예요."

개암나무 가지가 툭 하고 부러졌다.

기사들과 짐을 실은 마차의 행렬은 끝이 보이지 않을 정도로 길었다. 1308년 5월 1일, 알브레히트 1세를 따르는 행렬은 합스부르크 왕가의 근원지인 하비히츠부르크로 향했다. 하비히츠부르크는 스위스 북부의 아르가우 주에 있었다.

그곳은 높은 언덕과 절벽 숲으로 둘러싸여 주변 지리를 한눈에 파악하기 어려웠다. 5월인데도 날씨가 제법 쌀쌀했다. 하늘엔 먹구름이 꺼어 있었고 먹구름 사이로 아주 가끔 햇빛이 비쳤다.

왕의 행렬은 규모가 상당히 큰 편이었다. 그 가운데는 지방 제후들과 제후들의 군사들도 섞여 있었다. 멋진 말과 소가 이끄는 마차, 엄청난 양의 짐이 줄을 이었다. 수도원장과 주교 들도 끝이 동그랗게 말린 지팡이〔주교장(主敎杖) 또는 목장(牧杖)이라고도 부르는 지팡이로 주교관과 주교 반지와 더불어 고위 성직자 신분을 나타내는 상징물―옮긴이〕를 들고 왕의 행렬에 참가했다.

안젤름은 주변 사람들을 의식하지 않고 말 위에 멍하니 앉아 있었다. 나뭇가지로 만든 조그만 관을 쓴 요하네스의 모습이 머릿속에서 사라지지 않았다. 따지고 보면 안젤름이 상관할 일이 아니었다. 수습 기사가 높으신 분들 일로 고민할 필요는 없었다. 그런데 가만히 생각해 보니 안젤름이 모시는 기사도 그에게 항상 정당한 대우를 해 주진 않는 것 같았다.

'알브레히트 왕이 요하네스를 대하는 걸 보고 기사님이 나를 대하는 태도가 떠올랐어. 기사님도 내가 조금만 뜻을 어기려 하면 이상한 눈으로 날 쳐다보시지. 기사님도 나에게 정당한 대우를 해 주는 건 분명히 아니야. 내가 요하네스 폰 슈바벤이었다면 어떻게 했을까?'

순간 안젤름의 머릿속에는 빈방에서 둥근 가죽 모자를 움켜쥐고 눈물을 흘리는 요하네스의 모습이 떠올랐다. 어쩌면 안젤름이 상상한 것처럼 귀족들 앞에서 모욕당한 요하네스 폰 슈바벤은 분을 참지 못하고 눈물을 터뜨렸는지도 모른다.

'아냐, 내가 요하네스라면 계집아이처럼 울고만 있진 않을 거야. 날 무시하지 못하게 용감한 행동을 보여 줬을 거야. 하지만 어떻게? 왕 앞에서 무슨 일을 할 수 있지? 그렇다고 못 할 것도 없지. 먼저 부당한 행동을 한 건 왕이니까.'

이때 옆에서 누가 안젤름에게 말을 걸었다. 하지만 안젤름은 들은 척 만 척 했다.

'요하네스는 왕에게 자기가 철부지 어린애가 아니라는 걸 보여 줘야 해. 왕한테 인정받으면 제국 전체가 그를 인정할 테니까.'

"이제 곧 그가 원하는 걸 얻게 될 거야."

안젤름 옆에서 나란히 말을 타고 가던 어느 하인이 말했다.

"누가 뭘 얻는데?"

안젤름이 어리둥절해하며 물었다.

"그야 물론 알브레히트 왕이지. 아까부터 계속 얘기했잖아. 하비히츠부르크에서 바로 보헤미아로 진격해 전쟁을 일으킬 거래. 이번에 왕의 행렬이 유난히 규모가 큰 것 같지 않니? 전쟁을 준비하려고 일부러 제후들과 군사들을 많이 참가시킨 거라고. 보헤미아를 차지하면 왕의 권력은 더욱 강해질 거야. 그렇게 되면 황제가 되려 할 테고 황제가 되면 이 세상에서 가장 강한 통치자가 되는 거지.”

안젤름은 아무 대꾸도 않고 권력과 정의라는 말만 떠올렸다.

안젤름 옆에 있는 하인은 자랑스럽게 그가 모시는 주인을 가리켰다. 바이에른 주 문장이 새겨진 화려한 투구를 쓴 그의 주인은 늠름한 모습으로 군사들을 지휘했다.

“바이에른은 보헤미아 전투에 참가한다던데, 너희 주는 어때?”

안젤름은 아무 대답도 하지 않았다. 행렬 앞쪽으로 햇빛에 반짝이는 검은 점 같은 것이 보였기 때문이다.

‘혹시, 검은 가죽으로 만든 둥근 모자 아냐?’

안젤름은 무례함을 무릅쓰고 검은 점의 정체를 좀 더 또렷이 보려고 사람들 무리를 헤치고 앞으로 나갔다. 하지만 왕의 행렬을 뚫고 앞으로 나가기란 쉽지 않은 일이었다.

검은 점은 그의 생각대로 요하네스가 쓴 가죽 모자였다.

아침에 길을 떠나기 전에 안젤름과 기사는 다시 한 번 요하네스와 알브레히트 왕에 대해, 정의와 권력에 대해 이야기를 나누었다. 기사는 군마를 타고 행렬의 전방에 배치된 기사 부대와 함께 행진했다.

“나도 그렇게 생각한단다.”

기사도 결국 안젤름 생각에 동의했다.

“그것 보세요. 제 말이 맞죠?”

안젤름이 말하자 기사는 이렇게 한마디 덧붙였다.

"하지만 화가 난 요하네스가 이성적으로 행동할 수 있을까?"

안젤름은 더는 검은 모자를 쓴 요하네스에게 다가갈 수 없었다.

요하네스가 행렬 최전방을 뚫고 들어가려 하자 기사들이 길을 비켜 주었다. 멀찌감치 떨어져서 눈으로만 요하네스의 검은 모자를 좇던 안젤름에게 기사들은 시야를 가리는 장애물이었다. 앞으로 나가 보려 했지만 아무도 길을 비켜 주지 않았다.

왕의 행렬은 골짜기를 지나 바위와 절벽으로 뒤덮인 가파른 언덕을 내려갔다.

'요하네스 폰 슈바벤은 왕과 유산 상속에 대해 다시 한 번 상의하러 왔는지도 몰라. 저번처럼 무례한 행동을 하는 대신 침착하고 어른스럽게 왕과 대화를 나눌지도 모르지. 어쩌면 자신의 무례함을 뉘우치고 왕에게 용서를 구할 수도 있어. 혹시 알아? 왕 앞에서 무릎을 꿇을지.'

안젤름은 속으로 이렇게 생각하며 말없이 행렬을 따라갔다.

언덕을 내려오자 누렇고 더러운 물이 흐르는 강이 보였다.

"로이스 강(스위스에서 네 번째로 긴 강—옮긴이)을 건너야 목적지에 도달할 수 있어."

어떤 기사가 이렇게 말하는 소리가 들렸다.

하지만 사방을 둘러봐도 강을 건널 수 있는 다리는 보이지 않았다. 알프스 산맥에서 눈 녹은 물이 흘려내려 강물은 수위가 높았고 물살도 아주 거칠었다.

강가로 내려가려면 우선 경사가 급한 커브 길을 지나야 했다. 왕과 그의 가장 가까운 측근들은 벌써 다음 커브를 돌고 있었다. 그 뒤를 긴 행렬이 따라 내려갔다.

요하네스 폰 슈바벤도 왕과 아주 가까운 데 있었다.

커브를 여럿 돌아 내려가니 강변에 배가 떠 있는 것이 보였다. 행렬은 일단 멈춰 서서 배를 탈 순서를 기다렸다. 일행이 모두 강을 건널 때까지는 오랜 시간이 걸릴 것이다. 안젤름은 말 위에 앉아 사람들이 배를 타고 강을 건너는 것을 멍하니 바라보며 왕에게 배신당한 요하네스 폰 슈바벤을 생각했다. 다른 한편으론 왕을 이해하려고 노력했다.

남자 몇 명이 배에 올라타고 있었다. 그들 가운데 알브레히트 왕도 있었다. 멀리서도 그의 비딱한 자세가 한눈에 들어왔다. 왕은 왕가의 문장이 새겨진 수수한 검은 옷을 입고 있었다. 물론 왕이 가장 먼저 배에 올랐다. 왕과 함께 배 위에 앉아 있는 남자들 사이로 검은 모자를 쓴 요하네스 폰 슈바벤도 보였다.

안젤름은 왕이 자기 옆에 조카 요하네스를 태운 게 믿기지 않았다.

'사람들 앞에서 있는 대로 망신을 줄 때는 언제고 이제 와서 잘해 주는 척하는 건 또 뭐야!'

그런데 가만히 생각해 보니 나쁘게 받아들일 일만은 아니었다. 어쩌면 왕이 요하네스를 용서했는지도 몰랐다. 굳이 따지자면 용서해 주기에 어울리는 장소는 아니었지만 왕이 무슨 생각을 하는지 누가 알겠는가?

로이스 강은 물살이 매우 거셌다. 나뭇가지, 잡초, 통나무가 거친 물살을 타고 빠른 속도로 떠내려갔다.

갑자기 왕이 탄 배가 강 한가운데서 멈춰 섰다. 하도 급작스럽게 멈추는 바람에 호위병 하나가 물에 빠질 뻔했다.

안젤름은 배에 탄 사람이 몇 명인지 세어 봤다. 노를 젓는 사람들까지 포함해 전부 일곱 명이었다. 왕의 안전을 위해서는 적어도 스무 명이 따라나서야 했다.

배가 멈춰 서자 강변에 서 있던 사람들 모두가 깜짝 놀랐다. 그 모습을 보고 무장한 군사들이 배를 향해 달려갔다. 그리고 여기저기서 비명이 들리기 시작했다.

배에 탄 사람들은 떨어지지 않으려고 안간힘을 썼다. 강한 물살에 휩쓸리지 않으려 열심히 노를 저었지만 제자리에서 맴돌 뿐이었다. 한참이 지나서야 배는 물살을 헤쳐 나올 수 있었다. 왕이 일곱 명만 배에 타게 한 것도 어쩌면 로이스 강의 거친 물살 때문일지 몰랐다. 전복될 위기를 넘기고 왕이 탄 배는 반대쪽 강변에 간신히 닿았다.

왕과 측근 세 사람이 배에서 내렸다. 그 속에는 요하네스 폰 슈바벤도 있었다. 뱃사공은 나머지 일행이 있는 곳으로 뱃머리를 돌렸다. 날씨가 맑고 청량하여 강 반대편에서 무슨 일이 벌어지

알브레히트 1세를 칼로 살해하는 장면.

는지 모두 보였다. 그때였다. 바늘처럼 뾰족한 칼이 눈을 찔렀다! 왕과 함
께 배를 탄 사람 하나가 칼을 뽑아 든 것이다. 바로 검은 가죽 모자를 쓴
왕의 조카, 요하네스 폰 슈바벤이었다. 왕 옆에 서 있던 나머지 두 사람도
손에 칼을 들고 있었다.

하느님 맙소사! 요하네스 폰 슈바벤이 다른 사람들과 모략을 꾸며 왕을
살해한 것이다. 그들은 왕의 목숨이 끊어질 때까지 왕을 칼로 찔렀다. 왕
이 바닥에 쓰러지자 그들은 서둘러 말을 타고 어디론가 사라져 버렸다. 왕
의 곁에는 아무도 없었다.

순식간에 왕을 살해한 요하네스 폰 슈바벤은 말을 몰고 숲 속으로 도망
쳤다. 알브레히트 왕은 차가운 바닥에 홀로 쓰러져 있었다. 호위병들이 정
신없이 왕에게 달려갔으나 이미 손쓸 수가 없었다. 요하네스 폰 슈바벤은
치밀하고 영리한 계획을 세운 것이다. 그는 물살이 거친 라이스 강을 건너
려면 한꺼번에 여러 사람이 배에 타선 안 된다고 설득해서 호위병을 왕에
게서 떼어 놓았다. 그리고 경호가 허술한 틈을 타 왕을 처치했다. 무방비
상태에서 왕은 세 명에게 공격을 당했다. 아무도 숲 속으로 사라진 살인자
들을 따라잡지 못했다.

무심한 라이스 강물만 거친 물살을 일으키며 흘러갈 뿐이었다.

제13장

대관식

1308년 알브레히트 1세는 독일 왕국 수립을 눈앞에 두고 조카 요하네스 폰 슈바벤에게 살해되었다. 알브레히트 1세의 후계자 하인리히 7세는 룩셈부르크 가문 출신이었다. 하인리히 7세는 알브레히트 1세의 뜻을 이어 독일 왕국 수립에 박차를 가했다. 그는 황제로 즉위해 권력을 강화하려고 했다. 황제가 되면 그 어떤 제후나 왕보다 강한 권력을 행사할 수 있었기 때문이다. 황제 대관식을 거행할 권한은 로마 교황에게 있었다. 그러나 14세기 초, 로마는 정치 분열로 위기일발 상태였다. 로마 귀족 가운데는 하인리히 7세가 황제가 되길 바라는 사람도 있었고 반대하는 세력도 있었다. 하인리히 7세를 지지하는 사람들은 기벨린 파라고 하는데 이들은 하인리히 7세가 황제 자리에 오르면 여러 방면으로 이익을 챙길 수 있다는 잇속을 품고 있었다. 반면 하인리히 7세의 황제 즉위를 반대한 귀족들은 이탈리아 전역에서 영향력을 행사한 나폴리의 앙주 가문과 결탁했다. 이들을 구엘프 파라고 한다. 이들 역시 자신들의 이익을 챙기려 했다. 하인리히 7세는 그 밖에도 다른 문제를 안고 있었다. 로마 교황이 로마 교황청이 아니라 아비뇽에 머문다는 점도 그에게 불리하게 작용했다. 하인리히 7세는 이런 어려움을 딛고 로마에서 황제로 추대될 수 있을까?

그는 군사를 이끌고 알프스 산맥을 넘어 이탈리아 남쪽에 있는 로마로 향했다. 하인리히의 로마 진군은 전쟁을 촉발했다. 게다가 심한 열병이 그를 엄습했다.

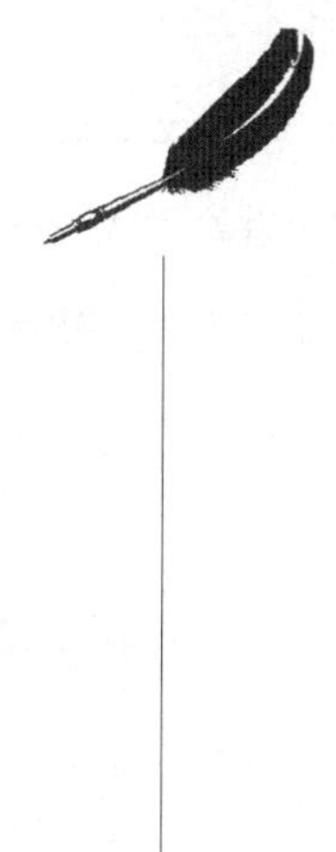

1312년 5월 4일 예수 승천절에 왕은 로마 진군을 잠시 멈추기로 했다. 그는 기도를 드리고 고문관, 주교, 공작, 백작 들과 이야기를 나누며 하루를 보낸 뒤 다음 날 이른 아침에 다시 발걸음을 옮겼다. 며칠간 거센 비바람이 몰아쳐 공기는 매우 차가웠지만 그 어느 때보다 하늘이 맑아 옛 에트루리아 지역까지 한눈에 들어왔다. 소나기를 퍼부을 듯한 회색빛 먹구름은 빠른 속도로 이동하고 있었다. 들판에는 봄의 푸르른 생기가 감돌았으며 녹음이 짙어지기 시작했다. 길가와 잔디밭, 정원에는 화려한 꽃들이 만발했다. 노랗고 붉은 진흙 구덩이 위로 검푸른 소나무 가지가 넓게 뻗어 있었고, 짙은 침엽수들 사이로 편백나무와 올리브나무 들이 자라고 있었다.

가끔씩 천둥소리가 들렸다.

수트리와 바카놀라를 지나자 로마가 손에 잡힐 듯 가깝게 느껴졌다.

왕의 행군을 구경하려고 각지에서 사람들이 몰려들었지만 대부분 농민이었다.

이탈리아 사람들은 이미 며칠 전에 왕이 온다는 소식을 들었다. 그들은 무표정한 얼굴로 길가에 서서 왕의 행진을 바라볼 뿐 누구 하나 환호성을 지르지 않았다. 가끔 기마병이 말을 잘 다루지 못하거나 나귀가 멈춰 서면 웃음을 터뜨리기도 했다. 무기를 든 기마병을 보자 엄마들은 떼쓰는 아이들을 집으로 끌고 갔고, 개들은 기마병들 사이를 지나다니며 말을 향해 짖어 댔다.

왕의 행렬이 지나가는 도시의 영주들은 서늘한 날씨에도 땀을 흘리며 성이나 저택 앞에 나와 왕에게 예의를 갖춰 인사했다. 그들은 하나같이 진지한 표정이었다.

왕의 행렬은 위엄을 갖추어 천천히 행진했다. 행렬의 맨 앞에 선발대가 섰고 그 뒤를 왕과 귀족들이 따라갔다.

사람들은 왕을 알아보지 못했다. 물론 왕이 좋은 말을 타고 있긴 했지만 다른 영주들도 값비싼 말을 타고 있기는 마찬가지였다. 게다가 왕은 왕관을 쓰지 않았다. 그 모습을 보고 어린아이들뿐 아니라 어른들까지 실망한 눈치였다. 그러나 화려한 제복과 방패, 깃발 위에 새겨진 멋진 문장을 보고 아이들은 환호성을 보냈다.

아이들은 아마 이다음에 어른이 되면 코앞에서 벌어진 화려한 왕의 행렬에 대해 자식들에게 자랑을 늘어놓을 것이다.

왕 뒤로 긴 기사 행렬이 따랐다. 기사들 옆에는 그들이 부리는 수습 기사들도 있었고 새털이 달린 모자를 쓴 어린 소년들도 있었다. 호기심 어린 눈으로 행렬을 구경하는 어린 소녀들은 그들에게 손을 흔들면서, 한편으론 왕에게 눈길을 받았으면 하고 바랐다.

왕을 따라 먼 길을 나선 기사들 가운데는 권력을 원하는 자도 있었고 아버지 때부터 황제를 모시던 기사 집안 출신도 있었다. 어릴 때 아버지가 들려준 이탈리아 이야기에 매료되어 왕을 따라나선 이들도 있었다.

전쟁이 나서 보상받기를 원하는 자도 있었다. 전쟁 중에 왕을 지킨 기사는 백작의 칭호를 얻는다고 사람들이 말했기 때문이다.

행렬 끝에는 보병들과 왕실 하급 관리들이 따르고 있었다. 법 행정관과 서기 들이 질이 떨어지는 말을 타고 앞에 섰고, 그 뒤에 요리사들이 이동식 주방 용품과 식재료를 실은 마차를 끌고 왔다. 요리사들 뒤로 스위스나 보헤미아 출신 용병들이 창을 들고 줄지어 따라왔다. 여자들도 끼어 있었는데 신분에 따라 엄격히 행렬 순서가 정해졌다. 성직자들은 여자들을 데리고 온 걸 못마땅하게 생각했다. 여자들의 뒤를 이어 기사들이 행렬의 후방을 책임졌다.

나는 하인리히 7세의 주치의였다. 그래서 왕과 꽤 가까운 데 있을 수 있었다. 왕에게 가장 가까이 접근할 수 있는 이들은 고문관이었다. 사람들은 왕과 가까운 데서 행진하고 싶어 했지만 왕은 행렬 순서를 매일 바꿨다. 고국을 떠나온 이상 왕은 자기 신변에 각별히 주의해야 했다. 특히 이탈리아에는 하인리히 7세의 적대 세력이 곳곳에 도사리고 있었다.

며칠 전부터 왕이 나를 자주 불렀다.

"열이 있는 것 같은데, 어떻게 생각하나?"

나는 왕을 안심시키려 "괜찮습니다."라고 대답했다.

나는 우선 말린 버들개지와 버드나무 껍질을 섞은 약으로 열을 내렸다. 약이 무척 썼지만 왕은 한 번도 인상을 찌푸리지 않았다.

하지만 나는 열병이 분명히 재발할 거라고 생각했다.

기마병 한 무리가 말을 타고 급하게 달려오자 왕은 기대에 찬 눈빛으로 그들에게 다가갔다.

기마병의 수장이 왕에게 공손히 편지 한 장을 전달했다. 들판 한복판에서 서둘러 전달한 걸 보면 아주 급한 내용 같았다.

맑은 날씨 덕분에 우리는 언덕 위에서 눈앞에 펼쳐지는 도시 풍경을 내다볼 수 있었다. 그곳은 베이오라는 도시였는데 자색 지붕과 붉은 벽돌을 쌓아 올린 도시 성벽이 특징적이었다. 베이오는 에트루리아 문화 유적이 남아 있는 곳으로 옛날엔 '베이'라고 불렸다. 왕의 신분을 고려한다면 들판 한가운데가 아니라 오랜 역사를 간직한 베이오에서 편지를 전달하는 편이 옳았을 것이다. 그러나 왕은 들판 옆으로 난 조그만 시골길에서 서둘러 편지를 전해 받았다. 편지 내용이 궁금해서 기다릴 수 없었기 때문이다.

편지 내용은 금세 소문으로 퍼졌다. 앙주 가문 출신인 나폴리의 로베르토 왕이 하인리히 7세의 반대 세력과 손을 잡고 독일 왕의 로마 진입을 반대한다는 내용이었다. 전쟁과 싸움이 일어나거나 하인리히 7세는 로마에서 대관식을 치르지 못한 채 알프스를 넘어 독일로 돌아가게 될지도 모른다. 편지를 받자마자 하인리히 7세는 밭 한가운데서 고문관들과 의논을 했다. 그리고 전쟁을 결정했다.

대가를 바라고 왕을 따라나선 자들은 그 소식을 듣고 매우 기뻐했다.

처음부터 평화를 원한 사람들도 별로 실망하지 않았다. 왕의 이탈리아 진격으로 이미 엄청난 돈을 썼기 때문이다. 어쩌면 전쟁을 일으키는 것이 축난 국고를 메울 방법일지도 모른다고 주장하는 사람도 있었다. 연륜과 분별력 있는 고문관 몇 사람은 걱정 어린 눈빛으로 마차에 실린 무기들을 바라봤다.

여자들에게 신경 쓰는 사람은 아무도 없었다.

5월 5일과 6일에 왕의 일행은 들판에 막사를 세우고 야영을 했다. 구름 한 점 없이 청명한 하늘에 별만 반짝이고 있었다. 전투를 앞둔 사람들 가운데는 죽음과 패배를 맞이하는 악몽을 꾼 사람도 있을 테고 전쟁에서 승리하고 영웅이 되는 꿈을 꾼 사람도 있었을 것이다.

나는 오랫동안 잠을 이루지 못했다. 우리는 내일이면 로마에 도착한다. 하지만 왕이 병에 걸려서 걱정이 이만저만이 아니다.

열흘 전 처음 열병 증세를 보였을 때는 그리 심각한 상태가 아니었다. 그래서 병이 악화되리라고 예측하지 못했다. 그런데 갑자기 왕이 관절이 아프다고 했다. 왕은 기운이 없는 걸 느꼈지만 애써 병을 감추려 했다.

"기분은 좀 어떠십니까?"

"좋아, 늘 그랬듯 아주 좋아."

왕이 억지로 미소를 지으며 말했다.

하지만 왕의 얼굴은 창백했고 이마에 작은 땀방울들이 송골송골 맺혀 있었다. 눈언저리까지 가무잡잡하게 변해 있었다. 지친 기색도 역력했다.

사흘 뒤 다시 열이 나기 시작했다. 처음보다 체온도 훨씬 높았고 오한까지 겹쳤다.

'혹시 말라리아인가?'

아무래도 왕은 말라리아에 걸린 것 같았다.

하지만 나는 왕에게 병명을 이야기해 주지 않았다. 그렇지 않아도 로마에서 적들과 맞서 싸우려면 걱정이 이만저만 아닐 텐데, 심한 병에 걸렸다는 사실을 알면 분명히 기운을 잃고 말 것이다.

말라리아는 늪지대같이 습한 지역에서 서식하는 모기들이 옮기는 병인데 고열이 동반된다. 말라리아균이 혈액 속에 침투하면 뜨거운 체액이 차가운 체액을 제압해 체온을 조절할 수 없게 되고 고열이 발생한다.

나는 다시 버드나무 껍질로 만든 약에, 이번에는 보리수 잎과 개울가에서 따 온 하얀 허브 새싹을 섞어 약을 지어 올렸다. 그리고 약초로 만든 연고를 발라 드렸다. 그렇게 하면 땀 분비를 조절할 수 있어 체액 온도의 불균형을 막아 준다.

지난 2주 동안 나는 왕에게 피를 뽑아서 몸속의 피를 걸러 줘야 한다고 여러 차례 권유했다. 하지만 왕은 내 말을 들으려 하지 않았다. 그리고 "감히 왕의 피를 뽑으려 하다니! 말도 안 된다."라면서 강하게 거부했다.

이제는 이틀에 한 번씩 열이 났다. 게다가 등에 통증이 와서 말을 타면 참을 수 없이 아파했다.

그러나 왕이 아프다는 걸 알아챈 사람은 없었다.

밤이 되자 나는 전쟁에 대해 곰곰이 생각해 보았다.

다음 날 행렬은 로마에 도착했다.

나는 호기심 가득한 눈으로 먼발치에서 전설적인 도시를 빙 둘러보았다. 테베레 강은 언덕으로 둘러싸인 평지를 가르며 로마 한복판을 흐르고 있었다. 고대 유적지와 농장 들이 곳곳에 흩어져 있었고, 유명한 일곱 개의 언덕도 보였다. 처음으로 로마에 와 본 사람들이 신기해하며 손가락으로 일곱 언덕을 헤아리며 이름을 떠올리려 애썼다. 나는 눈 감고도 단번에 일곱 언덕의 이름을 댈 수 있다. 팔라티노, 아벤티노, 카피톨리노, 퀴리날레, 비미날레, 에스퀼리노, 카일리노. 로마는 교회를 중심으로 건물들이 빽빽이 몰려 있어 도시를 에워싼 하얀 성벽 안에 작은 도시가 여러 개 모여 있는 것처럼 보였다.

로마 북쪽에서 진입했기 때문에 중심지로 가려면 천 년 이상 된 밀비오 다리를 건너야 했다. 왕과 고문관들은 밀비오 다리를 건널 일을 걱정했다. 다리를 지은 지 오래돼서가 아니라 로마로 진입하는 첫 관문이기 때문에 그곳에서 전투가 벌어질 가능성이 높았기 때문이다. 왕의 군사들 역시 밀비오 다리를 건너기 두려워했다. 선발대가 조심스럽게 다리를 건넜다. 우리는 다리를 건너는 선발대를 보면서 반대편에서 화살을 쏘고 돌을 던지진 않을까 조마조마해했다.

처음엔 아무 일도 일어나지 않았다. 하지만 선발대가 다리를 거의 건너갔을 무렵 오두막과 궁전, 교회 들 사이를 가로질러 시내와 연결된 길에 목탑 하나가 우뚝 솟은 것이 보였다. 이 목탑은 고대 유적지 안에 세워져 있었는데 탑 꼭대기에 앙주의 깃발이 바람에 나부끼고 있었다. 그리고 나무 난간 너머로 투구가 번쩍이고 투구에 달린 깃털 장식이 휘날리는 게 보였다.

그러더니 갑자기 수많은 화살이 행렬을 선두에서 지휘하던 기사들을 향해 날아들었고, 돌이 우박처럼 쏟아졌다. 기사들은 방패로 화살과 돌을 막아 냈고 역청을 뿌려서 불을 붙인 횃불을 던져 탑을 불태우려 했다. 그러나 뒤쪽에서도 적군의 공격이 시작되었다. 그들은 목탑에서 쏟아지는 돌과 화살의 엄호를 받으며 거세게 진격해 왔다. 하지만 하인리히 7세가 이끄는 군사들은 전투력이 뛰어났기 때문에 적군에 밀리지 않았다.

왕의 군사들도 적지 않은 손실을 입었다. 기사들이 화살을 맞고 말에서 떨어졌고 바닥에 꼼짝없이 내동댕이쳐졌다. 부상자들은 목탑 주위에서 벌어진 소동을 피해 빠져나오려고 애썼다. 몇몇은 로마 시민의 도움을 받았다. 그들은 도와주는 대신 대가를 바랐다. 그러나 대부분의 로마 시민은 부상자들을 무참히 때려 죽였고, 갑옷과 투구와 무기를 약탈해 갔다. 나는 부상자들을 치료하기 위해 분주히 움직였지만 부상자가 많아서 힘에 겨웠다.

전투는 적군이 후퇴하면서 끝났다. 갑작스러운 나팔 소리에 놀란 적군들이 동시에 목탑에서 내려와 시내의 좁은 골목길로 숨어 버렸다. 우리 군사들은 좁은 골목에 숨은 적군을 쫓아갈 수 없었다.

목탑에서 날아드는 돌과 화살을 물리치고 하인리히 7세는 로마의 북문인 포르타 델 포폴로를 통과했다. 꽃잎이 휘날렸고, 왕은 왕을 지지하는 기벨린 파 귀족들과 왕의 친척들에게 성대한 환영을 받았다. 하인리히 7세는 로마 시민들의 환호를 받으며 콜로세움을 지나 교황의 궁전인 라테란 궁으로 향했다. 왕은 부하들을 시켜 로마 시민들에게 은전을 나눠 주었다.

"다시 열이 나십니까?"

내가 왕에게 물었다. 왕은 라테란 궁전에 도착해서야 편하게 휴식을 취할 수 있었다. 왕의 맥을 짚어 보고, 이마에 손을 대서 열이 나는지 살폈다. 왕관이 얹혀 있어야 할 왕의 이마에는 구슬 같은 땀방울이 맺혀 있었다.

이마에 맺힌 땀을 보고 내가 근심하는 눈빛을 보이자 왕은 어깨를 으쓱하며 웃었다.

"난 의사가 아니니 내 이마에 맺힌 땀방울을 사라지게 하는 건 자네 몫인 듯하네."

왕은 아무렇지도 않은 듯 담담하게 말했다.

왕이 속으로 무슨 생각을 하는지 도무지 알 수가 없었다. 그러나 왕의 병이 심해졌다는 건 확신할 수 있었다. 혈색이 몰라보게 창백해졌고 심한 두통으로 얼굴을 찡그리는 걸 보았기 때문이다. 나는 다시 한 번 왕에게 사혈(瀉血) 치료법을 권유했지만 이번에도 왕은 완강히 거부했다.

로마의 서쪽과 북쪽에는 산피에트로 대성당, 산탄젤로 성(로마에 있는 원통 모양의 건축물로 원래는 2세기 무렵 로마 제국의 황제 하드리아누스가 자신과 가족을 위해 세운 무덤—옮긴이), 트라스테베레 지구〔테베레 강 오른쪽에 있는 지역으로 중세 무렵부터 직인(職人)과 유대 인 등이 살았으며 현재도 로마에서 가장 오래된 서민 지구—옮긴이〕가 있었고, 테베레 강 왼쪽은 왕의 반대 세력인 구엘프 파가 장악하고 있었다. 산타 마리아 마조레 교회와 라테란 궁전 주변의 작은 부분만이 왕을 추종하는 기벨린 사람들에게 속했다.

라테란 궁전은 백 년 전부터 교황의 거주지로 이용되었다. 그러나 현 교황 클레멘스 5세는 몇 년 전에 프랑스 왕의 압력을 받고 교황청을 론 강 근처에 있는 아비뇽으로 옮겼다. 이로써 교황은 로마에서 오랫동안 지속된 세력 다툼에서 발을 뺄 수 있었다. 로마의 권력자들은 교황을 자기편으로 만들려고 온갖 방법을 동원했다. 신성 로마 제국 황제의 대관식은 카롤루스 대제 때부터 바티칸의 산탄젤로 대성당에서 거행되었다.

로마 시내 한복판에는 고대 로마 유적지가 하나의 섬처럼 자리 잡고 있었다. 콜로세움, 마르켈루스 극장을 비롯해 테베레 섬과 아벤티노 언덕에 고대 건축물들이 많이 남아 있었다. 로마의 안니발디, 피에를레오니, 프란지파니, 사벨리 가문은 수세기 동안 교황과 주교 자리를 놓고 갈등을 벌였을 뿐 아니라 세금과 무역 특권 등 경제적인 이권을 둘러싸고 끊임없이 다툼을 벌였다. 정치적, 경제적 이권을 차지하려면 자기편을 들어 줄 왕과 교황, 주교, 군인이 필요했다. 그들은 이익과 권력을 위해서라면 수단을 가리지 않았다.

프란지파니 가문은 1268년 탈리아코초 전투가 끝난 뒤 호엔슈타우펜 가문의 마지막 왕 콘라딘을 시칠리아의 국왕 앙주의 손에 넘겨주었다. 콘라딘이 사형당한 뒤 슈타우펜 가문은 몰락하고 말았다. 그런 일을 당하고도 독일 국왕은 다시 이탈리아로 찾아왔다.

'콘라딘이 탈리아코초에서 당한 일이 반복되는 것 아닐까? 로마 귀족들이 하인리히 7세를 또 배신하진 않을까?'

나는 로마에 온 뒤로 걱정이 가시지 않았다.

다음 날 하인리히 왕은 열이 싹 내려갔다.

"자네가 뜸을 놓아 주지 않아도 괜찮지 않은가?"

그러나 왕은 완전히 회복된 것이 아니었다. 잠복기에 접어들었을 뿐이

다. 병균이 잠시 숨어 있다가 약한 부위를 공격해 다시 고열을 일으킬 것
이다. 그렇게 되면 왕의 체력은 점점 약해질 것이다.

　왕의 일행은 마음 놓고 로마 시내를 돌아다닐 수 없었다. 곳곳에 위험이
도사리고 있었다. 사람들 말로는 청부 살인을 하는 자들이 평범한 양치기
나 시전 상인으로 위장한다고 했다. 기벨린 파와 구엘프 파 이야기를 잘못
꺼냈다가 술집에서 주먹다짐이 벌어지기도 했다. 말 한마디 잘못했다가
언제 어디서 칼에 찔려 죽을지 몰랐다. 어느 슈바벤 출신 기사가 술에 취
해 술집에 잘못 들어갔다가 장정 스무 명에게 몰매를 맞을 뻔한 적도 있었
다. 그 기사가 들어간 술집에는 구엘프 파를 지지하는 사람들이 모여 있었
다. 그들은 기사가 독일에서 온 걸 알아채고 기벨린 파라고 생각했다. 로
마는 기침 소리도 크게 못 낼 정도로 위험한 도시였다.
　로마 날씨는 후덥지근했다. 후끈후끈한 더위가 가슴을 답답하게 했고,
정신마저 혼미하게 했다. 귀족들의 성은 맹수처럼 도시 곳곳에 자리 잡고
있었다. 밤마다 골목길에서 사람들이 피렌체와 나폴리에서 구엘프 파를
돕기 위한 원정 부대가 도착했다고 떠들어 댔다. 발소리 하나하나, 바스락
거리는 소리 하나하나에 귀를 기울일 수밖에 없는 상황이었다. 라테란 궁
전도 안전한 곳만은 아니었다.

　성령 강림절 전날 밤, 왕은 다시 열이 끓기 시작했다. 하루가 지나도 왕
의 병에는 아무런 차도가 없었다. 왕의 얼굴은 유령처럼 핏기 하나 없이
창백하기만 했다. 맥박은 불규칙하게 뛰었고 시선이 불안정했다. 왕은 고

통스럽게 신음을 흘렸다.

그 와중에도 왕은 웃음을 잃지 않았다.

"오늘은 아주 중요한 날일세. 대관식을 방해하는 자는 모조리 없애 버리겠어."

그러려면 일단 로마 귀족들 가운데 누가 기벨린 파고 누가 구엘프 파인지 파악해야 했다. 5월 14일, 성령 강림절 일요일에 왕은 로마 귀족들을 불러 황제 대관식을 반대하는 사람이 있는지 물었다. 하지만 귀족들 모두 대관식을 찬성한다고 말했다. 하인리히 7세의 뒤에 날카롭게 날을 세운 검과 석궁으로 무장한 기사들이 버티고 있었기 때문이다. 왕은 귀족들에게 자신을 지지한다는 증거로 성을 내달라고 했다. 그 말을 듣고 귀족들은 할 말을 잃고 멍하니 왕을 바라보았다.

로마에서 승리를 거두기 위해 하인리히 7세는 시내 곳곳에 흩어진 귀족들의 성이 필요했다. 왕은 수단을 가리지 않고 자신의 뜻을 밀어붙일 생각이었다. 로마 귀족들은 한참을 망설이다가 콜로세움과 퀴리날레 언덕에 있는 탑들도 왕에게 넘겨주었다. 아직 성을 빼앗기지 않은 귀족들도 결국 어쩔 수 없이 성을 내주었다. 진심으로 왕을 지지해서 성을 내준 귀족들도 있었지만 그렇지 않은 이들도 적지 않았다. 과정이야 어찌 되었든 하인리히 7세는 적들이 들끓는 곳에서 자신에게 유리한 상황을 만들어 나갔다.

다음 날 아침, 열은 거의 없었다. 왕은 눈빛이 살아 있었다.

하인리히 7세는 많은 어려움이 있었지만 포기하지 않고 로마에서 자기

자리를 지켰다. 반대파 세력은 5월 18일에 그들의 요구 조건을 제시했다. 첫째 조건은 하인리히 7세가 로마에서 대관식을 치르긴 하되, 대관식을 치르고 나흘 안에 왕을 비롯한 모든 제후와 군사는 로마를 떠나라는 것이었다. 하인리히 7세에게 불리한 조건이었다. 로마에서 대관식을 치르면 이탈리아 정치에 직접적으로 관여할 기회가 생기는데 대관식을 치르자마자 로마를 떠나면 그 기회가 사라지기 때문이다.

문제는 그뿐만이 아니었다. 추기경들이 라테란 성당에서 거행되는 대관식은 인정할 수 없다고 했다. 신성 로마 제국 황제의 대관식은 늘 바티칸에 있는 산탄젤로 대성당에서 열렸기 때문이다. 하지만 바티칸은 구엘프 파가 차지하고 있었다. 클레멘스 교황이 아비뇽에 있었기 때문에 교황에게 직접 물어볼 수도 없는 상황이었다.

왕은 온몸에 열이 다시 오르기 시작했지만 도시를 통과해 산탄젤로 대성당으로 가는 길을 확보하기 위해 싸워야 했다.

산탄젤로 대성당으로 가는 길을 확보하려면 카피톨리노 언덕에 있는 성을 정복해야 했다. 그러나 이 성을 탈환하려면 우선 아라코엘리 성당을 손에 넣어야만 했다.

싸움은 하루 종일 계속되었다. 평소에는 하느님께 천국으로 인도해 달라고 기도를 드리는 신성한 곳이지만, 지금은 군사들이 사다리를 걸쳐 놓고 치열한 전투를 벌이고 있었다. 한때 로마 황제 아우구스투스가 개선 행진을 하던 곳에는 부서진 대리석 조각들이 날아다녔고 키케로가 연설한 장소는 불길에 휩싸였다. 카이사르가 지나간 문턱에는 피가 흘렀고 초기 기독교인들이 기도를 드린 장소로 화살이 빗발치듯 쏟아졌다. 로마의 역

사가 숨 쉬는 카피톨리노 언덕에서 군사들은 괴성을 지르며 피로 얼룩진
전투를 벌였다.

카피톨리노 언덕에서 벌어진 전투는 5월 25일에 적군이 항복하면서 막
을 내렸다.

한밤중에 왕이 나를 불렀다. 왕의 이마를 짚어 보니 열이 펄펄 끓었다.
맥박이 불안정했고 손도 땀으로 흠뻑 젖어 있었다.

"손을 써 보게."

왕이 신음하며 말했다.

나는 왕에게 버드나무 껍질로 만든 물약을 만들어 주었는데, 이번에는
약이 어찌나 쓴지 왕도 인상을 찌푸릴 수밖에 없었다.

"이것 말고 좀 더 좋은 약은 없는가?"

나는 약초를 섞어 만든 다른 약을 건네고 이마와 장딴지 주위에 젖은 수
건을 올려 주었다.

"도대체 누가 왕인지 모르겠어. 나인가 아니면 열병인가?"

왕은 질질 끌며 자신을 괴롭히는 열병 때문에 화가 잔뜩 나 있었다.

다음 날 화려한 비단 제복을 입은 하인리히 7세는 적들을 심판하기 위
해 카피톨리노 언덕 위에 앉아 있었다. 그곳에는 고대 로마의 제사장들이
동물의 내장이나 하늘을 나는 새를 보고 미래를 점친 유피테르 신전의 잔
해가 남아 있었다. 적들을 심판한다는 것은 곧 신성 로마 제국 황제의 관
을 쓰게 될 하인리히 7세에게 또 하나의 승리를 뜻했다. 진정한 권력자만

이 법을 행할 수 있었기 때문이다.

로마 시민들이 하인리히 7세에게 환호성을 보냈다. 그는 카피톨리노 언덕으로 가는 길에 시민들에게 은전을 나누어 주라고 명령했다.

왕은 얼굴이 창백한 데다 매우 지쳐 보였지만 천만다행으로 맥박은 안정적이었다.

테베레 강 건너편에 길게 뻗은 산탄젤로 대성당의 탑이 점점 가까워졌다. 대관식 장소이자 하인리히 7세의 여행 목적지였다.

카피톨리노 언덕을 지나 산탄젤로 대성당으로 향하는 길목에 통나무같이 크고 둥근 모양의 산탄젤로 성이 있었다. 산탄젤로 성은 왕의 반대 세력인 오르시니 가문이 지배하는 구역 한가운데 있었다.

이미 성 주위의 큰길과 골목길은 방벽으로 차단되어 있었다. 하지만 다음 날 왕과 기사들은 간단히 방벽을 부숴 버릴 수 있었다. 자신들이 오르시니 가문에게 지배를 받는다고 생각한 그 지역 주민들이 오르시니 가문을 위해 싸우려 하지 않았기 때문이다. 지난번 오르시니 가문과 전투를 벌였을 때와는 딴판이었다. 하인리히 7세가 이끄는 군사들이 산탄젤로 성에서 꽤 떨어진 곳에서 전투를 벌였을 때는 철통같은 수비로 우리 군사들을 막아 냈었다. 그런데 대주교이자 하인리히 7세의 동생인 발드윈 폰 룩셈부르크가 오르시니 군사와 맞붙어 싸우다가 적의 머리를 내리치는 사건이 일어났다. 그러자 왕의 군사들 머리 위로 칼날이 내리꽂히고 돌과 투창, 역청이 날아들었다. 산탄젤로 성은 성벽이 높아 공격을 감행할 수도 없었다. 결국 왕의 군대는 퀴리날레 언덕으로 후퇴하고 말았다.

밤새 왕은 열이 나지 않았다. 나는 다시 열이 날 것이라고 예상했지만 어쨌든 다행이었다. 굳이 말하자면 잠시 열이 나지 않는 듯 보일 뿐 왕이 바라는 대로 병이 완전히 나은 것은 아니었다.

"어떤가? 멀쩡한 것 같지 않은가? 열이 없으니 뜸을 놓을 필요도 없지 않은가!"

이렇게 말하면서도 왕은 내심 초초해했다. 그날 저녁, 로마 시내에 있는 모든 수도원에서 수사들이 지난 며칠 사이 불행히 세상을 떠난 사람들을 위해 기도를 드릴 때, 저녁노을이 하얀 대리석을 빨갛게 물들일 때, 좋지 않은 소식이 날아들었다. 왕을 지원하기 위해 피사에서 배를 타고 온 궁수 500명을 적군들이 테베레 강어귀에서 무찔렀다고 했다.

상황이 절망적이었지만 왕은 로마 시민들의 지지를 얻을 수 있었다. 은 화를 받고 왕에게 호감을 품었기 때문이기도 했지만 그들이 무엇보다 바라는 것은 힘이 강한 황제가 나타나 오랫동안 계속된 로마 귀족들 사이의 지긋지긋한 싸움이 끝나는 것이었다. 로마 시민들은 광장에서 집회를 열어 왕을 지지하자고 했다. 로마 시내 분위기가 점점 격앙돼 민중 반란이라도 일어날 태세였다. 그러나 반대파 세력도 가만히 있진 않았다.

왕을 지지하는 사람들에게서 시작된 민중 반란은 걷잡을 수 없는 불길처럼 도시 전역으로 확산되었다. 로마 시민들은 주먹을 불끈 쥐었고 격분한 수공업자들은 집회를 열었다. 파를 결성한 무리들이 거리로 뛰쳐나와 난동을 부렸다. 사람들은 서로 주먹질을 했고 여기저기서 돌이 날아다녔으며 거리와 광장엔 시체가 가득했다. 약탈과 방화가 계속되었고 로마는 순식간에 검은 연기에 휩싸였다.

하인리히 7세를 신성 로마 제국의 황제로 추대하는 선거에 참여하는 제후들.

로마 시민들의 반란으로 구엘프 파는 세력을 잃었다.

그리고 마침내 추기경들은 대관식을 찬성했다. 바티칸은 아니었지만 라테란에 있는 산조반니 성당에서 대관식을 하기로 결정했다. 산탄젤로 대성당 주변은 여전히 적들이 차지하고 있었다.

6월 28일 대관식 전날 밤, 왕은 처소를 퀴리날레 언덕에서 아벤티노 언덕으로 옮겼다. 그렇게 하는 편이 안전했기 때문이다.

그날 밤 나는 혹시 왕이 또 열병으로 고생할까 봐 걱정이 되어 만반의 준비를 하고 있었다. 왕의 곁을 지키고 싶었지만 왕이 원치 않았다.

"왜 가지 않는가? 의사도 잠을 자야 하지 않는가?"

"폐하, 여기 머물겠습니다."

“있을 이유가 없다.”

“여기 있겠습니다, 폐하.”

“어서 가거라. 내일이 대관식이구나. 더는 열이 나지 않을 거야.”

나는 내 방에서 뜬눈으로 밤을 새웠다. 그러나 왕은 나를 부르지 않았다.

1312년 6월 29일, 하늘에 구름 한 점 없는 화창한 날 하인리히 7세는 밀비오 다리로 향했다. 그리고 로마법을 준수하고 로마의 주인이 되겠다는 맹세를 한 뒤 아주 오래된 산조반니 성당에서 니콜라우스 폰 프라토 추기경에게서 신성 로마 제국 황제의 관을 받았다.

이어서 황제 하인리히 7세는 신성 로마 제국 황제의 관을 머리에 쓰고, 손에는 황제의 지팡이를 들고, 어깨에는 대관식 망토를 걸치고 허리에 검을 찬 채 아벤티노의 산사비나 수도원으로 돌아왔다. 돌아오는 길에 그는 로마에 사는 유대 인들에게 환영을 받았다. 하인리히 7세는 유대 인들에게 종교의 자유를 인정해 주었다. 로마는 사도 베드로와 바울의 도시긴 하나 유대 인들은 모세의 율법에 따라 살아도 된다고 했다.

대관식이 끝나고 이틀이 지나자 열이 다시 찾아왔다. 나는 할 수 있는 방법을 다 써 보았다. 이번엔 황제도 사혈을 허락했다.

“빨리 열을 내려 보게. 무슨 방법을 써도 좋아. 빨리 없애 주게!”

황제가 어금니를 꽉 깨물며 말했다.

하지만 어떤 치료법도 도움이 되지 않았다. 열이 내리는가 싶으면 또다시 올라갔다.

나폴리의 로베르토 왕은 하인리히 7세가 황제 자리에 오른 뒤에도 포기

피사 대성당에 있는 하인리히 7세의 대리석 묘.

하지 않고 이탈리아 전역에서 군대를 소집했다. 하인리히 7세는 갓 거머쥔 제국의 통치권을 지키기 위해 방어해야 했다.

교황이 중재에 나섰지만 하인리히 7세는 교황의 도움을 거절했다. 하인리히 7세는 황제의 적은 곧 신성 로마 제국의 적을 의미하므로 그들을 빠짐없이 척결해야 한다고 했다. 그리고 교황은 정치적 문제에 관여할 아무런 법적 권리가 없다고 말했다.

7월 21일 황제는 로마를 떠났다. 열병이 날이 갈수록 심해졌지만 하인리히 7세는 철저히 무장한 군사들을 이끌고 1313년 8월에 적을 향해 진격했다.

적을 물리친 뒤를 대비해 황제는 거대한 계획을 세워 놓았다.

원정에 나선 지 2주 뒤, 황제 하인리히 7세는 열 때문에 온몸이 떨리는 것을 참으며 부온콘벤토를 정복했다. 그날 밤 황제는 정신이 혼미해지는 것을 느꼈다. 맥박이 불규칙해졌고 심한 두통과 오한이 왔다. 시야가 흐려진다고 말하더니 결국 의식을 잃고 말았다. 오전 무렵 잠시 정신이 돌아왔지만 하인리히 7세는 1313년 8월 24일에 사망했다.

그의 시신은 피사 대성당에 안치되었다.

제14장

험난한 길, 비아 말라

수세기 전부터 알프스 산맥을 넘는 여러 통로는 북유럽과 남유럽을 잇는 무역로 역할을 했다. 중앙 유럽의 상권을 장악하려면 알프스의 고갯길을 넘어야 했다. 이탈리아에서 알프스의 고갯길을 통해 중세 시대의 귀중품들이 북쪽으로 운반되었다. 비단이나 향신료는 동방에서 수입했지만 그 밖의 여러 물건은 밀라노와 베네치아에서 수입되었다. 밀라노와 베네치아 외에도 북이탈리아에는 상업이 발달한 도시가 많았다. 독일 상인들은 북이탈리아와 무역을 시도했지만 말처럼 쉬운 일은 아니었다. 알프스를 넘어 이탈리아와 무역을 하는 데는 여러 가지 문제점이 많았다. 우선 최대한 시간을 절약해 알프스를 넘는 방법을 찾아야 했고 좋은 물건을 차지하기 위해 여러 상인과 경쟁을 벌여야 했다. 특히 아우크스부르크와 라벤스부르크는 상인들의 경쟁이 심한 곳이었다.

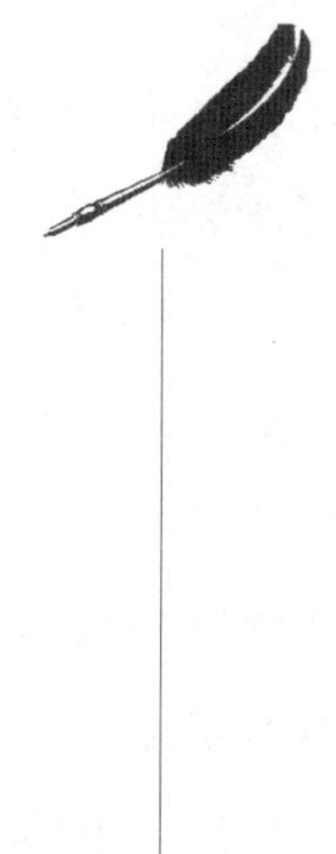

알프스를 넘는다고? 미쳤군! 그게 얼마나 힘든지 넌 상상도 못 할 거야. 낭떠러지와 깊은 골짜기, 폭포를 지나야 할 뿐만 아니라 눈보라를 헤치고 험난한 길을 가야 한다고! 그뿐인 줄 알아? 낙석과 눈사태에다 길은 지저분하고 돌 천지에서 짐을 실은 수레는 계속 덜컹거리지, 한마디로 지옥을 걷는 기분일 거라고. 그래, 알프스를 넘는 게 어떤 일인지 차근차근 설명해 줄게.

농장에서 뛰쳐나가고 싶은 심정이라고? 그럴 만도 하지. 올해 세금을 못 내고 있으니 얼마나 답답하겠니. 너희 아버지가 미리 준비하지 않으신 게 분명해. 밀 4말터(옛 독일에서 사용한 곡물의 용량 단위로 1말터는 약 150~170리터—옮긴이), 호밀 2말터, 아마 열 필! 올해도 달라진 건 없었어. 그러고 보니 올해는 운이 참 나빴어. 5월부터 6월 초까지 갑자기 서리가 내렸지, 여름에는 우박이 쏟아졌지. 그뿐인가? 1년 내내 날씨가 나빴잖아. 해도 나지 않고 차가운 바람만 불었어. 게다가 암소 리스마저 죽어 버렸잖아.

세금을 무슨 수로 내냐고? 걱정 마! 네 세금 없이도 기사들은 잘 먹고 잘 살 거야. 식구들과 살고 있는 농장에서 도망쳐 나온다 해도 알몸 신세가 될걸? 가지고 나올 게 뭐가 있겠니? 먹고살기도 힘든데.

이제 어쩌지? 어머니와 동생들은 악을 써 대지, 아버지라는 사람은 술에 취해 있지, 참 답답하다. 네가 맏아들이니 뭔가 대책을 세워 봐! 그런데 좋은 묘책은 그만큼 대가를 지불해야 해. 돈은 있어? 한 푼도 없군!

그럼 어떻게 하지? 이제 뭐 할 건데? 일꾼이 되겠다고? 일꾼이 돼도 돈을 못 벌긴 마찬가지야. 네가 집을 나가면 아버지는 병이 나실 거야. 뭐, 지금도 항상 술에 절어 사시긴 하지. 아버지도 참 불쌍한 분이야. 세금 때문에 매일 허덕이면서 사셨지, 자식 네 명 먹여 살리느라 뼈 빠지게 고생하셨잖아.

기사를 찾아가 보는 게 어떻겠니? 잘 모르겠다고? 그럼 어쩔 건데? 뭐라도 해야 할 거 아냐?

내가 좋은 소식 하나 알려 줄까? 라벤스부르크에서 사람들이 건장한 남자들을 구한대. 돈도 많이 준다던데.

누가 사람을 찾고 있냐고? 돈은 얼마나 많이 주냐고? 궁금한 것도 많다. 내가 듣기로는 꽤 괜찮은 일 같던데.

이탈리아까지 짐을 운반할 일꾼들을 구하나 봐. 상인들이 힘 좋은 젊은이들을 구한다는 것 같아. 이탈리아까지는 먼 길이긴 하지만 너라면 할 수 있어. 라벤스부르크에 있는 훔피스한테 가 봐. 그자는 이름난 거상이래.

서둘러 걸으면 라벤스부르크까지 2, 3일 정도 걸려.

훔피스를 찾아갔더니 그자는 너를 한번 흘깃 보더니 말도 시키지 않았어. 그러고는 깡마른 사내에게 턱을 치키며 무언가 신호를 보냈어. 그 사내는 훔피스의 비서야.

그런데 갑자기 비가 내리기 시작했어. 훔피스는 집안으로 들어가 버렸지. 넌 멍하니 서 있었고.

비아 말라의 가파른 골짜기.

하지만 걱정할 필요 없어. 훔피스가 널 고용했거든. 어디 그뿐인가? 손에 은전도 듬뿍 쥐여 줬잖아. 그렇다고 너무 좋아하진 마. 고생문이 열렸으니까. 넌 알프스를 넘어 밀라노까지 가야 한다고!

훔피스는 널 보더니 "알프스를 넘을 거다."라고 짧게 말했어.

너는 알프스를 넘는다는 게 어떤 일인지 상상도 못 할 거야.

약속한 시간이 다 됐어. 어서 출발하지 않으면 늦겠다. 너희 어머니는 네가 무사히 집에 돌아오기를 기원하면서 성수로 이마에 십자가를 그어 주셨지. 너희 아버지? 그 인간은 아직 술에 취해서 침대에 누워 있어. 하지만 네겐 형제들이 있잖아. 형제들에게 꿀을 넣은 빵을 주면서 은화를 보여 줬더니 그들은 네가 백작이라도 될 것처럼 굴었지.

너희 어머니는 네가 이탈리아에서 거지꼴로 돌아다니지 않게 하려고 천 조각으로 옷을 꿰매 주셨어. 너는 홈피스가 준 돈으로 장화 한 켤레를 주문했지. 그리고 남은 돈은 따로 잘 보관해 두었어. 이탈리아에서 돌아올 때는 주머니가 두둑해져 있을 거야.

다른 고민은 할 필요 없어. 그저 무사히 돌아올 생각만 해.

"꽉 묶어. 말에게 먹이를 줘."

"이 짐을 먼저 가져가."

"아니야, 밧줄을 한 번 더 묶어."

일행들이 네게 잔소리를 해 댔어.

"매듭을 어떻게 매는지 몰라? 더 확 잡아당겨야 할 거 아냐, 멍청아! 누가 널 쓴다고 했냐?"

홈피스가 고용한 다른 사람들은 너보다 나이가 많았어. 그들은 이탈리아에 다녀온 경험이 있었어.

"더 빨리 못 해?"

"걸으면서 졸지 마."

"길에서 어슬렁거리지 말고 뭐든 좀 해!"

"전부 짐마차에 실어야 해."

"물건을 살살 다루라고 했지?"

이런 말들이 하루 종일 귓가를 맴돌았지. 어떻게 지나가는지도 모르게 하루하루가 지났어. 저녁이면 뼈 마디마디 안 아픈 데가 없었지. 넌 마구간 안에 짚단을 깔고 잤어. 냄새는 좀 심했지만 그래도 따뜻한 게 어디야? 한여름이니 일하면서 땀을 얼마나 많이 흘렸겠어. 땀 냄새에 말 냄새까지 배서 네 몸에서는 쓰레기 냄새가 날 지경이었지. 그래도 쇠똥 냄새보다는 참을 만했어.

잠깐 눈을 붙였다 일어나면 바로 출발해야 했어.

밤하늘에 별이 사라지기도 전에 지붕 위로 동이 텄어. 사람들이 말 등에 안장을 얹었지. 너도 하품을 하면서 마구간에서 말을 끌고 나왔고. 다른 사내들도 아직 잠이 덜 깼는지 연신 하품을 해 댔어. 그래도 넌 하품을 참는 게 좋아. 그러지 않으면 다른 짐꾼들이 너한테 게으르다고 할 테니까. 그뿐인가? 정신 차리라고 냅다 양동이에 물을 한가득 담아 뿌릴지도 몰라.

네가 책임질 마차에는 푸른 알고이(독일 바이에른에 있는 알프스 접경지대—옮긴이)에서 가져온 리넨이 가득 실려 있었어. 왜 알고이 지방을 푸른 알고이라고 부르는 줄 알아? 그건 말이지, 알고이에서 아마를 많이 재배하는데 그 꽃이 푸르거든. 그래서 푸른 알고이라고들 해.

짐꾼들은 짐들이 제자리에 있는지, 미끄러지지 않게 단단히 묶여 있는지, 틈새로 빗물이 들어가 물건이 썩진 않았는지 꼼꼼하게 확인했어.

너희가 운반하는 물건들 가운데 값이 나가는 건 모피였어. 모피는 북쪽에 있는 추운 나라에서 가져왔어. 북쪽 나라 사람들은 추우니까 모피로 몸을 따뜻하게 감싸고 다닌다더라. 어쨌든, 모피는 너무 비싸. 엄청나게 비싼 게 또 뭔 줄 알아? 하얀 소금이야. 그러니까 소금에 물 한 방울이라도 들어가지 않게 조심해야 해!

너희는 꼬박 하루 동안 마차 다섯 대에 짐을 가득 실었지.

하지만 한밤중에 짐꾼들이 없을 때 누군가가 마차에 짐을 또 실었어. 이 건 절대 비밀이야. 어차피 넌 그 자리에 있지도 않았지만. 다행히 아무도 본 사람이 없었지만, 누가 봤다면 그자가 가만두지 않았을걸? 그는 포장한 짐 하나를 세 번째 짐마차 맨 아래에 감쪽같이 숨겨 놓았어. 아침에 일어나서 마차를 살펴보니 뭔가 이상했어. 보따리 하나가 바깥으로 툭 튀어나왔지 뭐 야? 넌 튀어나온 보따리를 안으로 밀어 넣어 보려 안간힘을 썼지만 팔만 부 러지는 줄 알았어. 보따리는 끄덕도 안 했지.

"이건 뭐예요?"

너는 하인에게 물었지.

하지만 그는 너에게 더러운 일을 시킬 뿐이야.

독일에서 이탈리아로 짐을 옮기는 건 돈이 아주 많이 들어. 일행을 경호 하는 기사들까지 고용한 걸 보면 돈을 얼마나 많이 투자했는지 알 수 있 지. 일행을 앞뒤에서 통솔하는 기사들은 갑옷과 칼로 단단히 무장을 했어. 네가 그들에게 말을 걸면 그들은 들은 척도 않고 바닥에 침만 뱉었어.

짐꾼들은 하나같이 마차에 실린 수많은 물건을 슬쩍하고 싶은 생각을 할 거야. 그런데 물건을 빼내다가 들키면 교수형을 당할걸?

그럼 지금까지 물건을 훔친 짐꾼이 없었느냐고? 그건 나중에 이야기 해 줄게.

너도 사실은 훔피스에게 돈을 운반하는 거야. 모든 것이 계획에 있는 일이야.

홈피스는 짐꾼들과 같이 여행하지 않지. 대신 그의 비서가 짐꾼들과 기사들을 책임지고 인솔했어. 홈피스의 비서는 채찍을 들면 완전히 다른 사람으로 변했어. 그 사람은 정말 혹독하게 사람들을 다스렸어. 너도 귀신이 저놈을 잡아 갔으면 좋겠다고 생각했을 거야.

산골 마을 곳곳에 닭 우는 소리가 들렸고 동이 트기 시작했어.

사실 짐마차를 끌고 알프스 지방을 지나가는 건 나쁘지 않은 일이야. 딱히 할 일은 많지 않거든. 주변 경관을 감상하며 마차를 이끌다가 해가 저물면 숙소로 들어가 쉬면 되었지. 숙소에 도착하면 일단 말한테 먹이를 주고 빗질도 해 주어야 했어. 그리고 바로 잠자리에 들었어. 밀라노에 도착할 때까지 매일 같은 일과가 반복될 거야. 게다가 한 번도 가 보지 않은 곳에 가서 다른 세상도 경험할 수 있고 돈도 벌 수 있으니 일석이조였지. 넌 내년에도 홈피스를 위해 일했으면 좋겠다고 생각했어.

근데 너, 짐 무게는 어떻게 계산하는지 알아?

짐꾼으로 고용되기 전까진 들어 보지 못했을 거야.

상인들은 마차 한 대에 실을 짐의 무게를 정확히 정해 놓았어. 다시 말해서 말 한 마리가 끌 만큼의 무게를 한 치의 오차 없이 계산해 놓았지. 넌 짐 무게에는 별 신경 안 썼어. 사실 다른 짐꾼들도 짐의 무게엔 관심 없었어. 홈피스를 대신해서 운반을 책임지는 그의 비서만 마차에 실은 무게를 정확히 따지려 들었지. 제대로 무게를 따졌는지 확인할 길은 없지만 겉으로는 꼼꼼히 챙기는 듯 행동했어. 마차를 모는 사람도 따로 있었지. 불행히도 넌 아니었어. 상인들은 경험 많은 마부를 고용했으니까.

　넌 다른 짐꾼들과 마찬가지로 마차 옆에서 걸어가야 했지. 걷고 또 걷고, 그저 걷기만 했어. 하지만 네가 책임진 마차보다 뒤처지면 안 됐어. 마차를 끄는 말은 너보다 항상 앞서 나갔지. 말의 속도에 맞추려면 너도 부지런히 걸어야 했어. 말은 일정한 속도를 유지할 수 있지만 사람인 넌 달랐어. 한참을 걸으면 다리가 납덩이처럼 무겁게 느껴졌거든. 게다가 숨도 차고. 그래도 아무도 너한테 신경 쓰지 않았어. 다들 어렵긴 매한가지였으니까. 힘들어서 못 참겠으면 주기도문이라도 외워 봐. 하지만 기도를 한다고 고통이 사라지진 않지.

　마차 위에 앉아 있는 마부가 편해 보인다고? 어림없는 소리! 하루 종일 할 일이 얼마나 많은데. 길이 고르지 않아 집중하지 않으면 마차가 전복되기 십상이야. 산속 길을 갈 때면 너도 마부를 도와 재빠르게 움직여야 하지. 마차 바퀴 밑에 받침목을 괴어 줘야 하니까. 그러지 않으면 말이 그 무게를 버티지 못해 마차가 뒤로 미끄러져 내려. 물론 마차에 제동 장치가 있긴 했지만 산길을 오를 때는 별 도움이 되지 않아. 받침목은 정말 무거워. 믿을 수 없다고? 나문데 뭐가 무겁냐고? 한번 들어 보면 까무러칠걸. 산에 오를 때만 받침목을 대 주는 건 아냐. 내리막길에서도 받침목을 괴어 주어야 앞으로 굴러떨어지지 않으니까.

　근데 이보다 더 힘든 일은 말이지, 옆으로 기울어진 길을 갈 때야. 길이 판판하지 않으면 마차가 흔들리고 옆으로 넘어지려고 하거든. 그럼 넌 마차가 전복되지 않게 막아야 해. 어떻게 하느냐고? 마차 옆에 지지대가 걸려 있는데, 그걸로 마차가 옆으로 쓰러지려고 하면 무게를 지탱하는 거지.

탑처럼 높이 쌓인 짐이 한쪽으로 기울면 넌 지지대로 짐을 받쳐야 해. 어마어마한 무게가 널 짓눌러 숨 쉬기도 힘들 거야. 나중엔 지지대도 무게를 지탱 못 하고 부러지고 말걸? 그러고 나서 밤이 되면 네가 무슨 일을 해냈는지 알 수 있어.

넌 하루 종일 마차가 덜컥거리지 않는지, 물건이 미끄러져 떨어지지는 않는지 수시로 확인해야 해. 너 자신을 챙길 시간은 허락되지 않아.

사람이 죽는 방법은 여러 가지지만, 짐을 받치다 벼랑에 굴러떨어져 죽거나 짐에 눌려 죽는 건 그렇게 비참한 건 아니야. 갑자기 무슨 말이냐고? 기다려 봐. 조금 있으면 너도 무슨 뜻인지 알게 될 테니까.

어쨌든 산길을 걸을 땐 졸면 안 돼. 정신 바짝 차려야 한다고!

모든 일을 마치고 시간이 나서 지난 일을 회상해 볼 수 있을 때가 되면 그제야 네가 어떤 지역들을 지나쳤는지 차근차근 따져 볼 수 있을 거야. 보덴 호, 브레겐츠, 도른비른, 펠트키르히, 란트카르트, 쿠어. 이게 다 네가 지나쳤거나 앞으로 지나갈 지역들이지. 물론 시장도 구경하고 싶고 교회에도 가 보고 싶겠지. 하지만 말도 못 꺼낼걸. 그저 "한눈팔지 말고 계속 앞으로 가!" 하고 외치는 소리가 들릴 뿐이지.

"통행료를 내시오! 통행료를 내라고요!"

여행객이나 너희처럼 물건을 운반하는 이들은 통행료를 내야 해. 알프스 근접 지역에 사는 주민들은 상인들의 마차에 값진 물건이 실려 있다는 걸 잘 알아. 화물 수송과 여행자 보호법이라는 게 있는데 그건 말이지, 낯선 곳을 지나가는 상인들의 화물과 인력을 각 지역에서 고용한 사람들이 안전히 보호해 주는 법으로 그 대가로 세금을 내야 해. 그런데 이 법이 얼마나 자주 바뀌는지 몰라. 처음엔 라벤스부르크에서, 그다음엔 리텐베르크, 살리스에서 법을 바꾸더니 쿠어에서도 바뀌었다더라고. 상인들의 짐이 지나가는 도시마다 보호를 받는 대신 세금을 내야 해. 아마 보호세를 받는 곳의 영주는 배 터지게 먹으면서 살 수 있을걸. 각 지역마다 상인이나 여행자를 보호해 주는 기사들이 있는데 이들은 긴 칼, 단도, 방패, 투구, 쇠사슬 갑옷으로 단단히 무장을 해. 도적 떼가 상인들의 짐을 훔칠 기회를 호시탐탐 노릴 테니까.

속임수가 있다고 생각하지, 나의 사랑하는 친구! 그건 나중에.

다리를 지날 때도 통행료를 내야 해. 어떤 도시에서는 물건의 일부를 시청에 내놓아야 하기도 하지. 상인들은 운송 관련 일을 하는 기사나 관리들에게 다시 물건을 가지고 도시를 떠나게 해 달라고 뇌물을 먹여야 해. 그러지 않으면 물건을 빼앗기거나 세금을 엄청 물어야 하니까.

그때마다 마차에서 짐을 옮기고 다시 짐을 싣는 건 누구 몫이겠니? 누구긴 누구야, 짐꾼들이지.

통행료, 보호세, 뇌물 등 인건비 말고도 들어가는 돈이 엄청났어. 그렇게 돈이 많이 들어가는데 남는 게 있을까 의문이라고? 별걱정을 다 하셔. 상인들이 장삿속이 얼마나 밝은데.

어느 날, 네가 비용이 이렇게 많이 드는데 그래도 남는 게 있느냐고 훔피스의 비서에게 물었지. 그랬더니 대답을 하기는커녕 왔다 갔다 하면서 인상을 찌푸렸어. 그게 무슨 뜻인 줄 알아? '네 일이나 잘 해.'라는 뜻이야.

확실한 건 상인들은 돈벌이가 되지 않는 일에 쓸데없이 돈을 들이지 않는다는 거야. 자기들은 이탈리아까지 가지도 않으면서 돈을 쓸어 모은다니까. 너희 일행이 싣고 가는 물건도 이미 본전은 뽑았을걸? 내가 장담한다. 못 믿겠으면 내기를 걸어도 좋아.

물건만 잘 배달하면 나중에 품삯을 두둑이 받을 테니, 넌 좋겠다.

거의 일주일 동안 너희 일행은 라인 강을 따라 계속 올라갔어. 심하게 경사진 길도 없고 날씨도 나쁘지 않아서 별문제 없었지. 넌 속으로 '이렇게 편한 날만 계속됐으면…….' 하고 바랐어. 그리고 '힘든 일도 있지만 이탈리아로 가는 건 생각보다 별거 아니네.'라고 생각했지.

하지만 일단 길을 나서면 언제 어디서 사고가 날지 몰라. 게다가 이제부터 알프스 산맥을 넘어야 하니 정말 조심해야 해.

길을 떠나기 전엔 알프스 산맥에서 세상이 끝나는 줄만 알았지. 그리고 그곳에도 사람이 살 거라곤 생각도 못 했어. 그런데 알프스 산맥 너머 이탈리아가 있단다. 그래! 너희 일행은 이탈리아로 가는 거라고. 이탈리아로!

그곳에 도착하려면 일단 알프스를 넘어야 해. 매일 점점 더 험난해지는 산길을 올라가야 한다고.

산꼭대기는 구름을 뚫고 하늘 높이 솟아 있었어. 교회 첨탑보다도 뾰족하고 높이. 그리고 여기저기 현기증이 날 정도로 가파른 낭떠러지가 있고 산골짜기마다 수정 파편 같은 얼음이 얼어 있었지.

그래도 아직은 길이 평탄한 편이니까 너무 겁먹지 마. 지금까지 넌 라인 강이 알프스 산맥 어느 절벽에서 시작된다고 생각했지. 그리고 산맥 어딘가에 큰 구멍이 뚫려 있어서 그 구멍을 지나면 바로 이탈리아에 도착한다고 생각했어. 바보! 이제 네 눈으로 직접 확인할 수 있을 테니 기대하시라!

높은 절벽 끝에서 폭포수가 천둥 같은 소리를 내며 떨어져 내렸어. 물안개 때문에 옷이 다 젖었지. 비탈길 위에는 성만큼 커다란 바윗덩어리가 있었어.

"저기 반짝이는 게 뭐예요? 구름 사이로 살짝살짝 보이는 거 말이에요."

네가 한 사내에게 물었어.

"눈이잖아, 이 멍청아!"

'눈이라고? 8월에?'

도무지 믿기지 않았어.

알프스 산맥은 9월이면 사방이 보이지 않을 정도로 눈이 많이 내리지.

평지보다 태양과 훨씬 가까우면서 왜 눈이 내리고 얼음이 어느냐고? 바보!

높이 올라가면 올라갈수록 점점 더 추워질걸. 저 위쪽은 진짜 추워. 얼어 죽을 것같이 춥다니까. 이제 너도 피부로 느끼게 될 거야. 손은 멍든 것처럼 시퍼레질 테고 발은 동상에 걸려서 썩은 과일같이 변할 거야. 그래도 그냥 참아.

여름은 없냐고? 바랄 걸 바라라.

그런데 춥고 길이 험한 산을 올라가는 것보다 더 나쁜 게 뭔지 알아? 사람이야. 이제 너도 곧 알게 될 거야.

다른 일꾼들이 어떻게 짐을 가지고 산길을 올라갈지 이야기하는 걸 들었어. 그들은 노새에 짐을 싣고 갈 거라고 했지. 넌 그냥 노새만 끌고 가면 되냐고? 어림없는 소리! 네가 괜히 짐꾼이겠어? 사람들도 짐을 메고 가야 해. 상인들이 짐꾼들한테 큰돈을 주는 덴 다 그만한 이유가 있는 거야.

노새, 잡종 당나귀…… 사람들은 네가 알아듣지 못하는 말만 했어. 대체 뭣 때문에 말을 놔두고 덩치도 작은 노새와 잡종 당나귀에 짐을 싣는지 이해가 되지 않았지. 이제 곧 알게 될 테니 염려 마.

사람들은 짐을 나르는 데 드는 비용에 대해 별다른 이야기를 하지 않았어. 짐에 대해서도 마찬가지고. 짐 속에 뭐가 들었는지 아무도 이야기해 주지 않았지.

넌 그저 멍하니 입을 벌리고 서서 누구한테 물어볼까 생각했지. 하지만 네가 물어도 대답해 줄 사람은 아무도 없어. 짐꾼은 그냥 짐만 나르면 돼.

그래도 넌 그 고생을 하면서 이탈리아까지 어떤 짐을 나르는지 알고 싶었어.

'우리가 무슨 짐을 나르지? 리넨, 모피, 소금, 그리고……? 왜 사람들이 아무 말도 해 주지 않을까?'

곰곰이 생각해 봐도 도대체 영문을 알 수 없었지. 넌 너무 바보 같아서 탈이야. 하지만 너도 이제 곧 알게 될 거야.

그런데 훔피스의 비서가 널 찾아왔어. 차마 눈 뜨고 볼 수 없을 만큼 거만한 그 비서 말이야. 그때 넌 숙소에서 쉬고 있었어. 숙소라고 해 봤자 마구간에서 짚을 깔아 놓고 말들과 같이 자는 게 전부였지만. 저녁이 되니 쑤시지 않는 데가 없었어. 뼈마디가 아파서 참을 수 없을 정도였지. 하루 종일 마차 살피느라고 그랬지 뭐. 그날 하루 종일 라인 강물에 반쯤 잠긴 경사가 심한 길을 걸어왔으니 그럴 만도 해. 마차가 쓰러질까 봐 하루 종일 얼마나 마음을 졸였던지.

비서가 너한테 말을 걸었어. 게다가 네 이름도 알고 있지 뭐야. 그자는 마음에 들지 않는 게 있으면 인상을 찌푸려 가며 말을 했어.

비서는 다른 짐꾼들과 짐 싣는 문제를 의논하는 듯했어. 그러고는 갑자기 말을 멈추더니 네게 다가왔지.

대체 그자가 너한테 무슨 말을 하려나 감이 잡히지 않았지만 너 같은 초짜한테 짐 싣는 일을 의논할 리는 없었어. 귀리를 쌓아 놓았느냐, 말에게 빗질해 줬느냐, 그릇들은 다 올려놨느냐 또는 내려놨느냐, 기름칠했느냐……. 그저 이런 사소한 이야기만 나눴지. 마차에서 짐이 미끄러져 떨어지지 않는 한 다른 사람들이 너와 짐 싣는 문제를 상의하는 일은 없을 거야. 그냥 조용히 있는 게 상책이지.

비서는 초상화라도 그리려는 사람처럼 네 얼굴을 뚫어져라 쳐다봤어. 그리고 천천히 입을 열었는데, 첫마디가 넌 아무것도 모르는 게 좋을 거라는 충고였어. 비서 옆에는 다른 짐꾼도 있었어.

"너 정말 아무것도 들은 게 없어?"

그들이 널 노려보며 말했지.

너는 고개를 가로저었어. 무슨 말을 할 수 있었겠어, 정말 아무것도 들은 게 없는데.

잠시 침묵이 흘렀지. 그리고 넌 생각했어. 이제 쓸데없는 이야기 그만하고 잠이나 잤으면 좋겠다고 말이야.

"내가 지금 무슨 말 하는지 모르겠다는 거지?"

비서가 끈질기게 물었어.

"그래, 아무것도 모르는 게 좋아."

그자는 대답을 듣는 대신 이렇게 말했어.

그들은 네가 뭘 안다고 생각하는 걸까?

비서는 영문도 모르는 말만 하고 마구간을 나가려 했어.

그러더니 횃불을 들고 마구간 문 앞에 서서 한마디 던졌어.

"다른 사람들한테 입도 뻥긋 마, 알아들었어?"

"도대체 무슨 말을 하지 말라는 거죠?"

그러자 그자는 "그러니까 넌 아무것도 모르는 거라고."라고 말했지.

그런 뒤 밖에서 문이 닫히려 하자 넌 이젠 잘 수 있겠다 싶었어. 그런데 문이 다시 열리면서 비서가 또다시 물었어.

"마차에 짐을 실을 때 그 자리에 있었나?"

그의 말투는 평소와 달랐어. 널 대하는 태도가 일행 가운데 가장 어린, 힘든 일만 하는 어린애가 아니라 다 큰 성인을 대하는 듯했어.

"그 자리에 있었느냐니까?"

비서가 다시 물었어.

그 말을 듣자 넌 길을 떠나기 직전의 일을 떠올렸어. 한밤중에 한 남자가 마차에 몰래 짐을 실었다고 내가 말했잖아. 물론 넌 그 자리에 없었지만. 너뿐만 아니라 그자가 몰래 짐을 싣는 걸 본 사람은 아무도 없었어. 만약 일행 가운데 누군가 그걸 봤다면 벌써 떠들고 다녔을걸? 자기가 비밀을 안다면서 말이지.

비서가 자꾸 아무것도 모르냐고 물으니까 마차에 실은 보따리 하나가 밖으로 튀어나온 일이 떠올랐어. 그 짐은 상당히 무거웠어. 그래도 넌 그 안에 뭐가 들었는지, 누가 그 짐을 실었는지 몰랐어. 알 턱이 있나.

비서는 횃불로 네 얼굴을 비추며 뚫어져라 쳐다봤어.

"분명히 넌 뭔가 알고 있어!"

널 교수대로 끌고 가기라도 할 기세였어.

"주인님!"

넌 그저 이렇게 말했어. 그 상황에서 뭐라고 말하겠어? 그런데 주인님은 좀 심했다. 그리고 비서가 네 주인도 아니잖아. 홈피스도 마찬가지고.

그래도 이탈리아까지 가는 동안은 비서가 네겐 주인과 같은 존재지.

"뭘 아는지 어서 불지 못해? 끝까지 입을 다물겠다면 밖에 있는 기사들에게 손 좀 봐 주라고 할 테다."

"주인님!"

멍청한 짓인 줄 알지만 넌 그렇게 대답할 뿐이었어.

'내가 뭘 안다는 건지 도무지 모르겠어.'

비서와 실랑이를 벌이다 보니 어느새 밤이 깊었어. 이제 그만하고 잠 좀 잤으면 싶었지. 아무것도 모른다는데 왜 믿지 않는지, 그리고 기사가 손봐 준다는 말은 또 뭔지 정말 알 수 없었어.

대체 네가 끄는 마차에 뭐가 있기에 비서가 저렇게 신경을 곤두세우는지 알 까닭이 없었어. 출발하기 전에 무거운 보따리 하나가 삐져나와 있었다고 말했어야 했어. 그 속에 무슨 물건이 들었는지는 모르지만 상당히 무거웠다고 말했으면 비서가 널 의심하지 않았을지도 모르지.

비서는 천천히 그리고 말 한마디 한마디에 힘을 주며 이렇게 말했어.

"네가 아는 사실을 다른 사람에게 발설하는 날에는 넌 죽은 목숨이야. 알아들어?"

그리고 비서는 사라졌어.

넌 따뜻한 마구간에 누웠지. 먼지와 지푸라기가 코끝을 간질였어. 말은 발로 땅을 긁고, 쥐는 바스락거리고, 배 위로 조그만 벌레들이 기어 다녔어. 이라는 해충인데 밤새 네 피를 빨아 먹을걸? 그럼 넌 근질근질해서 피가 날 때까지 긁어 댈 거야.

옷 속을 휘젓고 다니는 이 때문인지 잠이 오지 않았어. 곰곰이 생각해 보니 홈피스의 비서가 짐 걱정을 하긴 하는데 모든 짐이 아니라 출발하기 전날 밤 정체 모를 남자가 몰래 실은 그 짐을 걱정하는 듯했지.

그건 아주 귀한 물건일 거야. 그 짐을 실은 사람은 하인도 믿지 못한 거지. 마차 다섯 대 가운데 네가 끄는 마차에 숨긴 걸 보면 네가 그걸 갖고 도망가지 않겠구나 생각한 것 같아. 그리고 네가 다른 사람에게 아무 말도 하지 않을 거라고 믿은 게 틀림없어. 너 같은 시골뜨기가 알프스 산골에 사는 도둑 떼를 알 리 없었으니까.

그런데 비서는 왜 너한테 와서 아는 걸 말하라고 귀찮게 굴었을까? 홈피스의 비서라면 보따리 속에 뭐가 들었는지 아는 게 당연하잖아? 그리고 네가 아무것도 모른다는 것도 알 테고.

대답은 간단해. 누군가 너를 의심한 거야! 그래도 걱정할 필요 없어. 넌 정말 아무것도 모르니까. 아마 누군가가 비서에게 짐꾼 가운데 짐에 대해 뭔가 아는 자가 있을 거라고 고자질했겠지.

그 비밀스러운 짐 안에는 뭐가 들었을까?

이틀 동안은 아무 일도 일어나지 않았어. 늘 그랬듯 조용하게 시간이 흘렀어. 짐꾼들도 짐에 대해 아무 말도 하지 않았지. 하지만 일단 의심을 받은 이상 넌 신중하게 행동해야 했어. 비서가 생각에 깊이 잠긴 듯한 표정으로 널 몇 번 보긴 했지만, 별다른 이야기는 하지 않았어. 저녁에도 마구간에 와서 잠을 방해하지도 않았고.

사실 넌 그런 생각을 할 여유조차 없어. 산길이 바뀌었지. 그것도 완전히. 처음에는 쿠어를 지났어. 쿠어 뒤쪽은 산맥이 떡 버티고 있어서 바깥으로 빠져나갈 길이 하나도 없어. 여기서 라인 강이 두 갈래로 갈라지지. 강물은 무서울 정도로 빠르게 흐르고 얼음장처럼 차가워. 산 위의 넓고 하얀 들판이 햇빛에 반짝거렸어. 눈이 쌓인 거지. 산 때문에 길은 막혔고.

밤이면 강한 바람이 불며 귀신 소리를 냈어. 그래도 밤에는 쉴 수 있으니 얼마나 다행이야. 마구간 짚단 위에서 잠을 잘 수 있었잖아. 다음 날 아침 바깥에 나가 보니 강풍에 꺾여 나간 나뭇가지들이 숙소 주변에 널려 있었어.

사람들 말로는 강풍을 일으키는 건 산속을 떠도는 죽은 사람들의 영혼이래. 살아 있을 때 나쁜 짓을 많이 해서 이승을 떠돈다나 뭐라나. 겨울에는 눈사태가 일어나 순식간에 마을 전체를 삼켜 버리기도 한대.

사람들 말을 다 믿을 순 없어. 술집에서 떠드는 사람들 가운데는 허풍쟁이도 있고 낯선 사람들에게 겁을 주려고 부풀려 말하는 사람도 있거든.

라인 강 상류 골짜기 위쪽에 사는 사람들은 독일어가 아니라 래티아 어(지금의 스위스 그라우뷘덴 주에서 주로 사용된 옛 언어─옮긴이)라는 말을 써. 근데 독일어를 잘하는 사람도 많아. 그 지방 사람들은 네게 친절했어. 짐꾼 한 명이 그러는데, 너한테만 잘해 주는 게 아니라 그곳을 지나가는 여행자나 짐꾼 덕분에 돈을 벌 수 있기 때문이래. 그들은 길을 안내해 주는 대신 돈을 받고, 일꾼들이나 마부들에게 먹을 것도 팔지. 마구간을 빌려 주거나 그릇을 팔기도 하고.

갑자기 너는 그 사람들이 전부 도둑 같다는 생각을 했어.

'저들이 물건을 훔치기라도 하면 어쩌지?'

갑자기 불안해지기 시작했어. 물건을 도둑맞으면 넌 땡전 한 푼 못 받을 테니까.

너희 일행은 쿠어 건너편 산맥으로 진로를 돌렸어. 그리고 조그만 개울이 라인 강과 합류하는 곳까지 걸어갔지. 라인 강 바닥은 커다란 바위들로 가득했어. 사람들은 절벽에서 떨어진 큰 바위들이 강물을 타고 바다까지 흘러가서 고운 모래알이 된다고 했어.

넌 거짓말이라고 생각했지. 어떻게 강물이 바윗덩이를 옮길 수 있겠어? 네가 멍청이에 촌뜨기 같으니까 그들이 너를 골려 주는 거라고 생각했지만 넌 한마디도 못 했지. 괜히 잘못 말했다가 더 큰 웃음거리가 될지도 모르니까.

어느 날 저녁 무렵, 비서가 더는 마차로 이동하지 않을 거라고 말했어.

말들을 왜 데려가지 않는지 넌 이해하지 못했어. 말들은 골짜기 마구간에 있다가 이탈리아에서 오는 짐을 싣고 라벤스부르크로 갈 거야. 이탈리아에서 훔피스가 고용한 다른 짐꾼들이 짐을 가져올 거거든.

마차에서 짐을 내리고 나서도 아무도 너한테 그 비밀스러운 짐에 대해 묻지 않았어.

마차를 두고 가면 이제 무슨 일을 해야 하느냐고? 일이 없으면 돈을 못

받으니 넌 걱정이 됐지. 밀라노까지 가는 거 아니냐고 물어보고 싶었지만 용기가 없었어.

다음 날 동이 트자 경험 많은 짐꾼들이 네 등에 리넨 꾸러미를 얹어 주면서 말했어.

"지금부터 이 짐을 지고 가야 한다."

"어디로 가는데요?"

네가 이렇게 묻자 사람들이 널 이상하게 쳐다보며 "산맥을 넘어야지." 하고 말했어. 이제부터는 골짜기 안쪽 벽을 타고 올라가야 해. 말도 못 하게 험난한 길이지.

비서는 물건 목록을 검토하기 전에 의심이 가득한 눈빛으로 널 한 번 쳐다봤어.

짐꾼 두 명이 네 등에 리넨 두루마리를 올려 주었어. 생각보다 무겁지 않았지. 하지만 짐을 멘 다른 짐꾼들은 금방이라도 주저앉을 것처럼 보였어. 노새와 당나귀, 염소 등에도 짐을 나누어 실었어.

골짜기는 동굴 안보다 추웠지만 얼마 가지 않아 너는 땀으로 범벅이 됐어. 무릎은 또 얼마나 시린지. 몸을 앞으로 숙이지 않으면 짐의 무게를 지탱할 수 없었어. 게다가 경사가 점점 급해졌지. 몸을 앞으로 숙이고 발걸음을 힘껏 내딛지 않으면 낭떠러지로 굴러떨어지기 십상이었어.

갑자기 짐꾼들이 멈추라고 크게 소리쳤어.

너는 숨을 깊게 내쉬고 몸을 똑바로 세웠어. 그리고 짐을 세워 놓을 만한 평지를 찾았지. 그런데 다른 짐꾼들은 절벽에 짐을 기대 놓고 다리를 앞으로 내민 채 서서 쉬었어. 그걸 보고 너도 따라 했지.

그러자 비서가 앞에 서서 뭐라고 말을 하기 시작했어. 하지만 무슨 말을 하는지 알아듣기 힘들었어. 강물 소리가 워낙 컸거든. 비서는 그 골짜기를 '비아 말라'라고 한다고 했어. 비아 말라는 래티아 어 아니면 라틴 어였어. 독일어로는 험난한 길이란 뜻이랬지.

맞아, 이름처럼 그 길은 아주 험난하단다. 너도 곧 알게 될 거야. 네가 지나가 본 길 가운데 가장 힘든 길일걸?

조심하지 않으면 떨어져 죽어. 비아 말라를 지나간 사람들 가운데 낭떠러지에 떨어져 죽은 사람이 많대. 한번 발을 잘못 디디면 영원히 다시 돌아오지 못하지. 골짜기 아래로 떨어지면 묵사발이 된다고. 등에 진 짐도 마찬가지고.

강물이 사납게 몰아치는 걸 생각해 봐!

훔피스의 비서는 주의 사항을 말해 주었어. 길이 상당히 좁으니까 조심하라고 했어. 그리고 쓸데없이 잡담을 하거나 한눈팔지 말라고 했지.

이제부터 고생문이 열리는 거야. 지금까지 온 길은 애들 장난이었지. 사다리를 타고 올라가는 것처럼 경사가 급한 비탈길을 한없이 올라가야 했어. 한고비 넘겼다 싶으면 또 한고비가 찾아왔어. 높이 올라온 것 같은데도 오르막길은 끝이 없었지. 시간이 지날수록 등에 멘 짐이 무겁게 느껴졌어. 한 걸음 내딛기가 너무 고통스러웠어. 잠깐 쉬려고 하면 뒷사람이 재촉해 댔고.

너희 일행은 험한 산골짜기를 따라 산을 올랐어. 코앞에 가파른 암벽이 펼쳐져 있었지. 그리고 저 깊숙한 어디선가 라인 강이 요동치고 있었어.

라인 강은 폭포에서 시작됐는데 그 폭포는 비아 말라 골짜기에서 좀 떨어진 데 있었어. 좁은 암벽 틈 사이로 가끔씩 하늘이 보이기도 했어.

비탈길은 미끄러워서 짐꾼들은 모두 방한 장화를 신었어. 그래도 넘어지는 사람도 있었어. 짐이 허리와 갈비뼈를 심하게 눌러서 숨을 헐떡이다가 토하는 사람도 있었고. 그래도 다시 일어나 걸었어. 마치 지옥 속을 걷는 느낌일 거야.

푸르른 암벽 사이에서 일어나는 물보라로 몸이 흠뻑 젖었어.

끙끙거리는 소리와 울먹이는 소리가 공중에 울려 퍼졌어. 악마는 바위를 돌며 춤을 추고 사람들을 밑으로 끌어내리지. 하지만 울먹이는 소리는 너처럼 골짜기에서 탈출하고 싶어 하는 바람 소리였어.

노새는 짐꾼들 뒤를 따라왔어.

한참을 가다가 문득, 한밤중에 몰래 마차에 실은 그 보따리는 어디 갔을까 하는 생각이 들었어.

다른 짐꾼이 지고 있겠지, 별걱정을 다 한다. 보통 짐꾼들은 상인들 말에 복종하는 편이니까 짐을 빼돌리진 않았을 거야. 하지만 노새가 마부 말을 들으니까 마부가 나쁜 맘을 먹으면 순식간에 짐을 훔쳐 낼 수 있을 거야. 그러니까 귀중한 물건은 노새 등에 싣기보다 짐꾼이 나르는 쪽이 훨씬 안전해.

누가 그 비밀스러운 짐을 지고 있는지 넌 알 수 없었어. 하지만 한 가지 확실한 건 염소 등엔 그 짐을 싣지 않았다는 거야. 그러기엔 보따리가 너무 무거웠거든.

산길이 하도 험해서 앞사람을 따라가기도 힘들었어. 비아 말라를 올라가는 건 지붕을 타고 올라가는 일보다 몇 배는 힘들었어. 게다가 비까지 쏟아붓지 뭐야. 비가 내리기 시작해도 넌 금방 알아챌 수 없었을 거야. 이미 몸이 흠뻑 젖었으니까.

산을 올라가면 갈수록 땀에 젖은 몸이 꽁꽁 얼어붙었어. 빗방울은 어느새 눈으로 변했고, 눈송이가 속눈썹에 달라붙어 시야를 가렸어. 게다가 눈 때문에 빙판길을 걸어야 했지. 조금만 발을 헛디디면 끝이었어. 짐 위에 눈이 쌓이기 시작했어. 짐을 나르는지 눈을 나르는지 모를 정도로 눈이 많이 내렸지.

그런데 갑자기 앞에 가던 사람들이 뿌연 눈안개 속으로 사라지고 말았어.

짙은 눈안개 때문에 앞을 제대로 볼 수 없었지만 비서의 모습과 떨어지는 암석들은 볼 수 있었지. 지금까지 비서에게 별로 신경 쓰지 않았는데 가만 보니 그자가 앞에 가는 짐꾼 네 명과 꼭 붙어 가지 뭐야. 그제야 누가 중요한 물건을 나르는지 알아챌 수 있었어. 그래, 네 앞에 가는 짐꾼 네 명이 귀한 물건을 나르고 있었어.

위를 올려다보니 하늘이 열리면서 점점 밝아지고 있었어. 골짜기 폭도 점점 더 넓어졌고. 이제 슬슬 비아 말라의 끝이 다가오는 거지.

그런데 너 그거 알아? 고생이 끝났다 싶으면 긴장이 풀려 더 힘든 법이지. 그리고 이제부터 두 번째 고비가 시작될 거야. 사지에 힘이 없고 무릎은 잠시도 가만히 있지 못하고 사시나무처럼 떨렸어. 넌 코앞에 있는 절벽에 매미처럼 붙어서 걸음을 옮겼어. 얼마나 바싹 붙어 걸었는지 짐이 암벽에 끌렸지. 벽에 돌출된 부분이 있는 곳을 지나칠 땐 발을 반쯤 낭떠러지에 걸치고 지나가야 했어.

그런데 갑자기 행렬이 멈춰 섰어. 앞에서 비명이 들렸고. 아무것도 볼 수도 들을 수도 없었어. 무슨 일이 벌어졌는지 알 수 없었지. 눈이 내리는 데다가 안개가 끼어 있어 아무것도 보이지 않았어. 구름까지 몰려왔고. 쿠어에 있을 때 마을 사람들이 말했었지.

"구름 속으로 들어가지 않게 조심하시오!"

이렇게 잠시 멈추면 짐을 암벽에 기대 놓고 쉴 수 있어서 좋았어. 그런데 추워서 온몸이 얼어붙는 듯했어. 다리도 후들후들 떨리고. 그렇다고 앞사람을 추월할 수도 없었어. 한 사람이 간신히 지나갈 정도로 길이 좁았거든. 날카로운 바람에 눈송이가 얼굴을 때렸고 얼굴에 붙은 눈송이들은 떨어지지 않았지. 꼭 눈사람 같았어.

조금 있으니 눈발이 잠잠해졌어.

짐을 내려놓고 싶은 마음이 굴뚝같겠지만 어쩌겠어. 돈을 받으려면 참고 견디는 수밖에.

비아 말라 골짜기에는 윙윙거리는 바람 소리만 들렸어. 사악한 영혼이 공중을 날아다니는 듯 자욱한 눈안개가 널 감쌌지.

아무래도 앞에 가던 사람들이 끔직한 일을 당한 듯했어.

누가 낭떠러지로 떨어졌을까? 바위가 굴러떨어져서 깔려 죽었을까? 아니면 다른 일이 생긴 걸까?

짐꾼들이 바위가 굴러떨어져서 앞에 가던 짐꾼 네 명이 낭떠러지로 떨어졌다고 앞에서 뒤로 말을 전했어.

"출발!"이라는 소리와 함께 다시 앞으로 걸어갔지. 위를 올려다보니 흘러가는 구름 사이로 넓게 펼쳐진 설원이 희미하게 보이기 시작했어.

"여기서 사고가 났어."

짐꾼들이 말했어. 너는 두 눈을 크게 뜨고 두근거리는 가슴으로 아래를 내려다보았어.

"하느님, 불쌍한 영혼에게 영원한 안식을 주옵소서."

넌 불쌍하게 죽은 짐꾼들을 위해 기도를 드렸어. 손이 꽁꽁 얼어붙어서 평소에 기도할 때처럼 두 손을 맞잡을 수 없었지. 대신 짐 끈을 꽉 움켜쥐었어. 무언가에 홀린 사람처럼 하늘을 한 번 올라다보고 다시 고개를 숙였어. 그런데 눈밭에서 무언가 움직이는 게 보였어! 하나, 둘, 셋! 세 사람인지 세 마리인지 분간할 순 없었지만 분명 눈밭 위에서 무언가가 움직였어. 자세히 보니 사람이었어. 잠시 뒤 그들은 어디론가 사라져 버렸어.

'짐꾼 네 명이 정말 우연한 사고로 낭떠러지로 떨어졌을까? 정말 그들 실수로 떨어졌을까? 눈밭을 달려가던 사람들이 일부러 돌을 던진 건 아닐까?'

생각이 꼬리에 꼬리를 물었지만 일단은 가던 길을 계속 가야 했어.

저녁이 되자 너희는 칠리스라는 조그만 마을에 있는 성당에서 사고를 당한 사람들의 구원을 위해 기도를 드렸어. 성당 안에는 목판에 그린 그림들이 수없이 걸려 있었어. 날개 달린 용, 물고기 지느러미가 달린 괴물이 나팔을 부는 모습, 털이 텁수룩하고 날개가 달린 벌거벗은 남자……. 갈비뼈가 살 밖으로 튀어나왔고 뿔이 난 사람도 있었고 날카로운 이빨이 난 괴물도 보였어. 말구유에 있는 아기 예수와 동방 박사 그림도 있었지.

낭떠러지에 떨어져 죽은 사람들을 위해서는 특별히 기도를 많이 해 줘야 했어. 시체가 땅에 묻히지도 못했으니까. 비아 말라 골짜기에 떨어져 죽은 사람들의 시체는 찾을 방도가 없었지.

기도를 마치고 일행은 모두 숙소로 갔어. 그런데 분위기가 심상치 않았지. 비서가 얼굴이 하얗게 질려서 땀을 뻘뻘 흘리며 뛰어 다니다가 널 보더니 또 같은 질문을 했어.

"네가 아는 게 뭐야?"

아무것도 모른다고 대답했는데도 들으려 하지 않았어. 가장 값비싼 짐을 나르던 사람들이 한꺼번에 죽었으니 당황할 만도 하지. 게다가 강이 흐르는 낭떠러지로 떨어져서 짐을 찾을 수도 없었어. 짐꾼들은 모두 우연한 사고라고 생각했지. 어쩔 수 없는 일이라고 말이야.

잠을 자려고 지푸라기 위에 누웠는데 몸을 조금도 움직일 수 없었어. 뼈마디가 쑤시기 시작했지. 은화를 벌려고 이 고생을 또 해야 하나 싶었어. 그때 다른 짐꾼들이 마른풀 창고에서 속삭이는 소리가 들렸어. 너는 다른 사람들이 그곳에 있다는 사실에 무척 놀랐지. 말들이 마른풀을 먹는 곳이기 때문에 사람들은 자면 안 되는 데였거든. 마른풀 안이 더 부드럽기는 해도 다들 볏짚을 깔고 잠을 잤어. 어쨌든 그 사람들은 계속 속닥거렸어. 네가 아래쪽에 있는지도 모르고 말이야.

뉘른베르크에서 만든 은 촛대, 은 찻잔, 은 술잔, 은 접시, 은 주전자, 은과 금으로 만든 잔, 금 목걸이, 금반지, 금팔찌. 그자들은 비밀의 짐 보따리 안에 든 물건이 뭔지 알고 있었어. 그리고 또 다른 상자 안에는 보헤미아에서 가져온 보석과 발트 해에서 가져온 호박(琥珀)이 들었다는 거야. 이 보석들은 상상을 초월할 만큼 귀해서 나머지 짐 전부를 합친 값보다 더 비싸다고 했어. 그들은 네가 듣는 줄도 모르고 계속 이야기했지.

이렇게 해서 너도 그 비밀스러운 짐 속에 무엇이 들었는지 알게 됐어.

넌 숨을 죽이고 그들의 말을 계속 들었어. 그런데 값비싼 짐을 지고 가던 짐꾼들 가운데 은으로 만든 물건들을 나르던 사람만 낭떠러지로 떨어지지 않았대. 그 대신 리넨 짐꾼이 떨어졌고. 그러니까 비싼 물건들 가운데 남은 건 은밖에 없는 거지.

그럼 그 짐들은 어디 있을까?

이번엔 다른 사람 목소리가 들렸어. 그 사람 말은 알아듣기 힘들었어. 그러더니 처음 말을 꺼낸 짐꾼이 이렇게 말했어.

"나는 바보가 아니야. 그래서 확실하지 않았어."

잠시 뒤 그들은 말을 멈추었어.

뭐가 확실하지 않았다고? 도대체 뭐가 말이지? 너는 뜬눈으로 밤을 새웠어. 죽을 만큼 피곤하고 온몸이 쑤시고 눈을 뜨고 있기도 힘들지만 잠이 오지 않았어. 대장장이가 망치를 두드리는 것처럼 심장이 거칠게 뛰었어.

아무리 생각해 봐도 어떻게 된 일인지 알 수 없었어. 비서는 자꾸 뭘 아느냐고 물어보지 비밀스러운 짐 안에는 값비싼 보석이 들었다지, 갑자기 짐꾼들이 낭떠러지에 떨어져 죽었지, 도무지 무슨 영문인지 몰랐어.

확실한 건 하인츠라는 짐꾼이 짐 안에 뭐가 들었는지 자세히 안다는 거였어. 하인츠는 은과 귀리라는 단어를 말할 때 항상 이상하게 발음했거든. 방금 들린 은이라는 단어는 분명 하인츠의 이상한 발음이었어.

눈밭에 있던 남자들은 누구지? 그것도 사고가 난 바로 그 장소에서 대체 뭘 하려고 했을까? 그것도 우연이라고 말하긴 힘들어! 많은 생각이 떠올라 잠을 잘 수가 없었어.

'눈밭에 있던 남자들이 일부러 바위를 떨어뜨린 게 틀림없어! 살인자들!'

살인자라는 말이 머릿속에서 떠나지 않았어.

다음 날, 넌 네가 무슨 일을 해야 할지 잘 알고 있었어. 그래서 하품을 하면서 잠이 덜 깬 모습으로 비서를 찾아갔지. 그자도 잠을 못 잤는지 두 눈이 충혈되어 있었어.

숙소 앞마당에서 비서에게 말을 걸어 봤지만 네 말을 들으려 하지 않지 뭐야? 네가 말을 심하게 더듬었거든. 그는 너를 향해 손을 저으면서 자기를 가만히 놔두라고 했어. 더 중요한 일이 있으니 너와 잡담할 시간 없다면서.

다시 용기를 내서 말을 하려고 했는데 또 말을 더듬기 시작했어. 한 문장도 제대로 말하지 못했지. 네가 비서의 팔을 붙잡았더니 확 뿌리치지 뭐야? 그러더니 갑자기 멈춰 서서 의미심장한 눈으로 널 바라봤어. 흥분한 마음을 가라앉히고 넌 비서에게 네가 보고 들은 걸 이야기하려 했지만 잘 되지 않았어. 그저 띄엄띄엄 단어만 말했을 뿐이지.

"뭐라고? 계속 말해 봐!"

비서가 눈을 동그랗게 뜨며 말했어.

네가 간신히 은이라고 말하니까 비서는 네 팔을 붙잡고 흔들었어.

"넌 뭔가 알지? 어서 말해!"

아까보다는 편하게 이야기할 수 있었어. 그래서 네가 보고 들은 모든 것을 이야기했어. 지난번 사고가 일어난 자리에서 위를 올려다봤더니 눈밭에서 수상한 남자들이 달려가는 게 보였다고, 그 사람들이 돌을 떨어뜨려서 짐꾼 네 명이 짐과 함께 낭떠러지에 떨어졌을 거라고 말이야.

비서는 말없이 널 바라보다가 작은 목소리로 안으로 들어오라고 했어. 그리고 다시 팔을 붙잡았어. 그러더니 독 묻은 물건을 만진 사람처럼 너를 거세게 밀쳐내더니 네 얼굴을 유심히 들여다봤어. 잠시 뒤 비서는 자기 방으로 널 데리고 들어갔지.

너보다 신분이 높은 사람이 머무는 방에 들어간 건 처음이었어. 넌 속으로 생각했지.

'이들은 나와는 전혀 다른 생활을 하는구나.'

비서는 멋진 의자에 앉았고 넌 계속 서 있었어.

너는 지금까지 한 이야기를 다시 해야 했어. 비서는 예리한 눈빛으로 널 보기만 할 뿐 아무 말도 하지 않았어.

갑자기 땀이 나기 시작했어. 가만히 생각해 보니 이제 와서 이런저런 말을 해 봤자 달라질 게 없었어. 잠도 자지 않고 내린 결론이 별 도움이 되지 않는 것 같았어. 어차피 귀중한 물건들은 낭떠러지로 떨어져 버렸고 다시 찾을 방도도 없었어. 게다가 눈밭에 있던 남자들이 누군지도 모르잖아.

비서는 아무 말 없이 한참 동안 생각에 잠겨 있었어. 그 와중에도 시선은 너에게 고정되어 있었지. 이윽고 그는 얼굴이 빨개지더니 일어나서 말했어.

"그 자리에서 꼼짝 마!"

비서는 밖으로 나가서 짐꾼 셋을 데리고 들어왔어. 짐꾼들은 네 손발을 밧줄로 꽁꽁 묶어 마구간으로 끌고 갔어.

"거기 꼼짝 말고 누워 있어!"

비서는 이렇게 소리를 치고 짐꾼들을 데리고 나갔어.

아무도 너한테 말을 걸지 않았고 넌 마구간에 하루 종일 누워 있어야 했어. 소리를 지르고 싶은데 용기가 나지 않았지. 마구간에는 파리만 윙윙거리면서 널 귀찮게 했어. 목이 마르고 배도 고팠지만 널 찾는 사람은 없었지. 미칠 지경이었지.

그런데 홈피스의 비서는 왜 너를 가둬 두었을까?

이유는 간단해. 비서는 네가 자기편인 것처럼 보이려고 자길 찾아갔다가 은을 훔쳐 내려 한다고 생각했어. 결국 널 도둑이라고 생각한 거지. 그는 네가 더 많은 걸 안다고 확신했어. 네가 은이 어쩌고 저쩌고 떠들어 댔으니 비서는 네가 도둑들과 한패라고 의심했던 거야. 비서는 지금까지 벌어진 모든 일이 우연이 아니라고 생각했어. 어쩔 수 없는 사고가 아니라 범죄라고 말이지. 일이 꼬일 대로 꼬여 버린 거야. 비서는 너한테 무언가 정보를 캐내려고 널 가둔 거야.

넌 하나도 잘못한 게 없었어. 거짓말을 한 것도 아니고.

저녁때가 되자 비서가 나타났어. 사실 너는 그 사람 발밖에 보이지 않았어. 그는 네가 무슨 말을 할 때까지 기다리기라도 하는 듯 입을 다문 채 서 있었어.

하지만 넌 한마디도 할 수 없었어. 무언가 말해야겠다는 마음은 굴뚝같았지만 아무 말도 할 수 없었어. 결국 기다리다 지친 비서가 먼저 입을 열었지.

"우리가 은을 운반하는지는 어떻게 알았지?"

갑자기 너는 아무것도 모르는 것처럼 행동했어. 사실은 거의 모든 걸 알았지만.

"나는 거짓말하지 않았어요!"

넌 울부짖었어.

비서는 절망적인 표정을 지었어. 그럴 수밖에. 짐꾼 네 명이 죽고 중요한 짐도 잃어버렸잖아. 라벤스부르크로 돌아가면 무슨 일을 당할지 눈앞이 깜깜했겠지.

"너 같은 놈이 처음은 아니야. 짐꾼들 가운덴 항상 쓰레기 같은 놈이 섞여 있지."

비서가 천천히 말했어. 헛간에도 어둠이 깔리기 시작했어.

그는 널 뚫어지게 쳐다보면서 힘없이 말했어.

"진실해 보이는 네 표정을 믿을 수 있으면 좋겠다마는…… 난 널 의심할 수밖에 없어. 경쟁자들이 곳곳에 도사리니까. 그자들은 이익을 위해서라면 사람을 죽이기도 하지."

넌 비서에게 너는 살인자가 아니라고 말했지. 그가 믿어 주길 바라면서.

그러자 비서는 이렇게 말했어.

"네 친구 하인츠가 도망갔어! 그놈도 살인자야. 놈이 어디 있는지 당장 불어."

넌 비서에게 '하인츠가 어디 있을까요?' 라고 되묻고 싶은 심정이었어. 하지만 머릿속이 어수선해서 한마디도 내뱉을 수 없었어.

비서는 한 번 더 진지한 눈빛으로 너를 보더니 밖으로 나갔어.

너는 하인츠가 은에 대해 이야기하는 걸 들었다고 말했어야 했어. 그런데 이미 늦어 버렸지. 비서는 너를 살인자 취급했어. 넌 그저 도와주려고 했을 뿐인데. 쓸데없이 고생하지 말고 비서한테 모든 사실을 털어놔. 한밤중에 짐꾼들이 짐 속에 든 물건에 대해 이야기하는 걸 들었다고, 하인츠가 은에 대해 안다고 말이야.

눈밭에 있던 남자들이 바위를 떨어뜨렸다면 모든 수단을 동원해서 귀중한 물건이 든 짐을 가져갔을 거야. 아님 돌을 던질 이유가 없잖아. 네 사람이 죽었다고! 하지만 그자들이 어떻게 짐을 가져갔는지는 알 수 없었지.

낭떠러지 아래로는 라인 강이 흘렀고 아무도 가파른 암벽을 타고 내려가지 못했어. 그러다간 자기가 죽을 테니까. 홈피스의 경쟁자든 도둑이든 물건 때문에 목숨을 걸진 않을 거야.

이런저런 생각을 하는 동안 날이 저물었어. 손발이 묶여 있어서 몸을 움직일 수 없었어. 온몸이 쑤시고 아팠지. 넌 조그만 소리라도 들리면 움찔움찔 놀랐어. 제발 누가 와서 구해 주길 바랐지. 그래, 너무 큰 걸 바라면 안 돼. 구해지는 건 둘째 치고 맞지만 않아도 감지덕지였어. 비서는 기다리라고만 했고, 그러다 넌 죽을지도 몰라. 결백을 증명하지 못하면 그러고도 남지.

그때 마구간 문이 열리더니 숙덕거리는 소리가 들렸어. 어떤 남자가 너를 잡고 일으켜 세웠어. 그자는 래티아 어로 뭐라고 했는데 알아들을 수가 없었지.

그자들은 네 손에 묶인 줄을 자르고 다리도 풀어 줬어. 팔다리가 저려서 걷기는 힘들었어. 한 사람이 너를 등에 업고 조심조심 헛간을 빠져나갔지. 넌 제발 이대로 풀려나기만 바랐어. 누구한테 들킬까 봐 마음이 조마조마

했지. 사실 래티아 어를 하는 사람들이 누군지 넌 알지 못했어. 그래도 마구간에서 풀려날 수만 있다면 더 바랄 게 없었어. 그런데 뒤에서 개 몇 마리가 큰 소리로 짖으며 쫓아오지 뭐야? 정말 깜짝 놀라 죽는 줄 알았어. 다행히 개들은 남자들 다리 주변을 맴돌기만 했어. 남자들이 데려온 개들 같았어.

추위와 두려움에 이가 덜덜 떨렸어. 래티아 어를 쓰는 남자들이 널 어디론가 데려갔지. 가는 내내 그자들은 뭐라고 이야기를 했는데 넌 전혀 알아들을 수 없었어.

얼마 가지 않아 그들이 빈집으로 널 데리고 들어갔어. 집 안엔 횃불이 타고 있었는데 엄청 춥고 지저분했어. 그곳에서는 다른 남자 두 명이 널 기다리고 있었어.

그자들의 정체는 무엇일까? 그리고 너한테 뭘 원하는 걸까?

그들 가운데 한 명이 왜 마구간에 갇혔느냐고 물었어. 그때 넌 아직 자유의 몸이 아니라는 사실을 깨달았어. 널 잡은 사람이 홈피스의 비서에서 래티아 어를 하는 낯선 남자들로 바뀌었을 뿐이었지. 낯선 남자들은 독일어를 하긴 했는데 발음이 진짜 이상했어.

넌 떨리는 목소리로 모르겠다고 대답했어. 눈물이 왈칵 쏟아질 것만 같았지.

한 사람이 말했어.

"길게 돌려서 이야기하지 말자고! 넌 나머지 짐이 어딨는지 알지? 그렇지 않으면 너를 가둘 필요가 없잖아."

"나머지 짐이라니요?"

네가 되물었어. 넌 은이 든 짐 하나가 더 있다는 걸 알지만 모른 척했지.

낯선 남자들은 전부 다섯 명이었는데 네 주위를 둘러싸고 앉아 자기들끼리 래티아 어로 말했어. 그들 가운데 검은 수염을 기른 남자가 네게 다가왔어. 그리고 친절한 목소리로 말했어.

"우리가 자네를 곤경에서 구해 주었다고. 그러니까 자네도 우리한테 대가를 지불해야 해. 우리한테 다 털어놓는 게 어때? 그럼 자네도 여길 떠날 수 있어."

그 사람이 갑자기 친절하게 대하는 바람에 눈물이 날 뻔했지. 속으면 안 돼! 그자들은 도둑이라고! 네가 눈밭에서 본 사람들이란 말이야. 그자들은 도둑일 뿐만 아니라 짐꾼 네 명을 죽인 살인자들이라고!

넌 위험에 빠졌어. 그들을 위해 일하면 아무 문제 없겠지. 하지만 그들이 찾는 건 단지 그 네 번째 짐이야. 그것만 찾으면 그자들은 널 죽일지도 몰라.

'여기서 빠져나가야 해!'

"우리가 제안을 하나 하지. 자네가 나머지 짐이 어디 있는지 말해 주면 자네 몫을 두둑이 챙겨 줌세."

수염을 기른 남자가 말했어.

넌 아무 대답도 하지 않았어. 그자들은 누가 귀중품을 운반하는지 어떻게 알았을까? 분명 그들은 누가 귀중품을 나르는지 알고 있었어. 그렇지 않다면 어떻게 정확히 귀중품을 나르는 짐꾼들 쪽으로 바위를 던질 수 있었겠어? 사고가 난 그날 골짜기엔 눈과 구름이 덮여 있었어. 눈보라까지 쳐서 앞을 제대로 볼 수 없었고. 그자들은 눈밭에서 짐을 지고 가는 사람들을 유심히 보고 있었을 거야. 그리고 너희 일행 가운데 누군가가 신호를 보내서 바위를 떨어뜨린 거지. 아니면 너희 일행 한 명이 귀중품이 든 짐 위에 미리 표시를 해 두었거나. 멀리서도 잘 보일 수 있게 말이야. 그런데 누가 이런 일을 꾸몄을까? 도망친 하인츠일까?

그들은 흥미진진한 눈으로 너를 보고 있었어.

꼬인 일을 바로잡으려면 영리하게 행동해야 했어. 가슴이 콩닥콩닥 뛰어서 귀에 들릴 정도였지. 마음을 진정하면서 넌 그들을 똑바로 쳐다보고 말했어.

"나머지 짐이 있는 곳으로 데려가 줄게요."

그자들은 네 말을 믿는 눈치였어. 사람은 누구나 자기가 듣고 싶은 말만 믿는 법이거든.

너는 그자들에게 지리를 잘 모르는 데다가 숙소 구조도 몰라서 자세히 설명할 수 없다고 했어. 그랬더니 그자들이 다시 래티아 어로 자기들끼리 이야기했지.

그때 빈집 문이 활짝 열리며 남자 한 명이 더 들어왔어.

"그들 숙소에 감시가 심해졌어. 우리가 저 녀석을 빼낸 걸 눈치챈 것 같아."

그 사람은 턱으로 널 가리키면서 말했어.

'계획대로 잘돼야 할 텐데. 비서가 날 도둑 떼와 한패로 몰아붙이면 어쩌지? 나도 이들과 함께 붙잡힌다면……. 하느님, 제게 은총을 내려 주옵소서!'

넌 벌벌 떨며 하느님께 기도했어.

그들은 네가 알아들을 수 있게 독일어로 말하기 시작했어. 널 같은 편으로 받아들인 거지.

너는 이제 혼자서 걸을 수 있었어. 부축받을 필요도 없었고. 다섯 명이 망을 보고 돌아왔어. 넌 출발하기 전에 약탈품들을 보여 달라고 했어. 그것은 방 한편에 놓여 있었지. 짐 꾸러미 세 개. 그자들은 깔깔 웃으며 비탈길을 고른 것이 옳은 결정이었다고 말했어. 길에서는 보이지 않는 절벽 틈 속 깊은 곳으로 짐 꾸러미가 떨어진 거야. 그자들도 짐을 끌어 올리느라 고생깨나 했을 거야. 짐꾼들은 라인 강으로 떨어져 묵사발이 되었고.

너는 도둑 패거리와 함께 살금살금 빈집을 나와서 길을 유심히 살펴봤어. 그리고 그자들에게 일이 성사되면 얼마를 줄 거냐고 물었지. 그래야 도둑 패거리들이 널 확실하게 믿을 거라고 생각했거든. 그자들은 너한테 왜 도적질을 하는지 말해 줬어. 알프스 산꼭대기에선 날씨가 추워서 농사를 지을 수 없기 때문에 먹고살기 어렵다고 했어. 그런데 상인들을 도와주면 돈을 많이 받을 수 있다고 했지. 그들이 사는 마을에 도둑 패가 몇 무리 더 있다고 했어.

"뭐라고요? 돈을 받는다고요? 어느 도시 상인들을 도와주죠?"

"아우크스부르크, 린다우, 라벤스부르크 그리고 콘스탄츠의 상인들을 도와. 그들은 훔피스가 이탈리아 무역을 독점하는 걸 원치 않거든. 그래서 우리를 시켜서 훔피스 물건을 빼내는 거야. 그 대가로 우리는 돈을 많이 받지."

'당신들은 물건만 훔치는 게 아니라 살인까지 저지르잖아요!'

마음 같아서는 이렇게 외치고 싶었지만 그랬다간 일을 그르치고 말 거야.

"훔친 물건들은 그럼 어떻게 하나요?"

"우리야 이 높은 데서 물건을 팔 수도 없으니까 가지고 있어 봤자 소용 없지. 상인들이 다 가지고 가. 우린 믿을 만한 마부를 찾아서 상인들한테 갖다주라고 부탁해. 돈을 두둑이 주면서. 물건이 많을수록 우리한테 떨어지는 것도 많아. 그러니까 이번에도 꼭 네 번째 짐 꾸러미를 찾아야 한다고. 우리는 가리지 않고 청탁을 받아. 누가 부탁하든 상관없어. 돈만 많이 주면 돼."

생각보다 모든 게 쉽게 끝났어. 도둑 세 명은 너와 함께 숙소로 갔어. 그런데 그날따라 유난히 달빛이 밝아 그자들은 긴장했지. 숙소는 정적에 휩싸여 있었어. 숙소 앞마당을 지날 때 넌 갑자기 목청이 터져라 도와달라고 외쳤어.

"사람 살려! 사람 살려! 살인자들이 찾아왔어요! 도둑들이 쳐들어왔다고요!"

모두 갑작스러운 소란에 어리둥절해했어. 개가 멍멍 짓기 시작했고 말도 히힝 소리를 내며 불안해했지. 마부와 짐꾼 들이 밖으로 뛰쳐나오며 창을 던지고 활을 쐈어. 다른 사람들도 칼을 빼 들며 달려왔고. 닭과 거위 들이 퍼덕거렸고 온갖 짐승이 시끄럽게 울어댔어. 순식간에 앞마당은 사람들로 가득 찼지.

너는 서서 구경을 하고 있었는데 훔피스의 비서가 헐레벌떡 달려왔어. 넌 재빨리 그에게 무슨 일이 일어났는지 말했지. 사실 말은 별로 필요 없었어. 두 눈으로 직접 확인할 수 있었으니까.

도둑들은 반항하지 않았어. 그들은 묶인 채로 끌려갔지. 그들이 힘없이 끌려가는 모습을 보고 넌 마음이 조금 아팠어. 도둑을 잡았으니 이젠 없어진 물건을 찾으러 가야 했어. 빈집으로 가는 길을 잘 봐 두었으니 문제없었지. 도둑들 소굴에 도착해 보니 다른 도둑들은 소란이 벌어진 틈을 타 도망가고 없었어. 짐은 그대로 두고.

이렇게 해서 너는 네 목숨도 구하고 가족도 살렸어.

홈피스는 너한테 일자리를 주었어. 네 덕분에 비싼 물건들을 되찾았으니 얼마나 고마웠겠니. 홈피스는 네가 읽고 쓰는 것을 배울 수 있게 돈도 대 줬어. 홈피스의 비서는 너의 가장 친한 친구가 되었고.

그는 짐을 찾고 감격해서 너를 부둥켜안고 눈물을 흘렸어.

그들은 널 천사 대하듯 했어. 따지고 보면 그렇게 큰일을 한 것도 아닌데 말이야. 도둑 패거리들은 너도 도둑인 줄 알았어. 비서가 너를 가뒀으니까. 물론 비서도 네가 도둑인 줄 알았고.

어떻게 그런 일들이 벌어졌는지 참!

잃어버린 짐을 찾고 나서 짐꾼들과 노새들은 슈플뤼겐이라는 고개를 넘어갔어. 그 길은 비아 말라보다, 칠리스 마을보다 지대가 높지. 그 길만 넘으면 키아벤나까지 계속 내리막길이 이어져. 거기서부터 다시 말을 타고 밀라노까지 갈 수 있어. 비서가 너한테 더는 걷지 말고 마차에 타라고 했어. 비서는 도적 떼들은 네가 네 번째 짐을 보여 줬다 해도 널 죽였을 거라고 했지.

드디어 밀라노에 도착했어. 하지만 이번이 마지막은 아니야. 앞으로 네가 밀라노에 몇 번이나 더 올지는 아무도 모르지.

너희 일행은 향신료, 후추, 비단을 싣고 라벤스부르크로 돌아왔어. 그것들은 너희가 싣고 간 물건들과 교환한 거였어. 홈피스는 너희 일행이 가지고 간 물건을 라벤스부르크에서 엄청나게 비싼 가격으로 팔았어. 얼마나 비싸냐고? 그건 네 상상에 맡길게!

알프스를 넘어 이탈리아와 무역을 한다는 건 아주 위험한 일이야. 이제 넌 자신 있게 남들에게 말할 수 있어. 무역은 힘든 일이라고.

제15장

독 우물

1347년 이탈리아에서 발생한 끔찍한 전염병이 알프스 이북으로 전파되었다. 이 소식을 듣고 많은 사람이 불안에 떨었다. 그 끔찍한 전염병은 흑사병이었다. 흑사병은 부자를 가난한 사람으로, 젊은이를 노인으로, 아름다움을 추함으로, 높음을 낮음으로, 정신적인 것을 세속적인 것으로 바꾸어 버렸다. 사람들은 치료법이 없던 흑사병이 지나간 자리에는 풀 한 포기도 자라지 않는다고 말했다. 그 병에 걸리면 죽는 수밖에 없었다. 아내나 아이들, 아버지나 어머니가 병에 걸리면 환자를 두고 나머지 가족들은 멀리 떠나야만 했다. 빨리 그곳을 빠져나가야 살아남을 수 있었다. 흑사병은 유럽 사회를 순식간에 공포로 몰아넣었다. 이 죽음의 전염병으로 수백만 명이 목숨을 잃었다. 사람들은 세상의 종말이 다가온다고 믿었다. 전염병의 원인은 정확히 밝혀지지 않은 채 종교적, 물리적, 지리학적 이론과 점성술을 근거로 성립된 여러 주장만 난무했다. 그런데 갑자기 어떤 특정 집단들이 들고일어나 흑사병을 일으킨 것이 누군지 안다고 주장하기 시작했다.

지금부터 소개할 이야기는 여러 보고서에 의거한 문서들을 종합하여 구성했으나 역사적 사실은 아니다. 이 이야기에는 쇼이펠린이라는 의사가 등장하는데, 그는 스트라스부르 시의원의 부탁으로 흑사병 증상에 대해 보고서를 작성했다. 그의 보고서는 14세기 의사들이 실제로 작성한 보고서 내용을 근거로 재구성한 것이다. 학자들은 전염병의 원인을 규명하기 위해 여러 가지 가정을 세웠고, 그것을 유럽 전역에 전파했다. 예를 들어 프랑스에서는 나병 환자들이 우물을 오염해서 그것 때문에 흑사병이 생겼다고 주장했다. 실제로 프랑스에서 나병 환자들을 집단 처형한 사례가 있었다. 이 이야기에서 소개할 스위스 몽트뢰의 시용 성에서 일어난 유대 인 의사 발라비그누스와 아퀘투스, 벨리에타라는 유대 인 남녀에 대한 재판도 사실을 근거로 한다. 앞으로 소개할 프랑스 사부아의 재판과 판결도 실제 일어난 일이다. 또한 초핑겐에서 판결을 받은 유대 인 트뢰스틀리는 실제로 '관리 대상'으로 간주되어 스위스 베른에서 프랑스 스트라스부르로 끌려갔다.

그의 죽음은 문서에 기록되지 않았다. 여기서는 트뢰스틀리의 사례에서 피고인이 특정한 범죄를 저질렀다고 확신할 수 있는 근거는 대체 무엇인지 생각해 볼 것이다. 흑사병이 유럽을 강타했을 때, 흑사병의 주범으로 몰린 피고인들이 강요에 의해 어쩔 수 없이 자신의 죄를 인정한 경우는 비일비재했다. 강제적으로 받아낸 '예'라는 대답은 법적인 증거로 효력을 발휘했다. 영주와 상인 대부분, 심지어 당시 군주들도 유대 인들이 이 엄청난 죽음에 책임이 있다고 소문을 퍼뜨리기도 했다. 그래서 1349년 초부터 스위스, 라인 강 상류 지방 그리고 독일 전역에서 의문의 살인 사건이 많이 일어났다. 이것도 흑사병이 퍼지기 전에 일어난 일이다.

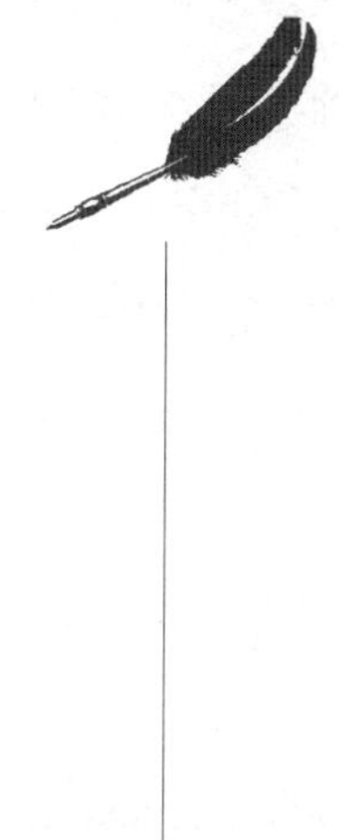

아름다운 도시 베른의 자문관 로베르트 수아소
스트라스부르 시의원회 귀중
1348년 가을, 베른

전지전능한 신께서 당신을 보호하실 것입니다.

시의원님께서 저희에게 스트라스부르 시민들을 위해 흑사병에 관한 정확한 정보를 알려 달라고 부탁하셨습니다. 그래서 이탈리아를 시작으로 우리가 사는 곳까지 퍼진 흑사병의 특성, 전염성과 그 원인을 찾을 방법을 고려해 보았습니다. 흑사병은 이례적인 전염병으로 인간을 파멸의 수렁으로 몰아넣고 있습니다. 우리는 이 끔찍한 전염병을 척결하기 위해 중요한 첫걸음을 내디뎠습니다.

우리는 당신의 뜻에 따라 전염병의 원인과 치료법을 찾기 위해 열심히 노력할 것입니다. 이 세상 모든 사람은 어떤 악마 같은 인간들이 끔찍한 전염병을 유발했는지, 어떻게 하면 이 파멸의 전염병을 전 기독교인의 안녕을 위해 뿌리 뽑을 수 있는지 알아야 합니다.

스트라스부르가 흑사병에서 안전할 수 있게 신이 함께하길 바라며 친애하는 도시 스트라스부르의 위원회에 사실대로 작성한 문서를 보냅니다.

로베르트 수아소

| 문서 1 |

베른의 의학 전문의 요도쿠스 쇼이펠린의 보고서
– 나폴리 제국에서 발생해 현재 우리나라를 위협하는 새로운 전염병의 특성

나는 베른 시의 부탁을 받고 이탈리아에서 무섭게 퍼지는 전염병의 원인과 증상을 파악하기 위해 밀라노로 갔다. 그곳에서 전염병의 발병, 전개 과정, 사망 시 나타나는 특성을 밝히기 위해 병에 걸린 사람들을 유심히 관찰했다.

나는 목숨을 걸고 여행을 감행하기로 했다. 베른의 시위원이 여행 목적을 명확히 전달했을 뿐 아니라 학자로서 지적 호기심이 발동했기 때문이다.

밀라노에는 아직 전염병이 퍼지지 않았다. 하지만 밀라노는 전염병을 피해 온 사람들로 꽉 차 있었다. 나는 밀라노를 떠나 피렌체로 갔다.

나는 피렌체에 발을 들여 놓지 못했다. 따라서 지금부터 보고할 내용은 성문 앞에서 만난 증인들과 경험자들의 진술을 토대로 한다. 흑사병은 내가 안전한 곳으로 자리를 옮겨 보고서를 작성하는 이 순간에도 도시 전체를 휩쓸고 있다.

사람들이 창백한 얼굴로 거리에서 비틀거렸다. 공공 생활은 전부 마비 상태였고 한 사람도 도시를 빠져나갈 수 없었다. 위험을 무릅쓰고 도망치려다 잡히면 개처럼 맞아 죽었다. 흑사병이 발병하고 나서 인간의 존엄성은 사라져 버렸다. 흑사병 징후가 조금이라도 발견되면 부모는 아이들을 남겨 두고 떠났다. 남편이 아내를 떠났고 아내가 남편을, 의사가 환자를, 성직자들이 공동체를 떠났다. 남에게 병을 옮겨선 안 되겠다고 생각하고 혼자서 비참한 죽음을 맞기로 결심했기 때문이다.

매일 아침 짐마차가 골목골목을 돌아다녔다. 그리고 천으로 얼굴을 감싼 사람들이 와서 죽은 사람들을 짐마차에 실었다. 시체들은 아직 살아 있는 것처럼 보였다. 시체는 도시 밖에 있는 공동묘지에 버려졌다.

지금까지 이렇게 도덕이 땅에 떨어진 적은 없었다. 수많은 사람이 병에 걸릴 때까지 술집이나 유곽에서 살기 일쑤였고, 술을 마시고 창녀와 간음을 했다. 그러고는 온 세상을 저주하며 영원한 죽음과 파멸의 길로 들어섰다.

다른 사람들은 성당에서 살며 기도문을 중얼중얼 외웠다. 그들을 위로하는 성직자는 한 사람도 없었다. 성직자들은 고해 성사를 해 주지 않았다. 인간에 대한 사랑이 깊은 이들은 이미 죽었거나 다른 곳으로 도망쳤다.

나의 관심은 병의 증상 그 자체에 있다.

지금부터 위원회에 내가 알아 낸 결과를 전하고자 한다.

흑사병은 크게 두 가지 형태로 구분된다.

첫 번째 형태

흑사병은 피로가 누적되고 몸이 허약해졌을 때 발생하기 쉽다. 첫 번째 증상으로 열이 나기 시작한다. 그리고 환자의 체력이 저하되면서 현기증, 두통, 동통이 생긴다. 병이 발전하면 겨드랑이와 성기 부근에 큰 종기가 생긴다. 이 종기들은 금세 어두운 색으로 변하고, 환부에 손이 닿기만 해도 참을 수 없을 만큼 통증을 느낀다. 통증과 함께 고열이 동반되고 결국 쓰러지고 만다. 사망하기 전에 실신 상태에 빠지지만 사망 직전까지 의식은 또렷하다. 발병 후 보통 4, 5일 또는 일주일 안에 사망한다.

두 번째 형태

심하게 기침을 하다가 점점 심해져 괴로울 정도로 기침을 하고, 검은 핏덩어리를 토해 내기도 한다. 가슴에 통증이 있고 호흡 곤란이 온다. 발병 초기부터 고열 증세를 보인다. 사망 직전 몸에 검은 혹이 생긴다. 환자 대부분이 의식을 잃으면 바로 사망한다. 두 번째 형태는 대개 발병 뒤 몇 시간 이내에 사망하나 종종 3일 정도 병세가

흑사병으로 인해 몸에 검은 혹이 생겼다.

지속되기도 한다.

첫 번째 형태는 발병률이 낮고 치료가 가능하다. 나는 건강을 되찾은 몇몇 사람들과 이야기를 나눌 수 있었다. 전문가가 환자의 검은 혹과 냄새 나고 진득진득한 염증을 제거해 주면 병세가 진정된다. 그러나 한번 흑사병에 걸렸던 사람이 예전 건강 상태로 돌아오는 것은 불가능하며 병이 재발할 가능성도 높다.

두 번째 형태의 흑사병에 걸린 사람은 회복 가능성이 희박하다.

검은 종양 때문에 흑사병, 또 다른 이름으로 페스트, 역병이라고 한다.

하느님께서 존경하는 위원회 여러분께서 저의 정보를 통해 올바른 결론을 내릴 수 있게 도와주실 것입니다.

요도쿠스 쇼이펠린

베른의 의사

| 문서 2 |
로잔 출신 상인 오귀스트 드 뤼르의 보고서
– 베른 그리고 사회를 걱정하는 모든 사람에게

우리 로잔 상인, 필리프 뒤 부아, 피에르 블라제, 장 루이 마이어, 오귀스트 드 뤼르는 흑사병에 대해 자세히 연구했다. 우리는 병의 발생지와 원인을 알아내기 위해 최선을 다했다. 그리고 전 기독교도의 치료와 하느님의 영광을 위해 모든 방법을 동원할 것이며, 기독교 사회를 위해 무엇이 필요한지 추론해 볼 것이다.

우리는 여러 학자들에게 흑사병에 관한 소견을 물어봤으나 만족할 만한 대답을 얻지 못했다. 그래서 우리가 직접 사실을 규명하기로 했다. 계획에 착수한 뒤 얼마 지나지 않아 성과를 얻을 수 있었다.

학자들에게 들은 의문점들을 해결하는 일부터 시작해야 했다. 그러고 나서 학자들의 뜻을 써 내려갔다. 북유럽 국가들은 하느님의 보호하심으로 흑사병의 위협에서 무사할 수 있었다.

첫 번째 학자의 소견

첫 번째 학자에게 피에르 블라제가 물어보았다. 그리고 다음과 같은 대답을 들었다.

독성을 지닌 공기는 지진이나 화산 폭발 시 또는 땅이 갈라진 틈에서 생긴다. 다시 말해 지옥과 연결된 땅속에서 독성을 품은 공기가 발생하고 그것이 흑사병이 근원이 된다.

이와 같은 견해는 설득력이 있었고 많은 학자가 동의했다. 그러나 우리는 독성을 품은 공기가 흑사병의 원인이라는 사실을 이미 알고 있었기 때문에 피에르 블라제는 첫 번째 학자의 설명에 만족하지 못했다. 기본적인 지식을 가지고 있는 편이 늘 유리하다. 그래야 의문점을 제시하거나 상대방의 의견에 반론할 수 있기 때문이다.

피에르 블라제는 문제를 제기했다. 어떻게 화산에서 나오는 독성 있는 공기가 이렇게 먼 곳까지 퍼질 수 있을까? 독성이 있는 공기가 시간이 지난 뒤에도 사라지지 않는 이유는 무엇인가?

이 질문에 납득할 만한 답변을 준 학자는 한 사람도 없었다.

두 번째 학자의 소견

필리프 뒤 부아는 두 번째 학자에게서 다음과 같은 답을 얻었다.

흑사병의 원인은 별자리와 깊은 관련이 있다. 현재의 별자리 구조는 인간에게 해를 끼칠 뿐 아니라 매우 위험하다.

필리프 뒤 부아는 이러한 주장을 이미 알고 있었다. 그리고 그는 별자리가 흑사병의 원인일 수 없는 이유를 발견했다. 별자리에는 일정한 주기가 있다. 두 번째 학자의 주장대로라면 흑사병도 별자리 주기에 맞춰 반복되어야 한다. 그러나 인류, 또는 우주 역사상 흑사병이 발병한 적은 이번이 처음이다. 뒤 부아의 반론은 정말 훌륭했다.

세 번째 학자의 소견

세 번째 학자는 장 루이 마이어에게 다음과 같이 답변했다.

대기를 떠돌아다니는 혜성 가운데 독성을 지닌 공기를 품은 혜성이 존재한다. 화산과 지진으로 발생된 공기와 다르게 혜성은 온 세계를 떠돌기 때문에 곳곳에 독을 전파할 수 있다.

이 의견에 반론을 제기하지는 못했지만 마이어는 이와 같은 주장을 이미 알고 있었다.

네 번째 학자의 소견

나, 오귀스트 드 뤼르는 아비뇽 교황청에 사는 유명한 종교 학자에게 질문했다. 그는 흑사병의 원인은 신앙에서 찾을 수 있다고 했다. 그 학자는 죽음은 하느님의 심판을 뜻하므로 분명히 인간의 죄와 깊은 연관성이 있다고 말했다.

나는 이 세상이 죄로 가득 찼으며 심히 타락했다는 것은 누구나 인정하지만 하느님은 홍수로 인간을 심판하신 뒤 인류를 멸하지 않겠다고 약속하지 않았느냐고 반박했다. 그리고 그 증표로 하느님은 무지개를 만드셨다고 반박할 수도 있었지만, 종교 재판에 회부될까 봐 조용히 있었다. 괜한 반론을 주장했다가 화형에 처해질 수도 있었기 때문이다. 그것은 흑사병의 원인을 밝히는 우리의 계획에 차질이 생길 것이다.

전염병이 동쪽에서 시작해 유럽으로 전파되었다고 주장하는 사람도 있었다. 그러나 이러한 주장의 진실 여부는 입증할 수 없었다.

그래서 동방에서 유럽으로 흑사병이 전염된 것을 목격했다는 이탈리아인, 가브리엘 데 무시스의 증언을 삽입하고자 한다.

공증인의 보고와 가브리엘 데 무시스의 증언

1347년, 타타르 민족이 흑해 근처의 카파라는 도시를 포위했을 때의 일이다. 진을 치고 3년이 지나서 군사들이 병에 걸렸다. 매일 군사 수천 명이 흑사병 증세를 보이며 죽었다. 타타르 민족 지휘자는 악마의 하수인 같았다. 그는 돌을 쏘는 대포에 시체를 넣고 도시로 던졌다. 도시에 사는 사람들은 시체에서 뿜어져 나오는 독에 감염돼 목숨을 잃었다. 이 도시에는 이탈리아에서 온 배가 머물렀기 때문에 이탈리아 상인들이 많았다. 결과적으로 카파에 다녀온 이탈리아 상인들이 흑사병을 유럽에 전파한 것이다.

우리는 학식이 풍부한 가브리엘 데 무시스의 보고서를 보고 그의 주장을 높이 평가했다. 무시스는 흑사병이 퍼진 경로는 다양하다고 설명했다. 그러나 똑똑한 사람이라면 이 이론이 결코 우리가 찾으려는 진실이 아니라는 사실을 알 수 있다. 무시스의 설명을 듣고 우리는 다음과 같은 질문을 던졌다. 애초에 어떻게 카파에 전염병이 생겼을까? 그리고 어떤 경로로 병균이 배로 옮겨질 수 있었을까? 이탈리아에서 흑사병이 확산된 경로는 어떻게 설명할 수 있는가?

우리가 제기한 이와 같은 의문에 무시스는 아무런 답을 주지 못했다.

모든 사실

지금부터 우리가 수집한 모든 사실을 밝히겠다. 그리스 철학자 엠페도클레스 이후 학자들은 생명을 유지하기 위해 네 가지 원소, 다시 말해 불, 물, 공기, 땅이 필요하다고 했다. 우주와 생물과 무생물은 모두 이 네 가지 원소로 구성되었다. 따라서 누군가 이 네 원소 가운데 하나를 감염시킨다면, 생명체 전체를 감염시킨 것이라고 말할 수 있다.

이 이론은 논리적이며 여러 가지 현상에 대입할 수 있지만, 모든 현상을 설명해 주지는 못한다. 그러나 우주를 구성하는 네 가지 기본 요소에 독이 있다면 다른 어떤 것보다 위험하다는 것은 분명하다.

불, 물, 공기, 그리고 땅!

불 속에도 독이 있을까? 아니다, 불은 모든 독과 모든 병의 적이라고 학자들은 말했다.

그렇다면 땅일까? 아니다, 어떻게 사람이 땅에 독을 전파할 수 있겠는가? 인간은 땅을 원래 모습 그대로가 아니라 동식물에 의해 영양분으로 변한 상태로 이용한다고 학자들은 덧붙여 말했다.

그렇다면 독이 어디서 어떻게 영향을 준단 말인가?

공기? 화산, 혜성, 지진과 관련된 학자들의 이론만 보면 공기와 독의 연관성이 증명된 듯 보이나 우리는 진실을 안다. 어떤 인간이 사악한 마음을 품고 자연과 도시에 퍼진 공기를 오염할 수 있을까? 공기가 독으로 오염됐다면, 그들은 자기가 숨 쉬는 데 필요한 공기를 어디서 공급받겠는가?

그렇다면 물만 남는다. 늘 물을 길어다 먹는 우물을 오염하는 것은 아주 간단하다. 독만 있으면 된다. 그것도 우리가 설명한 병의 성질과 일치하는 독 말이다.

하지만 아직도 두 가지 의문이 남는다.

그런 독이 있는가?

만약 그러한 독이 있다면 누가 우물을 오염한 것인가?

첫 번째 질문에 대한 답은 간단하다. 그런 독이 있다는 증거로 독이 든 작은 주머니를 동봉한다.

미리 경고하는데, 우리가 보낸 독은 소량으로도 많은 사람을 병들게 할 수 있다. 따라서 독을 시험 삼아 우물에 넣는 일은 삼가는 게 좋다. 굳이 시험해 보지 않아도 그 독은 이미 많은 사람을 죽였다.

두 번째 질문에도 간단히 답할 수 있다. 기독교인들에게 해를 끼치려는 사람은 대체 누구인가? 누가 유럽의 모든 도시와 마을을 찾아다니며 우물에 독을 퍼뜨릴 수 있을까? 그런 잔인한 행동을 하는 인간이 대체 누구란 말인가?

기독교인들의 철천지원수는 이슬람 교도와 유대 인이다. 이슬람 교도들은 너무 멀리 산다. 그렇다면 우리 생각에 독을 써서 사람들을 해할 수 있는 사람들은 유대 인밖에 없다. 유대 인은 기독교인의 거주지에 있는 우물에 쉽게 접근할 수 있다.

유대 인이 틀림없다. 그들은 기독교인들과 함께 산다. 그들은 기독교인이 사용하는 우물이 아니라 유대 인 전용 우물을 이용한다. 이것은 누구나 알고 있는 사실이다! 기독교인은 신뢰를 소중히 여긴다. 유대 인은 이러한 점을 이용해 모든 것을 파괴했다.

유대 인들이 병을 퍼뜨렸다는 확신이 서자 우리는 서둘러 지인들의 감정을 받았다. 먼 길을 다니는 상인들은 이미 20년 전에 에스파냐에서 이런 종류의 우물 오염 사건들이 있었다고 가르쳐 주었다. 그들 말로는 그 자리에서 범인들이 잡히고 그들의 유죄가 입증되었다고 한다. 범인은 항상 유대 인이었다. 그들은 모두 산 채로 화형당했다. 프랑스에서도 정화의 불길이 있었다. 이곳에서는 나병 환자와 함께 독극물 사건으로 유죄를 선고받은 유대 인을 함께 화형했다.

그 당시 유대 인이 우물에 뿌린 독은 흑사병균보다 강하지는 않았다. 어쨌든 유대 인들이 잔혹하게 우물들을 오염했다.

우리는 통찰력을 주신 성령님께 감사드린다.

유대 인들이 산 채로 화형당하고 있다.

　1348년 초, 에스파냐와 프랑스에서 발생한 전염병이 날뛰기 시작했을 때, 정직한 기독교인들은 20년 전에 일어난 사건들을 떠올리고는 곧바로 유대 인들을 고소했고 죄를 자백한 유대 인들을 고문대 위에 세웠다. 우리는 그 자리에 참석한 많은 상인의 진술을 확보했다. 유대 인들이 우물을 오염했다는 데는 의심의 여지가 없었다.

　유대 인들은 주민들이 식수를 얻는 우물에 독을 탔다. 그리고 따로 샘을 마련해 자신들은 깨끗한 물을 마셨다.

　알프스 근방에서도 사람들이 죽었다. 이곳을 거점으로 전염병이 퍼지기 시작해 우리가 사는 스위스에도 뿌리를 내렸다. 그리고 유대 인들은 흑사병을 라인 강을 따라 북으로 전파해 모든 기독교인을 전멸시킬 속셈이었다.

그러나 사태가 악화되는 일은 없을 것이다. 우리가 사실을 밝혔기 때문이다.

범죄 사건을 면밀히 조사하는 과정에서 아주 중요한 의문점이 생겼다. 과연 고소인을 신뢰할 수 있는가 하는 문제였다. 그래서 이제 자비로우신 하느님의 도움으로 증명해 보려 한다. 우리는 성부와 성자이신 예수 그리스도의 영원한 축복 앞에 한 치의 거짓이 없음을 맹세한다.

우리가 조사한 결과를 보면 유대 인이 범인임을 확신할 수 있다. 그들은 우리를 속이고 있다. 유대 인들은 유사 이래 농부나 기술자로 일할 수 없고 원거리 무역도 할 수 없었다. 유대 인들은 자신들이 우월하다는 선민의식에 사로잡혀 있으며 사기 행각을 온 세상에 유포했을 뿐 아니라 십계명으로 금지된 고리대금업으로 부를 축적했다. 죄악을 일삼는 유대 인들은 지금까지는 정직한 상인들을 죽이는 것보다 그들의 무역을 방해하는 일에 주력했다.

증거 :

첫 번째 사례

필리프 뒤 부아에게 좋은 조건에 대량의 소금을 구입할 기회가 생겼다. 자금을 마련하기 위해서는 유대 인에게 돈을 빌려야 했다. 뒤 부아는 유대 인 고리 대금업자가 제시하는 차용 조건에 동의했다.

거래가 성사되어 소금을 샀다. 그때 제네바에서 온 상인이 로잔에서 소금 값을 흥정했다. 그래서 가격이 내려갔고 유대 인에게 돈을 빌릴 필요가 없던 제네바 상인은 싼 값에 많은 양을 사들였다.

뒤 부아는 이자를 지불해야 했다. 소금은 손해를 보더라도 팔아넘기는 편이 좋을 만큼 가격이 내려갔다. 그러나 뒤 부아는 일단 소금을 창고에 쌓아 두고 기다렸다. 인내는 무역의 미덕이다.

그때 유대 인이 자신의 돈을 요구했다!

뒤 부아는 유대 인 고리대금업자에게 소금 값이 금방 다시 오를 테니 그때까지 조금만 더 기다려 달라고 했다. 그러나 유대 인은 자신을 후원해 주는 황제에게 내야 할 세금 고지서를 내밀면서 끝까지 돈을 요구했다. 결국 유대 인 고리대금업자는 뒤 부아를 고소했고, 재판관은 유죄를 선고했다. 뒤 부아는 돈도 잃고 소금도 잃었다. 나쁜 짓은 인내심 없고 탐욕스러운 유대 인이 저질렀는데 말이다. 유대 인들은 모든 상인에게 적과 같은 존재였다.

두 번째 사례

피에르 블라제는 더 기가 막힌 경험을 했다. 그는 혼인하는 딸의 혼수를 장만하기 위해 돈이 필요했다. 얼마 뒤 레반트(그리스와 이집트 사이에 있는 동지중해 연안 지역을 통틀어 이르는 말—옮긴이)에서 온 비단을 거래하게 되었는데 돈이 없었다. 그는 비단 장사에 꽤 실력이 있던 터라 다른 사람에게 이 거래를 넘겨줄 수는 없었다.

그는 돈을 구해야 했다. 기독교인들 가운데 그렇게 많은 돈을 빌려 줄 수 있는 사람은 없었다. 그래서 어쩔 수 없이 유대 인 고리대금업자를 찾아갔다. 유대 인들은 매우 근면하다. 그건 나도 인정한다. 그들은 돈을 갈고리로 긁어모았다. 그걸로 다른 사람을 굽실거리게 하고, 사람들에게 축복을 기원해 주면서 돈을 빌려 주고는 반년 안에 엄청난 액수의 이자를 요구한다. 피에르 블라제도 유대 인 고리대금업자의 차용 조건에 동의했다. 다른 방법이 있었겠는가?

상인들은 이익을 낼 수 있을 거라는 확신이 서지 않으면 남에게 돈을 꿔 가며 무리한 거래를 하지 않는다. 블라제에게는 비단을 대량으로 구입하는 중요한 고객 한 사람이 있었다. 바로 토리노 주교였다. 콘스탄츠의 주교 역시 그의 주요 고객이었다. 블라제는 적절한 시기에 비단을 팔아 큰 이익을 낼 수 있으리라 기대했다.

그때 토리노 성당에 벼락이 내리쳐 대형 화재가 났다. 이런 상황에서 토리노 주교에게 비단을 팔기는 무리였다. 콘스탄츠 주교는 전쟁으로 출타 중이었다. 비단을 팔 곳이 없었다. 여기저기 찾아봐도 비단을 팔 만한 고객이 없었다. 멀리 내다보고 손해가 나지 않게 해야 했다. 다른 교황도 있지 않은가! 그리고 물건은 최상품이었다.

하지만 유대 인 고리대금업자는 황제가 세금을 내라고 압박한다며 빨리 돈을 갚으라고 재촉했다. 재판관은 유대 인이 블라제의 재산을 압수할 수 있다고 판결을 내렸다. 정말 딱한 일이다!

이것은 장거리 무역을 할 수 없는 유대 인들의 복수다! 기독교 상인들을 파멸시키려는 음모다!

이는 시작에 지나지 않는다. 그들은 단순히 기독교를 믿는 상인에 대한 복수를 넘어 모든 기독교인을 향한 복수를 하고 있다. 우물 안에 독을 넣어 병을 퍼뜨린 자들은 유대 인이 분명하다.

이 문서는 1348년 11월 11일 성 마르틴 축일에 작성되었습니다. 하느님께 기독교인을 파렴치한 유대 인보다 먼저 구원해 달라고 간청드리며 글을 맺습니다.

사부아 백작령이 속한 로잔 시의 상인들
오귀스트 드 뤼르, 필리프 뒤 부아, 피에르 블라제, 장 루이 마이어

| 문서 3 |
사부아 아마데우스 6세의 조사관의 보고서
- 사부아에서 일어난 흑사병 관련 전례

서기 1348년 헌정.

예전에 에스파냐와 오시타니아(프랑스 어의 방언인 오크 어가 쓰이는 지역을 의미한다. 일반적으로 루아르 강 남쪽의 프랑스로 정의되며 이탈리아의 발레다오스타 주, 에스파냐의 아란 계곡까지 포함된다—옮긴이)에서 유대 인들이 기독교인을 죽이기로 모의하고 시민들을 불안에 떨게 했듯 사부아도 공포에 휩싸였다. 사부아 시민들은 하나같이 무릎을 꿇고 악에서 구해 달라고 간절히 기도했다.

당국은 악을 물리치기 위해 모든 노력을 다할 것이라고 약속했다.

로잔에 있는 상인들은 훌륭한 조사 결과를 발표했다. 그들은 예리한 통

찰력으로 죽음의 원인을 밝혔다. 즉 유대 인들을 자세히 관찰해 그들과 흑사병의 연관성을 발견했다. 그들은 죄를 인정하고 도망칠 것인가?

그들은 도망치지도 죄를 인정하지도 않았다. 그들의 행태는 모든 사람을 놀라게 했다. 그러나 로잔 시위원회는 유대 인에 대한 특별 조사를 하지 않을 것이라고 결정했다. 이것은 흑사병의 원인을 찾지 않겠다는 말이나 다름없었다.

백작의 조사관인 나 혼자만 의지를 꺾지 않았다. 나는 유대 인들이 도망가지 않는 이유를 알고 있었다. 도망가면 죄를 인정하는 꼴이라고 생각했기 때문이다. 그들은 사부아 시민들을 몰락시키기 위해 무죄를 주장해야 했다.

나는 유대 인들이 아무 일도 없었던 것처럼 생활하는 자체가 죄를 짓는 것이라고 생각한다. 그들은 우리를 속이려 한다. 인간은 타인을 속여서는 안 된다. 그들은 죄를 인정하지 않았을 뿐 아니라 남을 속이고 있다. 도망가든 사부아에 남든 그들은 죄인이다.

이건 간단한 일이다.

나는 사부아 시민들의 흑사병에 대한 공포심을 없앨 수는 없었지만, 백작의 조사관으로서 침착하게 의혹이 가는 모든 사건을 자세히 관찰했다.

유대 인들의 범행을 발견하려면 시민들의 도움이 필요했다. 따라서 제보자와 목격자를 확보하기 위해 적절한 조치를 했다. 그들이 사부아 시민들에게 치명적인 손해를 입히기 전에 서둘러 대책을 마련해야 했다.

- 일단 제보자에게 보상금을 지불하기로 했다. 유대 인들이 독살이나 기독교인을 상대로 음모를 꾸미는 것을 목격한 사람의 제보가 필요

했기 때문이다.

- 이례적인 방법으로 우물을 오염한 유대 인을 체포하는 데 일정 부분 단서를 제공했거나 체포에 직접적인 도움을 준 사람들에게 고액의 보상금을 지불하기로 결정했다.
- 독을 가진 유대 인을 고소한 사람에게도 보상금을 지불할 것이다.

위와 같은 내용의 공고를 시내 곳곳에 붙여 놓았으니, 일단 제보가 들어올 때까지 기다려야 했다. 물론 나는 두 손 놓고 가만히 앉아 기다리고 있진 않았다. 재판관을 설득하고 사형 집행 도구를 미리 손봐야 했다. 사형 집행인과 그를 돕는 조수들도 대기하고 있어야 했다. 많은 돈과 노력이 필요했다. 이를 위해 물질적으로 후원한 로잔과 몽트뢰 상인들에게 감사한다.

| 문서 4 |
제네바 호수 옆 몽트뢰, 사부아의 백작령 시용 성에서
– 사부아의 조사관

우물 오염 죄로 재판에 회부된 피고의 사례(남자 네 명과 여자 한 명)

제보자들의 도움으로 우리는 범인을 체포할 수 있었다. 범인은 토농 출신 외과 의사 발라비그누스라는 자였다. 우리는 그가 제네바 호수 둔치에 누워 있는 것을 발견하고 바로 체포해 재판소로 소환했다. 발라비그누스는 유대 인이기 때문에 범행의 소지가 다분했다. 더구나 의사라는 직업적 특성상 독이나 병균을 쉽게 손에 넣을 수 있었다. 발라비그누스는 그의 직업을 방패 삼아 아무렇지도 않게 독을 소지하고 있었다. 제보자들은 그의 집에 쳐들어가서 독이 든 작은 주머니 여러 개를 찾아냈다.

의사는 범행을 완강하게 부인했다. 고문대 아래에서 심문을 받을 때도 마찬가지였다. 그는 누구나 전염병에 걸릴 위험이 있으며 전염병에 걸린 사람은 사망할 수도 있다는 말만 늘어놓았다. 전염병이 이 사람에게서 저 사람에게 옮아간다는 이야기는 할 필요도 없었다. 우리는 이런 종류의 역병이 어떤 방법으로 계속 번지는지 익히 알고 있었다. 중요한 문제는 흑사병의 발단을 밝히는 것이었다. 횃불을 밝힌 지하실에서 발라비그누스를 고문했다. 그러나 그는 죄를 자백하지 않았다. 나는 취조관과 사형 집행관과 함께 고문 과정을 지켜보았다. 발라비그누스는 비명을 지르며 고통을 호소했다. 고문을 지켜보던 조사관 한 명이 먹은 것을 다 토하는 바람에 고문이 여러 번 중단되었다.

유대 인 의사 발라비그누스는 결국 화형 선고를 받았다. 그자가 죽음으로써 많은 기독교의 생명을 구할 수 있었다. 우리는 그에게 자백을 받아 냈다. 그의 자백을 토대로 우물이 오염되었다는 사실을 증명할 수 있었고 독의 출처도 알아냈다. 발라비그누스는 에스파냐 중부 도시 톨레도에 있는 이슬람 교도에게서 독을 구했다고 자백했다. 그 이슬람 교도는 가죽 가방에 독을 넣어 유대 인 심부름꾼에게 전해 주었다고 했다. 그 이슬람 교도 역시 유대 인들처럼 기독교인들을 살해하려 한 것이다.

독을 전해 받고 발라비그누스는 바위 아래 있는 큰 우물에 독을 넣었다.

그리고 자기 아내와 아이들에게 그 우물의 물은 마시지 말라고 했다.

우리는 또 다른 유대 인 의사 벨리에타에 대한 제보도 받았다. 그녀 역시 범행을 완강히 부인했고 자백을 하지 않았기 때문에 고문할 수밖에 없었다. 그제야 그녀는 기독교인을 살해하기 위해 독을 썼다고 인정했다. 벨리에타는 어디에 독을 넣었는지 말하지 않았다. 우리는 자백 진술을 받아내기 위해 다른 방법을 동원해야 했다. 그래서 벨리에타의 아들 아퀘투스를 고문실로 데려와 그녀가 보는 앞에서 고문을 가했다. 고집 센 의사의 자백을 받는 데 아주 효과적인 방법이었다. 자기 아들이 고통스러워하는 모습을 보고 나서야 그녀는 비로소 어디에 독을 넣었는지 이야기했다.

이와 같은 방법으로 우리는 유대 인 다섯 명의 자백을 받아냈다. 그리고 죄인들에게 화형을 선고하고, 사형 집행관에게 사람들이 많이 지나다니는 데서 산 채로 불에 태우라고 명령했다.

1348년 10월 헌정

사부아 백작령의 조사관

| 문서 5 |

사부아에서 기하급수적으로 늘고 있는 유대 인 관련 재판에 관하여
- 사부아 백작령 조사관 기록

사부아에서 유대 인에 대한 재판은 기하급수적으로 늘고 있다.

유대 인들은 범행을 저지른 사람들을 감싸고돌았다. 민족적, 종교적 유대감에서 비롯한 그릇된 행동이었다. 유대 인들에게서 제보나 증언을 받아 내기란 매우 어려운 일이었다. 따라서 의심되는 유대 인을 모조리 고소할 수밖에 없었다.

유대 인들이 일치단결해 기독교인들이 식수를 얻는 우물에 독을 넣은 게 아니라면 어떻게 수천, 아니 수만 명의 이탈리아 사람들이 희생되었을까? 사부아에 거주하는 유대 인은 남녀노소 불문하고 모두 없애 버려야 한다. 그러지 않으면 사부아 시민 전체가 위험에 빠진다. 유대 인의 씨를 없애지 않는다면 성스러운 로마 기독교 제국 전체가 위협받을 것이다.

사부아 백작령의 조사관

| 문서 6 |

기사 하인리히 폰 디센호펜의 보고서
– 유대 인의 우물 오염과 관련해 초핑겐에서 일어나는 새로운 사건들

초핑겐 시에 사는 트뢰스틀리라는 유대 인의 집에서 독이 발견되었다.

트뢰스틀리는 고리대금업자다. 초핑겐 교구는 트뢰스틀리에게 많은 빚을 졌다고 한다.

트뢰스틀리가 우물 옆에 있는 모습을 본 목격자들이 있었다. 그들은 사부아에서 어떤 일들이 벌어졌는지 익히 알고 있었기 때문에 트뢰스틀리가 우물에 독을 넣어 흑사병을 전염시키려는 것은 아닌지 두려워했다. 그래서 트뢰스틀리를 미행해서 우물에서 무슨 일을 하는지 관찰하기로 했다.

트뢰스틀리는 뻔뻔스러운 답변을 했다. 집에 가려면 반드시 우물 앞길을 지나가야 했기 때문에 사람들이 우물 근처에서 자기를 본 건 당연하다고 말했다. 그러나 심문관은 그의 대답을 거짓 진술로 판단하고 우물 오염 혐의로 고소했다.

첫 번째 조사에서 트뢰스틀리의 집으로 가는 다른 길이 있다는 사실이 밝혀졌다. 그에게 집에 독이 있냐고 묻자 없다고 했다. 하지만 이미 몇몇 시민이 그의 집에 침입해서 독이 든 작은 주머니를 찾아냈다. 독은 집 앞 현관에 떨어진 돌판 아래 숨겨져 있었다.

트뢰스틀리는 자신은 독이 든 주머니에 대해 아는 바 없으며 현관에 돌판이 떨어진 것조차 모른다고 주장했다.

재판관 앞에 선 트뢰스틀리는 건방지고 파렴치했다. 죄를 뉘우치는 모습은 손톱만큼도 찾아볼 수 없었다. 피고인은 자리에서 일어나 큰 목소리로 당당하게 모든 사실을 부인했다. 그의 뻔뻔함에 잠시 법정이 혼란스러웠다. 그러나 우리는 사부아에서 이미 유대 인들을 상대한 경험이 있기 때문에 그들을 어떻게 다루어야 하는지 잘 알았다.

자백만 받으면 바로 형을 내릴 수 있었다.

우리는 그의 아내와 열두 살, 열여섯 살, 열여덟 살 그리고 스무 살인 자녀들을 감금했다. 증인 심문을 받던 트뢰스틀리의 아내는 기독교인들이 빚을 갚지 않으려고 유대 인들을 위협하고 죄를 덮어씌우려 한다고 말했다. 기독교인들이 단서를 잡기 위해 자신들을 미행했다는 것이다. 사부아에서 수많은 유대 인을 화형한 사부아 백작령의 조사관도 유대 인에게 빚을 많이 졌으며, 아마데우스 백작도 마찬가지라고 했다. 그것은 모든 유대 인이 아는 사실이라고 했다.

트뢰스틀리 부인은 기독교인들이 유대 인들에게 빚을 갚기 싫어서 죄를 덮어씌웠다고 말했는데, 과연 그럴까? 그들이 우물을 오염한 것과 기독교인들이 돈을 빌린 것이 과연 연관성이 있을까?

그녀가 잘못 생각한다는 것을 증명해 보일 만한 예를, 나 하인리히 폰 디센호펜이 직접 소개하고자 한다. 나도 얼마 전에 성에 테라스를 만들기 위해 피고인 트뢰스틀리에게 돈을 빌렸다. 지금도 이자를 내고 있으며 앞으로도 계속 성실히 이자를 지불할 것이다.

최근에 몇몇 상인이 유대 인 집에서 발견한 독을 개, 돼지, 닭에게 먹여 시험해 보았다. 어떤 시민들은 웃으면서, "유대 인에게 직접 먹여 보자! 그러면 금방 알게 되겠지!"라고 말했다.

상인들이 시험한 독은 트뢰스틀리 집에서 찾은 것이었는데, 실험 결과 독성이 아주 강한 것으로 밝혀졌다. 독을 먹은 가축은 모조리 말라 죽었다. 그 독이 흑사병을 유발한다는 사실이 입증된 셈이다. 상인들은 유대 인에게도 시험해 보아야 한다고 강력히 주장했다.

그러나 초핑겐 시위원회는 유대 인을 대상으로 시험하는 것을 금지했다. 그렇게 하면 모든 시민의 생명이 위험에 빠지고, 그 사람 때문에 도시 전체에 흑사병이 확산될 우려가 있기 때문이었다.

결국 트뢰스틀리는 모든 것을 자백했다. 그의 아내와 아이들도 모든 것을 알고 있었으며 범행을 도왔다고 말했다. 트뢰스틀리가 자백하기까지는 오랜 심문 기간이 필요했다.

트뢰스틀리가 가족의 범행을 모두 자백했기 때문에 그의 아내와 자식들은 별도로 심문할 필요가 없었다. 그리고 트뢰스틀리 가족은 모두 사형에 처해졌다. 아들들은 말이 끄는 수레로 사지가 찢겨 죽었고, 아내와 딸은 사람들이 많이 지나다니는 데서 화형을 당했다. 트뢰스틀리도 그 광경을 지켜보았다. 트뢰스틀리는 다른 방법으로 죗값을 치르게 할 계획이었다.

초핑겐과 주변 도시에 아직 흑사병에 걸려 죽은 사람이 없는 것으로 보아 이번 범죄는 아주 적절한 시기에 밝혀진 것으로 보인다. 초핑겐에 있는 모든 우물에서 독이 든 작은 주머니들이 발견되었다.

우리는 독이 든 주머니를 곧바로 불태워 없앰으로써 전염을 막을 수 있었다. 그리고 독을 발견한 사람들에게 그들이 진짜 독을 발견했다는 내용의 문서에 서약을 받았다. 제보를 한 사람들은 모두 후한 보상금을 받았다.

물론 이 모든 것을 트뢰스틀리와 그의 가족이 단독으로 계획했다고 보긴 어려웠다. 독이 대량으로 발견되었기 때문이다. 공범 여부를 밝히기 위해 우리는 다른 유대 인들을 소환해 조사하고 자백을 받아 냈다.

나 하인리히 폰 디센호펜은 이 보고서의 진실성을 기사의 명예를 걸고 보장합니다.

아름다운 도시 베른의 자문관 로베르트 수아소
스트라스부르 시위원회 귀중
스트라스부르로 이송된 유대 인 트뢰스틀리에 대하여

친애하는 여러분!

우리는 기독교인의 적인 유대 인을 비판하는 내용이 담긴 문서 여섯 부를 이미 몇 주 전에 스트라스부르 시위원회에 보내드렸습니다.

스트라스부르로 초핑겐의 트뢰스틀리를 보냅니다. 우리는 그를 감옥에 가두어 놓았습니다. 여러분은 트뢰스틀리를 통해 우물 오염 범행을 자백한 범죄자가 어떤 사람인지 직접 보실 수 있을 것입니다. 범인 트뢰스틀리에 관한 신상 정보는 첨부된 하인리히 폰 디센호펜 기사의 보고서에 자세히 나와 있습니다.

이 유대 인을 잘 보십시오. 그는 더 이상 악마 같은 건방진 유대 인도, 초빙겐 위원회에 출두해 더러운 혀를 놀린 유대 인도 아닙니다. 그는 지금 짚단 위에 누워 있습니다. 고문으로 그는 새로운 인간이 되었고 오만불손한 태도도 사라졌습니다.

범행에 가담한 아내와 자식 네 명은 사형되었습니다. 트뢰스틀리도 그의 가족처럼 곧바로 공개 처형할 생각이었으나, 일단 스트라스부르로 이송하기로 결정했습니다.

그에게 궁금한 것을 물어보십시오. 필요하다면 한 번 더 심문해 보십시오. 그러면 유대 인들의 죄가 어떤 것인지 알게 될 것이고, 따라서 여러분의 도시와 시민들을 위험에서 구할 수 있을 것입니다. 여러분은 자백을 받는 과정에서 유대 인들이 얼마나 무자비하고 비인간적인지 그리고 그들이 기독교인에게 얼마나 위험한 존재인지 알게 될 것입니다. 트뢰스틀리에게서 필요한 정보를 충분히 얻으신 뒤 다시 우리에게 돌려보내 주시길 바랍니다.

전지전능한 신의 보호가 함께하길 빕니다.

로베르트 수아소

필리프 뒤 부아, 피에르 블라제, 장 루이 마이어에게 보내는 오귀스트 드 뤼르의 편지
1349년 5월

사랑하는 형제들에게 하느님의 은총이 함께하길 빕니다.

로잔과 베른 시는 상인들에게 유대 인들에게 진 빚을 시에 직접 갚으라고 요구했습니다. 그러니까 우리 상인들이 유대 인 고리대금업자에게 빌린 돈을 시에 기부해야 한다는 말이지요. 이건 부당한 처사라고 생각합니다. 하지만 이러한 행정 처리는 이미 제국 전역에서 통상적으로 행해진다더군요. 한 가지 좋은 소식은 저나 여러분이나 유대 인에게 진 빚의 일부는 갚지 않아도 된다는 것입니다. 유대 인들의 재산과 집을 압수하는 과정에서 회계 장부가 많이 사라졌다고 들었습니다. 블라제 씨는 자색 비단을 다시 찾으셨다고 하고요. 하느님께 정말 감사드립니다!

다른 상인들도 곧 유대 인들에게 빼앗긴 물건을 되찾거나 부채의 일부를 갚지 않아도 될 겁니다. 그렇지만 여러분, 우리 이야기는 비밀로 합시다.

신성 로마 제국에 있는 유대 인들은 거의 전멸했습니다. 살아남은 자들은 동쪽으로 이주했거나 화형당했고, 도망치다 잡혀 맞아 죽기도 했습니다. 우리 스위스에서 시작된 우물 오염에 관한 유대 인 재판은 오버라인, 콘스탄츠, 뮐하우젠, 콜마르, 스트라스부르로 확산되었지요. 그리고 이제는 라인 강 하류 지방에서도 유대 인을 처벌하는 재판이 진행된다고 하더군요. 유대 인이 거주하는 모든 도시에서 수만 명이 넘는 유대 인이 화형당했지요.

단시간 내에 이처럼 많은 수의 유대 인이 처형된 것은 역사상 처음입니다.

앞으로 시 당국은 상인들에게 이자를 받지 못하게 될 것입니다. 두고 보십시오.

우리의 사업을 번창시키려면 언젠가 다시 유대 인들을 불러야 할지도 모르겠습니다.

하느님이 여러분을 보호하실 것입니다.

하느님은 자비로우신 분입니다.

소설로 만나는 중세 이야기

펴낸날	초판 1쇄 2009년 9월 30일
	초판 4쇄 2013년 11월 27일

지은이	귄터 벤텔레
그린이	박미화
펴낸이	심만수
펴낸곳	(주)살림출판사
출판등록	1989년 11월 1일 제9-210호

주소	경기도 파주시 문발동 522-1
전화	031-955-1373 팩스 031-624-1356
기획·편집	031-955-1395
홈페이지	http://www.sallimbooks.com
이메일	book@sallimbooks.com

ISBN 978-89-522-1251-1   03920

※ 값은 뒤표지에 있습니다.
※ 잘못 만들어진 책은 구입하신 서점에서 바꾸어 드립니다.
※ 저자권자를 찾지 못한 사진에 대해서는 저자권자를 확인하는 대로
　　계약을 체결하도록 하겠습니다.